KB174967

나는 너의 진리다

나는 너의 진리다

초판인쇄 2018년 2월 19일
초판발행 2018년 2월 19일

지은이 이동용
펴낸이 채종준
기 획 양동훈
디자인 김정연
마케팅 송대호

펴낸곳 한국학술정보(주)
주소 경기도 파주시 회동길 230 (문발동)
전화 031 908 3181(대표)
팩스 031 908 3189
홈페이지 http://ebook.kstudy.com
E-mail 출판사업부 publish@kstudy.com
등록 제일산-115호(2000. 6. 19)

ISBN 978-89-268-8200-9 03160

이 책은 한국학술정보(주)와 저작자의 지적 재산으로서 무단 전재와 복제를 금합니다.
책에 대한 더 나은 생각, 끊임없는 고민, 독자를 생각하는 마음으로 보다 좋은 책을 만들어갑니다.

나는 너의 진리다

바그너에 대한 니체의 진심

이동용 지음

이담 Books

니체의 뮤즈,
바그너

반복의 미학. 니체Friedrich Nietzsche(1844~1900) 철학의 속성이다. 그는 끊임없이 반복한다. 노래의 후렴구처럼 반복을 통해 메시지를 전한다. 소처럼 되새김질을 하듯이 기억 놀이를 한다. 잊어서는 안 될 것에 대해서는 그것만이 예의인 것처럼. 그런데 그 반복 속에서 수수께끼처럼 되풀이되는 것이 바그너Richard Wagner(1813~1883)에 대한 이야기다. 아프다면서도 스스로 그 아픈 곳을 찔러댄다. 극복한 것 같기도 하고 극복하지 못한 것 같기도 하고. 애매모호하다. 왜 니체는 광기로 접어드는 순간에 바그너에 대한 기억을 다시 꺼내 들었을까?

인연이란 참 묘하다. 늘 우연과 필연 사이에서 생각이 춤을 추고 있기 때문이다. 한 사람의 마음을 안다고 말할 수 있을까? 누가 달을 보았다고 말할 수 있을까? 달의 뒷면을 본 사람은 아무도 없는데. 누가 니체를 안다고 말할 수 있을까? 비이성을 이해할 수 있는 이성은 없는데. 비이성은 늘 이성의 반대편에 숨어 있는데. 니체는 무표정으로 가면을 쓴 채 비이성과 이성을 넘나드는 춤을 추고 있는지도 모르는데.

말은 참 묘하다. 말을 하면서도 말을 하지 않을 수 있다. 진실을 말하면서도 거짓처럼 들리게 할 수도 있고, 거짓을 말하면서도 진실처럼 들리게 할 수도 있다. 철학자는 자신의 마음을 설명하고자 하지만 독자는 그 진의까지도 의심하게 된다. 사랑하는 사람에 대한 말은 물레방아처럼 돌고 돈다. 좋다가도 싫어하고 싫다가도 좋아한다. 독자는 늘 좋다는 건지 싫다는 건지 확실한 것을 요구한다. 하지만 철학자는 그런 질문에 대답할 의무가 없다. 인식이 왔다 싶다가도 어느 순간 또다시 수평선만 확인케 하는 바다에 있다. 통찰이 왔다 싶다가도 어느 순간 또다시 마실 물 한 방울 없는 사막에 있는 느낌이 든다. 늘 결국에는 또 다른 황야다.

니체에게 바그너는 어떤 존재일까? 허무주의 철학에 바그너는 어떤 영향을 끼쳤을까? 생철학에 바그너는 어떤 의미일까? 수많은 말이 이 질문들을 중심으로 돌고 있다. 온갖 추측들이 난무한다. 다양한 영감을 제공하는 강물처럼 조용히 흐르고 있다. 그렇다. 조용하지만 끊임없이 흐르고 있다. 들을 귀가 있는 존재는 혼돈의 소리라도 들을 수 있지 않을까. 너무도 많은 사건이 함께 뒤섞여 있기 때문이다. 하지만 그 혼돈을 품을 수만 있다면 춤추는 별이라도 낳을 것만 같다.

5세도 채 되기 전에 아버지를 여읜 소년은 세상을 어떤 식으로 바라보게 될까? 그 소년에게 아버지의 빈자리는 얼마나 컸을까? 이런 결핍 속에서 니체는 성장한다. 그는 1868년 프로이센과 오스트리아 사이에 벌어진 독일 전쟁에 참가했다가 낙마해 크게 다친다. 인생만사 새옹지마라 했던가. 불행 속에서 인생에 전환점을 맞이한다. 민족이 자랑하는 음악가 바그너와 만나게 된 것이다. 그는 아버지의 빈자리를 채워주었다. 혁명을 하다가 경찰의 추적을 피해 스위스의 도시 트립쉔에서 머물고 있는 그를 찾아가며 우정을 쌓는다.

하지만 음악가와 철학자의 만남은 결별로 끝난다. 성격 차이? 이들에게도 이런 게 문제였을까? 그런 통속적인 이유가 원인이었을까? 묻고 싶은 게 너무도 많다. 하지만 둘은 수많은 글만 남겨놓은 채 세상을 떠나고 말았다. 글도 쓰는 음악가라는 별명에 걸맞게 수십 권의 편지를 남겨놓은 바그너, 그의 편지는 여전히 번역조차 안 되고 있다. 지금 우리는 그저 니체가 한 말로 이들의 관계를 규명하고 있을 뿐이다. 한쪽 말만 듣고 있는 셈이다.

일단 제목에 바그너가 들어간 책들만 골라보았다. 《반시대적 고찰》(1873)의 네 번째 책 〈바이로이트의 리하르트 바그너〉(1876), 그리고 《바그너의 경우》(1888)와 《니체 대 바그너》(1895)가 그것이다. 그런데 첫 번째 책 〈바이로이트의 리하르트 바그너〉는 《망각교실》(2016)에서 이미 대충이나마 분석을 끝냈다. 재미난 점은 출판사의 편집의도다. 〈바이로이트의 리하르트 바그너〉를 《반시대적 고찰》로 묶지 않고 제6권으로 따로 독립시켰고, 거기에 이 글이 쓰일 당시의 글들을 '유고'라는 제목으로 첨가해놓았다는 점이다. 나름대로 성공적인 편집이라 생각된다. 여기서는 이 유고들을, 그다음 나머지 두 권을 차례로 읽어보고자 한다.

문체를 살펴보면 '유고'는 말 그대로 글을 쓰기 전에 생각을 정리해놓은 정도의 수준에 불과하지만 그래도 수많은 철학적 단초를 발견할 수 있어 가치가 있다. 그리고 나머지 두 개는 편지글과 양심선언 같은 문체를 띠고 있다. 바로 이전에 쓰인 《도덕의 계보》에서처럼 꼬리에 꼬리를 무는 설명조의 만연체는 보이지 않는다. 17년간의 집필 인생을 마감하는 자리에 복잡한 말을 남겨놓고 싶지 않았나보다.

인생에 영향을 끼치게 되는 만남은 그것이 뭐가 되었든 소중하다. 나쁜 영향을 끼치는 만남도 있다. 잊고 싶지만 잊히지 않는, 즉 감정이 남는 만남도 있다. 굳이 원한 감정은 아니더라도 기억 속에 남아 지속적으로 상처를 건드리는 그런 만남도 있다. 그런데 그 사람에 대한 감정이 일방적으로 역겨움이나 싫음이라는 쪽으로 향하지 않을 때는 어떤 상황이 벌어질까? 사랑하지만 헤어져야만 하는 관계를 이해나 할까? 해보지 않은 사람은 모른다. 이것이 어떤 상처와 아픔을 남겨놓는지를.

사랑하지만 마음을 정리해야 한다. 사랑하지만 인연의 끈을 끊어야 한다. 사랑하지만 멀어져야 한다. 사랑하지만 등을 돌리고 가야 한다. 돌아보면 안 된다. 다시 사랑할까 두려워서다. 마치 오르페우스에게 떨어진 미션 같다. 매정한 발걸음에는 그저 증오가 도움이 될 뿐이다. 인생의 막바지에 쏟아놓는 니체의 글들을 읽을 때마다 전해지는 감정은 오묘하다. '안 돼! 그런 말 하지 마! 왜 그런 말을 했어!' 그 말 때문에 다가설 수 없게 된 운명이 읽힌다. 마치 로엔그린이 엘자를 남겨놓고 떠나가는 그런 심정이다. 순진한 엘자의 질문만 없었더라면 영원히, 죽음이 갈라놓을 때까지 함께 살 수 있었는데.

바그너는 〈파르지팔Parsifal〉을 생애 마지막 작품으로 무대 위에 올려놓았다. 성배를 지키는 기사의 이야기다. 성배! 하나님의 피를 하나의 성스러운 잔에 담아 보관하고 있다는 전설의 이야기를 음악극으로 승화시켜놓은 것이다. 영웅이 무릎을 꿇고 기도하며 찬송가를 부른다. 영웅이 기독교 교리의 숭배자가 되었다. 순수한 바보, '파르지팔'의 모습을 바라보고 있는 니체는 마음속으로 외치고 있다. '그만하라!'고. 이 무슨 재앙이란 말인가. 마지막에 이런 생각을 하다니. 세상을 떠나는 바그너, 이 험한 세상 홀로 남겨진 니체.

그는 마음을 정리한다.

1883년에 바그너는 사망했다. 사랑했던 사람의 죽음 소식을 접했을 때 남겨진 자의 고통은 어떠했을까? 스스로도 죽음 직전까지 갔다고 고백했던 니체는 《차라투스트라는 이렇게 말했다》를 탄생시켰다. 가장 깊은 심연을 찍었을 때 최고의 작품이 탄생한 것이다. 그리고 1889년 1월 초, 정신을 놓기 직전까지 니체는 바그너와의 결별을 선언하는 글을 써댄다. 마지막 정신의 흔적을 남겨놓은 것이다. 힘이 부족해서였을까. 철학자의 마지막 문체는 격정으로 치달을 때가 많다. 도대체 바그너를 향한 이 열정을 어떻게 이해해야 할까? 끝까지 바그너를 생각하는 그 마음을 어떻게 해석해야 할까?

2017년 12월 수유리에서
이동용

차 례

제 8 장　　사랑해야 할 때

빌헬름 리하르트 바그너

(Wilhelm Richard Wagner, 1813~1883)

음악가이자 작곡가이며 혁명가. 신부가 등장할 때 "딴따따단 딴따따단"하며 우아하게 울려 퍼지는 〈결혼행진곡^{Treulich geführt}〉을 작곡했고, 1849년 드레스덴 폭동에서 데모를 주동하다 경찰에게 쫓겨 스위스로 망명하기도 했다. 그가 자신을 추종하던 니체와 우정을 쌓게 된 것도 이 당시였다. 이후 바이에른의 왕 루트비히 2세와 인연을 맺으며 전환기를 맞이했고, 바이로이트에 자신의 작품만을 공연하는 극장을 짓는다. 1876년 8월 13일 개관 공연은 바이로이트 축제의 신호탄이었다. 독일 황제 빌헬름 1세가 참석한 가운데 이루어졌던 첫 번째 축제에서 4부작의 〈니벨룽엔의 반지^{Der Ring des Nibelungen}〉가 공연되었다. 바그너의 바이로이트 축제 극장은 공연의 혁명이기도 했다. 그는 오케스트라와 지휘자가 관중과 무대 사이에 자리했던 구조를 바꾸어, 오케스트라를 지하로 보내고 공연의 중심을 무대로 옮겼다. 오늘날 우리가 알고 있는 뮤지컬의 세계는 바그너에서부터 시작되었다고 말해도 무방하리라.

프리드리히 빌헬름 니체

(Friedrich Wilhelm Nietzsche, 1844~1900)

문헌학자이자 과거를 알고 미래를 준비하고자 했던 온고지신溫故知新의 사상가. 바그너를 독일 문화의 개혁자로 칭송했고, 처녀작 《비극의 탄생》과 《반시대적 고찰》의 제4권 〈바이로이트의 리하르트 바그너〉를 그에게 헌정했다. 하지만 1876년 첫 번째 바이로이트 축제가 바그너 추종자들에 의해 좌지우지되고, 그의 음악이 정치적으로 이용당하고 있음을 감지하면서 거리를 두기 시작한다. 그해 9월 이탈리아 소렌토에서 바그너를 만나지만, 이것이 이들의 마지막 만남이 된다. 니체는 《인간적인 너무나 인간적인》에서부터 우상 숭배에 대한 이념을 피력하다가, 〈파르지팔〉에서 바그너가 성배를 지키는 영웅 이야기를 연출하자 데카당스 분위기를 인식하고 비독일적이란 이유로 공공연한 비판을 쏟아낸다. 감정은 돌아올 수 없는 강을 건너고 만다. 긴 침묵을 깨고 광기로 접어들기 직전, 그는 《바그너의 경우》와 《니체 대 바그너》를 집필한다. 이는 복잡한 감정을 역사에 남기는 작업이 된다. 침묵으로 말할 줄 아는 가면 기술의 천재 철학자는 마지막 순간까지 수수께끼 하나를 던져놓고 떠난다. 바그너를 향한 그의 진심을 찾아보라고.

일러두기

1. 이 책은 《비극의 탄생 · 반시대적 고찰》(니체전집 2, 책세상, 2005), 《바그너의 경우 · 우상의 황혼 · 안티크리스트 · 이 사람을 보라 · 디오니소스 송가 · 니체 대 바그너》(니체전집 15, 책세상, 2002)를 주 텍스트로 집필했다. 따라서 본문 속 인용문에 제목 없이 기술된 쪽수는 위 책의 쪽수를 가리킨다.

2. 본문에 제시된 다음 약어는 책세상에서 펴낸 다음 책들을 가리킴을 밝혀둔다.
   권력 → 《권력에의 의지》
   니체 → 《니체 대 바그너》
   도덕 → 《도덕의 계보》
   디오 → 《디오니소스 송가》
   바그너 → 《바그너의 경우》
   반시대 I , II , III , IV → 《반시대적 고찰》 I 권, II 권, III 권, IV권
   비극 → 《비극의 탄생》
   아침 → 《아침놀》
   안티 → 《안티크리스트》
   우상 → 《우상의 황혼》
   유고 6 → 《바이로이트의 리하르트 바그너 유고(1875년 초 - 1876년 봄)》
   이 사람 → 《이 사람을 보라》
   인간적 I , II → 《인간적인 너무나 인간적인》 I 권, II 권
   즐거운 → 《즐거운 학문》
   차라 → 《차라투스트라는 이렇게 말했다》

제 1 장 ——————— 음악의 정신으로부터
철학적 글쓰기

니체는 바그너를 통해 고대를 보고 있다.
예술과 철학이 만나 서로 소통을 한다.

만남과 떠남의 반복 속에서 성숙해진 허무주의

마르크스Karl Marx(1818~1883)의《공산당 선언Manifest der Kommunistischen Partei》(1848)이 발표되기 4년 전, '3월 전기Vormärz', 즉 복고정치가 기승을 부리고 시민정신이 감시와 탄압을 받고 있던 시절, 철학자 니체는 루터파 교회 목사의 집안에 맏아들로 태어난다. 어머니도 목사의 딸이었다. 신앙심으로 똘똘 뭉친 집안이었다. 1789년 프랑스 파리에서 시작된 혁명정신은 전 유럽으로 퍼져나갔지만 여전히 기득권과 보수 세력에 부딪혀 힘을 제대로 펼치지는 못하고 있었다. 시민이 구속을 강요하는 정신과 검열이라는 탄압의 생활전선을 신앙심으로 버티고 있던 시절에 철학자의 탄생이 이루어진 것이다.

니체 스스로도 목사에 대한 꿈을 키워나갔다. 태어나면서부터 보고 배운 것이 이런 것이었으니 당연한 일이 아니었을까. 니체는 어렸을 때 "클라이넨 파스토르kleinen Pastor "1라고 불렸다. '어린 목사' 혹은 '작은 목사'라는 뜻이다. 그는 매우 진지했다. 가족과 민족, 그리고 인류를 향한 그의 시선은 장난이 아니었다. 일종의 의무감 내지 책임감까지 느끼고 있었던 것이다. 어렸을 때 그는 찬송가를 정말 구슬프게 잘 불렀다고 한다. 그가 부른 찬송가에 많은 이들이 감동을 받았다고 한다. 사람의 마음을 움직일 줄 아는 능력을 이때 이미 거의 완벽하게 구비하고 있었던 것이다.

19세가 되었을 때 니체는 자기 자신에 대해서 이렇게 규정하기도 했다. "나는 신의 정원 가까이에서 태어난 식물이다."[2] 신의 정원 가까이에서! 환상적이다. 철학자의 삶이 시작되는 곳이 이런 곳이었다. 신과 함께 존재가 가능했던 곳, 소위 지상낙원이라 불리는 곳 근처에서 출생 소식을 알렸다. 신의 온기가 느껴지는 곳에서 생명이 꿈틀대고 있었던 것이다. 어린아이도 부모가 곁에 있어주면 못할 게 없을 정도로 힘을 얻게 마련이다. 하물며 신의 정원 근처에서 놀고 있는 아이라면 얼마나 안심이 되는 상황이었을까. 니체는 신앙을 삶을 위로해주는 청량음료로 굳게 믿고 있었다.

하지만 대학에 들어가 신학을 공부하면서 실망을 한다. 모든 생각이 허공에 떠 있다는 것을 확인하게 된다. 신의 정원은 환상에 불과함을 깨닫게 된 것이다. 대지에 발을 붙이지 못하는 생각이 가져다주는 위기감은 모든 것을 무너뜨리기에 충분했다. 신학에서 인생의 문제는 해결되기보다는 오히려 꼬여만 가는 그런 느낌이었다. 희망은 속이 텅 빈 물거품으로 돌변하고, 실망은 말할 수 없을 정도로 커져만 가는 그런 느낌이었다. 충만함에 대한 환상이 큰 만큼 공허함에 대한 인식 또한 클 수밖에 없었다. 기대가 큰 만큼 실망도 큰 것처럼. 그동안 키워왔던 꿈과 희망을 버려야 했던 시점이었다.

반면, 신학과 함께 공부를 시작했던 고전문헌학에서는 다른 경험을 하게 된다. 무엇보다도 이 학과에서 니체는 자신의 능력을 알아주고 인정해주는 스승을 만나는 행운을 거머쥔다. 리츨Friedrich Ritschl(1806~1876) 교수가 그였다. 그는 청년 니체를 박사학위 과정 도중에 몇 개의 논문을 근거로 스위스 바젤 대학의 고전문헌학 교수로 추천한다. 1869년의 일이다. 마음의 준비는 되어 있지 않았지만 니체는 이것을 운명으로 받아들인다. 경력상으로 보면 최정상으로 치닫고 있는 이 순간이 있기 바로 직전 1868년 11월 8일, 동양학자인 브로크하우스의 집에서 음악가 바그너와 첫 대면이 이루어진다. 시작은 우연이었지만 운명적인 만남으로 발전해간다. 우연을 필연으로 만드는 것은 천재의 몫이라 했던가. 처음부터 불꽃이 튀었다. 예상치 못한 호감이었다. 이들은 쇼펜하우어Arthur Schopenhauer(1788~1860)에 대해 공감했고, 음악의 역할에 대해 뜻을 같이했다. 꿈과 희망이 다시 불붙었다.

하지만 교육현장에서는 그다지 재미를 보지 못한 것 같다. 결국 1879년, 정확히 10년이 지난 시점, 니체는 '건강상의 이유'로 교수직을 포기한다. 톱니바퀴처럼 돌아가는 조직적인 일상에 안주하기보다는 구속을 벗어나 험난한 자유의 길을, 틀 안에 갇혀 있기보다는 자유로운 바깥세상을 선택한 것이다. 그 자유 속에서 또다시 10년을 보낸다. 그리고 1889년 1월의 어느 날, 니체는 광기의 세계로 접어든다. 전언에 의하면 토리노 광장에서 채찍질을 당하는 말의 목덜미를 잡고 오열하다가 정신을 놓았다고 한다.

10년 단위로 벌어지는 이런 커다란 변화는 철학자의 인생에 마치 나이테처럼 분명한 선을 그어놓았다. 1869년 교수가 되고, 1879년 그 교수직을 포기하고, 1889년 광기! 뭔가 계획대로 들어맞은 느낌이다. 생각대로 되어간 게 아닌가 하는 의구심을 불러일으킬 정도다. 철두철미하게 계획하며 살았던 철학자인지라 이런 의심을 하지 않을 수가 없는 것이다. 어쩌면 이렇게 똑딱거리는 시계처럼 정확하게 돌아갔을까? 10년 단위로!

삶은 만남의 행복과 떠남의 불행을 반복하며 경험하게 한다. 구름이 걷히기도 하고 덮이기도 한다. 해가 뜨기도 하고 비가 오기도 한다. 거기에 좋은 날씨와 나쁜 날씨라는 해석을 붙이는 것은 인간이 하는 짓이다. 이성을 가지고 산다는 인간이 보여주는 한계다. 눈물은 미소를 앞선다. "울음은 웃음을 앞선다. 울음은 어떤 경우에도 압도한다."(유고6, 283쪽)[3] 행복은 순간이지만 그 행복을 위해 긴 시간의 불행을 견뎌야 한다. 그것이 인생의 숙제다. 불행이라 불리는 그 긴 시간을 그저 "잠시"[4]로 인식하는 훈련을 해야 하는 것이다.

적당한 때 기억해낼 수 있고 또 적당한 때에 잊을 수만 있다면 인생에는 문제가 있을 수 없다. 집착도 때로는 긍정적일 때가 있다. 이때 그 개념은 집념으로 불린다. 망각도 때로는 긍정적일 때가 있다. 이때 그 개념은 엑스타제Ekstase, 즉 황홀 내지 망아로 이해된다. 혐오도 필요할 때가 있다. 이때 그 개념은 창조를 위한 전제조건으로 받아들인다. 창조를 원한다면 혐오가 전제되어야 한다는 것이다. 그런 감정이 없다면 결코 창조에 대한 생각을 할수 없기 때문이다. 상처도 경우에 따라서는 아름답게 보일 때가 있다. 모든 사랑은 결국에는 상처란 이름의 꽃으로 남기 때문이다.

바그너를 향해 다가서는 니체의 발걸음은 조심스럽기만 하다. 함부로 말하지 말자고 스스로에게 다짐을 하기도 한다. 이 요구는 니체의 글을 읽고 있는 독자에게도 적용될 수 있다. 그는 독서 자체를 "다른 사람의 피를 이해"(차라, 63쪽)하는 것으로 간주했다. 또 그것은 결코 "쉬운 일"(같은 곳)이 아님을 인정했다. 여기서 말하는 피는 정신을 의미한다. 남의 정신을 쉽게 이해할 수만 있다면 모든 이와 함께 더불어 살아가야 하는 이 세상은 아무런 문제가 없을 것이다. 하지만 이해 자체가 쉽지 않은 일이다. 그래서 남의 글을 읽을 때는 일단 침묵으로 일관하는 것이 예의다.

> 침묵하고 순결하라! 이 소리를 듣는 자인 우리에게만 바이로이트의 행사를 바라볼 수 있는 위대한 안목이 주어진다. 오로지 그러한 안목 속에서만 그 행사의 위대한 미래가 놓여 있다. (반시대IV, 13쪽)

말하지 말고 마음을 비워라! 온갖 말을 몰아낸 마음이 순결하다. 소리를 듣고 싶으면 먼저 소리를 몰아내라! 소리를 지르고 싶으면 肺폐를 먼저 공기로 채워라! 잉태의 조건은 먼저 비워짐의 형성이다. 뭐든지 받아들일 수 있는 여성성을 자신의 본질로 바꾸어놓아라! 비움과 함께 잉태의 조건과 능력을 갖추고 있어라! 그런 자만이 위대한 현상을 알아볼 수 있기 때문이다. 진정한 '인식'⁵은 제3의 것을 창출해낼 수 있다. 복사나 모방의 수준에 머문다면 그것은 제대로 인식한 것이 아니다. "춤추는 별 하나를 탄생시키기 위해 사람은 자신들 속에 혼돈을 지니고 있어야 한다."(차라, 24쪽) 혼돈까지 품을 수 있어야 별을 탄생시키는 창조자가 될 수 있다는 얘기다. 허무까지도 끌어안을 수 있어야 삶이 축제를 벌인다. 이것이야말로 니체가 철학을 하는 이유다.

1871년 12월 18일 니체는 바젤에서 만하임으로 여행을 떠났다. 바그너의 음악을 공연장에서 직접 듣기 위해서. 음악은 아무리 설명을 해주어도 알 수 없는 영역이다. 말로는 설명이 불가능한 것이다. 이성으로는 접근이 불가능하다. 논리로는 절대로 해명이 안 되는 것이다. 음악을 알고 싶으면 이성을 닫고 이성을 열어야 한다. 음악을 듣고 싶으면 귀를 닫고 귀를 열어야 한다. 이런 식으로 바그너 음악을 대했던 니체는 많은 변화를 경험하게 된다.

그리고 12월 21일, 만하임에서 돌아오면서 그는 친구 에르빈 로데에게 편지를 쓰며 다음과 같은 심경변화를 전한다.

> 모든 것이 [···] 음악과의 관계라고 말하기는 좀 그렇지만, 내게는 그저 구토증과 불쾌감을 불러일으키고 있다네. 만하임 공연을 보고 돌아오자마자 나는 정말 일상의 현실에 대해 기이하게 상승되고 밤잠을 설치게 하는 혐오감에 휩싸여 있다네. 왜냐하면 그것이 더는 현실로 보이지 않고, 유령처럼 보이기 때문이라네.[6]

현실이 현실로 보이지 않는다. 우리가 두 눈으로 바라보고 있는 이 현실이 진짜 현실일까? 중요한 질문이다. 도대체 무엇이 현실이란 말인가? 어른이 되어간다는 것은 자기 주변에 성을 쌓아가며 마음의 문을 하나씩 닫아가는 과정이 아닐까. 살다보면 이런 때가 있다. 갑자기 새로운 눈이 떠지는 그런 순간 말이다. 현실이라고 생각하며 살아왔던 모든 것이 그저 유령처럼 보일 때가 있다는 것이다. 허무주의가 도래한 것이다. 이런 허무를 느끼게 해준 것이 음악의 힘이었다. "헤라클레스적인 힘"(비극, 87쪽)의 위력이다. 쇼펜하우어의 표현으로 말하자면, 바그너의 음악이 마침내 시야를 가리고 있던 "마야의 베일"[7]을 벗겨준 것이다.

니체는 바그너에게서 희망을 보았다. 그의 이념 속에서 '위대한 미래'를 보았던 것이다. 그것이 무엇인지 알고 싶으면 니체가 바그너를 향해 침묵하고 순결을 지켰던 것처럼 우리 또한 니체를 향해 침묵과 순결의 의무를 지켜야 할 것이다. 이념이 인식될 때까지 침묵을 지켜야 한다. 쉽게 내뱉는 말이 인식을 방해할 것이다. 너무 쉽게 펼친 날개로는 날지 못한다. 시위 속에서 최고의 긴장감을 견뎌낸 화살이 멀리 날아갈 뿐이다. "피타고라스의 침묵"(반시대IV, 13쪽)처럼 5년이 걸려도 견뎌내야 한다. 벽만을 바라보며 9년 동안 면벽좌선을 고집했던 달마 대사의 고집을 흉내라도 내야 할 것이다.

니체는 또한 말을 해야 할 때도 일러주었다. "우리는 침묵해서는 안 될 경우에만 말해야 한다."(인간적II, 9쪽) 도저히 침묵할 수 없을 때 말하라는 것이다. 이는 마치 쇼펜하우어에게 많은 영향을 주었던 그라시안의 이념, 즉 유언을 남기듯이 말하라는 가르침과 많이 닮아 있기도 하다.[8] 니체가 내뱉은 말은 극복된 상황에 대한 증거일 뿐이다. 침묵을 견뎌낸 정신의 흔적이라고나 할까. 철학자 니체는 침묵으로 존재의 집을 짓고 있다고나 할까. 왜냐하면 "침묵함으로써 철학자는 존재하는 것이니까"(인간적I, 20쪽) 말이다.

침묵이 가져다준 말로 지은 존재의 집, 그 집에는 순결한 영혼이 살고 있다. 그 영혼은 '위대한 안목'으로 세상을 바라본다. 희망할 수 없는 곳에서 희망을 찾는다. "내가 아무것도 희망할 수 없는 곳, 모든 것이 너무나 명백하게 종말을 가리키는 곳에서 희망을 걸었다."(비극, 20쪽) 버릴 수 있는 자는 버림 속에서도 의미를 찾는다. 희망의 원칙을 아는 자는 실망 앞에서도 주눅 들지 않는다. 그런 자의 내면에는 늘 희망이 넘친다. 하이데거의 말처럼 "언어가 존재의 집"[9]이라면 그야말로 힘이 가득한 집안 분위기다. 이것이 바로 허무주의 철학의 분위기다. 이 세상에서는 어느 것 하나 쓸모없는 것이 없다. 겉보기에 하찮아 보이는 것조차 무한한 의미를 부여해줄 수 있는 것이 바로 이 세상의 상황이다. 니체가 말하는 허무주의는 바다의 파도처럼 오고 간다. 밀물이라는 이름으로 오고, 썰물이라는 이름으로 간다. 하지만 모든 파도는 "한없는 웃음의 파도"(즐거운, 68쪽)일 뿐이다.

삶은 즐거운 것이다. "쾌감이 없는 곳에는 삶도 없다."(인간적I, 116쪽) 즐거움이 삶의 의미를 찾게 해준다. 즐겁지 않으면 삶이 아니다. 진리조차 즐거움을 요구한다. 삶의 유혹이 없어도 진리로 불릴 자격이 없다. "진리란 없다. 모든 것이 허용된다."(도덕, 525쪽) 이것이 진정한 허무주의의 목소리다. 진리와 작별하면서도 새로운 진리를 만들어내며 만남을 창조한다. 눈물 속에 꽃이 피어난다. 상처 속에 의미가 부여된다. 이런 과정 속에서 삶은 견고한 성으로 변신을 거듭하게 된다. "'삶은 인식의 수단'이다 ─ 이 원칙을 마음속에 품고 있으면 인간은 용감해질 뿐 아니라, 심지어 즐겁게 살고 즐겁게 웃게 된다! 전쟁과 승리를 제대로 알고 있지 못한 자가 어찌 멋지게 웃고 멋지게 사는 것을 알겠는가?"(즐거운, 294쪽) 승리한 자만이 성을 차지할 수 있다. 삶의 현장을 바라보는 니체의 시선은 호기심으로 가득하다.

> 조개의 안쪽은 둥글게 휘어 있지만 바깥쪽은 울퉁불퉁하다. 입으로 불었을 때 조개가 소리를 내면 우리는 정말이지 조개에 대해 놀라움을 가지게 된다. / 흉해 보이는 취주악기: 그것은 우선 연주해보아야 한다. (유고6, 112쪽)

돌멩이도 유용할 때가 있다. 반대로 아무리 유용했던 것도 쓸모없을 수가 있다. 영원불변은 그저 이상일 뿐이다. 조개(소라)의 외모는 울퉁불퉁해서 볼품이 없지만 조개(소라) 안쪽은 둥글게 휘어 있어서 그것을 악기로 삼아 불어보면 놀라움을 금치 못할 때가 있다. 못난 것이 아름다운 소리를 낼 수도 있는 것이다. 흉해 보이는 악기조차 우선 불어보아야 그 진가를 알게 된다. 이보다 더 세상적인 지혜가 또 있을까? '대지에 충실하라'는 주장에 누가 과연 이의를 제기할 수 있을까. "형제들이여, 너희의 덕의 힘을 기울여 이 대지에 충실하라! 너희의 베푸는 사랑과 너희의 깨침으로 하여금 이 대지의 뜻에 이바지하도록 하라! 나, 이렇게 너희에게 당부하며 간청하노라."(차라, 127쪽) 허무주의는 삶이 아닌 것에 대해서 가차 없이 허무를 받아들이고자 한다. 다만 그런 허무를 멋진 무기처럼 잘 다룰 수 있느냐가 문제일 뿐이다. 허무를 감당할 수 있는가? 니체의 글을 읽는 독자는 이 질문에 답을 내놓아야 한다.

바그너와 관련한 글쓰기의 의미

철학자가 음악가를 만나 글을 쓰고 있다. "바그너와 관련하여 나의 음악적 경험을 기술해봄"(유고6, 112쪽)이 니체의 철학적 의도였다. 니체의 모든 철학적 글들은 바그너가 원인이 되어 탄생했다고 해도 과언이 아니다. 니체의 허무주의 철학은 음악의 정신 위에 세워진 것이다. "음악 없는 삶은 하나의 오류이리라."(우상, 83쪽) 허무주의 정신은 음악과 함께 진정한 날개를 펼치게 된다. 진정한 세계로 인도해주는 것은 음악의 힘이다. 음악을 들을 수 있는 귀가 있는 자는 현존재에 진정으로 동참할 수 있게 된다.

음악에서 연결점을 찾고자 하는 허무주의 철학은 지극히 관념적이며 동시에 지극히 형이상학적인 토대 위에 서 있다고 하지 않을 수 없다. 시작 지점이 형이상학적이라는 얘기다. 이것은 신의 정원 근처에서 삶의 신고식을 치른 철학자의 고백과 맞닿아 있는 느낌이다. 하지만 니체는 이 토대 위에서 전혀 다른 힘을 얻는다. 이 허공 속에서 대지를 밟으려고 애를 쓴다. 하늘에서 땅으로 지향하는 그의 열정이 허무주의를 낳았다. 결국 하늘을 떠나고자 하는 의지가 철학의 근간을 이루게 된 것이다.

니체의 철학적인 글이 생생하게 살아 움직이게 하는 것은 음악의 정신이다. 1872년에 출간되는 니체의 처녀작 《비극의 탄생》에 붙인 부제목은 〈음악의 정신으로부터〉였다. 음악은 삶을 삶답게 해주는 최고의 무기로 인식되었다. "음악 없는 삶은 하나의 오류"라는 이 말 한마디로 모든 것을 설명하고 있다. 결국 '음악이 없는 삶은 잘못된 삶'이라고 단언하고 있는 것이다. 니체는 묻는다. 음악의 정신으로부터 탄생했다는 고대 그리스의 비극은 어떻게 공연되었을까? 어떻게 비극에 손을 내밀 수 있었을까? 불행의 뿌리를 향해 다가서는 그 열정은 어떻게 가능했을까? 니체는 자신의 처녀작을 바그너에게 헌정했다. 그때 그는 〈리하르트 바그너에게 바치는 서문〉을 다음과 같은 말로 시작했다.

> 이 저서 속에 통합되어 있는 사상들이 독특한 성격을 지닌 우리의 심미적 여론에 야기할 모든 가능한 우려와 흥분과 오해들을 멀리 떨쳐버리기 위하여, 그리고 훌륭하고 감격적인 시간들의 화석처럼 이 책의 한 장 한 장마다 그 흔적을 남기고 있는 명상적 환희를 지니고 이 책의 머리말을 쓸 수 있기 위하여 나는 무척 존경하는 친구인 당신이 이 책을 받아 보실 그 순간을 마음속에 그려봅니다. 당신이 아마도 겨울 눈 속의 저녁 산책을 끝낸 후 책 표지에 그린 쇠사슬에서 풀려난 프로메테우스를 보고, 내 이름을 읽고, 그리고 곧 이 책에 무엇이 씌어 있든 간에 저자는 무엇인가 진지하고 절실한 것을 말하려고 했다는 사실을 확신하며, 마찬가지로 저자가 생각해낸 모든 것이 당신과 마치 마주하고 있는 것처럼 대화하여 오로지 이 대화에 해당하는 것만을 적어 넣은 것이라고 확신하게 되는 그 순간을 말입니다. (비극, 27쪽)

《비극의 탄생》, 이 한 권의 책을 이끌어갈 머리말을 제대로 쓸 수 있기 위해 니체는 바그너를 생각해야만 했다고 고백한다. 철학적 글쓰기에 음악의 정신을 요구하는 부분이다. 음악이 없으면 철학적으로 글쓰기가 안 되어서, 혹은 음악이 없으면 니체가 자신의 본연의 모습을 찾을 수가 없어서라고 말하면 어떨까. 어쨌든 그 음악의 정신으로부터 잉태되고 탄생한 글이 니체의 철학을 이루고 있다는 얘기다. 바그너는 니체 철학의 원인으로 자리 잡고 있다. 허무주의 철학이라 불리는 샘물의 기원은 바그너 음악으로 소급된다. 니체에겐 이런 말이 어울린다. 음악이 없으면 철학도 없다고. 음악이 없으면 니체도 없다고. 아니 음악이 없으면 삶 자체가 아무런 의미도 없다고. 너무 지나친 말인가.

음악의 정신에서 비극이 탄생했다. '디오니소스 송가', "거기서 고대 비극이 생겨난다."(유고6, 230쪽) 디오니소스를 기리는 축제에서 불린 노래, 그것은 과연 어떤 것이었을까? 텍스트가 남아 있지 않으니 전혀 알 수가 없다. "우리는 그리스 비극의 근원을 미로라고 표현할 수밖에 없으며, 미로에서 빠져나갈 길을 찾기 위해 지금까지 논의된 모든 예술 원리들의 도움을 받을 수밖에 없다."(비극, 61쪽) 비극의 근원을 이해하기 위해 모든 예술 원리들의 도움이 필요하다. 모든 예술의 원리들! 어느 특정 예술의 원리만으로는 아무것도 알아낼 수 없다는 뜻이다. 니체가 '비극의 탄생'을 추궁하며 철학의 길로 들어선 이유는 단 한 가지뿐이다. 도대체 왜 굳이 비극이었는가? 모든 삶은 불행하기보다 행복하게 살기를 원하는 게 아닌가? 그렇다면 즐거운 이야기를 듣는 게 도움이 되지 않을까? 이 문제와 관련해서 깊은 고민에 빠져본 독자라면 다음의 글에서 뭔가 일말의 빛줄기를 발견하지 않을까. "이 세상을 고통에서 이해해보려는 것, 그것이 바로 비극에서 비극적인 것이다."(유고

6, 232쪽) 세상을 고통에서 이해해보고자 하는 것! 이 시각은 모든 인생을 고통으로 간주하는 쇼펜하우어의 염세주의에서 철학적 사고를 전수받은 자에게는 지극히 당연한 것이 아닐까.

니체는 《비극의 탄생》 표지 주인공으로 거인 프로메테우스를 선택했다. 거인들은 신들과 맞서 싸웠던 종족이다. 제우스가 금지시켜놓은 불을 훔쳐다가 인간 세계에 돌려준 영웅이 프로메테우스이다. 지극히 인간적인 영웅이다. 인간의 친구로서, 인간을 사랑하는 그 마음으로. 이것이 진정한 휴머니즘 정신이 아니고 무엇이겠는가. 신을 사랑하기보다는 인간을 사랑했다는 사실만으로 천벌을 받아야 했던 인간의 영웅, 그의 인생은 비극적으로 인식되기에 충분하다. 그를 비극의 인물로 선택한 아이스킬로스는 이 기발한 선택 하나만으로 이미 그 무엇과도 비교할 수 없는 천재적 발상을 보여준 셈이다.[10] 아무 잘못 없이 벌을 받아야 했기에 그런 것이다.

하지만 프로메테우스 신화는 비극적이지만은 않다. 헤라클레스가 프로메테우스의 간을 파먹었다는 그 잔인한 독수리를 죽이고 헤파이스토스가 만들었다는 그 끊어지지 않는 쇠사슬을 끊어줌으로써 그에게 자유를 선사한다. 음악의 정신은 거인을 해방시켜주는 헤라클레스적인 힘으로 해석되었다. "항상 옛 신화의 껍질을 쓰고 자신의 인식을 나타낸다. 프로메테우스를 독수리로부터 해방시키고 신화를 디오니소스적 지혜의 수단으로 만들어버린 이것은 어떤 힘

《비극의 탄생》(1872) 표지

이었는가? 이것은 음악의 헤라클레스적 힘이다. 그것은 비극 속에서 최고로 발현되는 힘이며, 신화를 새롭고도 가장 심오한 의미를 가지고 해석할 줄 아는 힘이다."(비극, 87쪽) 비극은 음악에서 탄생했다. 음악의 "헤라클레스적 힘"은 모든 것을 구속으로부터 해방시켜준다. 음악이 없는 삶은 잘못된 삶이라 했다. 이제 우리는 자유가 없으면 잘못된 삶이라 말해도 되는 것이다.

자유인이 된 프로메테우스는 인간 세계에 돌아와 자신을 닮은 인간을 창조한다. 자신을 닮은 인간! 거인을 닮은 인간 창조가 시작된 것이다. 독일 고전주의 정신을 형성하는 데 지대한 영향을 끼쳤던 괴테는 이 프로메테우스를 주인공으로 내세운 시 한 편을 집필한다. 니체는 《비극의 탄생》 속에서 독립된 형식으로 괴테의 시를 인용해놓았다.[11]

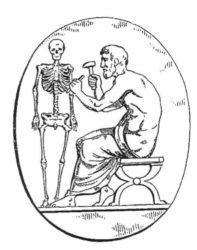

자기 형상에 따라 인간을 만들고 있는 거인 프로메테우스

> 여기 앉아 나는 인간을 만드노라
>
> 내 모습 그대로
>
> 나처럼
>
> 괴로워하고 울고
>
> 즐기고 기뻐하며
>
> 그리고 너의 종족을 존경하지 않는
>
> 나를 닮은 종족을[12]

내용과 의미에 맞추어 번역을 새롭게 시도해보았다. 원문에서처럼 '여기'라는 장소를 나타내는 부사를 전면에 배치시켰다. 괴테도 분명 의도적으로 이런 어순을 선택했으리라 확신이 서기 때문이다. 또 '나는'이라는 주어를 중심에 놓았다. 우리의 언어 습관에서는 주어가 빠져도 무방하겠지만, 없어서는 안 될 말이기 때문에 의도적으로 추가해놓은 것이다. 그것도 중심에! 이 모든 것은 질풍노도기를 관통하고 있는 "거인주의"[13]와 맞물린 것이다.

거인족은 신족과 전쟁을 벌였다. 이 전쟁에서 제우스가 이끄는 신들이 승리를 거둔다. 패배한 거인족, 특히 프로메테우스는 제우스의 독재에 맞서 지혜로운 저항을 거듭한다. 제사음식을 두고 논쟁을 벌이기도 하고, 불을 사용하지 못하고 애를 먹는 인간들을 위해 불을 훔치기도 한다. 제사음식은 요즈음 말로 하면 세금문제에 해당한다고 볼 수 있겠다. 날로 높아지기만 하는 세금 때문에 사람들이 힘들어하는 모습을 보고만 있을 수는 없었던 것이다. 또 불을 훔친 사건은 신들의 성역에 대한 거역 행위, 즉 금기사항에 도전하는 행위였다. 하지만 그 행위는 인간을 위한 행위였기에 고대 그리스인들도 또 괴테도 거인의 정신으로 주목했던 것이다.

거인주의는 다른 게 아니다. 신의 뜻에 무턱대고 복종하기보다는 합리적인 근거를 대며 정당하게 거역을 자처하는 생각과 행동을 의미한다. 신의 뜻, 그런 것은 아무것도 아니라는 의식이 팽배해 있는 것이다. 이런 저항정신에 양심의 가책 따위는 존재하지 않는다. 소위 신의 말을 듣지 않는다는 그런 생각은 전혀 존재하지 않는다는 얘기다. 이에 반해 인간의 가치와 그 위대함은 굳건한 신앙으로 자리 잡는다. 거인을 닮은 인간을 만드는 것이 프로메테우스의 신조다. 인간 창조가 신에 저항하는 행위로 인식된 것이다. 프로메테우스의 정신은 자신을 닮은 인간, 즉 거인의 창조에 집중된다. 신의 종족을 존중하지 않는 그런 종족을 만들고 싶은 것이다.

무엇보다 괴테가 거인의 조건으로 내세운 덕목이 눈에 띈다. 첫째 괴로워할 줄 알고, 둘째 울 줄 알고, 셋째 즐길 줄 알고, 넷째 기뻐할 줄 아는 능력이 그것이다. 고통을 알고 상처를 인식할 줄 아는 능력과 함께 인생의 의미와 가치를 인식하고 제대로 즐기고 기뻐할 줄 알아야 한다는 것이 바로 거인의 조건인 셈이다. 즐기고 기뻐하는 것은 그나마 긍정적인 것이라 쉽게 이해가 간다. 하지만 괴로워하고 우는 것까지 요구하는 것에서 괴테의 휴머니즘, 즉 인간애 사상이 엿보인다. 눈물을 흘리며 우는 것도 거인의 모습이다. 쉽게 상처를 받을 수 있는 것도 능력이다. 세상의 변화를 예민하게 받아들일 수 있는 것, 그것이 바로 거인의 징표가 된다.

인류 역사상 가장 찬란했던 시대 중의 하나인 고대! 인간적인 신들이 가득했던 세계! 이러한 신들의 세계가 현대에 혹은 현대 이후에 다시 실현 가능할까? 너도나도 신이라고 자부하는 그런 정신이 가능한 것일까? 니체의 철학적 고민은 여기에 뿌리를 내리고 있다. 그 철학에 허무주의라는 이름이 붙어 있을 뿐이다. 신에 대한 허무한 표상을 받아들이고 전혀 다른 신에 대한 표상을 제시하고자 하는 것이 이 철학의 의도다. 거인주의로 충만한 자유정신, 그것은 초인이라는 개념으로 대변될 수도 있다.

니체는 "음악에서의 질문거리"(유고6, 112쪽)를 수집한다. "전적으로 보편적인 하나의 언어"[14]에서 질문거리를 수집한다. "근원적 일자"(비극, 34쪽)와 관련한 신비로운 언어를 배우고 그것을 제대로 듣고자 한다. 그 언어를 알아들을 귀를 가지고자 한다. "제3의 귀"(선악, 247쪽)를 간절히 원했던 것이다. 형이상학적으로 허공 속에 떠도는 언어를 말로 잡아내고자 한다. 이런 수집과정 속에서 니체는 자신의 과제를 발견하게 된다.

설혹 학문적 인식이 짧게 기술될지라도 일상적인 착상, 경험, 계획 등을 위한 거대한 책이 집필되어야 한다. 여타 문학적 계획은 잠시 접어두기로 한다. 나 자신을 위해서 쓸 것. (유고6, 113쪽)

결국에는 구원을 받게 되었던 파우스트도 악마의 힘을 빌려가면서까지 자신의 개인적인 욕망에 몰두했다. "인간은 노력하는 동안 방황한다"[15]는 행동주의를 남성성으로 간주했다. 그리고 그 열정적인 남성성만을 진정한 여성성이 구원해준다. "영원히 여성적인 것이 / 우리를 이끈다."[16] 남성성으로 충만했던 인생만을 여성성으로 충만한 신성은 구원의 대상으로 삼는다. 마치 여자가 남자를 좋아하고 또 남자가 여자를 좋아하듯이 그렇게 서로 다른 이성은 서로를 이끄는 힘으로 작용한다. 여성에게 호감을 줄 수 있도록 남성은 최선을 다해 노력해야 한다. 노력의 증거는 오로지 방황 속에서만 인정되기에 스스로를 끊임없이 새로운 것으로 내몰아야 한다. 거기에서만 방황할 수 있는 계기가 주어지기 때문이다.

지극히 개인적인 욕망에 몰두했던 인간이 구원받았다. 여기에 괴테의 고전주의적 이념이 숨어 있다. 지극히 개인적인 인간이 보편적인 이념에 부합한다는 뜻이기도 하다. 니체는 "나 자신을 위해서 쓸 것"을 요구하고 있다. 여기에도 그러한 글쓰기가 결국에는 인류에 이바지하게 될 것이라는 믿음이 깔려 있다. 그가 쇼펜하우어를 스승으로 섬겼던 이유도 바로 여기에 있었다. "쇼펜하우어는 결코 꾸미려 하지 않는다. 그는 그 자신을 위해 글을 쓴다."(반시대Ⅲ, 402쪽) 자기 자신을 위한 글쓰기! 그리고 그러한 행위가 잉태한 글들만이 치유의 힘을 가지는 것이다.

비극, 그것은 춤을 추기 위한 과정이다. 상처, 그것은 시간을 새겨놓은 꽃이다. 고통, 그것은 인생을 인식하게 하는 동력이다. 눈물, 그것은 삶에의 갈증을 느끼게 해주는 원인이다. 악몽, 그것은 의식을 되찾도록 해주는 전환점이다. 이 모든 것이 감당될 수만 있다면 황홀지경은 순식간에 이루어진다. 델피에서는 신탁이 내려지던 아폴론 신전 위에 디오니소스 극장이 위치한 것처럼, 이성의 빛은 황홀한 감성의 기초가 되어준다. "신의 계시로 씻김받고 유희로 위로받으라는 뜻으로 여겨진다."[17] 디오니소스 극장에서 펼쳐지는 모든 비극적 이야기들이 지닌 수수께끼 같은 문제들은 다시 아폴론의 빛에 의해 백일하에 드러난다. 모르고 볼 때는 거대한 크기에 압도당할 때도 있겠지만 알고 보면 그저 작은 삽살개의 그림자에 지나지 않을 때가 있다. 모르고 볼 때는 인생을 고해苦海로 여기다가도 알고 보면 그곳이야말로 신세계를 향한 항해의 기쁨이 주어지는 곳임을 깨닫게 될 때도 있다.

　그래서 허무주의 철학이 들려주는 모든 것은 훈련소 조교의 입에서 나오는 그런 음성을 닮아 있다. "어리석은 자여, 어찌 내가 네게 글을 가르치겠는가? 말이 아니라 회초리가 필요하구나."(유고6, 113쪽) 회초리를 들고 때리겠다는 얘기다. 남자의 노리개가 되려고만 하는 여자에 대해서도 비슷한 말을 남겼다. "여인들에게 가려는가? 그러면 채찍을 잊지 말라!"(차라, 111쪽) 남의 눈치만 보는 정신에 가서 채찍으로 사정없이 때려주라는 얘기다. 자기 내면의 소리를 들으려 하지 않고 오로지 타인이 하는 소리에만 귀를 기울이며, 또 그것에 민감한 반응을 보이는 자에게 허무주의는 한없는 쓴소리를 쏟아놓는다. 하지만 모든 훈계는 결국 자기 발견의 기쁨을 맛보게 할 뿐이다.

바그너에게서 발견한 문헌학적 교육의 과제

니체는 '글 속에서 고대를 구축하는 것'을 지향했다. 그리고 그것을 "아직도 해결되지 않은 과제"(유고6, 150쪽)라고 평가했다. 그는 고대를 동경하면서도 경계한다. 왜냐하면 그것은 현실도피처럼 여겨질 수도 있기 때문이다. "현실로부터 고대인들의 도피: 그럼으로써 고대의 견해가 날조되어 있는 것은 아닌지?"(같은 책, 121쪽) 고대를 날조하지 않은 채 고대를 글 속에 구축해낼 수 있을까? 철학자 니체의 고민이다. 그런데 고대를 글 속에 구축하고자 하는 이유는 과연 무엇일까? 니체는 왜 이것에 대한 필요성을 느낀 것일까?

> 고대에 대한 학문으로서의 문헌학은 영원히 지속되지 않으며 그 소재는 고갈될 수 있다. 모든 시대를 언제나 새롭게 고대에 견주어보고 측정해보는 것은 결코 고갈될 수 없다. 고대를 매개로 자신의 시대를 더 잘 이해해보라는 과제를 문헌학자에게 줄 경우, 그의 과제는 영원한 과제가 된다. (유고6, 136쪽)

고대는 고갈되지 않는 샘물과 같다. "고대를 매개로 자신의 시대를 더 잘 이해해보라는 과제"는 "영원한 과제"다. 고대는 현대인들이 전혀 상상할 수 없는 세상임에는 틀림이 없다. "왜냐하면 수치감에서 벗어난 자유를 가진 사람들을 보여주기 때문이다."(유고6, 142쪽) 수치심에서 해방된 정신은 어떤 것일까? 현대인에게 주어진 영원한 과제가 바로 이런 것이다. 도대체 우리는 어떤 수치감에 휩싸여 있는 것일까? 어떤 양심의 가책 속에서 스스로를 괴롭히고 있는 것일까? 자신의 모습을 제대로 인식하기 위해서 니체는 무엇보다도 고대를 연구하라고 권하고 있는 것이다.

현대에서 고대를 연구하기란 쉽지가 않다. 무엇보다 계몽주의의 영향 아래서 "인간은 나약하게"(유고6, 144쪽) 만들어지고 말았기 때문이다. "그는 어떤 곳에서 자신을 정렬시키고 엄격히 자신의 의무를 다하고 자신의 실존을 버림으로써 자신을 버리고 있다."(같은 책, 141쪽) 기존의 질서에 따르게 함으로써 실존을 버리고 이념에 봉사하게 한다. 행동대장처럼 그저 시키는 일에만 열정적으로 임하는 자는 노예일 뿐이다. 그는 창조적인 행위와는 전혀 무관한 일에만 얽매여 있는 것이다. 이런 문제의식에서 니체가 선택한 학문은 문헌학이다. 또 고대를 생각할 때마다 거처가지 않을 수 없는 것으로 바그너와 쇼펜하우어를 추천한다. 그는 이들에게서 현재의 상황에서 만족하지 못하면서도 새로운 미래를 향한 희망의 끈을 놓지 않는 힘을 발견하고 있다.

> 따라서 문헌학자란 우리의 교양과 교육의 상황에서는 위대한 회의론자인 셈이다. 즉 그것이 그의 사명이다. ─바그너와 쇼펜하우어처럼 그가 하나의 새로운 문화가 싹틀 수 있는 희망 섞인 힘을 예견할 수 있다면, 정말이지 행복한 일이다. (유고6, 146쪽)

회의가 필요한 이유는 행복을 위해서다. 파괴가 필요한 이유가 창조인 것처럼. 행복감을 느끼기 위해 회의를 견뎌내야 하는 것이다. 창조를 위해 파괴를 견뎌내야 하는 것처럼. 문헌학자는 과거를 되돌아본다. 현재가 마땅치 않아서다. 현재에 대한 새로운 이념이 필요하다. 하지만 모범이 보이지 않을 때 뒤를 돌아보는 것은 헛된 일이 아니다. 과거, 특히 고대에서 '하나의 새로운 문화'에 대한 싹을 발견할 수만 있다면 행복한 일이 아닐 수 없다. 이는 곧 "희망할 수 없는 곳, 모든 것이 너무나 명백하게 종말을 가리키는 곳에서 희망을 걸었다."(비극, 20쪽)는 허무주의적 발상의 기본이 된다.

쇼펜하우어에게서는 지금의 세계가 뭔가 잘못되었다는 생각을 가질 수 있게 하는 염세주의적 사고방식을 배울 수 있고, 바그너에게서는 예술이라는 표현방식을 통해 고대가 어떤 세계였는지를 감지하게 해준다. 쇼펜하우어에게서는 비판적 사고를, 그리고 바그너에게서는 희망을 배운 것이다. 이들이 제공해주는 자료를 통해 과거를 되돌아보는 것은 오로지 고대의 인간상을 다시 구축하려는 의지에 불과할 뿐이다.

고대의 인간은 그 무엇을 위한 존재가 아니라 오로지 자기 자신을 위한 존재일 뿐이다. 이런 생각이 니체 철학의 근간을 이룬다. "우리는 우리 자신을 위해서, 오로지 우리 자신을 위해서 모든 것을 해야만 한다. 예를 들면 '학문이 우리에게 무엇일까' 하는 질문으로 우리 자신을 겨냥해서 학문을 해야 한다. '우리가 학문에 무엇일까' 하는 질문은 하지 말자."(유고6, 140쪽 이후) 쉽게 말하면 자기 자신을 위해서 공부하라는 얘기다. 공부를 위해서, 좋은 성적을 위해서, 대학을 위해서, 성공을 위해서 공부하지는 말라는 뜻이기도 하다. 그런데 현대의 교육은 이들 둘, 즉 쇼펜하우어와 바그너 모두를 감당하지 못하는 듯 보인다. 이것이 니체가 현대 교육을 비판하는 이유다.

> 나는 바그너를 이해하지 못하는 교육, 쇼펜하우어가 거칠고 불협화음을 내고 있는 교육에 대해 한탄한다. 그런 교육은 빗나간 것이다. (유고6, 162쪽)

쇼펜하우어와 바그너를 이해하지 못하는 교육은 잘못된 것이다. 현대 교육은 자기 자신을 되돌아보게 하지 못한다. "'너 자신의 치료가 다른 무엇보다 중요하다'라고 누구나 자신에게 말해야 한다. 즉 제도보다는 너의 영혼만을 너는 가장 고귀하게 떠받들어야 한다."(유고6, 141쪽) 이것이 니체의 목소리라면 현대의 학자는 정반대의 소리를 내놓고 있다는 것이다. 개인의 영혼보다는 전체를 아우르는 제도가 더 중요하고 고귀하다고 외쳐대고 있는 것이다. 니체는 현대의 교육 이념에 저항한다. 그리고 미래의 과제를 제시한다.

> 인간의 위대한 중심을 더욱 훌륭한 인간의 생산과 결합시키는 것, 이것이 미래의 과제다. 개개인은 자신을 스스로 인정하면서 자신의 중심의 의지를 인정하게 되는 그런 요청에 익숙해질 것이다. (유고6, 144쪽)

인간은 위대하다. 인간보다 더 위대한 것은 없다. "어느 것도 아름답지 않다. 인간 외에는"(우상, 158쪽) 이 말을 하려고 니체는 철학의 길을 외롭게 걸어왔다. 사람들이 "신은 죽었다"는 말에 흥분할 때 그는 모든 것을 외면하고 오로지 인간만을 주시하고 또 인간에게만 희망을 걸며 견뎌왔던 것이다. 모두가 천국과 영생이라는 환상 속에서 행복감에 휩싸여 있을 때 그는 구토증을 느끼며 삶의 터전인 대지로 몰락하기를 서슴지 않았다. 인간에게로! 인간에 대한 동경이 허무주의 철학의 핵심이다. 모두가 스스로 옳다고 외쳐대는 세상에서 그는 "생각의 광신주의"(유고6, 145쪽)를 선택할 수밖에 없었다. 모두가 이성적이라고 주장하는 세상 속에서 그는 비이성의 길을 걸어갈 수밖에 없었다. 늘 역사의 진보는 비이성에서 출발해서 이성으로 인정받게 된다는 것을 잘 알고 있었기 때문이다.

현대는 정보의 홍수 속에서 허덕이고 있다. 좁은 화면에 시선을 고정시킨 채 온 세상을 얻은 듯이 날뛰고 있다. "그 결과 중세 시대에는 무지가 우리에게 복수를 가했지만 이제 지식이 우리에게 복수를 가하는 위험이 나타난다."(유고6, 145쪽) 현대인은 지식의 홍수 속에서 아등바등한다. 늘 시간에 쫓기고, 늘 시간이 모자란다고 아우성이다. 빨리빨리 문화를 형성해간다. 마음의 여유는 낯선 개념이 된 지 오래다. 평생을 열심히 살아도 모자란다. 시간의 노예가 되어 소중한 삶을 허비한다. 결국 니체는 "집과 고향으로부터 소외되어 간악한 난쟁이들에게 사역당해왔던 저 긴 세월의 굴욕"(비극, 177쪽)을 폭로하고자 한다. 그가 허무주의를 선택한 진의가 여기에 있다.

이성에 저항하는 또 다른 이성

인간은 이성적 존재다. 이성은 인간의 전유물이다. 인간만이 이성을 가지고 있다. 인간 외에는 그 어떤 존재에서도 이성이 발견되지 않는다. 인간의 존엄성은 이성의 기능과 맞물려 있다. '이성적 존재', 이 말과 함께 우리는 인간이라는 존재에 대한 무한한 긍지를 느낀다. 근대의 이념은 이성과 함께 높은 탑을 쌓아놓았다. 독일의 관념론은 이성주의에 뿌리를 깊이 박고 있다. 이성을 신앙처럼 다루고 있다. "이성의 신앙"[18]이 관념론의 핵심을 이룬다. 이성지상주의라고나 할까. 이성이 전부다. 이성이 최고다. 오로지 이성, 이성뿐이다. 이성을 찾고, 이성을 규명하는 것이 학문의 최고 과제였다. 이성이 아닌 것은 학문이라고 말을 할 수 없을 정도였다.

이성의 도구는 언어, 즉 말이다. 말을 하면서 인간은 생각을 한다. 이성이 하는 일이 생각이라는 얘기다. 그래서 인간이 이성적 존재라는 말은 곧 인간이 생각하는 존재라는 의미가 된다. 생각하는 능력이 인간의 특징을 규정한다. 물론 동물도 생각한다. 하지만 인간의 그것과는 비교도 안 된다. 구분하고 종합하는 능력은 인간의 생각만이 해낼 수 있는 영역이다. 인간이 사자를 이길 수도 있다. 이 생각하는 능력 때문이다. 이성과 생각, 이런 것을 떠올릴 때마다 머리를 스치는 문구가 있다. 파스칼의 《팡세》에 나오는 말이다.

> 사람은 하나의 갈대에 지나지 않으며, 자연계에서 가장 약한 자이다. 그러나 그는 생각하는 갈대이다. 그를 부수는 데에는 온 우주가 무장할 필요가 없다. 한 줄기의 증기, 한 방울의 물로도 넉넉히 그를 죽일 수 있다. 그러나 우주가 그를 부수어버린다 해도 사람은 그를 죽이는 그것보다 훨씬 고귀한 것이다. 그는 자기가 죽는다는 것과 우주가 자기보다 힘이 세다는 것을 알고 있지만, 우주는 그런 것을 도무지 모르기 때문이다.
> 그러므로 우리의 존엄성은 완전히 생각에 있는 것이다. 우리는 채울 수 없는 공간과 시간으로서가 아니라 이것, 즉 생각으로 우리의 가치를 올려야 한다. 그러니까 우리는 올바르게 생각하도록 힘쓰자. 이것이 도덕의 근본이다.[19]

생각하는 힘이 인간의 힘이다. 이 생각 하나로 인간은 만물의 영장이 될 수 있다. 모든 것의 주인이 될 수 있다. 모든 것을 자기 발아래 둘 수 있다. 한 인간과의 싸움에서 그 인간을 쓰러뜨릴 수 있는 것은 온 우주가 덤빌 필요가 없다. 수많은 사물이 요구되지도 않는다. 인간은 실로 아무것도 아니다. "한 줄기의 증기, 한 방울의 물로도 넉넉히 그를 죽일 수 있다." 그만큼 인간은 나약한 존재라는 얘기다. 그럼에도 만물의 주인이 될 수 있는 이유는 바로 생각하는 능력 때문이다.

사람은 '고귀한 것'이다. 존재 그 자체로 이미 고귀함을 인정받게 된다. 우주보다 더 고귀하다. "그는 자기가 죽는다는 것과 우주가 자기보다 힘이 세다는 것을 알고 있지만, 우주는 그런 것을 도무지 모르기 때문이다." 인간은 알고 있다. 그 앎의 내용은 무궁무진하다. 자기 자신이 죽는다는 것조차 알고 있다. 생각은 죽음 이후까지도 나아간다. 아니 역으로 자신이 태어난 이전으로 나아가기도 한다. 태초도, 종말도 모두가 생각이 도달할 수 있는 영역에 지나지 않는다. 신도, 악마도 모두가 그렇다.

모든 인간적인 생각은 이성의 작용으로 이루어진다. 누가 뭐래도 이성, 그것만이 인간의 전유물인 것이다. 그런데 그 이성에도 한계가 있다. 이성의 고유한 능력이 이성 자체의 작동에 브레이크를 거는 것이다. 이성의 무한질주에 제동을 거는 것이다. 이것이 바로 생철학의 이념이다. 사는 게 다 생각대로 되지 않는다는 생각이 철학의 이념으로 자리 잡게 된 것이다. 인생이 마음먹는 대로 될 거라 생각한다면 큰 오산이다. 마음대로 되는 일보다 마음대로 안 되는 일들이 더 많다.

인생 자체는 너무도 큰 우연의 바다와 같다. "힘들의 거대한 소용돌이 속에 있는 인간은, '저 소용돌이는 이성적이겠지, 이성적인 목적을 가지고 있겠지'라고 상상한다. 오류다!"(유고6, 143쪽) 매 순간이 모험의 연속이다. 세상이 이성적이지 않아서 그런 것이다. 매 순간 한 발자국만 잘못 디디면 한없는 나락으로 떨어질 각오를 하며 살아야 한다. 그것이 인생이다. 사방에 위험 요소가 도사리고 있다. 멋모르고 나대면 큰코다칠 수 있다. 이성에 대한 비판적 시각은 쇼펜하우어부터 시작되었다. 그는 스스로를 칸트^{Immanuel Kant}의 후계자로 주장하면서도 순수이성에 집중하는 그 비판철학을 넘어서고자 했다.

칸트에게

나는 눈으로 당신을 따라 상공 속으로 들어갔습니다.

그곳에서 당신은 나의 시야로부터 사라졌습니다.

나는 지상의 많은 무리 속에서 홀로입니다.

당신의 말과 당신의 책만이 나의 유일한 위안입니다.

당신의 고무적인 말들의 가락을 통해 나는 황량한 고독을 추방하려 했습니다.

사방에서 이방인들이 나를 둘러싸고 있습니다.

세상은 황량하며 인생은 지루하게 깁니다. (미완성)[20]

칸트를 따라갔지만 찾을 수 없었다. 얼마나 황당했을까. 그가 그렇다고 믿고 따라갔지만 어느 순간엔가 보이지 않았다. 이성을 믿고 따라갔지만 어디에도 이성은 없었다. 오히려 삶의 현장은 비이성으로 충만한 것처럼 보일 뿐이었다. 이것이 쇼펜하우어 철학의 근본 인식이다. "세상은 비이성의 원리로 이루어져 있다."[21] 아무리 생각을 잘해도 인생에는 별로 도움이 되지 않는다. 이것이 염세주의 사상이다. 이런 세상에서 어떻게 살아야 할까? 그저 무無를 인식하고 "깬 상태"(유고6, 303쪽)를 열망한다. "보다 고귀한 현실(깨어남)"(같은 곳)을 위해 철학이 헌신해야 한다는 것이다. 하지만 니체는 삶을 "피안을 위한 준비"(같은 곳)로 간주하는 이런 발상을 그저 "몰락, 퇴폐, 변질, 지치고 허약한 본능의 기호"(비극, 10쪽)로만 보았다. 그는 오히려 "강함의 염세주의"(같은 곳)를 추구했다.

염세주의적 발상도 강하게 진행될 수 있다. 그것이 니체가 보여준 발상의 전환이었다. 인생은 고통이다. 아니 고통스러워서 인생이기도 한 것이다. 소위 '아는 자'는 무엇을 알아도 고통으로 이어질 수밖에 없다. 알아서 문제가 된다는 얘기다. 《성경》식 해석처럼 그것은 원죄와 연결될 수 있는 충분한 근거가 있다. 그럼에도 아는 것은 부정적인 측면만 있는 것이 결코 아니다. 자신이 아프다는 사실을 안다는 것은 그만큼 고귀한 인식에 해당한다. 니체 철학에서 중요한 것은 아프다고 인생이 무의미한 것은 아니라는 얘기다.

아픈 인생이라서 소중한 것이다. 상처를 입기 쉬워서 조심해서 다루어야 하는 것이다. 세상이 무의미하다고 하더라도 강하게 대처할 수 있다는 것이다. 세상을 보는 법은 쇼펜하우어에게서 배웠지만 니체는 그것에 만족하지 않고 극복하기를 원했다. 허무하게만 보이는 인생에서 가치를 찾고자 했다. 죄의식으로 충만한 인생을 변호하고자 했다. 인생이 가치 없어 보여도 적극적으로 반응할 경우 상황은 충분히 바뀔 수 있다는 것이다. 그는 "모든 가치의 전도"(도덕, 537쪽)까지 생각해낸다.

이 세상에서 변하지 않는 것은 없다. 영원한 것은 없다. "절대적 진리가 없는 것과 마찬가지로 영원한 사실도 없다."(인간적 I , 25쪽) 생각하는 존재에게 생각으로 해내지 못할 일은 없다. 니체의 눈빛은 호전적이다. 천재는 고뇌를 운명으로 삼고, 영웅은 목숨을 건 전쟁을 동경한다. 허무주의로 무장한 니체는 뭐든지 맞닥뜨리면 망치로 깨부술 기세다. 그의 철학은 한마디로 "망치를 든 철학"[22]이다.

니체는 영원성을 운운하는 모든 것에 저항한다. 그것이 진리가 되었든 도덕이 되었든 하물며 신이 되었든 상관하지 않는다. 그런 이념하에 있는, 즉 자기 생각에 갇힌 정신에 저항한다. 변화를 인정하지 않고 받아들일 수 없는 정신은 나약한 것이라 낙인찍고 거부한다. 이런 정신과 직면하면 니체는 기필코 허무주의가 도래하게 만들고 만다. 물론 니체에게도 영원한 것이 존재하기도 한다. 그것은 그저 인간적인 것일 뿐이다. 변화하는 인간, 그것만이 영원하다. 변화, 그것만이 영원한 진리다.

이성은 처음을 생각하게 하지만, "처음부터 시작한다는 것은 언제나 착각이다. 우리를 그와 같은 소위 '처음'으로 움직이게 하는 것조차도 실은 지나간 것의 영향이며 결과다."(유고6, 150쪽) 인생은 그 어느 시점에서 시작해 예상치 못하는 지점에서 끝난다. 모든 게 우연이다. 인생의 변곡점을 형성하게 하는 모든 변화는 우연밖에 없다. 하지만 "우연은 결코 불행한 세상의 법칙이 아니다."(유고6, 302쪽) 우연은 결코 불행의 원인이 아니다. "우리는 아직도 우연이라고 하는 저 거인에 대항하여 한 걸음 한 걸음 싸워나가고 있다."(차라, 128쪽) 우연과 싸워야 한다. 우연을 필연으로 만드는 것은 인간의 의지일 뿐이다. "우연이라는 평범한 개념은 정말 옳다."(유고6, 301쪽) 생각만 바뀌면 무엇인들 옳지 않으랴.

생각하는 존재가 생각에 구속될 때 위기가 초래된다. 이성이 만들어낸 원리에 갇힐 때 정신은 구속되고 만다. 이때 바로 말이 장난을 치기 시작한다. 망상과 착각은 인간의 문제다. 멀쩡한 하늘을 바라보면서도 그 하늘이 무너질까 걱정이다. 《성경》에서도 내일 일을 걱정하지 말라 했다. "그러므로 내일 일을 위하여 염려하지 말라. 내일 일은 내일이 염려할 것이요, 한 날의 괴로움은 그날로 족하니라."(마태복음 6:34) 하지만 이것이 《성경》의 전유물이어야 할까? 꼭 신에게 의지해야만 이런 걱정으로부터 해방될 수 있을까? 니체는 이에 대답을 내놓고자 한다. 그럴 필요가 없다고. 운명을 스스로 책임질 수 있다고.

니체는 고대를 바라보며 현대인이 감을 잡을 수 없는 전혀 다른 세상을 인식한다. 그에게도 종교가 있다. "나의 종교는 천재 생산을 위한 작업에 있다"(유고6, 156쪽)고 고백했다. 나름 그의 신앙고백이다. 니체가 철학을 하는 이유는 천재를 생산시키기 위한 것이었을 뿐이다. 지금까지의 교육이 잘못되었다면, 전혀 다른 교육을 할 수 있는 자를 교육하고자 한다. "교육자를 교육하기! 그러나 첫 번째 교육자들은 자기 자신을 교육해야만 한다! 나는 그런 자들을 위해 글을 쓴다."(같은 책, 157쪽) 허무주의는 스스로 바뀌고자 하는 자에게만 가치가 있는 철학이다. 허무주의는 그 어떤 것에도 얽매이지 않는 자유로운 정신, 즉 천재의 이념을 위한 철학이다. 천재는 삶의 원리를 스스로 찾고 제공한다. 그 어떤 원리도 모범으로 선택하지 않는다. 그는 자신의 삶을 창조적으로 살아가고자 한다. 이런 천재의 전형을 니체는 고대의 문화 속에서 발견하고 있다.

> 그리스인들은 흥미로운 이들이며 정말이지 너무 중요하다. 왜냐하면 대단히 많은 위대한 개인들이 있기 때문이다. 그것이 어떻게 가능했을까? 그것을 연구해야만 한다. (유고6, 153쪽)

고대 그리스인들은 위대한 개인들의 형상을 보여준다. 그들의 신앙 속에도 신들이 존재한다. 하지만 그들의 신들은 삶에서 참회를 요구하지는 않는다. 회개는 그들의 것이 아니다. 그리스인들도 죽음에 대한 불안을 느낀다. "그리스인들이 오로지 현세의 삶만을 바라보았다는 것은 전혀 사실이 아니다. 그들은 죽음의 불안, 지옥의 불안에서도 고통을 느꼈다. 그러나 결코 참회하거나 회오悔悟하지 않았다."(유고6, 191쪽) 신의 형상을 바라보는 태도가 다르다. 신에 대한 이념이 다르다. 중세 이후 근대를 거치면서 현대에 이른 우리의 어감 속에는 여전히 중세의 흔적이 남아 있다. 신神이라는 말을 할 때 우리는 무심코 중세적인 발상에 얽매여 있기 때문이다. "신은 죽었다"는 말을 들을 때 불편한 심정이 되는 이유도 바로 여기에 있다.

> 이 어리석은 자의 책에서 배우라,
> 어떻게 이성이 오며 — '이성으로' 돌아가는가를! (인간적 I, 454쪽)

중세적 어감으로 니체의 글을 읽으면 어리석기 짝이 없다. 때로는 말도 안 될 정도로 허무맹랑할 수도 있다. 허무주의가 모든 것을 뒤바꾸었기 때문이다. 이성이 비이성으로, 비이성이 이성으로. 하늘의 가치는 파괴되고 대지의 가치는 드높여진다. 과거의 시각으로 바라보면 니체의 생각은 어리석기 짝이 없다. 니체도 그것을 잘 알고 있다. 그는 스스로를 '어리석은 자'라고 말한다. 하지만 이 어리석은 자에게서 제발 좀 배우라고 말한다. 그에게서 배울 수 있는 것은 "어떻게 이성이 오며 — '이성으로' 돌아가는가"다.

어떻게 이성이 오는가? 또 어떻게 이성으로 돌아가는가? 이성이 주체가 되어 우리에게 다가오기도 하고, 또 우리가 스스로 그 이성으로 되돌아가야 할 때도 있다. 현상은 다양하다. 하지만 본질은 단일하다. 파도는 오고 간다. 하지만 파도 너머에는 바다가 있다. 삶의 현상은 다양하다. 고통의 현장으로 여겨질 수도 있다. 누구는 이 세상을 눈물의 바다라고까지 말한다. 하지만 그 너머에서 무엇을 보느냐는 인식의 문제다. 허무주의 철학은 그 너머를 보여주고자 애를 쓴다. 그 너머! 니체는 그 너머를 바그너에게서 발견했다.

이성 너머에서 빛나는 바그너의 현상

이성의 라틴어는 "라티오^{Ratio}"[23]다. 계산능력이라는 뜻이다. 1 더하기 1은 2, 이것이 이성적인 계산이다. 그 무엇이 1의 자리에 들어서도 더하기의 원리에 의해 계산을 해낸다. 그 원리가 허용하는 답만을 정답이라 간주한다. 가장 이성적인 사람은 이 계산에서 벗어난 생각을 할 수 없다. 늘 형식적인 생각만 할 수밖에 없기 때문이다. 하지만 무엇이 1이어야 할까? 사과? 수박? 그 내용에 대한 질문은 무궁무진하다. 삶의 현장은 원리로 계산되지 않는 것들이 더 많다.

인류 역사의 모든 변화는 비이성에서 시작해서 이성으로 인정을 받았다. 시대를 앞서간 모든 천재는 오해를 운명처럼 받아들이며 살아야 했다. "천재는 속물의 증오를 받는다."(반시대 I, 232쪽) 유행을 따르지 않아서 그런 것이다. 다들 행하는 대로 행하지 않아서 그런 것이다. 하지만 니체는 이런 선구자가 남겨놓은 발걸음의 가치를 잘 알고 있었다. 혁명가의 삶을 살아야 했던 음악가 바그너를 바라보는 니체의 시선은 그래서 곱기만 하다. 바그너를 향한 그의 열정은 다음의 글에서 돋보인다.

> 바그너의 출현에 대한 문헌학자들의 무관심은 그들이 어떠했는지를 잘 보여준다. 그들은 괴테를 통해서 배우는 것보다 더 많은 것을 배울 수 있었을 텐데—그렇지만 그들은 그 어떤 시선도 던지지 않았다. 그 어떤 강력한 욕구도 그들을 이끌지 않았다. 그렇지 않았더라면 그들은 자신의 양분이 어디서 발견될 수 있는지를 느꼈을 텐데. (유고6, 167쪽)

니체에게 바그너의 현상은 특별했다. 그에게 바그너는 괴테를 넘어서는 현상이었다. 당시 문헌학자들이 바그너를 주목하지 않은 것에 대해 불만을 토로하고 있다. 왜 문헌학자여야 했는가? 그것은 고대와 연결되어 있기 때문이다. 바그너의 무대에서는 신화가 주제로 선택되었다. 즉 신들의 세계가 펼쳐지고 있었던 것이다. 필연과 맞서는 영웅의 모습에서 니체는 고대에서나 가능했을 법한 힘을 느꼈던 것이다. 그에게 영웅은 천재의 이념과 맞물린다. "천재는 행복한 인생을 지니지 않으며 자신의 시대와 모순을 겪고 투쟁한다."(유고6, 177쪽) 양심과 싸우고 있는 게 아니다. 회개나 참회가 문제되고 있는 게 아니다. 영웅은 세상과 싸우는 것이다.

비극의 원인은 신의 이념과 상충되는 것이 결코 아니었다. 중세적 시각으로는 그것이 당연했을 테지만 바그너는 중세적 전통을 이어받으려 하지 않았다. 소재 자체는 세속적이었지만 다루는 이념은 전혀 다른 것이었다. 천재가 고뇌하는 것은 신이 벌을 주어서가 아니었다. 영웅이 쓰러지는 것은 신의 뜻이 아니었다. 중세적 사고가 《성경》이라는 교과서에 얽매여 있는 동안 스스로 구속되어 있는지도 모른 채 천 년을 넘게 살아온 것이다. 이제는 다른 말을 해야 할 때가 온 것이다.

> 천재에게는 신의 섭리란 존재하지 않는다. 단지 일반 대중들과 그들의 곤경을 위해서만 섭리라는 것이 있을 뿐이다. 그들이 발견하는 것은 자기만족이고, 후에는 자기변명이다. (유고6, 182쪽)

바그너의 무대에서는 변명이 없다. 무릎을 꿇고 잘못했다고 울어대지도 않는다. 영웅은 자신이 선택한 삶을 살았고 방해받아 고통을 받을 뿐이다.

그에게 '신의 섭리'는 문제되지 않는다. 소위 '하나님의 뜻' 따위는 안중에도 없다. 니체는 이성에 대한 이성의 전쟁을 선포한다. "이성에 대한 이성의 투쟁"[24]이야말로 니체 철학의 핵심 이념이다. 이성은 인간이 있는 한 사라지지 않을 문제다. 인간이라면 이성을 가지고 살 수밖에 없어서 그렇다. 인간의 문제는 이성의 문제고, 이성의 문제는 생각의 문제다.

로댕의 생애 마지막 작품으로 알려진 것은 〈지옥의 문〉이다. 그 위에 로댕은 〈생각하는 사람〉을 앉혀놓았다. 이것은 르네상스의 작가 단테의 《신곡》을 읽고 그중 〈지옥편〉에 감동받아 만들었다고 한다. 그것도 37년 동안! 그가 생각하는 존재인 인간에게 전한 메시지는 분명하다. 삶이 힘들다는 것이 무엇을 의미하는지를 깨달으라는 사실이다. 삶이 지옥이라고? 그렇다면 그 지옥에 대해 대가가 되라는 것이다. 지옥에 대해서 잘 알라는 것이다. 생각을 통해서 지옥을 접수하라는 얘기다.

이성으로 다가설 수 없는 영역이 분명 존재한다. 논리로는 도저히 해석이 안 되는 그런 영역 말이다. 바그너의 무대는 바로 이런 영역을 보여준다. "바그너는 인간의 내면적 환상을 만들어낸다."(유고6, 192쪽) 신들의 세상을 무대 위에 펼친다. 상상도 못할 세상이었다. 하지만 생각할 수 있는 사람들은 모두가 그의 공연을 바라보며 어떤 영향을 받았다. 이런 식으로 바그너는 민중을 만들어나간다. 자기의 예술을 이해하는 친구들을 형성해간다. 그렇게 "그는 관중을 육성해나간다."(같은 책, 193쪽)

> 그러나 위대한 정신의 생산을 위해서 고대는 다른 어느 때보다 더욱 강력하다. 괴테는 독일의 시인 — 문헌학자다. 바그너는 더욱 높은 단계의 시인 — 문헌학자다. 그는 유일하게 예술만이 가진 품위 있는 위상을 보는 혜안을 지니고 있

다. 오레스테이아가 바그너에게 영향을 끼친 것처럼, 고대의 작품이 그렇게 강력한 영향을 끼친 적은 없었다. (유고6, 185쪽)

앞서 니체는 바그너의 현상을 괴테의 것보다 더 높게 다룬 적이 있다고 밝혔다. 여기서 니체는 또다시 바그너를 괴테와 비교한다. 괴테도 고대를 연구했지만 바그너는 그보다 한 수 위라는 얘기다. 사실 괴테의 《파우스트》는 공연을 위한 것이라기에는 너무나 장황하다. 수많은 이념과 복잡한 스토리 전개는 헬레니즘 이후 대세가 된 알렉산드리아적 문화의 전형적인 결과물이라고 말할 수도 있겠다. 니체는 이 알렉산드리아적 문화의 유래를 소크라테스적인 것에서 찾는다. 즉 논리가 그것이다. 한마디로 말이 너무 많다. 말이 지배하는 무대로는 고대의 비극문화를 재현할 수 없다. 망아적 축제 같은 분위기는 상상도 못할 일이다.

"지식의 공허함"[25]을 인식한 괴테가 파우스트라는 대학 교수를 주인공으로 내세워 또 다른 지식을 지향하게 한다. 지식이 가져다준 한계를 지식으로 극복해보고자 애를 쓴다. 악마의 힘에 도움을 청할 때도 말을 상징하는 '피의 서약'을 맺기도 한다. "아무 종이쪽지라도 좋다. / 피 한 방울로 서명만 하면 된다."[26] 말로 증명만 된다면 좋다는 얘기다. 지극히 소크라테스적이다. 미학적 소크라테스주의는 오로지 "아름답기 위해서는 모든 것이 이성적이어야 한다"는 것과 "아는 자만이 덕성을 가지고 있다"(비극, 100쪽)고 말한다. 너도나도 다 아는 것은 이성적이고 그것만이 도덕적이라는 얘기다. 하지만 그런 이념적 행위로 '비극의 탄생'을 바라는 것은 거의 불가능하다.

이에 반해 바그너의 음악극은 전혀 다른 면모를 보여주고 있다. 음악적 요소와 연극적 요소가 한데 어우러졌다. 바그너는 그것에 덧붙여 거의 모든 요소를 요구한다. 소위 '게잠트쿤스트베르크Gesamtkunstwerk', 즉 '종합예술작품'을 원하는 것이다. 그러니까 "진정한 예술작품은 문학, 음악, 연극, 미술, 무대장치, 조명 등 모든 예술 장르들이 함께 동등한 입장에서 서로 자유롭게 그리고 예술적으로 '협력'을 해야 한다"[27]는 것이다. 그의 음악극은 개별적으로 최고의 경지에 오른 예술들이 이상적으로 조화를 이루고 있는 상황을 연출해낸다. '위대한 정신'을 생산해내기 위해 고대가 모든 것을 비극의 탄생에 집중시켰듯이, 바그너도 그 모든 것을 자신의 무대에 집중시킨다. 바그너의 예술을 통해 니체는 희망을 보게 된다. 복잡한 현상을 너머 분명한 본질로 나아갈 수 있는 길을 확인한 것이다.

> 우리의 최고 예술과 철학 사이에는, 그리고 진실로 인식된 먼 고대 사이에는 모순이 존재하지 않는다. 그것들은 서로 보호해주고 지지해준다. 여기에 내 희망이 놓여 있다. (유고6, 186쪽)

허무주의 철학이 전하는 희망의 메시지다. 니체가 들려주는 희망에 찬 목소리다. 이런 희망이 있었기에 허무주의에로 나아갈 수가 있었던 것이다. 꿈이 있기에 허무를 감당할 수 있었던 것이다. 모든 변화는 비이성에서 시작해 이성이 되어갔다는 것을 확신할 수만 있다면 무엇이 두려우랴. "도약과 탈선을 좋아하는 자"(비극, 23쪽)가 차라투스트라임을 명심하면 된다. 정해진 틀에서 노는 것이 아니다. 예상을 벗어난 장면 앞에서 우리는 감탄을 하게 된다. 숨막히는 긴장감만이 카타르시스를 연출해낼 수 있다. 정체가 이끄는 그 뚫리는 쾌감은 그때 발생하는 것이다.

너희가 할 수 있는 체험 가운데 더없이 위대한 것은 무엇이지? 그것은 저 위대한 경멸의 시간이렸다. 너희가 누리고 있는 행복이, 그와 마찬가지로 너희의 이성과 덕이 역겹게 느껴질 때 말이다. (차라, 19쪽)

비극은 탈출구가 없는 상황을 연출한다. 꽉 막힘이 비극의 상황이다. 엘레오스와 포보스, 즉 동정과 공포라 불리는 감정은 배설을 갈망한다. 숨 막히는 비극적 상황이 가져다준 답답함은 모든 카타르시스의 전제조건일 뿐이다. 경멸은 위대하다. 행복이 역겹게 느껴지고 이성과 덕이 역겹게 느껴질 때, 진정으로 위대한 순간이 도래하는 것이다. 양심의 가책 없이 버림이 이루어질 때, 진정한 삶의 감동이 전율처럼 전해진다. 정신에 번개가 치고 마음에 천둥소리가 울려 퍼진다. 이때 "인식은 삶을 전제로 한다"(반시대II, 385쪽)는 말의 의미를 진정으로 깨닫게 되는 것이다.

가장 위대한 체험은 그래서 단연코 경멸이다. 그동안 좋다고 생각했던 모든 것이 그 반대의 감정을 불러일으킬 때다. 그때 극복에의 필요성이 고개를 들게 된다. 한계에 직면해야 그 너머를 향한 한 발자국을 실천에 옮길 수 있게 되는 것이다. 낯선 곳으로 향하는 그 한 발자국이 인생을 바꾸어놓게 될 것이다. 지금까지 경험하지 못한 새로운 인생을 경험하게 해줄 것이다. 대낮에도 등불이 필요함을 인식하게 될 것이고, 어둠 속에서도 별을 보게 해줄 것이다. 바그너에 의해 다시 태어나고 있는 듯한 고대의 비극 문화가 니체에게는 희망이 아닐 수 없었다.

니체는 바그너를 통해 고대를 보고 있다. 예술과 철학이 만나 서로 소통을 한다. 꿈에서나 이루어질 수 있는 현상이랄까. 말 그대로 꿈같은 이야기가 현실 속에서 펼쳐진다. 꿈과 현실 속에서조차 모순이 존재하지 않는 그런 느낌이다. 꿈이 현실이고 현실이 꿈이다. 얼마나 감동적이었을까. 현실 속에서 희망을 볼 수 없었던 게 니체가 아니었던가. "내가 아무것도 희망할 수 없는 곳, 모든 것이 너무나 명백하게 종말을 가리키는 곳에서 희망을 걸었다."(비극, 20쪽) 희망을 가지게 해준 것이 바그너였다.

바그너와 니체가 한마음이 될 수 있었던 것은 쇼펜하우어에 대한 시각이었다. 이 염세주의 철학자는 이성의 힘에 대해서 비판적이었다. 그러니까 선배 세대, 특히 칸트와 헤겔에 대해 회의적이었다. 게다가 헤겔과는 같은 대학, 같은 학과에서 경쟁을 벌이기도 했다. 바그너는 그를 "천재"²⁸라고 추켜세웠고, 니체는 그에게서 부러울 정도의 불굴의 의지를 발견했다. "그가 가르친 것은 사라졌어도, / 그가 살았던 사실은 없어지지 않네. / 그를 보라! / 그는 아무에게도 굴복하지 않았네."²⁹ 그 굴복하지 않은 정신이 새로운 세상을 바라보게 했고, 또 거기서 새로운 길을 개척할 수 있었던 것이다.

철학자가 예술가를 만나 희망을 보았다. 고대가 전혀 낯설게 보이지 않았다. 고대와 현대 사이에 그 어떤 모순도 발견되지 않았다. 비극은 바그너의 무대 위에서 다시 탄생하고 있었다. "조상으로부터 물려받은 것"을 "새로이 얻어 진정으로 그것을 소유하라"³⁰고 명령했던 괴테의 가르침에 귀를 기울였던 쇼펜하우어처럼 니체는 바그너에게서 그런 경험을 하고 있었던 것이다. 고대 비극의 정신이 현대에 되살아나는 듯한 그런 경험 말이다. 희망을 가질 수밖에 없는 그런 상황이 느껴진다.

이성은 믿을 게 못 된다. 이성의 통제하에 있는 한 인생은 고리타분한 것이 되고 만다. 숨도 제대로 쉴 수 없는 상황이 연출되고 만다. 틀에 박힌 일상의 쇠사슬에 묶여 옴짝달싹도 못하게 되기 때문이다. 모든 변화는 비이성으로부터 시작해서 이성으로 자리 잡게 된다는 것을 깨달아야 한다. 그 변화의 선두에는 자유정신을 소유한 천재가 걸어가고 있다. 말 그대로 선구자다. 그는 이성에 대해 경계의 끈을 늦추지 않는다.

> 이성이 온갖 허튼 일을 일삼으려는 영역이 있다. (유고6, 186쪽)

허무주의 철학은 이성에 반대하면서 이성을 구축하려 한다. 도덕 너머에 있는 도덕을 발견하고자 한다. 삶을 극복하고 삶을 구현하고자 한다. 니체의 철학은 생철학이다. 인생을 철학적 고민의 대상으로 삼는 철학이다. 진정한 삶을 살고자 그동안의 삶을 시험대 위에 올려놓고자 한다. 스스로를 비판하는 그 자세는 처녀작의 서문에서도 엿보였다. 그 서문의 제목만 읽어도 니체의 의중을 느낄 수 있다. 〈자기비판의 시도〉!

전통은 깨라고 있는 것이다. 기록이 도전의 대상이 되는 것처럼. 자아성찰도 자기극복으로 나아가야 의미가 있는 것이다. 그저 현실에 안주하고자 한다면 웃음거리가 되는 원숭이나 다름이 없다. "사람에게 있어 원숭이는 무엇인가? 일종의 웃음거리 아니면 일종의 견디기 힘든 부끄러움이 아닌가. 위버멘쉬에게는 사람이 그렇다."(차라. 17쪽) 인식이 온 후에는 수치심이 눈앞을 가릴 것이다. 차마 눈 뜨고 못 보는 꼴불견이 될 것이다. 하지만 그런 후회막심이 자기를 싸고 있던 껍질을 허물처럼 벗게 해줄 것이다.

제 2 장 ——————— 나란히 발전하는
음악과 철학

예술은 언제나 새로운 문화 창달의
'맨 앞에' 서게 된다.

진실과 거짓말

이성의 도구는 말이다. 이성적 존재는 말을 하는 존재라는 것이다. 그런데 말로 못하는 게 무엇이 있을까? 밤하늘의 별도 따준다는 말을 서슴없이 하는 게 인간이다. 모든 말에는 감정이 실리게 마련이다. 어감이란 것이 그것이다. '××놈!' '×새끼!' 하면서 윽박지를 때는 좋은 감정이 생겨나지 않는다. '사랑한다'는 말이 전하는 어감은 전혀 다른 것이다. 말을 하며 사는 존재는 말 한마디로 목숨을 내놓아야 할 때도 있다. 누구는 말 한마디로 살인을 저지를 수도 있다. 말 한마디에 상처받은 자가 스스로 목숨을 끊기도 한다.

도대체 인간의 문제는 무엇일까? 사람 사는 곳에는 말이 문제가 되지 않을 수 없다. 말을 통해 소통을 하고, 그 소통이 제대로 이루어지지 않을 때 문제가 발생하는 것이다. 그런데 재미난 현상은 늘 다시 금기가 생겨난다는 것이다. 이래라저래라 하는 요구사항이 이래선 안 되고 저래선 안 된다는 기준을 마련한다는 얘기다. 그것이 사회를 굳건하게 해주는 법으로 자리 잡기도 한다. 하지만 영원한 법이 있을까? 영원한 진리가 있을까? 진실의 요건도 영원할 수 있을까? 하나의 사건을 두고도 해석이 다양할 수밖에 없는 게 현실인데.

니체는 고대를 연구하며 현대를 새롭게 인식했던 철학자다. 과거를 공부하며 현재의 한계를 깨달았던 자다. 실오라기 하나 걸치지 않고서 춤을 추는 그림들을 바라보며 상상도 못할 세계를 떠올리기 시작한다. 길모퉁이마다 세워져 있는 홀딱 벗은 신들의 조각상을 바라보며 신들의 세계관에 대해 의혹을 제기한다. 도대체 고대에는 어떤 일들이 벌어졌던 것일까? 고대인들은 어떤 생각을 하며 살았을까? "지금도 중세의 빙하 속에서 살고 있는(반시대III, 427쪽)" 우리로서는 도저히 상상도 하지 못할 일이다.

고대 신들의 세계를 들여다보면 볼수록 눈에 띄는 것이 있다. 그것은 예술적인 감각이다. 특히 고대의 저술 속에서 전해지는 세계관은 때로 허무맹랑하기 짝이 없다. 제우스가 하늘을 담당했고 번개 창을 던졌다고 한다. 그의 형 포세이돈은 바다를 담당하고 삼지창을 들고서 폭풍을 일으키기도 했단다. 그런데 이런 이야기들이 그때는 감동적이었다. 그렇지 않고서는 글로 남겨놓을 욕구를 느끼지 못했을 것이다. 도대체 인간은 왜 이런 이야기에 환장을 하는 것일까? 요즈음 현대인들은 시간여행을 하거나 우주의 새로운 존재들과 전쟁을 벌이는 이야기에 감동을 느끼기도 한다. 진리가 정해져 있는 시대에서, 그 진리 외에는 그 어떤 이야기도 해서는 안 되는 시대에서 인간은 천 년이 넘도록 살아왔다. 자유를 방종이라 여기며 살아왔던 것이다. 금기를 범하는 것을 신성모독이라 간주하며 살아온 것이다. 그런데 니체는 고대를 바라보며 전혀 다른 세계가 펼쳐지고 있음을 감지한다.

그리스인들은 이야기를 지어내려는 욕구 때문에 무척이나 괴로워했다. 그들에게 "신화적인 것", 말하자면 속이는 것을 일상에서까지 맞는 것은 매우 어려운 일이었다. 모든 시인 민족은 거짓말에 대한 욕구를 가지고 있고 더불어 그에 대해 무죄라고 여겼기 때문이다. 이웃 민족들은 그것을 절망적인 것으로 여겼을 것이다. (유고6, 187쪽)

고대는 신화의 시대다. 신들의 이야기가 펼쳐지던 시대다. 창작의 세계에는 한계가 없다. 말도 안 되는 이야기지만 재미가 있다. 그 재미에서 인간은 즐거움을 느낀다. 별도 따주겠다는 말에 마음을 여는 이가 도대체 얼마나 되는지 셀 수가 없을 정도다. 현실에 눈을 뜨고 나서는 '속아서 사랑했다'고 말을 하게 되지만 그때는 그것이 진실이었다는 것을 거부할 수가 없는 것이다. 그것이 인간이다. 그런 삶이 인간적인 삶이다. 그런 삶이 재밌다. 행복을 느낄 수 있게 해주는 삶이다. 사랑을 느끼게 해주는 영역은 말로는 도저히 해명이 불가능한 곳이다. "사랑으로 행해진 것은 항상 선악의 저편에서 일어난다."(선악, 127쪽) 이건 이것이다, 저건 저것이다라고 분명하게 말할 수 있는 곳에서 사랑은 그저 요원한 것이 되고 만다. 사랑은 한계가 무너지는 곳에서 이루어지기 때문이다.

진실이 분명한 곳에서 창조는 불가능하다. 옳음이 단정적인 곳에서 예술은 설 자리를 찾지 못한다. 창조와 예술은 진실을 거부할 수 있는 자유가 주어질 때 진가를 발휘하게 된다. 그것은 옳음이 옳지 않을 수 있다는 가능성을 인정할 때에만 굳건한 자리를 꿰찰 수 있게 된다. 고대 그리스의 중심지 아테네에 가면 아크로폴리스란 곳이 있다. 도시국가의 성지였다. 그곳에는 신전이 있었다. 신화의 이야기가 이 국가를 지탱해주는 이념으로 자리 잡고 있었던 것이다. 누구는 제우스의 아들이라 자처하고 맹세를 할 때도 제우스의 이름으로 했던 때다. 플라톤의 아버지는 포세이돈 가문의 자손이라고 떠벌리지 않았던가.[1] 그리고 플라톤 스스로는 자신의 학당 아카데미에서 아폴론을 섬기기도 했다. "그는 오로지 한 명의 신만을 알고 있었을 뿐이다."[2] 그것이 아폴론이었던 것이다. 즉 "그들에게 '신화적인', 말하자면 속이는 것을 일상에서까지 막는 것은 매우 어려운 일이었다"는 것이다.

신화가 일상이었다. 이것은 커다란 인식이다. 속이는 것이 허용될 수 있었다는 것이기 때문이다. 고대는 이른바 '누가 더 잘 속이나?' 하는 능력의 검증장이었을 것이다. 비극 경연대회로 알려져 있는 "아곤Agon"[3]은 바로 이러한 능력을 평가받는 자리였을 것이다. 그것이 바로 예술이었다. 즉 고대의 예술은 오로지 신들의 이야기를 주제로 했다. 사실을 있는 그대로 보여주는 것이 아니라 신들의 시각으로 탈바꿈하게 된 것이다. 누가 과연 그 탈바꿈을 가장 감동적으로 일구어내는가? 그것이 관건이었을 것이다. "모든 시인 민족은 거짓말에 대한 욕구를 가지고 있고 더불어 그에 대해 무죄라고 여겼기 때문이다." 거짓말은 무죄다. 누구나 다 거짓말에 대한 욕구를 당당하게 느끼고 있었다. 진실만을 원했던 플라톤조차 젊은 날에는, 즉 소크라테스를 만나기 전에는 이 아곤에 참가하고자 애를 썼다.[4] 한마디로 신춘문예에 당선되고자 애를 썼던 것이다.

고대는 이야기로 충만하다. 그리스 로마 신화는 영원한 고전이 되었다. 인류가 존재하는 한 이 이야기는 읽히게 될 것이다. 하지만 이런 이야기가 필요 없다고 생각되었던 적도 있다. 그런 생각이 고대를 무너뜨렸다. 교부철학자 아우구스티누스는 극장에 가던 발걸음을 돌려 신에게로 향한 것을 긍지로 삼았다. 극장에서만 확인할 수 있는 "그런 광기에 매료된 자들에게 날카로운 조롱을 가함으로써"[5] 쏟아냈던 그의 고백은 세상을 바꾸어놓았다. 영웅의 탄생은 그의 관심사가 아니었다. 그는 오로지 하늘에 있다는 그 유일신만을 향한 열병을 앓았던 것이다. 오로지 믿음만이 그 병을 낫게 해주었다. 이런 치유방식이 중세를 탄생시킨 것이다. 고대는 중세의 등장과 함께 역사의 뒤안길로 접어들게 된다.

고대의 퇴색은 무엇을 의미하는 것일까? 그것은 국경선을 무색케 하는 종교적 이념이 세상을 지배하게 되었다는 것이다. 200년에 달하는 십자군전쟁을 하면서 유럽은 기독교 정신으로 하나가 된다. 유럽 전체가 하나의 이념으로 똘똘 뭉치게 된 것이다. 기독교가 아니면 유럽이 아니라는 말이 나올 정도가 된 것이다. 이것이 세계화일까? 근대인들, 특히 스스로를 르네상스인이라 부르는 자들은 중세를 일컬어 암흑기라고 말한다. 신만이 빛이었기 때문이다. 그때 인간은 빛을 잃은 자에 불과했던 것이다. 어둠 속에서 길을 잃은 자라고나 할까. 세상을 어둡게 만든 것은 중세의 교리였을 뿐인데도 말이다.

니체는 질문을 던진다. "삶의 광학으로 본다면 도덕은 무엇을 의미하는가?"(비극, 16쪽) 세속적이라고 불리는 이 세상의 입장에서 보면 기독교의 이념은 과연 어떻게 보이게 될까? 우리는 너무도 기독교의 논리에 젖어 있어서 쉽사리 찾지 못하는 시각이다. 신은 선한 것이고 악마는 나쁜 것이라는 이분법적 논리에 너무도 익숙해져 있기 때문이다. 천국은 하늘에 있고 지옥은 지하에 있다는 생각을 너무도 당연하게 여기고 있기 때문이다. 구원을 받으면 천사와 같이 된다고 했다. "부활 때에는 장가도 아니 가고 시집도 아니 가고 하늘에 있는 천사들과 같으니라."(마태복음 22:30) 내가 내가 아닌 어떤 존재가 된다는 것이다. 모든 인생이 고통이라면, 부활 때에는 고통이 본질인 그런 인생은 작별한 이후라는 얘기다. 고통이 없는 세상! 참으로 천국의 이미지가 아닐 수 없다.

중세는 또 다른 이야기로 세상을 지배하게 된 것이다. 고대가 거짓말로 충만했던 것처럼, 중세 또한 거짓말로 세상을 채워나간다. 그것이 '무죄'라고 생각하면서 양심의 가책을 느끼지 않았던 것이다. 칼을 들고 사람을 죽이면서도 "옳은 전쟁"[6]이라고, 이른바 "성전聖戰"이라고 외치며 긍지를 가졌던 것이다. 그리스 밖에서 그리스를 바라보면 절망적이었던 것처럼, 유럽 밖에서 유럽을 바라보면 절망적이지 않을 수 없다. 모두가 무죄의식으로 잔인한 행동을 일삼고 있기 때문이다. 여기서 니체는 또 다른 질문을 던진다.

> 산에서 살고 여행을 많이 하고 재빨리 자리에서 벗어나는 것 ─ 이런 점에서 누구나 그리스 신들과 대등할 수 있다. 우리는 지나간 것과 미래적인 것을 거의 안다. 그리스인이 우리를 본다면 무슨 말을 하게 될까? ─ (유고6, 187쪽 이후)

니체의 철학적 사고는 이런 식으로 진행된다. 늘 그 시대로 들어가보는 것이다. 입장 바꾸어 생각해보는 것이다. "그리스인이 우리를 본다면 무슨 말을 하게 될까?" 이 질문을 오랫동안 품고 있으면 서서히 답변이 들려올 것이다. 니체는 그 소리를 가감 없이 적어놓고자 한다. 그것이 어쩌면 그를 문헌학에 몰두하게 했던 이유인지도 모를 일이다. 고대 그리스인들은 그들이 만들어낸 신들의 세계에서 살았다. 현대는 아직도 중세의 빙하 속에 갇혀 살고 있다. 즉 교회의 굴레 속에서 살고 있는 것이다. 이런 삶을 바라보며 고대인들은 무슨 말을 하게 될까? 정말 듣고 싶다.

스스로 신이라 생각했던 사람들 혹은 스스로 신이 될 수 있다는 가능성을 열어놓고 사는 사람들이 바라보는 세계는 어떤 것일까? 분명 산 정상에서 보는 세상은 산 아래서 보는 세상과 다르다. 키 큰 사람이 바라보는 시각으로 찍어놓은 사진을 바라보면 키 작은 인생으로 살아온 자는 새로운 시각을 발견하게 마련이다. 신이니 정의니 진리니 정답이니 하는 개념하에서 생각하고 말을 하는 데 익숙해진 정신으로 살아왔다면 스스로 결정하고 선택하는 신 자신의 정신세계는 낯설 수밖에 없다. 스스로가 신이라고 생각하는 자들의 세상은 도대체 어떤 세상일까?

인간의 불행과 신의 행복에 대한 생각들

인간이 있는 곳에 신이 있다. 종교는 인간의 문제다. 이성이 있기에 생겨날 수밖에 없는 문제다. 이성적 존재가 벗어날 수 없는 문제 상황이다. 인간은 늘 신의 존재를 묻는다. 이성이 그것을 문제 삼기 때문이다. '태초에는 무엇이 있었을까?', '종말은 언제일까?', '악마는 어떤 존재일까?' 이런 거대한 문제부터 '엄마가 좋아, 아빠가 좋아?', '그는 나를 사랑하는가?' 등 사소한 문제까지 궁금한 것도 참 많다. 이 또한 이성이 있어서 그런 것이다.

로봇 태권브이와 마징가 제트가 싸우면 누가 이길까? 태권도 선수와 가라테 선수가 싸우면 누가 이길까? A와 B가 팔씨름을 하면 누가 이길까? 인간에겐 승리에 대한 관심도 무한하다. 가장 강한 존재, 소위 전지전능한 존재로 인간은 신을 상상해낸다. 신은 어떤 것을 알고 있어야 할까? 신은 어떤 능력을 갖추고 있어야 할까? 신에 대한 궁금증이 없다면 그것은 진정한 인간이 아닌 것이나 다름이 없다. 인간이라면 당연히 신을 문제 삼을 수밖에 없다. "종교는 인간본질의 진리성과 신성을 믿는 것에 불과하다"[7]는 주장, 즉 신을 알면 알수록 인간 스스로를 알게 되는 논리도 그래서 설득력을 얻게 된다. 신에게 다가설수록 인간 스스로 자기 자신의 욕망에 더 가깝게 다가서게 되는 것과 같다.

모든 민족에게는 신화가 있다. 신화를 보면 그것을 만들어내고 또 믿는 그 민족의 정신세계가 보인다. 모든 신의 공통점은 인간의 정반대편에 서 있다는 것이다. 온갖 희망사항을 다 몰아넣었기 때문이다. 좋은 것을 모조리 모아놓은 이미지가 신이라는 존재가 되어야 하기 때문이다. 그래서 신과 인간을 비교해보면 차이점은 분명해진다. 인간이 범접할 수 없는 곳에 신의 영역이 형성된다. 신이라면 그 정도는 당연하게 해낼 수 있는 그런 영역이 되는 것이다.

반대로 신들의 입장에서 보면 인간은 악하기 짝이 없다. 거만해서 뭐든지 제멋대로 하려 든다. 한 대 쥐어박고 싶을 정도로 뻔뻔하기도 하다. 그래서 "신들은 인간을 더욱 악하게 만든다. 인간의 본성이 그렇다."(유고6, 188쪽) 신들은 인간을 더욱 불쌍하게 만든다. 더 불행하다는 생각이 들게 한다는 얘기다. 그런 생각이 신에게 의존하게 만드는 것이다. 인간은 스스로 그런 굴복을 자처한다. 더 위대한 신을 상상해냄으로써 더 큰 굴복을 상상해내는 것이다. "신들은 인간의 편리함을 위해서 만들어진 존재다."(유고6, 200쪽) 이것이 바로 신을 필요로 하는 '인간의 본성'이다. 생각하는 존재의 운명이 그렇다는 얘기다.

신들의 질투는 도대체 어디서 오는 것일까? 사람들은 평화롭고 조용한 행복이 아니라 단지 기분이 들뜬 행복만을 믿는다. 그것이 그리스인들에게는 무척이나 기분 나빴음에 틀림없으며, 그들의 마음은 너무나 쉽게 상처받았다. 그래서 행복한 이를 볼 경우 그들은 격분했다. 그것이 그리스적이다. 탁월한 재능이 존재했던 곳에는 질투하는 자들의 무리도 엄청나게 많았을 것이다. 그래서 재능 있는 자가 불행을 맞이하면, 사람들은 "그래! 그자도 너무 거만했어"라고 했다. 누구나 재능을 가지고 있었다면 그렇게 거만하게 행동했을 것이다. 그리고 누구나 불행을 보내는 신의 역할을 기꺼이 했을 것이다. (유고6, 189쪽)

신들의 질투는 인간의 질투에 기인한다. 질투는 인간의 본성 속에 자리 잡고 있다. 인간이 질투하는 존재라서 신도 그런 성격을 부여받게 되는 것이다. 바로 이 지점에서 생각하는 존재가 스스로를 생각 속에 가두어놓게 되는 모순이 벌어지는 것이다. 무엇이든 생각할 수 있는 존재가 어떤 특정한 생각만을 강요하는 그런 상황 말이다. "여호와는 질투하시며 보복하시는 하나님이시니라"(나훔 1:2)고 말할 때 그것을 믿는 신앙인은 어떤 생각을 하게 될까. 질투하는 신 앞에서 조심해야겠다는 생각부터 할 것이다. 신의 보복은 인간이 생각해낼 수 있는 그 어떤 방법으로도 피할 수 없기 때문이다. 상상을 초월하는 그런 신의 보복이 두렵다면 마음까지도 감찰한다는 신의 시선을 의식하지 않을 수 없다. "여호와는 마음을 감찰하시느니라."(잠언 21:2) 정말 무섭다. 마음도 내 마음대로 할 수 없는 상황이 벌어지고 말았기 때문이다. 이때 양심의 가책은 불가항력적으로 다가선다.

　다시 한 번 니체의 질문을 입에 담아보자. "신들의 질투는 도대체 어디서 오는 것일까?" 그리고 솔직해보자. 솔직하게 대답해보자. 무죄라는 의식으로 신앙인의 입장을 취하려 하지 말자. 오히려 신성모독이 될 수 있는 그런 발언이야말로 진정으로 솔직한 대답이 될 수 있다. 신이 자신의 형상대로 인간을 만들었다고 말하는 것은 인간의 주장일 뿐이다. 그런 말을 기록하고 책으로 엮어낸 모세의 생각일 뿐이다. 그 글의 내용을 신의 뜻으로 해석해 내는 것은 신앙의 영역일 뿐이다.

허공을 바라보며 길을 걸을 때 돌부리에 걸려 넘어지는 법이다. 뜬눈으로 도 사물을 제대로 파악하지 못할 때 낭떠러지를 피하지 못하는 것이다. 천사처럼 살기보다는 더러운 물로도 씻을 줄 아는 대지의 산물로 사는 게 더 낫다. 니체는 대지로 몰락하기를 바란다. 천국 바라기를 포기한다. 영생을 꿈꾸지 말라는 것이다. 오히려 이 대지를 지상천국으로 만들라 한다. 여기서 는 춤추는 자가 신일 뿐이다. 니체가 믿고 싶은 신이다. "나는 춤을 출 줄 아는 신만을 믿으리라."(차라, 65쪽) 삶의 짐에 짓눌려 사는 꼴을 보고 싶지 않은 것이다. 평생 육체를 가지고 살아야 하는 게 운명이라면 그 육체를 다루는 데 대가가 되라는 것이다.

니체는 이 땅의 누구든지 살고 싶으면 그저 가벼운 발로 살아주기를 바란 다. 그래서 "사람들은 평화롭고 조용한 행복이 아니라 단지 기분이 들뜬 행복만을 믿는다"는 말에 수긍하지 않을 수 없게 된다. 춤을 출 수 있기까지 얼마나 많은 훈련을 했을까? 그저 밍밍하고 아무런 자극도 없는 그런 행복 은 행복이 아니다. 진정한 행복은 하고 싶은 것을 해냈을 때 실현되는 것이 다. 싸워서 쟁취한 것이 행복감을 선사하는 것이다. 성취감과 승리감을 동반 할 때에만 행복에 의미가 부여되는 것이다. 그때 삶은 의미를 얻게 된다. 때 로 행복을 느끼기 위해 적당한 적을 찾아내야 하기도 한다. 이겨야 직성이 풀리는 게 인간이기 때문이다. 이기고 싶은 욕망을 꺾을 수 있는 것은 아무 것도 없다. 때로 신을 동원시켜가면서까지 이기고자 하는 것이 인간이다.

그리스인들은 지극히 인간적이었다. 그들은 남의 행복을 마음 편하게 바라보지 않았다. "그래서 행복한 이를 보면 그들은 격분했다." 이런 열정이 비극 문화를 창출해내는 밑거름으로 작용했던 것이다. "탁월한 재능이 존재했던 곳에는 질투하는 자들의 무리도 엄청나게 많았을 것이다." 남과 비교하면서 상대적 박탈감도 받았을 것이다. 이런 상황에서 불굴의 의지가 동원되는 것이다. 지고 싶지 않은 마음이 의지에 불을 붙이는 것이다. 탁월한 재능을 알아보고 그것을 질투하는 것도 능력이다. 그것이 그리스 정신을 형성하는 기본 틀이 된다. 재미난 것은 이런 능력이 비극을 창출해냈다는 사실이다. 그리스인들은 탁월하다고 하는 그런 "재능 있는 자가 불행을 맞이하면, 사람들은 '그래! 그자도 너무 거만했어'라고" 말하게 되는 것이다.

그리스 비극의 주인공들은 자기 자신에게 뭔가가 부족했지만 인식하지 못하고 나대다가 엎어지는 꼴이다. 거만했다는 인식은 바로 이런 것이다. 그리스어로는 "휘브리스Hybris"[8]라고 한다. 이것은 모든 것을 비극적 상황으로 몰고 간다. 비극의 주인공은 그러니까 도덕적인 죄 때문에 고통을 당하는 것이 결코 아니다. 주인공은 그저 자기 자신에게 주어진 운명적 약점 때문에 몰락하고 있을 뿐이다. 아리스토텔레스는 결핍, 부족, 빗나감 등의 뜻을 지닌 "하마르티아Hamartia"를 비극의 원인으로 설명했다. 뭔가가 부족한 부분이 비극적 상황을 만든다는 것이다. 인간은 누구나 부족한 면이 있다. 신도 개성이 있어 이런 한계를 운명으로 삼아야 할 뿐이다. 그런데 시간이 흐를수록 거만이라 불리는 거품은 자꾸만 커져간다. "상실되어가는 현실감각"[10]이 인식을 방해한다. 눈을 뜨고도 현실 인식이 안 되는 것이다. 그것이 비극적 주인공이 맞닥뜨린 불행의 현장이다.

디오니소스 극장에 모여 비극을 관람하고 있는 아테네의 관중은 거만했던 주인공의 몰락을 보며 동정과 공포의 감정을 느꼈을 것이다. 이해하니까 감동이 따르는 것이다. 극장을 떠나며 관중은 가슴을 쓸어내렸을 것이다. 주인공의 거만했던 행동이 만들어내는 비극적 상황에서 벗어날 수 있다는 것만으로도 안도의 한숨을 내쉬게 되었을 것이다. "그래! 그자도 너무 거만했어"라는 말 한마디와 함께 그의 눈에는 현실이 다시 보이기 시작했을 것이다. 그나마 여기가 더 낫다는 인식이 행복감까지 느끼게 해주었을 것이다. 삶을 살 만한 것으로 보았을 것이다. 이것이 진정 비극 예술이 바라는 목적이 아닐까.

다시 니체의 음성에 귀를 기울이자. "누구나 재능을 가지고 있었다면 그렇게 거만하게 행동했을 것이다. 그리고 누구나 불행을 보내는 신의 역할을 기꺼이 했을 것이다." 누구나! 비극의 무대 위에 선 주인공은 장삼이사의 한 명일 뿐이다. 누구나 그 주인공의 삶을 살아갈 수 있다. 주인공은 이해 불가능한 행동을 한 것이 결코 아니다. 누구나 할 수 있고 또 그래서 누구나 당할 수 있는 그런 일들을 보여주었을 뿐이다. 누구나 그 정도의 거만한 행동은 할 수 있을 것이라고 판단했을 것이다.

또 불행을 보내는 신의 입장 또한 지극히 인간적이다. 그리스인들은 신의 입장을 설득력 있게 묘사해냈다. 그들이 만들어낸 신화, 즉 신들의 세계는 인간들의 삶의 현장에서 일어날 수 있는 일들을 이야기하고 있을 뿐이다. 그래서 신 또한 인간의 입장에서 이해했을 것이다. '나라도 그렇게 했을 것'이라고 말하면서. 거만하게 행동하는 자나 그 행동에 복수의 칼을 가는 자나 모두가 인간적이다.

> 인간의 불행에 관한 노래를 신들에게 불러줄 경우 그것은 신들에게 하나의 즐거움이었다. 그리스인들은 오로지 예술을 통해서 불행조차 즐거움이 될 수 있

다는 사실을 잘 알고 있었다. 비극을 보라. (유고6, 189쪽 이후)

질투하는 인간이기에 질투하는 신은 지극히 당연한 것처럼 여겨졌을 것이다. "신들이 즐겨 듣는 노래의 주제는 바로 인간의 불행이다."(인간적 I, 172쪽) 남의 불행은 곧 나의 행복이라 했던가. 인간이라면 누구나 "승리를 원한다. 그러나 다른 사람에 대한 승리를 원한다."(인간적 II, 98쪽) 승리감이 최고의 약임을 잘 알고 있기 때문이다. "영혼의 야전野戰 약국. — 가장 강한 약은 무엇일까? 승리다."(아침, 421쪽) 사랑의 상처는 사랑으로 치유된다고 한다. 싸움에서 최고의 약은 승리뿐이다. 산 정상에 올라본 자만이 느끼는 그 행복감은 늘 동경의 대상이 된다.

이겼다는 생각이 가져다주는 쾌감을 이루 말로 형용할 수가 없다. 축구나 야구 경기를 보면 쉽게 이해할 수 있다. 시합에 참가하는 자들은 모두가 서로 이기려고 안달이다. 누구는 졌다고 눈물을 흘리지만 누구는 이겼다고 환호를 외친다. 이것 때문에 인간은 예술적 차원에서 패배의 현장을 돈을 주고서라도 경험하고자 한다. 주인공이 무너지는 꼴을 보고야 말겠다는 그 욕구에 걸맞은 상황을 예술가는 연출해내야 하는 것이다. 이것이 바로 비극이 탄생하고 또 여전히 비극이 존재하는 이유다.

고대 신들의 세계에는 그리스인들의 세계관이 고스란히 담겨 있다. 그들에게도 죄의식이 존재한다. 아니, 이렇게 묻는 게 더 나을 것 같다. 그리스인들은 죄의식을 어떻게 생각했느냐고. 왜냐하면 죄의식은 인간의 문제이기 때문이다. 아무런 이유도 없이 누군가를 두들겨 패면 10분도 안 되어 무릎을 꿇고 잘못했다고 빈다는 소리를 들은 적이 있다. '네 죄를 네가 알렸다!'고 윽박지르면 지레 겁을 먹는 게 인간이다. 충분히 그럴 수 있다고 생각한다. 그냥 마른하늘에 천둥이 쳐도 깜짝 놀라는 게 인간의 마음이다. 인간은 모두 이성적 존재라서 죄를 모를 수가 없기 때문이다. 광야에서 누군가가 "회개하라"(마태복음 3:2)고 외쳐대면 누구나 회개할 거리를 찾게 마련이다. 하지만 고대의 죄의식은 중세의 죄의식과 커다란 차이가 있다. 니체는 그것을 말하고자 한다.

> 그리스인들이 오로지 현세의 삶만을 바라보았다는 것은 전혀 사실이 아니다. 그들은 죽음의 불안, 지옥의 불안에서도 고통을 느꼈다. 그러나 결코 참회하거나 회오하지 않았다. (유고6, 191쪽)

그리스인들도 잘 알고 있었다. 인간은 모두 죽는다는 사실을. 그래서 죽음 이후의 삶에 대해서 고민을 많이 했다. 고대 이집트인들도 마찬가지였다. 하지만 기독교에서처럼 회개와 믿음을 요구하는 것은 아니었다. 그리스인들이 이야기하는 신화 속에는 불안심리가 가져다주는 고통이 수도 없이 많이 등장한다. 죽으면 건너야 할 강도 다양하다. '아케론Acheron, 암흑의 강', '레테Lethe, 망각의 강', '코키토스Kokytos, 통곡의 강', '플레게톤Phlegethon, 불의 강', '스틱스Styx, 공포의 강'[11]가 그것이다. 각각의 강마다 경험하는 공포가 다르다. 그리고 지옥에는 머리가 셋이나 달린 개가 지키고 있단다. '케르베로스Kerberos'가 그 개의 이름이다. 얼마나 혐오스럽고 무서운 개인가. 인간의 힘으로는 도저히 이길 수 없는 존재 같다.

하지만 그리스인들은 "결코 참회하거나 회오하지 않았다"고 한다. 당연히 마주해야만 하는 운명처럼 받아들였을 뿐이다. 이것이 "회개하라"고 외쳐대는 기독교의 교리와 차이를 보이는 점이다. 그리스인들은 오로지 예술을 통한 구원 논리를 보여주고 있을 뿐이다. "여기, 이러한 의지의 최고 위험 속에서 예술이 구원과 치료의 마술사로서 다가온다. 오직 예술만이 실존의 공포와 불합리에 관한 저 구역질 나는 생각들을 그것과 더불어 살 수 있는 표상들로 변화시킬 수 있다."(비극, 67쪽) 그리스인들에게 예술은 말 그대로 구원행위에 해당하는 것이다. 그들이 생각하는 진정한 구원은 현실에 대한 구역질 나는 생각들이 변화를 일으키는 데서 실현될 뿐이다.

니체가 평온함을 느꼈던 알프스의 정취는 "선악의 저편"(즐거운, 414쪽)이라는 말로 표현되었다. 거기서 그는 또 다른 자아의 탄생을 맛보았다. 그 정반대의 이편에서 살아온 것에 대해 회개할 필요는 없다. 차라투스트라는 다시 인간을 사랑하는 마음으로 태양처럼 몰락하기를 자처하고 있을 뿐이다. 저편에서의 경험은 목적이 아니라 과정일 뿐이다. 결국에는 또다시 이편으로 돌아와야 한다. 이런 회귀는 영원히 이루어져야 한다. 삶의 현장이 이편이기 때문이다. 이를 두고 니체는 "영원회귀 사유"(이 사람, 419쪽)라 말한다. 우리 모두가 살아가야 할 이 세상의 논리다.

관중을 육성해가는 예술가 바그너

니체의 철학은 고대를 동경하면서 시작되었다. 고대 신들의 세계를 바라보며 현실의 문제를 풀어보고자 했다. '비극의 탄생'을 추궁하며 철학의 길을 걸었던 것이다. 철학은 예술로 향하는 샛길과 같다. 그의 철학은 우리를 "새로운 샛길과 무도회장으로 인도"(비극, 13쪽)하고 있을 뿐이다. 디오니소스의 추종자였던 사티로스Satyros와 마이나데스Mainades가 춤을 추었던 곳으로. 그곳에서는 주인공으로 등장하는 아이스킬로스가 이런 말로 우리를 유혹하고 있을 것만 같다. "이 민족은 그렇게 아름답게 될 수 있기 위해 얼마나 많이 고통을 당해야 했겠는가! 그러나 지금 나를 따라와 비극을 보세. 그리고 나와 함께 두 신의 신전에 제물을 바치세!"(비극, 179쪽) 함께 제사를 지내자! 함께! 빛으로 아름다운 가상을 보여주는 아폴론과 망아恍惚라는 파괴의 원리로 위로를 해주는 디오니소스를 위해 제사를 지내자는 것이다. 빛과 어둠의 결혼식장으로 우리를 인도하는 것이다. 우리 모두를 이 결혼식의 하객으로 만들고 싶은 것이다.

선악의 저편은 니체가 꿈꾸는 이상향이다. 구원이 이루어지는 장이다. 행복감으로 충만한 곳이다. 하지만 저편은 그냥 도달할 수 있는 곳이 결코 아니다. 죽음 직전까지 끌고 가는 끔찍한 경험을 전제한다. 죽지 못해 산다는 말이 나올 지경까지 몰고 간다. 일말의 해결 가능성을 지니고 있다면 그것은 비극적 상황이 아니다. 길이 안 보이고 삶의 짐은 한없이 무겁게만 느껴지는 그런 상황 속에서 인식은 마침내 날개를 펼친다. 카타르시스는 '레타르다치온Retardation', 즉 정체기를 전제한다. 배설의 쾌감은 더러운 똥이 모여드는 것을 감당해야 한다. 고통이 극에 달했을 때 터져주어야 쾌감 또한 극에 달한다. 번개는 먹구름을 모아야 생긴다. 가장 멋진 종소리는 내부를 무無와 공空으로만 가득 채운 종만이 낼 수 있다. 가장 멋진 승리감은 가장 혹독한 싸움 뒤에 주어지는 선물이다. 창조는 파괴의 오랜 과정을 필요로 한다. 이것이야말로 예술이 담당하는 영역인 것이다. 니체는 이 모든 고대의 예술을 바그너에게서 확인한다. 그리고 희망을 건다.

바그너는 인간의 내면적 환상을 만들어낸다. 후세의 사람들은 조형 작품의 증

인이 될 것이다. 문학은 조형 예술에 앞서가야만 한다. (유고6, 192쪽)

　환상을 만들어내는 것은 예술가의 몫이다. 모든 환상은 현실을 아름답게 보여주는 것이다. 아니, 아름다운 현실을 보여준다고 해도 맞는 말이다. 바그너는 예술작품으로서 무대 위에 환상적인 세계를 만들어냈을 뿐이지만 후세 사람들은 '조형 작품의 증인'이 될 것이라고 니체는 확신한다. 즉 바그너가 무엇을 만들어냈는지 후손들은 알게 될 것이라는 얘기다. 지금 당장은 그의 진가를 알아주는 사람이 없을지 몰라도 말이다.

　바그너는 글을 쓰는 음악가였다. 그는 자신의 모든 음악극의 시나리오를 직접 작성했다. 그의 글솜씨는 여느 전문 드라마 작가 못지않다. 아니, 자신만의 세계를 형성하고 있을 정도로 문체도, 구성도 모두 탄탄하다.[12] 음악과 문학이 한데 어우러져 만들어진 것이 그의 예술이다. 문학은 언어예술이다. 말의 장인이 내놓은 작품들이다. 인류 최초의 작가 또한 서사작가였다. 호메로스와 헤시오도스가 그들이다. 이들이 남겨놓은 글들을 읽고 감동받아 비극작가들이 행동이 가미된 드라마를 창출해냈던 것이다. "문학은 조형 예술에 앞서가야만 한다"는 주장은 그래서 설득력을 얻는다.

　그리고 관중에 대한 바그너의 이해도 특별하다. 예술가는 관중을 필요로 한다. 독자가 있어야 작가도 먹고산다. 봐주는 사람이 없는 예술은 의미가 없다. 바그너는 이 논리를 너무나도 잘 알고 있었다. 그는 자신의 예술로 자신만의 관중을 형성해나가는 특별한 재능을 지니고 있었다. 소위 말하는 광적인 추종자들은 바그너의 경우 두드러진 현상이라고 말할 수 있을 것이다. 니체도 이 점을 간파하고 있었다.

바그너는 자신의 예술을 매우 높이 평가한다. 그것은 슈만처럼 한구석에 자신을 숨기기 위해서다. 그는 관중에게 굴복하거나(《리엔치》) 아니면 관중을 자신에게 굴복시킨다. 그는 관중을 육성해나간다. 평범한 이들도 관중을 원하지만, 그들은 신문 같은 비예술적 수단을 통해 관중을 찾았다. 가령 한슬리크[Hanslick]. (유고6, 192쪽 이후)

바그너는 자기 자신의 예술에 대해 긍지가 컸다. 그는 사람들 앞에서 자기 음악을 연주하는 것을 즐겼다. 니체도 "식사 전후에 바그너는 장인가수의 모든 중요한 부분들을 연주"[13]하는 것을 들었다고 고백한 바 있다. 니체는 "그의 곁에서 마치 신과 같이 있는 듯한 느낌"[14]을 받았다고 고백하기도 했다. 그에게 바그너라는 현상은 신적인 존재였던 것이다. 그런 바그너가 자기 자신의 예술에 대해 긍지를 가진다고 해서 감정이 상할 일은 전혀 없었다. 오히려 존경의 눈초리로 바라보았을 것이다. "우리의 하늘에는 구름 한 점 떠다니지 않았다네."[15] 자기 예술에 대한 바그너의 평가는 곧 니체의 평가이기도 했다. 그저 일치된 마음이 보여주는 행복감뿐이었을 것이다. 이렇게 니체는 바그너의 추종자가 된 것이다.

예술가, 특히 음악가의 추종자가 된 철학자는 희망으로 가득 차 있었다. 이런 식으로 바그너는 자신의 관중을 키워나갔다. 니체는 그가 만든 관중의 한 사람이 되었던 것이다. 바그너는 점점 더 많은 관중이 모여들 수 있게 했다. 이것이 바그너 예술의 특징이다. 그는 관중의 마음을 휘어잡았다. 극장을 압도했다. 때로는 관중에 굴복하고 또 때로는 관중을 굴복시키며 관중을 육성해나갔다. 관중의 눈과 귀는 그의 조련에 길들여지기 시작한 것이다. 인간의 내면적 문제가 조형 예술처럼 제시된 무대 예술의 환상 속에서 하나가 되게 했다. 바그너의 예술은 이런 점에서 특별했던 것이다.

이에 반해 물론 "평범한 이들도 관중을 원하지만, 그들은 신문 같은 비예술적 수단을 통해 관중을 찾았다." 여론을 만들어가며 관중을 몰고 다니는 자들은 진정한 예술가가 아니라는 얘기다. 바그너를 비난하는 자들은 그의 예술을 이해한 자들이 아니었다. 그들은 그저 극장 밖에서 소리를 내는 자들이었을 뿐이었다. 그래서 니체는 신문 따위에서 바그너에 대해 언급하는 소리들을 곧이곧대로 믿지 말라고 충고하기도 했던 것이다. "자네는 신문이나 음악전문가들의 글들 등에서 찾을 수 있는 그와 관련한 어떤 판단도 믿어서는 안 되네."[16] 모든 혁명가가 그렇듯이 친구도 많지만 적도 많은 법이다.

"바이로이트 기획의 동지애적인 면"(유고6, 328쪽)이란 글을 노트에 적을 때 니체는 어떤 심정이었을까? 분명 희망에 차 있었을 것이다. 바그너가 하는 일이 자신의 일처럼 느껴졌을 것이다. 동지애! 그것이 니체가 바그너에 대해 느끼는 감정이다. 경쟁자가 아니었다. 동지였다. 같은 싸움에 참가하는 동지였던 것이다. 바이로이트를 고대 그리스의 도시 아테네와 비교했을 것이다. 니체는 그곳에서 그리스인들처럼 축제를 벌이는 사람들을 보고 싶었던 것이다. "그리스인들은 축제를 벌였다. 그들은 축제를 벌이는 이들이다." (유고6, 201쪽) 바로 이 축제를 벌이는 이들을 모으고자 '바이로이트 기획'을 생각했던 것이다.

운명과 싸우는 위대한 예술 정신

니체는 바그너를 만나며 희망을 보았다. 니체는 "오직 그만을 사랑했노라"[17]고 고백하기도 했다. 오직 바그너만을! 그를 향한 니체의 사랑 감정은 오로지 희망으로만 설명될 수 있다. 철학적 문제 해결을 위한 희망 말이다. 니체는 신이 아니라 인간을 연구하는 생철학자이다. 인생을 어떻게 살아야 하는지를 '삶의 광학'으로 관찰하고자 한다. "삶의 광학으로 본다면 도덕은 무엇을 의미하는가?"(비극, 16쪽) 이것은 니체가 처녀작 《비극의 탄생》에서 내놓은 질문이었다. 그는 오로지 이 문제를 해결하고자 철학의 길을 걸어갔던 허무주의 철학자였던 것이다.

도대체 인간은 어떤 존재일까? 인간은 이성적 존재다. 누가 뭐래도 이것 만큼은 변할 수 없는 진리일 것이다. 이성적 존재는 늘 정답과 씨름을 한다. 옳고 그름의 한계를 넘어서지 못하기 때문이다. 늘 옳고 그름을 생각하고 그 틀 안에서 옴짝달싹을 못한다. 아니, 오히려 그 틀 안에서 편안함을 느끼기도 한다. 하지만 그 편안함은 안주에 불과할 뿐 진정한 삶의 방식과는 거리가 멀다. 인간은 끊임없이 판단하고 그 판단 속에서 새로운 인식을 갈망할 뿐이다. 무엇이 옳은 것인지 또 무엇이 틀린 것인지 규정하려는 의지로 일상에 임하는 것이 인간의 삶이지만 거기서도 인식을 추구한다는 얘기다. 니체는 이러한 이념을 음악가 바그너에게서 발견해내고 그것을 다시 자신의 철학적 영역으로 끌고 들어와 접목을 시도하고 있는 것이다.

바그너에 대하여. 필연성과의 투쟁. 모든 진보는 사람들이 어떤 것을 필연성으로 간주하는 것을 잊어버리는 데에 기인한다. 바그너는 근대인에게서 절망을 앗아갔다. 마치 자신은 언제나 단지 모방하는 이로 존재해야만 한다는 듯이. 평소 우리는 모든 점에서 국가, 사회, 종교를 포함한 고대 문화에 의존해 있지만, 반면에 그는 모든 문화 이전에 우리 안에 놓여 있는 인간을 조명하고 있으며 그럼으로써 자신에게서 무거운 짐을 벗어던진다. (유고6, 331쪽)

한 박자 쉬어가며 독서를 해야 한다. 메모 수준에서 머문 유고임을 염두에 두어야 한다. 수많은 생각 중에서 인식의 그물에 걸린 문장들일 뿐이기 때문이다. 행간을 읽어내려는 의지로 천천히 읽어가야 한다. 일단 니체는 바그너를 바라보면서 '필연성과의 투쟁'을 주목하게 된다. 아주 중요한 대목이다. 필연성의 다른 개념이라면 운명이 있겠다.《인간적인 너무나 인간적인》에서부터 철학적 토론의 장에 등장한 '자유정신'은 바로 이 운명의 문제와 깊은 관련이 있음을 인식해야 한다.

도대체 무엇이 필연적이란 말인가? 이렇게 살고 있는 것이 필연이란 말인가? 1 더하기 1은 2, 이것은 필연적이다. 하지만 그 일에 해당할 수 있는 내용은 무궁무진하다. 단 하나의 사물도 절대적인 1로 간주할 수 없는 것이 현실이다. 공장에서 찍어낸 상품조차 돈 주고 산 자기 것만이 가지는 특별한 의미가 부여된다. 또 그 똑같은 상품들조차 실은 다 똑같을 수는 없다. 무엇이 달라도 다를 것이다. 길가의 돌멩이조차 아니, 하물며 수많은 모래 알갱이조차 서로 다를 것이 분명하다.

다시 한 번 물어보자. 도대체 무엇이 필연적이란 말인가? 정답? 진리? 법? 그런 것이 정말 운명적이라 말할 수 있을까? 공간이 달라지면 진리조차 달라지는데? 시대가 달라져도 법은 변해야 하는데? 그냥 그 공간과 그 시간 속에서 우연히 선택되고 결정된 사항이건만 좁은 생각으로 그것을 영원불변의 필연성처럼 간주하는 실수를 범하게 되는 것이 생각하는 존재의 한계다. "모든 진보는 사람들이 어떤 것을 필연성으로 간주하는 것을 잊어버리는 데에 기인한다." 이 문장 하나만 제대로 외우고 있어도 많은 것들이 해결될 수 있다. 아니, 허무주의 자체에 대한 이해도 가능할 수 있다.

필연성에 대한 허무함! 그 허무가 다른 길을 찾게 해준다. 운명에 대해 허무한 감정이 들이닥치면 주저앉을 것만 같지만 인간의 욕망은 그리 호락호락하지 않다. 자기 자신의 능력, 즉 인간의 능력을 너무 폄하해서는 안 된다. 신이 없으면 큰일 날 것 같지만 새로운 길을 모색해야만 하는 현실이 시야에 들어올 것이다. 모든 것을 신에게 맡겼다면 이제부터는 모든 것을 스스로 결정해야 하는 순간으로 전환을 하고 있을 뿐이다. 그럴 용기가 있는가? 그럴 힘이 있는가? 그런 힘과 용기가 없어서 신을 필요로 한다면 너무도 무책임하고 비겁한 처사는 아닐까?

모든 진보는 과거의 가치를 망각하는 데서 실현된다. 가치가 없다는 생각이 들어야 진보에 대한 필요성이 가시화된다는 얘기다. 퇴폐와 부패 등은 진보를 요청하게 하는 신호와 같다. 모든 새로운 시대는 퇴폐와 부패 척결과 함께 나타난다. 과거를 제대로 청산해야 새로운 미래의 문이 열리는 것이다. 어영부영 현실에 안주하려는 마음으로는 아무것도 해낼 수 없다. 그저 자신의 현실이 어쩔 수 없다는 핑계만을 내놓을 뿐이다. 할 일이 아무것도 없다는 무기력증에 시달리면서도 사회가 만들어준 게임의 룰 안에서는 최선을 다하는 부속품과 같은 인생을 살 뿐이다. 그런 삶은 진보와는 거리가 멀다.

삶의 가치는 언제 구현될까? 언제 사는 재미가 날까? 공부를 해도 '즐거운 학문'이라는 소리가 나올 수 있는 상황은 어떤 것일까? 공부가 제일 재미 있다는 말을 어떻게 이해해야 할까? 무엇을 해도 공부를 해야 하는 상황이라면 지긋지긋하다. 공부는 결코 재미있을 수가 없기 때문이다. 외우고 암기하며 결국에는 그 공부의 결과가 평가의 대상이 되어야 하기 때문이다. 그래서 공부하자는 말만 들어도 머리가 아플 지경이다. 하지만 인간은 놀 수만 있다면 종일이라도 놀 수 있다. 엄마가 밥 먹으라고 화를 내며 부를 때까지 놀 수 있다. 그것이 인간이다.

놀 수만 있다면 인생은 아무 문제없다. 열심히 일을 하는 이유도 제대로 놀기 위함이다. 멋진 삶은 노는 인생이 아닐까. 여유롭게 사는 모습이 부러워 모두가 일상이라는 틀을 견뎌내는 것이 아닐까. 더는 놀 수가 없다면 게임의 룰을 깨야 한다. 그것이 인생의 법칙이다. 안 되는 것 안에서 굳이 안달복달하며 살 수는 없는 법이다. 싫은데 굳이 좋아해야 할 이유도 없다. 진보는 늘 기존의 가치에서 벗어나려는 욕망에서 고개를 든다. 누구는 자식을 다 키우고 나니 이제야 자기 인생에 대한 고민이 시작되었다고 고백을 하기도 한다. 이제부터는 돈이 아니라 철학에 손을 내밀 때가 된 것이다.

바그너는 니체의 희망이었다. 바꾸어 말하면 "바그너는 근대인에게서 절망을 앗아갔다"고 해도 된다. 근대인은 고대의 것을 짐으로 여기고 그 문화에 의존해 있는 반면에, 그는 "단지 모방하는 이로 존재해야만 한다는 듯이", 그렇게 아주 편하게 일을 하고 있다. "그는 모든 문화 이전에 우리 안에 놓여 있는 인간을 조명하고 있으며 그럼으로써 자신에게서 무거운 짐을 벗어던진다." 우리 안에 있는 인간을 보여주는 예술가, 그가 바로 바그너라는 것이다. 우리 내면에 자리 잡고 있던 인간은 도대체 어떤 생각을 하고 살고 있을까? 아무도 경험하지 못한 소리를 듣게 해준다. 자기 자신의 소리를! 인간의 소리를!

바그너의 음악극은 운명과 싸우는 영웅들의 모습을 보여준다. 죄 없이 죄인이 되어야 하는 비극적인 상황을 보여준다. 눈물을 흘리지 않을 수 없는 그런 상황을 연출해내고 있는 것이다. 비극이 비극으로 인식만 될 수 있다면, 즉 문제가 문제로 인식만 될 수 있다면 답은 쉽게 찾을 수 있다. 모든 문제는 문제로 인식이 제대로 안 되어서 발생하는 것이다. 길이 안 보여서 길을 잃는 것이다. 대낮에도 등불이 필요하다는 인식이야말로 진정한 문제의 식일 것이다.

> 그는 근대 사회 내에서 근대 예술의 치욕, 즉 요청의 모순을 감지해낸다. 그는 조용히 구석에 앉아 있는 것을 견디지 못하고 예술가로서 예술을 위해 예술의 대중적 품위를 요구하며 모든 점에서 혁명가가 된다. 그에게 모든 것은 예언적이다. 언어학자들은 더는 아무 말도 하지 못한다. 글자 예술과 문학이 처음으로 인식되고 경시되고 있다. 그는 기독교적이고 북유럽적인 신화에 영혼을 불어넣으면서 그 어떤 도그마를 말하지 않으며, 여느 시인들과 달리 후퇴하지도 않는다. 그는 권력, 관습, 상인 정신, 돈과 계약의 정신에 대항해 사랑의 복음을 전파한다. 그는 우리 문화 내에서 가난한 이들과 뒷전에 물러나 있는 이들에게 마음을 썼으며, 광대와 음악가를 발견해냈다. 그는 모든 이의 가슴을 부드럽고 감동적으로 만들었다. 수백 년의 반경 내에서 그는 모든 관심사를 흡입해내고 스스로 전환점을 이룬다. 가장 위대한 예술가. (유고6, 331쪽 이후)

과거 "수백 년의 반경 내에서 모든 관심사를 흡입"해내는 능력은 아무나 가지는 게 아니다. 공자孔子 말에 의하면 온고지신溫故知新이 이런 것이다. 옛것을 익히고 그것을 통해 새것을 아는 능력 말이다. 이 또한 깨달은 자의 몫이다. 깨닫지 못한 자들은 사물을 보아도 그것이 옛것인지도 모르는 자들이 태반이다. 대부분의 사람은 주변의 사물들을 오로지 자기 개인의 입장에서 바라보고 또 그 가치를 파악할 뿐이다. 그런 시각에서 창조는 꿈에도 꿀 수 없을 것이다.

창조는 정말 아무나 할 수 있는 일이 아니다. 창조는 과거의 것을 다 알아야 한다는 무거운 숙제를 안고 있기 때문이다. 그래야 새로운 것이 보이기 때문이다. 새것에 대한 비전은 헌것에 대한 인식이 먼저 와주어야 한다. 이제는 지나간 과거지사가 되었다는 마음이 와주어야 앞을 내다보게 된다. 과거를 알지도 못하면서 창조라는 행위에 임할 때는 모방이라는 실수를 범할 수도 있다. 모방도 자주 하면 창조의 단계로 올라가겠지만 시간이 너무도 오래 걸린다. "서당개 3년이면 풍월을 읊는다"고 했다. 하지만 3년은 그저 상징적인 표현일 뿐이다. "고도"[18]를 기다리는 마음으로 하염없이 세월을 보낼 수는 없는 노릇이다.

수백 년 동안 등장했던 관심사들을 공부하는 것은 창조를 원하는 예술가뿐 아니라 진정한 지식을 원하는 모든 이에게 필연적인 것이다. 괴테도 "3천 년의 역사에 대해 / 설명을 할 수 없는 자는 / 어둠 속에서 아무것도 알아내지 못한 채 / 하루하루를 살아갈 뿐이다"[19]라는 말을 시 속에 남겨놓기도 했다. 쇼펜하우어도 괴테의 이런 생각을 다른 문구로 인용하기도 했다. "당신이 조상들로부터 물려받은 것은 빌린 것이다. / 그러므로 그것을 새로이 얻어 진정으로 그것을 소유하라!"[20] 이런 생각은 괴테와 쇼펜하우어를 거쳐 니체에게 이르고 있다. 잠시 다른 글도 한 번 읽어보자.

과거의 유산을 물려받기 위해 우리 또한 그 과거가 진 빚을 지불해야만 한다는 의무감을 지녀야만 한다. 누구나 과거가 놓친 것과 잘못 행한 것을 회복시켜야만 한다. 그것이 바로 과거가 얻어내고 획득한 것으로부터 우리가 가져도 좋은 일정 몫에 대한 값싼 답례다. (유고6, 339쪽)

과거에 대한 인식은 괴테나 쇼펜하우어나 니체나 매한가지다. 염세주의도 허무주의도 과거가 무작정 무의미하다는 식으로 바라보지 않는다는 것에 주목해야 한다. 지양하기 위해 밀쳐야 할 벽이 요구되거나 밟아야 하는 계단이 필요하다. 아무것도 없는 곳에서 지양할 수는 없다. 극복은 늘 극복의 대상이 필요함을 깨달아야 한다. 바로 이런 이유에서 과거는 반드시 알아야 한다. 모든 시대에 유행했던 패턴을 숙지해야 한다. 고전주의와 염세주의, 그리고 허무주의는 이런 맥락에서는 서로 통하고 있는 셈이다.

다시 위의 인용문으로 되돌아가보자. 바그너는 현재와 그 한계를 인식한다. "그는 근대 사회 내에서 근대 예술의 치욕, 즉 요청의 모순을 감지해낸다." 마치 수십 년 전의 옷이 성장해버린 몸에 더는 맞지 않는 상황이 되어버린 것이다. 그런 옷을 입으라고 강요하는 것은 그것을 입어야 하는 자의 입장에서는 치욕이 아닐 수 없다. 시대는 변했는데 옷의 크기나 스타일은 옛날 그대로다. 예술가는 전통을 중요시하지 않는다. 늘 새로운 것을 추구하기 때문이다. 중요한 것은 변화를 일구어내는 삶의 방식일 뿐이다. 그래서 "그는 조용히 구석에 앉아 있는 것을 견디지 못하고 예술가로서 예술을 위해 예술의 대중적 품위를 요구하며 모든 점에서 혁명가가 된다." 견딜 수 없으면 깨야 한다. 한계가 인식되면 넘어서야 한다. 허물이 생기면 벗겨내야 한다. 그러지 않으면 생명이 위기에 처한다.

바그너는 지난 수백 년의 관심사에 대해 정통하고 있지만 그것에 의존하고 있지 않다. 오히려 그것을 바탕으로 "모든 것은 예언적"으로 비추어지고 있다. 그의 예술은 자신의 책《미래의 예술작품^Das Kunstwerk der Zukunft 》(1850)처럼 미래를 지향하고 있다. 1 더하기 1은 2라는 식은 유지하되 그 각각의 1과 1, 또 2에 해당하는 내용은 미래의 것을 담아내고 있는 것이다. 게다가 그는 신화에 새로운 활력을 부여하고 있다. "그는 기독교적이고 북유럽적인 신화에 영혼을 불어넣으면서 그 어떤 도그마를 말하지 않으며, 여느 시인들과 달리 후퇴하지도 않는다." 예술가는 도그마를 말하지 않는다. 예술에는 교리가 필요 없기 때문이다. 예술은 늘 낯섦과 새로움으로 승부를 걸 뿐이다. 낯설고 새롭지만 그것이 어떤 이성적인 범위 안에 머물러 있어야 한다는 고도의 시대적 요구를 품고 있어야 한다. 그래야만 예술작품으로서 권한을 부여받게 되는 것이다.

예술은 기존의 틀을 거부한다. 일상의 법칙을 거부한다. 예술가는 과거를 거부하면서 미래를 연다. 바그너는 이런 면에서 니체에게 '가장 위대한 예술가'로 비추어졌다. "그는 권력, 관습, 상인 정신, 돈과 계약의 정신에 대항해 사랑의 복음을 전파한다." 결국에는 사랑이다. 기독교에서는 사랑이 신의 이름으로까지 승화되었다. 하지만 바그너는 인간적인 사랑을 말하고자 한다. 인간적인 사랑만으로 신성함을 보여주고자 한다. 그런 사랑만이 진정한 복음임을 증명하고자 한다. 이름만 달리할 뿐 신의 가치까지 치고 올라갔던 근대의 온갖 개념들, 즉 '권력, 관습, 상인 정신, 돈과 계약의 정신' 등에 대해 그는 저항한다. 그는 기존의 질서에 대해 반항한다. 바그너는 혁명가가 될 수밖에 없었다. 기존 세력의 명령에 굴할 마음이 없었기 때문이다.

혁명가 바그너는 그동안 관심을 받지 못하던 시민사회에 눈길을 돌린다. "그는 우리 문화 내에서 가난한 이들과 뒷전에 물러나 있는 이들에게 마음을 썼으며, 광대와 음악가를 발견해냈다." 귀족사회에서 시민사회에 눈길을 돌리는 것 자체가 이미 혁명적이었다. 귀족이라는 특권계급이 존재하던 시절에 그 계급의 편을 들지 않는 것은 일종의 모험행위가 아닐 수 없다. 용기가 있어야 가능한 행위이기 때문이다. 인간을 위해 불을 훔쳐다준 프로메테우스가 그렇게 했고, 시민의 편에 섰다가 해고당한 재무장관 네케르Jacques Necker(1732~1804)[21]가 그렇게 했다. 이들은 모두 혁명의 도화선에 불을 지폈던 영웅들이다.

'가난한 이들'과 '뒷전에 물러나 있는 이들' 편에 선 바그너는 예술이란 영역에서 혁명을 시작했다. 그는 자신의 무대 위에 '광대'를 세웠고, 자신의 음악을 이해하는 '음악가'를 발견하여 연주에 동참하게 했다. "그는 모든 이의 가슴을 부드럽고 감동적으로 만들었다." 사랑이라는 이념으로 세상을 바꾸어놓았다. 하늘을 바라보던 시대를 지양하고 인간을 바라보는 세상으로 바꾸어놓은 것이다. 인간이 인간 자신을 바라보는 것이 그토록 힘들었던 것이다. 인간이 자기 삶에의 긍지를 가지기가 그토록 어려웠던 것이다. 인간이 자신의 입에 인간이라는 단어를 담기가 그토록 양심에 위배되었던 것이다. 하지만 바그너는 거침이 없었다. 그래서 그는 "스스로 전환점을 이룬" 것이다. 바그너 이전과 이후는 전혀 다른 세상이 펼쳐지게 된

음악을 들을 수 있도록 귀를 뚫고 있는 혁명가 바그너.

것이다. 육체를 가지고 살아야 하는 인간이 진정한 인간적인 사랑을 갈구하는 음악에 귀를 기울이게 한 것이다.

예술가의 프로메테우스적인 면

니체는 프로메테우스를 좋아했다. 늘 그의 면모에 주목했다. 거인의 모습이었기 때문이다. 거인! 그는 "신의 종족을 존경하지 않는 종족"[22]이었다. 신과 거인은 적대적 관계다. 이들 두 세력은 11년 동안 전쟁을 치루기도 했다. 마치 집권을 노리는 두 진영이 맞붙은 형세다. "티타노마히Titanomachie"[23]가 그것이다. 신들은 제우스라는 독재자를 중심으로 혼연일체가 되었다. 하나가 된 신들의 힘은 막강했다. 이에 맞서 거인 프로메테우스는 인간의 편에 서서 인간을 변호하고자 했다.

전쟁은 신들의 승리로 끝났다. 패배한 거인들은 신의 벌을 받아야 했다. 아틀라스는 우주를 떠받들고 있어야 했고, 프로메테우스는 코카서스 산맥에 묶인 채 간을 파먹히는 고통을 견뎌야 했다. 특히 그는 인간애 때문에 천벌을 받아야 했다. 인간의 가치를 중심에 두는 휴머니즘 정신 때문에 죄 없이 죄인이 되어야 했던 운명이다. 눈물 없이는 볼 수 없는 참혹한 비극이다. 인

루벤스의 〈거인의 몰락〉(1637～1638), 브뤼셀(Musée Royaux des Beaux Arts).

간의 영웅이 천벌을 받고 있기 때문이다. 동정심과 공포감이 한데 어우러지면서 감정이 고통스럽게 요동을 친다. 그런데 묘하게도 비극을 인식하면 삶의 현장이 다르게 보인다. 니체의 허무주의는 바로 이 효과를 노리고 있는 것이다.

> 새로운 문화의 특성: 앎은 문화의 토대이고 유용성은 문화의 영혼이다. 이제 도대체 어디에서 고귀한 인간성의 희망을 가지겠는가? 인간에 대한 사랑이 어디에서 오겠는가? 개개인을 고귀하게 만드는 일에 있어서 종교가 더는 유용하지 못하고, 진리에 대한 개개인의 감각도 격분하고 있다. "신에 대한 사랑"은 단지 관용구로 그친다. 그럴 경우 문화도 끝장나지 않겠는가? 유용성은 야만적이며 지식은 모방적이다. 지금까지 억눌린 인류의 복수욕! 무엇이 함께 묶어주겠는가? 공통적인 것이 어디에 존재하는가? 모든 것이 억압의 수단이 아닌가, 맨 앞에 예술이? 증오와 파괴욕은 쉽게 감지될 수 있다. ―여기서 예술가 바그너는 이제 적대자의 징후를 띤다. 지금까지의 모든 것을 부정하려는 정신이 그에게서 표출되고 있다. 그러나 마찬가지로 심오한 연민과 도움을 주려는 자의 감정도 나타난다. 바로 필연성과의 투쟁을 받아들이는 감정 말이다. 이것은 예술가의 프로메테우스적인 면이다. 그 싸움에서 그는 거의 자신의 예술을 잃어버릴 뻔했다. 구역질이 너무 심했다. "그대 영웅적인 현자들이여, 그대들 가슴의 피를 주시오." / 같은 행동으로 나가려는 연민! (유고6, 332쪽 이후)

이런 텍스트는 자주 반복해서 읽어야 한다. 전형적인 니체의 문체이기 때문이다. "'신에 대한 사랑'은 단지 관용구로 그친다." 이 말이 생생하게 들릴 때까지 읽어내야 한다. 니체는 어떤 의미로 이 말을 한 것일까? '신에 대한 사랑'이 그에게 절실했을까? 아니다. 그에게 절실했던 것은 오로지 인간에 대한 사랑, 즉 인간애뿐이다. 인간을 살리기 위해 신도 죽여야 했던 철학이 허무주의다. 신을 생각하는 한 인간은 그저 피조물과 같은 하찮은 존재로 전락하고 만다. 그것은 결코 거인의 정신이라고 말할 수 없는 것이다.

프로메테우스는 자기 자신을 닮은 인간을 만들고자 했다. 거인은 신들의 존재에 대해 그 어떤 환상도 가지지 않는다. 거인은 신들이 "인간의 헌물獻物과 기도 소리로 겨우 입에 풀칠이나 하고 산다"[24]는 것을 너무나도 잘 알고 있을 뿐이다. 그토록 인간에게 의존적이고 가련한 존재에 대해 두려울 게 뭐가 있는가! 니체는 양심의 가책 없이 허무주의의 길을 선택한다. 신에 대한 두려움보다는 증오심으로 맞서고자 한다. 바로 여기서 인간적인 자유정신이 탄생하는 것이다.

니체의 현실인식은 고통스럽다. 한계에 직면해 있기 때문이다. 허무주의가 도래한 상황이다. "앎은 문화의 토대이고 유용성은 문화의 영혼이다." 그런데 앎은 아는 게 아니고 유용성은 유용한 게 아니다. 이런 상황에서 니체는 갖가지 질문을 쏟아낸다. "이제 도대체 어디에서 고귀한 인간성의 희망을 가지겠는가?" 어디에도 희망을 찾을 수가 없다. "인간에 대한 사랑이 어디에서 오겠는가?" 그 어디서도 오지 않는다. "개개인을 고귀하게 만드는 일에 있어서 종교가 더는 유용하지 못하고, 진리에 대한 개개인이 감각도 격분하고 있다. '신에 대한 사랑'은 단지 관용구로 그친다." 신을 상실한 상황에서 니체는 또 질문을 던진다. "그럴 경우 문화도 끝장나지 않겠는가?" 이 질문은 앞선 두 개의 질문과는 어감이 다르다. 확신이 들어간 수사학적 의문문이기 때문이다. 니체는 확신하고 있다. 신을 상실한 문화는 이제 끝장날 것이라는 사실을. 그리고 전혀 다른 가치관으로 세워지는 '새로운 문화'

가 탄생할 것을. 새로운 탄생은 오로지 끝장남을 전제로 해서만 가능하다는 사실을. 바로 이런 생각에서 헤세는 "태어나려 하는 자는 하나의 세계를 깨뜨려야 한다"[25]고 외쳤던 것이다.

한계에 도달한 문화에게서 발견되는 공통점은 "유용성은 야만적이며 지식은 모방적"이라는 데 있다. 유용성은 특정 계층에만 적용되고, 이런 사회에서 모든 지식은 모방적인 면모를 보일 뿐이다. 학교라는 제도하에서 이루어지는 교육은 이런 모방을 훈련시키는 행위에 불과하다. 전통을 중요시하는 곳에서 교육의 역할은 절정으로 치달을 수밖에 없다. 교육만이 사회를 견고하게 지켜낼 수 있는 인재를 길러낼 수 있기 때문이다. 하지만 예를 들어 프랑스의 계몽주의 철학자 루소Rousseau(1712~1778)는 자신의 대표작《에밀Émile》(1762)에서 "자연으로 돌아가라"는 선언을 하게 된다. 학교에 가지 말라는 것이다. 교육받지 말라는 것이다. 자연으로 돌아가 자기 자신의 본연의

프랑스의 계몽주의 철학자 루소. 교육개혁에 지대한 영향을 끼쳤고, 프랑스 대혁명의 단초를 제공하기도 했다.

모습을 되찾으라는 것이다. 귀족계급의 폭력적인 이념에 놀아나지 말고 자기 삶을 되돌아보라는 것이다. 이런 요구는 27년 후 폭력에 또 다른 폭력으로 맞서는 대혁명으로 이어졌다.

니체는 허무주의 사상으로 혁명을 꾀하고 있다. "지금까지 억눌린 인류의 복수욕!"에 불을 붙이고자 한다. 그는 〈이 사람을 보라〉라는 시에서 "내가 손대는 모든 것은 빛

이 되고 / 내가 버리는 모든 것은 숯이 되니 / 나는 불꽃임에 틀림없다"(즐거운, 60쪽)고 주장하기도 했다. 허무주의 사상 앞에 불타지 않는 것은 아무것도 없다. 모든 것은 불에 타 없어질 수 있다. 신에 대한 이념까지도. 모든 진리는 없어지고 새롭게 탄생할 수 있는 것이다. "모든 가치의 전도Umwertung aller Werte"26는 이때 실현되는 것이다.

모든 가치는 때가 되면 허물이 되고 만다. 아무리 아름다웠던 꽃도 때가 되면 지고 만다. 이 세상에서 영원한 어떤 것을 바라는 것은 인간뿐이다. 아니, 더 분명하게 말하면 이성이 그것을 바랄 뿐이다. 시간적 존재에게 시간의 한계를 인식시키는 순간 곧바로 그 한계를 뛰어넘는 무한의 세계를 꿈꾸게 한다. 소위 영생이 가능한 그런 천국을 말이다. 하지만 니체는 이 모든 생각에 허무주의를 받아들이게 한다. 잔인하기 짝이 없다. 모든 희망을 깨뜨리고야 만다. 힘들어 죽겠다고 말하는 사람들에게 채찍을 든다. 허무주의의 도래는 끔찍하지만 그것을 견뎌낼 힘을 길러주고 싶은 것이다. "우리는 우리와 이웃이 함께 희생함으로써 인간의 힘에 대한 일반적인 감정을 강화하고 한층 더 고양할 것이다."(아침, 169쪽) '힘에의 의지'는 결국 니체 철학의 종착 지점임을 잊지 말자. 이것은 또한 17년간의 집필 인생이 마지막으로 계획했던 것을 완결하지 못한 책의 제목이기도 하다.

예술은 언제나 새로운 문화 창달의 '맨 앞에' 서게 된다. 그것이 예술의 운명이다. 한 시대의 징후로 인정받는 모든 예술은 과거의 것에 대한 '증오와 파괴욕'으로 충만할 수밖에 없다. 틀에 박힌 공식을 깨고 싶은 욕망으로 일관하고 있기 때문이다. "여기서 예술가 바그너는 이제 적대자의 징후를 띤다. 지금까지의 모든 것을 부정하려는 정신이 그에게서 표출되고 있다." 이 부분이 바로 니체가 바그너에게 반할 수밖에 없었던 지점이다. '모든 것을 부정하려는 정신'이야말로 니체가 그토록 추구했던 자유정신이 아니던가. 거인의 자유는 헤라클레스적인 힘으로 상징되는 음악을 통해서만 구현될 수 있다고 했다. 그리고 고대 그리스의 비극은 바로 이 음악의 정신으로부터 탄생했다는 것이 니체의 신앙이다.

음악은 자유를 지향한다. 정신의 자유를 추구한다. 실러는 "예술은 자유의 딸"[27]이라고 말한 바 있다. 자유가 없다면 예술도 없다. 자유가 주어져야 예술도 산다. 구속과 통제가 만연하는 곳에서는 예술을 꿈꿀 수 없다. 그저 모방만을 강요할 뿐이다. 무책임하게 '공부 열심히 하라'는 말만 남발한다. '행복은 성적순이 아님'[28]에도 말이다. 하지만 바그너의 예술은 이렇게 일방적으로 자유를 향한 갈구만으로 일관하지 않는다. 그것과 똑같은 정도로 "심오한 연민과 도움을 주려는 자의 감정도 나타난다." 이것은 분명 "우리 문화 내에서 가난한 이들과 뒷전에 물러나 있는 이들에게 마음을 썼으며, 광대와 음악가를 발견해"냈던 예술가에게는 당연한 일이 아닐까.

도움을 주려는 자의 감정은 어떤 감정일까? 니체는 이렇게 대답한다. "바로 필연성과의 투쟁을 받아들이는 감정"이라고. 그것은 다름 아니라 운명을 보여주고 그 운명과 싸우게 하며 또다시 새로운 운명을 창조하라고 가르치는 그런 감정이다. 필연성과의 투쟁은 피할 수 없다. "태어나려 하는 자는 하나의 세계를 깨뜨려야 한다"는 것은 피할 수 없는 과정이다. "허물을 벗을 수 없는 뱀은 파멸한다."(아침, 422쪽) 파멸을 원치 않으면 허물을 벗어야 한다. 알 속에서 썩어 문드러지지 않으려면 알을 깨고 나와야 한다. 모든 선입견과 편견은 제거의 대상이 될 뿐이다.

구속의 쇠사슬을 끊고자 하는 것은 "예술가의 프로메테우스적인 면"이다. 쇠사슬에 묶여 있는 삶이 전하는 구역질을 인식해야 한다. 허무주의는 이 구역질부터 느끼게 해준다. 생의 의미와 가치를 빨아들이는 하수구가 곁에 있음을 알려준다. 하지만 그 냄새에 굴복하게 하기 위함이 아니라 현실을 인식하게 하기 위함일 뿐이다. "질병은 인식의 수단"(인간적 I, 14쪽)이라고 했다. 아프고 나서야 건강의 의미를 깨닫는다. 병원에 가서야 육체가 주는 기쁨이 무엇인지 절실하게 알게 된다.

니체는 인간에게서 거인의 가능성을 보았다. 그는 거인이 감당할 수 있는 힘든 길을 가르쳐주고자 한다. 허무주의 철학을 감당할 수만 있다면 니체와도 친해질 수 있을 것이다. "내 책을 견뎌낸다면 / 나와도 친해질 수 있을 것이다."(즐거운, 56쪽 이후) 니체의 책은 만만치 않다. 허무주의를 가르쳐주는 철학이기 때문이다. 살고자 한다면 허무주의는 유용하게 쓰일 수 있다. 자기 삶을 스스로 책임지고자 한다면 니체의 철학은 잘 차린 밥상과도 같다. 무엇을 먹어도 맛날 것이다. 니체는 〈초대〉라는 시에서 우리 독자들을 진심으로 초대하고 있다. "미식가들이여, 내 음식을 맛보시라! / 내일이면 그 맛이 조금 낫게 느껴질 것이고 / 모레면 맛있다고 느껴질 것이다! / 그대들이 내 음식을 더 원한다면, ─ / 내 일곱 가지 오래된 것들이 / 내게 일곱 가지 새로운 용기를 주리라."(즐거운, 37쪽)

용기! 삶을 위한 용기다. 살고자 할 때 요구되는 미덕이다. 용기! 그것은 위기상황을 인식했을 때에만 요구되는 감정이다. 죽을 수도 있다는 가능성 앞에서만 가치를 발휘하는 것이다. 삶을 위한 용기는 죽음과 맞서려는 의지와 관련한다. 진정한 용기는 죽음의 진실을 알고 있을 때에만 가능하다. 절대권력을 쥐고 있는 제우스를 향해서도 프로메테우스는 전혀 굴복할 마음이 없다. 그의 눈빛은 저항정신으로 불타고 있을 뿐이다. 그의 자세는 반항의 의지로 충만해 있을 뿐이다. 거인에게는 자신의 간을 파먹히는 고통도 문제가 되지 않는다. 오로지 자신의 생각을 가지고 또 그 생각에 따라 행동할 용기가 있느냐가 관건일 뿐이다.

혁명의 조건을 아는 예술가

혁명은 혼자서 하는 게 아니다. 각각의 힘이 모여야 한다. 바람이 불면 꺼질 수 있는 촛불이라도 모이고 모이면 쉽게 꺼지지 않는 횃불이 된다. 그리고 그 횃불이 모이고 모이면 과거와 미래로 갈라놓게 되는 새로운 현실감각이 지배력을 갖추게 된다. 니체가 바그너에게서 확인하게 되는 것은 바로 이런 혁명가의 기질이다. 철학자가 예술가에게서 희망을 걸 수밖에 없는 상황이다.

> 바그너는 대중을 조직하는 사람이다. 거대한 양의 신화를, 거대한 긴 호흡의 장면을 조직하는 사람. 아주 거대한 관계에 있어서도 법칙을 만들어낼 정도로 위압적이다. 그러므로 그 어떤 극작가도 전혀 그렇지 않았을 만큼 그는 단순할 수 있다. 그렇게 함으로써 그는 최고의 영향력에 도달한다. 거대한 리듬에 대한 시선이 그의 특징이다. 작은 것에 놓여 있는 리듬과 관련해서도 그는 생명력 있고 감동적인 것, 다채로운 것을 선호한다. 그의 음악 이후 모든 음악이 어색해진다. 그는 이전의 모든 것을 원시적인 예술로 만든다. 마치 그의 오케스트라가 울리기 전에 그 어떤 오케스트라도 존재하지 않았던 것처럼. 영혼이 깃든 모든 악기의 생명이 이전에는 전혀 존재하지 않았다. (유고6, 338쪽)

자기만의 스타일일 고집했던 음악가 바그너가 지휘하는 모습을 담은 비트호른(W. Bithorn)의 그림.

그런 사람이 있다. 소위 사회성이 좋은 사람. 말을 하면서 스트레스를 푸는 사람. 바그너가 바로 그런 사람이었다. 그는 사람들 앞에서 즐겨 말을 했고 또 자신의 음악을 연주하기도 했다. 한마디로 사람들 앞에 나서기를 좋아했다. 사람들과 즐겨 어울렸다는 얘기다. 철학자 니체와는 전혀 다른 성격이다. 니체는 "선생으로서도 별로 환영을 받지 못했다"[29]고 한다. 학생들에게서조차도 호감을 얻지 못했던 것이다. 아마 눈높이를 정하는 데 실패를 하지 않았나 싶다. 하지만 혁명가의 피를 타고난 바그너는 전혀 달랐다. 그는 혁명을 기다리지 않았다. 그는 진정한 예술가로서 혁명의 대열에서도 '맨 앞에' 서기를 주저하지 않았다. 그런 기질로 인해 "그는 지금 벌써 사회의 자유를 위해 영향을 끼칠 수" 있었고 또 자신의 예술을 통해 "사람들에게 자신의 진정한 존재의 목적을 상기시킬 수"[30]도 있었던 것이다.

"바그너는 대중을 조직하는 사람이다." 니체는 이 말 한마디로 이미 많은 것을 말하고 있다. 혁명은 대중이 조직되어야만 가능한 일이다. 대중을 조직할 줄 아는 바그너는 혁명의 선두에 설 수밖에 없었다. 그는 자신의 운명을 회피하지 않았다. "천재는 행복한 인생을 지니지 않으며 자신의 시대와 모순을 겪고 투쟁한다."(유고6, 177쪽) 바그너는 그렇게 투쟁하면서 혁명가의 삶을 살았다. 대중을 조직하기 위해 그는 "거대한 양의 신화를, 거대한 긴 호흡의 장면을 조직"했고, 또 "아주 거대한 관계에 있어서도 법칙을 만들어낼 정도로 위압적"이었다. 아무도 해낼 수 없는 일을 그는 손쉽게 해냈다. 마치 "자신은 언제나 단지 모방하는 이로 존재해야만 한다는 듯이."(유고6, 331쪽) 아무리 어려운 일도 천재에게는 그저 손쉬운 일에 불과할 뿐인 것처럼 그렇게 거뜬히 해냈던 것이다.

할 줄 아는 능력이 있는 자에게 모든 것은 간단할 뿐이다. 바그너는 자신의 음악극을 그렇게 만들어냈다. "그는 단순할 수 있다. 그렇게 함으로써 그는 최고의 영향력에 도달한다." 대중의 마음을 휘어잡을 수 있었던 이유는 그의 예술이 보여주는 단순함에 있다. 단순하지 않고서는 대중의 호감을 사로잡을 수 없기 때문이다. 대중에겐 복잡한 논리로는 도저히 다가설 수 없다. 시선은 '거대한 리듬'을 향하되 '작은 것'에 대해서도 "생명력 있고 감동된 것, 다채로운 것을 선호"할 만큼 섬세해야 한다. 그것이 바로 대중을 조직할 수 있는 최고의 능력이다.

새로운 음악으로 새로운 사회 분위기가 형성되었다. 그것이 바그너가 만들어낸 사회다. "그의 음악 이후 모든 음악이 어색해진다." 바그너가 전환점을 형성하게 된 것이다. 그는 "이전의 모든 것을 원시적인 예술"로 만들어 놓고 말았다. 그의 음악은 말 그대로 '미래의 예술작품'이었던 것이다. 철학적 논리가 부족했던 바그너에게 니체가 가세를 함으로써 대중을 조직하는 힘은 극에 달하게 되었다. 바그너와 니체는 함께 같은 목적지를 향해 질주해나갔다. 바그너가 원했던 "인간의 최고 목적은 예술가적인 인간"[31]이었고, 니체가 원했던 이상적인 인간 또한 자기 삶을 예술가적으로 창조해내는 그런 인간이었기에 이런 협력은 가능했던 것이다.

니체에게 삶은 살 만한 것이어야 한다. 예술은 삶을 살 만한 것으로 만들어주는 것이어야 한다. 철학은 예술을 필요로 했고, 그 예술은 삶을 필요로 할 수밖에 없다. 하지만 삶은 도구가 아니라 그 자체로 이미 목적이 되어야 한다. 그것이 생철학의 핵심이념이다. 모든 허무함은 삶을 위한 것일 때에만 가치를 가지게 되는 것이다. 삶은 변화를 통해 지속적으로 진보를 창조해내야 한다. 심심하면 안 된다. "지루함에서 도피하는 것이 예술의 어머니이다."[32] 오로지 '즐거운 학문'만이 삶을 재미난 예술작품처럼 만들 수 있을 뿐이다.

제 3 장 ——————— 신화적 사유와
삶의 열정

모든 종교의 끝에서,
즉 '신들의 황혼'에서 그는 비극적 시인이었다.

지양의 대상으로서 열정의 주관성

'니들이 열정을 아니?' 광고에 등장했던 문구를 패러디해보았다. 무대에 올라선 배우가 열정적으로 자기 역할을 해낼 때도 있다. 아니면 학생이 열정적으로 공부에 임할 때도 있다. 일반적으로 우리는 '열정'이란 단어를 '열렬한 애정'으로 이해하며 사용한다. 사랑하는 마음이 없으면 열정이 아니다. 또 뜨겁지 않으면 열정이 아니다. 상처받지 않으려는 냉정한 태도로는 열정을 경험할 수가 없다. 하기 싫은 공부를 억지로 해야 할 때도 마찬가지다. 그때는 공부만큼 싫은 게 또 없다는 말만 떠올릴 뿐이다.

하지만 묘하다. 인간은 불이 붙으면 뭐든지 해낸다. 모든 선구자는 열정적인 면이 있다. 아무도 예상하지 못한 길에서 열정을 보였기 때문이다. 바그너는 세상이 바뀌어야 한다는 인식을 가진 예술가였다. 세상을 바꾸려면 그 동시대 사람들에게 확실하게 전달될 수 있는 양식이 필요했다. 그래야만 인간이 사는 세상은 바뀔 수 있기 때문이다. 삶의 방식이 먼저냐 아니면 예술가의 비전이 먼저냐는 중요하지 않다. 이 두 가지는 서로 얽혀 있어서 뭐가 먼저인지 알 수가 없을 뿐이다.

> 이제 바그너는 베토벤 이후 다양하게 엮인 열정을 서술해낼 방법을 고안해내며 명료성을 위한 시각적인 극, 즉 말과 몸짓을 필요로 한다. 그는 인간과 마주한다. 그는 열정의 주관성에서 벗어나며 더는 자기 자신을 서술하지 않는다. 혹은 여전히 자기 자신을 서술할지라도 서너 명의 열정적으로 행동하는 인물들의 반향으로 서술해낸다. 그들의 정신생활은 인위적으로 서로 얽힌 채 바그너 내에서 연명하고 있는 것이다. 그러한 과제는 너무 커서 불투명함이라는 커다란 위험을 안고 있었고, 그로 인해 바그너의 모든 힘은 음악 언어의 명료함을 지향했다. (유고6, 343쪽)

니체는 바그너를 베토벤 이후 가장 위대한 예술가라고 평가하고 있다. 바그너는 음악적인 서술방식에 있어서 큰 변화를 일구어냈다. 음악을 연극 요소와 결합시킨 결과였다. 과거는 일방적인 서술방식을 고집했다면, 바그너는 "서너 명의 열정적으로 행동하는 인물들의 반향으로" 자기 자신을 서술해내는 데 성공을 거두었던 것이다. 바꾸어 말하면 바그너는 '열정의 주관성에서 벗어나' 있다는 얘기다. 여러 인물의 대화를 통해 자기 자신을 서술해낼 수 있는 능력, 그것이 바그너의 진정한 예술가적 능력이었다.

물론 바그너의 음악을 처음 접하는 사람들은 낯설게 들릴 수 있다. 과거의 방식에 익숙해져 있는 귀로는 그의 진가를 발견해내기 힘들다. 주관적이고 일방적인 서술방식에서 편안함을 느끼는 그런 감수성을 가지고는 바그너의 음악세계에 발을 들여놓을 수가 없다. 니체가 마련해놓은 식탁인 "즐거운 학문"이 제대로 즐겁기 위해서는 "튼튼한 이빨과 튼튼한 위장"(즐거운, 56쪽)이 필요하듯이, 바그너가 만들어놓은 음악극을 제대로 접하려면 막힌 귀를 뚫어내야 한다. 쇼펜하우어가 독서에 임할 때 "여러 다양한 규칙들을 요구하는 엄격함"[1]을 보이면서 일종의 고행을 요구했던 것처럼, 바그너의 음악도 고행하는 마음으로 다가서야 한다. 금욕고행으로 번역되는 그리스어는 "아스케제[Askese][2], 즉 '연습' 혹은 '훈련'임을 명심해야 한다. 뭐든지 깨달고 싶으면 먼저 훈련의 과정을 거쳐야 한다는 것이다.

익숙해지면 편함을 느끼는 것처럼 바그너의 음악세계에 눈이 뜨이고 귀가 열리면 모든 게 분명해짐을 느낄 것이다. "문명에 관하여 리하르트 바그너는 등불의 빛이 대낮의 빛에 의해 사라지듯이 문명은 음악에 의하여 그 빛을 상실한다고 말한다."(비극, 65쪽) 허물이 되어버린 문명은 음악의 힘에 의해 완전히 자신의 실체를 드러내고 만다. 깨달음이 오면 그 이전의 감정은 한낱 가소로운 것이 되고 만다. 그토록 절대적인 것으로 간주되었던 것이 아무것도 아닌 것이 되고 마는 것이다. 그것이 깨달음의 힘이다.

신들은 신들의 세계가 무너지리라 상상도 못했을 것이다. 그리스인들도 로마인들도 그런 생각은 미처 하지 못했을 것이다. 고대 문명을 여행하면서 폐허 위에 서 있으면 만감이 교차한다. 시인 릴케[Rainer Maria Rilke]가 "무엇인가 로마는? / 그것은 붕괴된다"[3]고 말했을 때 이런 인식이 왔을 것이다. 모든 문명은 생명을 가지고 있다고. 태어나고 성장하고 결국에는 노쇠해 죽음을 맞이하게 된다는 인식을. 하나의 생각조차 이런 과정을 거칠 수밖에 없다. 인간이 하는 모든 일은 싯다르타의 인식처럼 생로병사의 운명을 벗어날 수가 없다. 이것을 니체식으로 표현하자면 '영원회귀'의 이념이 될 것이다.

장난감도 하나로는 부족하다. 심심함을 달래기 위해 인간은 끊임없이 새로운 장난감을 만들어내야 한다. 살고 싶으면 놀아야 한다. 새로운 즐거움을 찾아내야 한다. 그런 즐거움과 기쁨이 모여 추억이 되는 것이다. 인생의 막바지에는 이런 추억을 되새기면서 삶의 의미를 확인하게 될 것이다. 그때를 위해서라도 부지런히 놀아야 한다. 열정적으로 놀 수 있는 상황을 스스로 연출해내야 한다. 인생이 끝나는 날 "더는 움직이지 않을 기차 안에 앉아 있는" 듯한 느낌, 그 마지막 날에 "아직 여행이 끝나지 않은 듯한 그런 느낌" [4]은 인생의 모든 순간이 지닌 가치를 모조리 앗아갈 것이다. 살아가는 동안 이에 대한 방비를 해야 한다. 그것도 열정적으로.

순간은 다른 순간과 얽힘으로써만 인식의 그물에 걸린다. 인식된 순간만이 영원의 의미를 가지게 된다. 첫사랑의 느낌처럼 기억 속에 간직되는 것이다. 고통조차 인식되면 추억이 된다. 모든 인생은 고통이라지만 인식된 인생은 해탈의 참맛을 보게 해줄 것이다. "인식은 삶을 전제로 한다."(반시대 II, 385쪽) 해탈은 산 자의 몫이다. 구원도 산 자의 문제일 뿐이다. 살아 있어야 의미 있는 경지다. 죽음조차 극복하고자 하는 "죽어도 살리라"(요한복음 11:25)는 열망이 가져다준 최고의 경지다.

니체의 생철학은 인간의 삶을 철학적으로 고찰하고자 한다. 바그너의 음악극도 인간의 삶을 무대 위에 올려놓고자 한다. 그래서 그는 인간에게 열정적으로 다가섰던 것이다. "그는 인간과 마주한다." 형이상학적 존재로서의 신의 형상에는 관심이 없었다. 오히려 말로 형용할 수 없는 복잡한 인간의 심경이 문제될 뿐이었다. 신이 있다면 오로지 인간으로서의 신적인 면모로서만 가치를 인정받게 된다. 영웅이 바로 그런 인물이었다. 아무도 도전할 수 없는 영역에서 영웅은 신적인 위대한 행동을 감행한다.

그런데 인간이 살아가고 있는 삶의 현장은 복잡하기만 하다. 두 사람만 모여도 싸움이 시작된다. 갈등이 곳곳에 도사리고 있다. 상처를 주고 상처를 받는다. 원했든 원하지 않았든 상관이 없다. 사람이 모이는 곳에는 늘 문제가 있게 마련이다. 이런 삶의 문제를 어떻게 무대 위에 옮겨놓을까? 이것이 문제다. "그러한 과제는 너무 커서 불투명함이라는 커다란 위험을 안고 있었고, 그로 인해 바그너의 모든 힘은 음악 언어의 명료함을 지향했다." 삶 자체는 복잡하기 짝이 없지만 그것을 무대 위에 옮겨놓을 때는 명료해야 했다.

인간의 감정은 한마디로 요약할 수 없지만 무대 위의 인물이 가진 감정은 한마디로 요약될 수 있어야 한다. 한 사람의 인생은 서술되기 힘들겠지만 무대 위에 제시된 인물의 인생은 간단하게 서술될 수 있어야 한다. 무엇이 갈등의 원인인지 분명하게 보여주어야 한다. 그것이 연극 무대가 담당해야 할 과제인 것이다. 그것이 제대로 보이지 않는다면 무대로서의 의미가 없는 것이다. 무대는 그래서는 안 된다. 그래서 고대 그리스인들도 무대를 현실보다 더 높은 곳에 위치시킴으로써 제전의 장소로 적합한 성스러움을 연출해 냈던 것이다. "원시 비극의 합창단인 그리스의 사티로스 합창단이 소요했던 곳은 '이상적' 땅이며, 사멸할 수밖에 없는 자들의 현실적 통로보다 훨씬 더 높이 솟아 있는 땅이다."(비극, 65쪽) 무대는 이상적인 곳이다. 모범이 제시되는 곳이다. 모든 선과 악도 관점에 따라 다르게 해석될 수 있다는 사실을 보여주어야 한다. 그것이 갈등의 조건이 되기 때문이다.

관객의 탄생

독자를 만나면 작가는 행복하다. 자신을 이해해주는 사람을 만나고 있기 때문이다. 마찬가지로 관객을 만나면 극작가는 행복하다. 이유는 같다. 바그너는 살아생전에 자신의 관객이 탄생하는 것을 목격한 행운아다. 물론 이런 행운은 거저 주어진 것이 아니었다. 그는 관객에게 도달하는 언어를 발견했다. "그는 그 누구도 아직 도달하지 못한 것, 즉 감정을 아주 강력하고 분명하게 표현하는 언어에 도달했다."(유고6, 343쪽) 그는 자신의 음악을 통해 "모든 감정의 정도를 상상할 수 없을 정도로 확고하고 단호하게 표현"할 줄을 알았던 것이다. 그는 음악의 언어라는 화살을 가지고 "언제나 궁수로서 가슴을 향해 쏘았다."(유고6, 344쪽) 그리고 관객의 가슴을 제대로 맞혔다.

> 바그너의 첫 번째 시도들은 비교적 성공적이었다. 도그마와 전수된 것에 집착하는 독일의 일반적인 성향은 새로운 장르에 대해 온갖 이의를 제기하는데, 가령 이전에 존재했던 장르에 비해 바그너에게는 많은 것이 결핍되어 있다는 것이다. 누구나 바그너 작품에서 저속한 오페라, 저속한 심포니 음악, 저속한 셰익스피어의 극을 보았던 것이다. 몇몇 개인들이 그 영향을 받았으며, 이제 그들이 바그너의 관객이 되었다. 그는 지금까지의 미학에 대해 신경 쓰지 말도록 그들을 가르쳤다. 자신의 청중과 관객을 사로잡는 동안 그는 언제나 모든 습득된 것으로부터 자신의 고유한 힘을 더욱 해방시켰다. 자신이 지배자였던 자신만의 영역을 발견했다고 느끼는 신과 같은 감정이 점차 그에게 엄습해왔다. (유고6, 345쪽)

도그마에 익숙한 근대인은 바그너의 음악극에 대해 낯섦을 금치 못했다. 늘 이념적 메시지가 분명해야 한다고 믿어왔기 때문이다. 늘 공부 잘하는 아이의 입장에서 사물을 바라보는 그런 훈련으로 인생을 살아온 결과였다. 교실에 앉아 있는 어린아이처럼 배움에만 집중하고 있을 뿐이다. 하지만 뭔가 배울 게 보이지 않는 무대가 낯설었다. 아니, 배울 게 하나도 보이지 않는 것처럼 여겨질 수도 있었다. 도그마의 결여가 문제처럼 보였다. 있는 것을 있는 그대로 볼 마음이 없었던 것이다. 이런 자세가 바그너와 친해질 수 없게 만들었던 것이다. 그저 '전수된 것에 집착'하고 '이전에 존재했던 장르에 연연'하는 자세로는 아무것도 발견할 수가 없기 때문이다.

신의 죽음을 선언하는 허무주의 사상에서 신의 목소리를 듣고자 한다면 아무것도 들리지 않는 것처럼, 바그너의 음악에서는 인간적인 사랑의 소리를 들을 수 있는 귀가 필요했던 것이다. 그런 귀가 없다면 "누구나 바그너 작품에서 저속한 오페라, 저속한 심포니 음악, 저속한 셰익스피어의 극을 보았던 것이다." 그것은 저속하다 못해 아예 예술도 아니라고 폄하할 수도 있다. 아는 만큼 보인다고 했던가. 바그너에 대해 아는 게 없으니 보이지 않고 또 보이지 않으니 아는 것도 없다. 악순환이다. 낯선 것을 받아들일 마음이 없으면 이런 순환 속에서 벗어날 수가 없다.

그런데 몇몇은 들을 귀가 있었다. "몇몇 개인들이 그 영향을 받았으며, 이제 그들이 바그너의 관객이 되었다." 그래서 니체는 "바그너의 첫 번째 시도들은 비교적 성공적이었다"고 평가하고 있는 것이다. 시작부터 괜찮았다. "그는 지금까지의 미학에 대해 신경 쓰지 말도록 그들을 가르쳤다. 자신의 청중과 관객을 사로잡는 동안 그는 언제나 모든 습득된 것으로부터 자신의 고유한 힘을 더욱 해방시켰다." 마치 거인 프로메테우스를 해방시켜주는 헤라클레스처럼, 니체는 헤라클레스적인 힘을 음악의 힘이라 칭하고 했다. "프로메테우스를 독수리로부터 해방시키고 신화를 디오니소스적 지혜의 수단으로 만들어버린 이것은 어떤 힘이었는가? 이것은 음악의 헤라클레스적 힘이다."(비극, 87쪽)

바그너는 음악을 이해했다. 음악을 무기로 사용할 줄 알았다. 그의 힘은 곧 헤라클레스적인 힘이었다. 그는 그 힘으로 "우리 안에 놓여 있는 인간을 조명하고 있으며 그럼으로써 자신에게서 무거운 짐을 벗어던진다"(유고6, 331쪽)고 했다. 이제 이 말을 이렇게 이해해도 될 것 같다. 바그너는 헤라클레스적인 힘인 음악을 통해 '언제나 궁수로서 가슴을 향해 쏘았고' 그럼으로써 끊임없이 괴롭히던 '독수리로부터 해방'시켰다고. 우리 안에 있던 거인을 닮은 프로메테우스적인 면을 조명해주자 거인의 본성이 되살아나 온몸을 구속하던 끊어지지 않던 쇠사슬과 함께 무거운 짐을 벗어던지게 되었다고. 결국에는 "집과 고향으로부터 소외되어 간악한 난쟁이들에게 사역당해 왔던 저 긴 세월의 굴욕"(비극, 177쪽)으로부터 벗어나게 되었다고. 이 얼마나 멋진 이야기인가. 뮤즈가 따로 없었다. 니체에게 바그너는 그 자체로서 이미 뮤즈였던 것이다. 하지만 창조를 위해 디디고 올라설 발판이 필요한 것처럼 니체는 바그너를 철저히 관찰해간다.

> 이제야 비로소 그는 거대한 형식(긴 호흡의 열정, 다각적인 열정)을 발견했다. 오해에 대한 불안감, 즉 언제나 개별 작품을 매우 강조하고 독립시켜야 한다고 강요되었던 점, 익숙한 형식에 접근함으로써 관객을 유혹해내야 한다고 강요되었던 점, 이제 그와 같은 불안감에서 그는 벗어났다. 자신에게 귀 기울여줄 청자를 잃어버리는 것이야말로 그가 가장 견딜 수 없는 것이었는데, 그 점에서

그는 자기 본질의 행복한 세계에 대해 명료하게 말하고 싶어 하는 진실한 예술가다. (유고6, 345쪽 이후)

자기를 이해해주는 사람과 함께 있으면 저절로 치유가 된다. 마음이 편해져 진정으로 휴식을 취할 수도 있다. 이런 상황을 사랑이라 말하면 너무 식상하다. 하지만 사랑보다 더 나은 표현을 찾을 수 없다. 불안감은 끼어들 틈이 없다. 믿음이 존재의 굳건한 성을 쌓게 해준다. 실존철학자 하이데거가 "언어는 존재의 집이다"[5]라고 단언했던 것처럼 바그너는 음악으로 존재의 집을 짓는다. 그것도 거인이 지었다는 난공불락의 "발할라[Walhalla][6]를 말이다. 신들의 궁전에서 산다는 것은 얼마나 큰 행복일까. 이쯤 되면 "음악 없는 삶은 하나의 오류이리라"(우상, 83쪽)라는 말도 충분히 이해될 것이다.

잘못 살고 싶지 않으면 음악으로 존재의 집을 지어야 한다. 실수하고 싶지 않으면 음악 위에 존재의 터를 닦아야 한다. 삶의 오류는 언제나 음악의 부재에서 발생하는 것이다. 음악을 들을 수 있는 귀를 연다는 것은 모든 존재에 의미를 부여하기 위한 전제조건이 될 뿐이다. 그 음악에서 '비극이 탄생'했다. 여기에 비약이 있지만 이제는 이해해야 한다. '모든 인생은 고통'이라 했다. 진정한 인생에 대한 인식은 음악을 통해서만 가능하다는 말과도 같다. 비극을 통해서만 고통이 인식된다. 하지만 인식된 고통은 더는 고통이라 불리지 않는다. 나무 속에 박혀 있는 가장 강한 나무 '옹이'라고 불려도 된다. 근육이 제대로 움직일 수 있게 해주는 '가시'라 불려도 좋다.

음악으로 지어진 존재의 집은 발할라처럼 난공불락이 될 수 있다. 그 어떤 풍파에도 무너지지 않는 그런 성으로 거듭날 수 있다. 존재가 그렇게 견고해질 수 있다는 얘기다. 삶이 그렇게 튼튼하게 변한다는 얘기다. 이성적 존재에게 이성이 옹이와 가시처럼 지탱해주는 역할을 하게 된다는 것이다. 모가지를 자를 수 없다면 모가지를 가지고 사는 지혜를 가져야 한다. 집과 같은 느낌을 주는 그 성안에는 모두가 같은 생각, 같은 행동을 보일 뿐이다. 모두가 거인을 닮아 있기 때문이다. 모두가 신의 종족을 존경하지 않는 그런 거인이 되어 있는 것이다. 모두가 자기 자신의 삶에 주인이 된 그런 모습으로 살아갈 뿐이다.

음악에서 신화로 이어지는 자유로운 사유

신화는 비극의 내용으로 이루어져 있다. 신들의 이야기이고, 그들의 문제들이다. 비극 속으로 빠져들어가는 신들의 모습이 담겨 있는 것이다. 바그너에게는 음악이 형식이라면 내용은 신화라는 얘기다. 결국 음악과 신화는 비극이라는 개념하에 하나의 덩어리처럼 서로 얽혀 있다. 음악으로 전달할 수 있는 것은 무궁무진하다. 상상력으로 도달할 수 없는 곳이 없기 때문이다. 신화의 세계는 상상을 초월한다. 하늘의 신이 번개를 던지고 바다의 신이 마음대로 태풍을 일으킨다. 신화 속에서 불가능한 것은 하나도 없다.

이성을 가지고 살아야 하는 존재는 이성을 도구로 삼을 줄 알아야 한다. 이성적 존재가 이성의 노예가 되는 것을 경계해야 할 일이다. 하나의 정답을 정해놓고 그것만을 옳다고 주장함으로써 모든 다른 것은 틀리다고 말하는 오류를 범하지 말아야 한다. 이성은 창조의 영역이 아니라 인식된 것을 되비추는 거울과 같은 역할만 할 수 있음을 잊지 말아야 한다. "이성은 여성적 성질을 가지고 있다. 즉 이성은 받아들인 다음에만 줄 수 있을 뿐이다.

이성이 그 자체로 홀로 가지고 있는 것은 내용이 없는 조작의 형식뿐이다."[7] 쇼펜하우어의 말이다. 충분히 납득이 가는 주장이다. 1 더하기 1은 2가 된다는 이성적 논리에 너무 얽매일 필요가 없다. 그 내용이 더 큰 문제를 지니고 있을 수 있기 때문이다.

> 시인 바그너에 대한 한마디. 볼 수 있고 느낄 수 있는 과정 속에서의 사유, 본래 문학적인 것은 사유에 있지 않다. 이 점은 신화에서 잘 드러난다. 왜냐하면 사람들이 일반적으로 생각하듯 하나의 사상이 신화의 근본을 이루는 것이 아니라 신화 자체가 하나의 사유이기 때문이다. 그렇지만 신화는 개념적 사유가 아니라 하나의 세계상이다. 즉 말로 포괄되는 것이 아니라 사건으로 포괄되는 세계상이다. 운율적으로 동질인 연속음의 모래 형상만을 눈으로 보는 귀먹은 이들을 위해 음악이 효과를 자아내듯, 신화는 비사유가들, 즉 민중을 위한 것이다. 이를 위해 시인이 창작을 하며, 창작 자체 속에서 그는 비사유인들인 민중에 속해 있다. (유고6, 348쪽)

신화에서 논리는 배제되어야 한다. 논리가 서 있는 한 그것은 신화로서의 가치를 상실하고 만다. 번개 창은 말도 안 된다고 생각하는 순간, 신화는 그 의미를 잃고 만다. 의심의 시선은 신화를 신화답지 못하게 만들고 만다. 허무맹랑한 이야기쯤으로 치부하게 되는 실수를 범하게 된다. 대부분의 인간은 어린 시절에 신화와 친숙해진다. 아직 이성이 여물지 않은 시절이어서 그런 것이다. 아직 이건 이것이다 저건 저것이다 하고 잣대를 들이대기 이전의 시기이기 때문이다. 자신의 생각에 맞추어 사물을 판단하기보다는 사물을 있는 그대로 받아들이는 열린 마음이 이 모든 것을 가능하게 해준다.

아이들의 시선은 번개 창이 도달하는 곳까지 이어진다. 폭풍이 몰고 오는 파도의 높이를 가늠하기도 한다.

그렇다고 신화 속에 논리가 전혀 없는 것도 아니다. 비이성적인 것이 이성적인 것으로 변화를 거듭하고 있을 뿐이다. 신화 속에도 질서가 잡혀 있다. 모든 것에 위아래가 있고 좌우가 있다. 그것이 이야기를 형성하게 되는 것이다. 납득이 가능하고 감동을 주는 그런 이야기가 여기서 탄생하는 것이다. "신화 자체가 하나의 사유"이다. 하나의 생각이 신화를 탄생시키고 있는 것이다. 어느 한 부분이라도 의심이 가기 시작하면 모든 것이 흔들리고 만다. 신화의 세계는 그런 것이다.

그런데 특별한 대답이 필요 없는 이야기가 신화다. '옛날 옛적에 호랑이가 담배 피우던 시절에'하고 이야기를 시작하면 그 말이 이끄는 곳으로 그냥 따라가면 되는 것이다. 이야기의 참맛을 느끼고 싶으면 그 이야기에 생각을 맡겨야 한다. 거기에 토를 달기 시작하면 이야기의 맛이 전해지지 않는다. "신화는 개념적 사유가 아니라 하나의 세계상"일 뿐이다. 개념적으로 분석하려 들면 이야기는 힘을 상실하고 만다. "즉 말로 포괄되는 것이 아니라 사건으로 포괄되는 세계상이다." 왜 번개로 창을 만들어 던질 수밖에 없었는지 그 상황논리에만 집중하면 되는 것이다. 그러면 하늘에서 치는 천둥소리에서도 큰 인식을 얻어낼 수 있을 것이다.

모든 사건은 총체적이다. 일방적이지 않다는 얘기다. 모든 것에는 원인이 있고 또 다른 원인들과 맞물리며 이야기가 형성되는 것이다. 하지만 그 총체성은 하나하나의 말이 전하는 의미에 집중할 때에만 형성된다. "운율적으로 동질인 연속음의 모래 형상만을 눈으로 보는 귀먹은 이들을 위해 음악이 효과를 자아내듯, 신화는 비사유가들, 즉 민중을 위한 것이다." 아이들에겐 어른들이 가지고 있는 그런 귀는 없다. 모든 것을 설명해주어야 이해하는 그런 귀는 없다. 하지만 음악이 전하는 소리들을 눈으로 볼 수 있는 눈은 가지고 있다. 번개를 바라보며 창을 생각해내고 천둥을 통해 전쟁 소리를 듣기도 한다. 귀를 닫고 귀를 연다. 눈을 닫고 눈을 연다. 그것이 아이들이 바라보는 세상이다.

바그너는 민중을 위해 음악을 만든다. 혁명을 바라기 때문이다. 민중을 위한 소리를 들려주기 위해 그는 신화에 주목하는 것이다. 민중은 비사유가들이다. 하지만 민중이 형성되면 사회는 변할 수 있다. 그것을 이해한 자가 바그너다. 민중은 기존의 틀에 저항한다. 기존의 방식을 거부한다. 사유의 전형을 파괴하고 새로운 사유의 날개를 장착한다. "이를 위해 시인이 창작을 하며, 창작 자체 속에서 그는 비사유인들인 민중에 속해 있다." 바그너가 창작에 열정적으로 임하는 이유가 이것이다.

> 한 영역으로 가기 위해서는 누구나 순수한 사유가로 존재해야만 할 것이고, 다른 영역으로 가기 위해서는 순수한 시인으로 존재해야만 할 것이다. (유고6, 348쪽)

이것은 모순이 아니다. 모가지를 자를 수 없는 이성적 존재가 취해야 할 삶의 방식일 뿐이다. '순수한 사유가'가 전하는 메시지를 이해하면 된다. 기존의 논리, 예를 들어 '도그마' 같은 것을 잊지 않고 기억하며 지속적으로 그 틀 안에서 생각하는 한 자유로움은 기대할 수 없다. 창작은 꿈도 못 꾼다. 생각하는 능력을 타고난 인간은 생각하며 살아야 할 운명이다. 사유가로 태어난 이상 사유를 저버릴 수 없다. 하지만 순수한 사유를 해야 한다. 이것이 창작을 하는 예술가의 지상과제인 것이다. 예술가는 '순수한 사유가로 존재'해야 할 것이고, 또 '순수한 시인으로 존재'해야 할 것이다. 한마디로 순수해야 한다. 순수하지 않으면 예술가가 아니다. 아는 것을 뽐내는 지식인은 될수 있어도 창작으로 말하는 예술가는 못 된다.

> 불완전한 시인들만이 혼란을 일으킨다. 즉 완전히 시인이 아닌 예술가들.—바그너가 때로는 기독교와 게르만의 신화를, 때로는 뱃사공들의 전설을, 때로는 불교 신화를, 때로는 이교도와 독일의 신화를, 때로는 개신교 시민성을 받아들일 때, 분명한 것은 그가 그 신화의 종교적 의미를 넘어서 자유로웠다는 점이며 그 점을 그의 청중들에게도 요구하고 있다는 점이다. 이미 호메로스를 포함한 그리스 극작가들이 종교로부터 자유로웠듯이 말이다. 아이스킬로스도 제우스에 관한 표상을 포함해 자신의 표상을 임의대로 바꾸었다. 시인은 결코 경건하게 존재하지 않는다. 신들에 대한 제식, 공포, 불안 그리고 아첨 따위는 존재하지 않았으며, 누구나 신들에 대해 믿지 않는다. 무대 주인공들 속에서 미신적 관점으로 신을 보려 했던 그리스인은 아이스킬로스가 원했던 관객이 아니었다. 누구나 시인으로서 과정 속에서 자유롭게 사유해야 할 경우, 우상화와 물신 숭배의 종교성이 우선적으로 사라져야만 한다. 바그너는 엄청난 시점을 발견했다. 즉 이전 시기의 종교가 도그마적 우상과 물신 숭배의 영향 속에서 흔들리고 있던 시점 말이다. 모든 종교의 끝에서, 즉 '신들의 황혼'에서 그는 비극적 시인이었다. 그래서 그는 전체 역사를 스스로 이용할 줄 알았다. 그는 자신의 사유 영역으로서 역사를 요청했다. 그의 창작은 엄청났으며 그 결과 그는 이미 생성된 모든 것에 의해 억압되지 않았고 그 생성된 것 내에서 자신을 표명해낼 수 있었다. (유고6, 349쪽)

바그너는 제멋대로다. 모든 것을 마음대로 주물러댔다. 하지만 그것이 그의 창작물이 되어 세상에 태어났다. 기존의 해석방식으로는 이해가 불가능한 작품으로 소개되었던 것이다. 그의 작품을 이해하려면 그의 이야기 속으로 몸을 던질 줄 알아야 한다. 과거에 진리라고 인정받았던 것을 거부하고 새로운 진리를 받아들일 태도를 취해야 한다. 그래야 바그너도 친구가 될 수 있는 것이다. 자유로운 자를 따라가려면 스스로도 자유로울 필요가 있다. 스스로는 얽매여 있으면서 자유로운 춤을 흉내 내고자 할 때 사고가 발생하는 것이다. 그때 오해의 여지가 생기는 것이다.

바그너는 신화를 다루면서도 신들의 이야기에 얽매이지 않았다. 신을 언급하면서도 특정 종교에 구속되지 않았다. 이것이 바그너를 창작의 길로 접어들게 했다. 바그너는 수많은 신화를 연구했다. 하지만 그 신화가 전하는 메시지에 얽매이지 않고 자유로운 날개를 펼쳤다. 제멋대로 해석을 하기 시작한 것이다. 하지만 그가 하는 모든 이야기는 신화 속에 있는 것을 소재로 펼쳐지고 있을 뿐이다. 몇 자 안 되는 글귀로 한 편의 드라마를 만들어내는 능력이 그에게 있었던 것이다.

독서에 임할 때 혹은 한 편의 연극을 관람할 때 독자나 관객은 자신의 생각을 버려야 한다. 생각을 버리고 생각을 할 줄 알아야 한다. 귀를 닫고 귀를 열고 눈을 닫고 눈을 열어야 한다. 그것이 새로운 세상을 인식하는 최대의 관건이다. 그래서 바그너는 자신의 관객에게도 자유로운 사유를 요구했던 것이다. "분명한 것은 그가 그 신화의 종교적 의미를 넘어서 자유로웠다는 점이며 그 점을 그의 청중들에게도 요구하고 있다는 점이다." 자유롭지 못하면 바그너는 낯선 존재에 불과하다. 신으로부터 자유롭지 못하면 니체가 낯선 것처럼. 거인 프로메테우스를 보고 싶으면 먼저 자기 자신부터 자유로워야 한다. 망아忘我가 무대 위에 단 한 번도 등장하지 않은 디오니소스를 면접하게 해줄 것이다. 엑스타제, 황홀, 무아지경, 그것이 어떤 이름으로 불리든 상관없다.

신화를 운운하면서도 종교로부터 자유로워야 한다. "이미 호메로스를 포함한 그리스 극작가들이 종교로부터 자유로웠듯이 말이다." 종교는 없을 수 없다. 이성적 존재로 살아야 하는 한 종교는 있어야 한다. 신은 끊임없이 이성의 발목을 잡을 것이다. 이성은 신으로부터 자유로울 수 없다. 하지만 하나의 신에 얽매이지 말아야 한다. 하나의 종교적 교리로 멍에를 져서는 안 된다. 바그너나 니체가 말하는 자유는 이런 것이다. 특히 니체가 《인간적인 너무나 인간적인》에서부터 지속적으로 설명하고자 하는 '자유정신'은 바로 이런 의미에서 이해되어야 한다.

수년 동안 하나의 곡을 연습한 연주자가 어느 날 그 곡을 연주하면서 자유롭게 연주할 때가 있다. 그동안 얽매여 있던 규칙과 리듬을 신경 쓰지 않고서 연주하는 모습에서 우리는 자유로운 연주를 감상할 수 있게 되는 것이다. 마찬가지로 수년 동안 어떤 연속된 동작을 반복해서 연습한 무용수가 어느 순간 모든 것으로부터 해방된 듯이 춤을 출 때도 있다. 그때도 우리는 그 무용수로부터 예술의 경지에 이른 자유로운 춤을 감상할 수 있게 되는 것이다.

물론 여기서 말하는 자유에는 임의성이 부여되어 있기도 하다. "아이스킬로스도 제우스에 관한 표상을 포함하여 자신의 표상을 임의대로 바꾸었다." 이순신 장군이 "나의 죽음을 알리지 말라"고 했을 때 어떤 모습이었을까? 정해진 답은 없다. 정답도 없는데 규칙을 운운할 수는 없다. 당당했을 수도 있고 걱정에 휩싸여 있었을 수도 있다. 국운을 걱정했을 수도 있고 자신의 고통 때문에 신음하며 인상을 썼을 수도 있다. 다만 어떤 행동을 취하게 하든 나름대로 이야기를 만들어낼 수만 있다면 가치 있는 것이다. 불멸의 작품이 되는 모든 것은 이런 임의성에 의해 결정된다. 사람 사는 모습은 다 똑같기 때문이다.

시인은 삶을 이야기한다. 하지만 "시인은 결코 경건하게 존재하지 않는다. 신들에 대한 제식, 공포, 불안 그리고 아첨 따위는 존재하지 않았으며, 누구나 신들에 대해 믿지 않는다." 르네상스의 천재 화가들도 기독교인들이 아니었다. 하지만《성경》의 이야기들을 그림으로 표현해내는 천재성을 발휘했다. 단군신화를 한 편의 드라마로 만든다고 해서 그 신화를 믿어야 할 이유는 없다. 그렇다고 해서 그 드라마가 쓸모없는 것은 절대로 아니다. 르네상스인들의 작품이 쓸모없다고 폄하되지 않는 것처럼.

극장 안에 있는 관객이 미신을 믿을 필요는 없다. 신을 바라보면서 신앙심을 고취시켜야 할 이유도 없다. 예술작품은 그런 것을 목적으로 하지 않는다. "무대 주인공들 속에서 미신적 관점으로 신을 보려 했던 그리스인은 아이스킬로스가 원했던 관객이 아니었다." 바그너도 그런 관객을 원한 것이 아니었다. 니체도 자신이 차려놓은 밥상에서 밥을 함께 먹고자 한다면 너무 굶주린 상태로 오지 말라고 권고하기도 했다. "배고픈 손님은 사절한다― 배고픈 사람에게는 아주 훌륭한 음식도 가장 형편없는 식사보다 더 나을 것이 아무것도 없기 때문에 까다로운 예술가는 배고픈 사람을 식사에 초대하려고 하지 않는다."(인간적II, 75쪽) 신이 절실하게 필요한 사람은 허무주의 철학이 쓸모없다. 그는 오히려 절이나 교회로 가야 치유를 받을 뿐이다. 하지만 스스로 자기 삶 속에서 길을 찾고자 한다면 니체는 친구처럼 다가올 것이다. 그가 하는 말은 모두 다정한 귓속말처럼 솔직하게 들려올 것이다.

진정한 예술체험을 하고 싶으면 모든 것으로부터 자유로워야 한다. "누구나 시인으로서 과정 속에서 자유롭게 사유해야 할 경우, 우상화와 물신 숭배의 종교성이 우선적으로 사라져야만 한다." 우상은 버려야 할 대상이다. 물신 숭배의 종교성은 배제되어야 한다. 그래야 자유정신이 날개를 펼칠 것이다. 멍에를 벗어던질 때 발걸음은 춤으로 승화될 것이다. 이성의 틀에서 벗어날 때 생각은 황량한 사막에서도 여행의 즐거움을 맛볼 것이다. 길이 없다고 한탄하거나 주저앉는 것은 그의 운명이 아니다.

바그너는 신들의 세계에서 비극적 요소를 발견해낸다. 신들의 몰락을 보았던 것이다. '신들의 황혼'을 목격했던 것이다. 결국 그는 진정한 '비극적 시인'이 되었다. 그는 자신의 음악극을 위해 "전체 역사를 스스로 이용할 줄 알았다. 그는 자신의 사유 영역으로서 역사를 요청했다." 국정교과서 같은 것은 필요도 없었다. 창작의 길에 그런 것은 방해가 될 뿐이다. 그럼에도 "그의 창작은 엄청났으며 그 결과 그는 이미 생성된 모든 것에 의해 억압되지 않았고 그 생성된 것 내에서 자신을 표명해낼 수 있었다." 바그너는 자신의 작품으로 인해 불멸의 반열에 올랐다.

죽음이라는 사랑의 복음

중세의 위협은 "메멘토 모리Memento mori "[8]로 요약될 수 있다. 죽음을 기억하라는 것이다. 죽음이 현존재의 족쇄 역할을 했던 것이다. 신앙만이 영생을 약속할 수 있다는 주장이다. 천국에서의 영생을 열망하는 한 현세에서의 삶은 무의미해지고 만다. "우리는 지금도 중세의 빙하 속에서 살고 있다."(반시대Ⅲ, 427쪽) 세기말에 내린 이 평가는 오늘날에도 여전히 유용하다. 생철학자 니체는 죽음에 대한 해석부터 새롭게 내놓아야 한다는 과제를 안고 있다.

> 인류와 개인을 향해 외친 "죽음을 기억하라Memento mori"는 과거에는 항상 고통스러운 가시였고 중세적 지식과 양심의 정점이었다. 근대가 그를 향해 외친 소리, "삶을 기억하라Memento vivere"는 솔직히 말하면 아직 상당히 주눅이 들어 있고 온 목청을 다해 외친 소리가 아니며 부정직한 면을 가지고 있다. 왜냐하면 인류는 아직 확고하게 메멘토 모리 위에 앉아 있고 이 사실을 그들의 보편적이고 역사적인 욕구를 통해 내비친다. (반시대Ⅱ, 354쪽)

니체는 죽음이 아니라 삶이 관심을 받아야 함을 깨달았다. 삶을 삶답게 해주기 위해 죽음에 대한 이해가 동원되어야 했을 뿐이다. 니체는 바그너에게서 죽음에 대한 비전을 보았다. 죽음을 극복될 수 있는 것으로 여긴 것이다. 죽음은 결코 두려움의 대상이 될 필요가 없었던 것이다. 오히려 죽음만이 삶을 더욱 빛나게 해주는 요소였던 것이다. 밤이 되어야 별이 빛나듯이. "문명에 관해 리하르트 바그너는 등불의 빛이 대낮의 빛에 의해 사라지듯이 문명은 음악에 의해 그 빛을 상실한다고 말한다."(비극, 65쪽) 바그너의 힘이다. 그에 의해 그동안 문명으로 간주되었던 모든 것이 헛것으로 판명되고 만다.

> 그렇다면 그는 이제 어떤 관점에서 그 모든 생성된 것과 지나간 것을 보고 있는가?─무엇보다도 죽음의 놀라운 의미가 제시될 수 있다. 즉 죽음이 심판이다. 그것은 자유롭게 선택된 열망했던 심판이며, 전율스럽고 자연스러운 매력

을 지닌 심판이다. 마치 그것이 무無로 들어가는 문 이상인 양. (판잣집 위에서 삶이 강한 걸음걸이를 낼 때마다 죽음이 무감각하게 공명한다.) 죽음은 모든 위대한 열정과 영웅성에 대한 직인이며, 죽음 없는 현존재란 아무런 가치를 지니지 못한다. 죽음을 기꺼이 맞이하려는 것이야말로 도달할 수 있는 가장 지고한 것, 그렇지만 가장 어려운 것이며 또한 영웅적인 투쟁과 고통을 통해 획득되는 것이다. 모든 죽음이야말로 사랑의 복음이다. 그리고 모든 음악은 일종의 사랑의 형이상학이다. 음악은 관습적인 눈으로 볼 때에는 무욕無慾의 영역처럼 보이는 영역에서의 추구이며 소망인데, 즉 망각의 바다에서 자신의 몸을 씻는 것, 지나간 열정의 감동적인 그림자놀이다. (유고 6, 349쪽 이후)

죽음은 무로 들어가는 문 이상이다! 죽음은 아무것도 아닌 것 이상이다. 이보다 더 위로가 되는 말이 또 있을까. 죽음은 아무것도 아닌 것이 결코 아니다라는 이 말보다! 말장난 같지만 죽음에서 의미를 찾으려는 의지가 엿보인다. 죽음이 아무것도 아닌 것이 아니라면 무엇인가를 알아내야 하는 것이 산 자의 의무이리라. 죽어야 하는 게 인생이지만 그 인생이 허무하지는 않다는 생각이 깔려 있기 때문이다.

괄호 속의 비유적 문장이 오히려 수많은 생각을 하게 한다. "판잣집 위에서 삶이 강한 걸음걸이를 낼 때마다 죽음이 무감각하게 공명한다." 이 구절은 릴케의《형상시집》을 마감하는 시를 연상시킨다. "우리가 삶 한가운데 있다고 생각하면, / 죽음은 우리 가슴 깊은 곳에서 / 마구 울기 시작한다."[9] 수수께끼 같은 말이다. 삶의 의지가 강해지면 강해질수록 죽음은 코앞에 다가와 있다. 왜 그럴까? 죽음은 아무것도 아닌 것 이상이라 했고, 삶은 죽음이 없으면 아무것도 아니다. 죽음이 있어서 삶은 빛을 얻는다. 죽음이 있어서 삶이라 불리는 것이다. 죽음은 늘 수수께끼처럼 다가오지만 답은 이미 주어져 있다. 삶 속에서 찾아야 하기 때문이고 삶은 늘 자연처럼 곁에 있기 때문이다.

모든 삶은 죽음으로 인해 의미가 부여된다. 죽어야 할 인생이기에 기를 쓰고 살고자 하는 것이다. "삶의 불길이 작열하는 가운데 빛나기 위해서는 어두운 지평선이 필요하다."(유고6, 304쪽) 일출이나 일몰이 장관을 연출하는 이유는 어두운 지평선이 그 밑을 떠받쳐주고 있기 때문이다. "죽음은 삶의 적이 아니라 삶의 의미를 드러내주는 수단이다."(같은 곳) 그래서 삶을 이해하고자 한다면 죽음을 직시해야 한다. 삶의 의미를 구하고 싶으면 죽음을 파헤쳐야 한다. 삶에서 길을 찾고자 한다면 어두운 죽음을 응시해야 한다.

죽음은 삶을 위한 수단일 뿐이다. 기억 속에 담아두어야 할 것은 삶이다. 삶에 대한 생각만이 허무주의적 발상이다. 죽음보다 삶을 기억해야 한다. 죽음이 차지하고 있던 자리에 삶을 대체시켜야 한다. 생각하고 싶으면 삶을 생각해야 한다. 인생이 생지옥이라면 지옥을 생각해야 한다. 지옥의 문 위에 앉아 있는 〈생각하는 사람〉의 생각을 읽을 수 있어야 한다. 그의 눈으로 세상 깊은 곳까지 들여다보아야 한다. "죽음은 모든 위대한 열정과 영웅성에 대한 직인"이다. 그 직인을 확인하듯이 죽음을 바라보아야 한다. 이것이 바로 바그너의 시선이다. 죽음을 바라보는 바그너의 눈빛이다. 그는 자신의 음악극에서 "무엇보다도 죽음의 놀라운 의미"를 제시해준다. 죽음을 맞이하는 영웅의 삶은 늘 구원의 길에서 빛난다. 그가 보여주는 구원은 삶이 무의미하지 않았음을 보여준다.

실존의 문제는 삶으로 해결되는 것이다. 그 문제는 결코 죽음으로 무의미해지거나 끝장나는 것이 아니다. 사는 것 자체가 곧 문제의 해결이다. 물론 실존의 문제에서도 인정해야 할 것이 있다. 그것은 죽음의 실존이다. "즉 죽음이 심판이다. 그것은 자유롭게 선택된 열망했던 심판이며, 전율스럽고 자연스러운 매력을 지닌 심판이다." 이 문장도 인식이 올 때까지 반복해서 읽을 필요가 있다. 죽음을 바라보는 허무주의적 시각이기 때문이다. 죽음은 삶에 대한 심판이다. 실존은 죽음 앞에선 피고인이다. 피해서는 안 될 법정이고 또 피할 수도 없는 법정이다. 이 세상에 살았다는 이유만으로 이 법정에서야 하는 것이다.

대부분의 사람은 죽음을 회피하거나 외면할 뿐이다. 죽음을 두려워할 때 회피하게 된다. 그때 다가오는 죽음은 물론 자유롭게 선택된 열망했던 심판이 되지 못한다. "죽음 없는 현존재란 아무런 가치를 지니지 못한다." 죽음에 의해 삶은 조명을 받는다. 무대 위의 주인공임을 인식하게 해주는 것도 죽음이다. 죽음이란 심판 앞에서는 아무리 무죄라고 고집을 피워도 소용이 없다. 누구나 이 심판을 받아야 한다. 피할 수 없다면 즐기라는 말은 있지만 그렇다고 죽음을 즐길 수 있을까? 이것이 문제일 뿐이다. '죽음의 놀라운 의미'를 알면 즐길 수 있을까. 그렇다. 니체는 그 의미를 가르쳐주고자 한다. 죽음 때문에 발목이 잡혀 원하는 삶을 살 수 없다면 누구의 책임일까?

니체는 모든 삶은 결국 자기 책임임을 일깨우고자 한다. 자기 책임을 제대로 인식하기 위해 죽음을 알아야 한다. "죽음을 기꺼이 맞이하는 것이야말로 도달할 수 있는 가장 지고한 것, 그렇지만 가장 어려운 것이며 또한 영웅적인 투쟁과 고통을 통해 획득되는 것이다." 가장 지고한 것! 가장 어려운 것! 영웅적인 투쟁과 고통을 통해 획득되는 것! 그것이 바로 죽음을 기꺼이 맞이하는 것이다. 얼마나 지고할까? 얼마나 어려울까? 얼마나 고통스러울까? 죽음을 맞이하려는 그 마음이. 산 자가 던지는 마지막 질문도 이와 같을 것이다. 의식을 잃어가는 그 순간에도 이 질문만이 흐릿하게 꺼져가는 빛처럼 남을 것이다.

죽음은 실존한다. 죽음은 엄연한 사실이다. 하지만 "모든 죽음이야말로 사랑의 복음이다. 그리고 모든 음악은 일종의 사랑의 형이상학이다." 너무도 희망차다. 모든 반전이 이 두 문장 속에 담겨 있다. 죽음 앞에서 두려워할 일이 하나도 없다고 가르치고 싶은 것이다. 죽어가는 줄타기 광대에게 들려주는 차라투스트라의 말이다.

> 차라투스트라가 대답했다. "벗이여, 내 명예를 걸고 말하거니와 네가 말하고 있는 것들은 존재하지 않는다. 악마도 없고 지옥도 없다. 너의 영혼이 너의 신체보다 더 빨리 죽어갈 것이다. 그러니 두려워할 것이 못 된다!" (차라, 28쪽)

광대는 두렵다. 죽음을 앞두고 무서운 것이다. 지옥에 가면 어쩌나. 악마라도 만나면 어쩌나. 하지만 니체는 이런 말로 위로해준다. 그런 것은 없다고. "악마도 없고 지옥도 없다." 사람들은 왜 이 말을 믿지 못하는 것일까. "너의 영혼은 너의 신체보다 더 빨리 죽어갈 것이다." 목이 뽑힌 닭이 마당을 질주하는 것을 본 사람은 안다. 신체가 더 나중에 죽는다는 사실을. 토막난 다리들이 접시 위에서 탈출을 시도하는 낙지를 우리는 산낙지라 말한다. 삶이 아닌 삶을 바라보고 있는 것이다. 중환자실에서 기계가 시각적으로 화면 위에 전해주는 그래프를 본 사람은 안다. 의식이 없는 인간의 마지막 여린 심장박동을 바라보는 심정도 이와 마찬가지다. 이 모든 것이 너무 잔인한가? 너무 냉정한가? 어쩔 수 없다. 니체는 현실을 보여주고 싶을 뿐이다. 허무주의는 삶 이외의 모든 것이 허무함을 알려주고 싶을 뿐이다.

"모든 음악은 일종의 사랑의 형이상학이다." 명언이다. 보여줄 수 없는 것이 사랑이기 때문이다. 사랑으로는 모든 것이 가능하다. 하늘의 별을 따다 준다고 해도 할 말이 없는 게 사랑이다. 그걸 어떻게 따주느냐고 대들고 싶어도 어쩔 수 없다. 사랑은 그런 것이기 때문이다. '사랑한다'는 말을 할 때 그래서 양심의 가책을 느끼게 되기도 한다. '정말 사랑하는 것일까'라는 질문에 확실한 대답을 찾을 수 없기 때문이다. 바로 이런 상황 때문에 인간은 또 끊임없이 물어댄다. '나를 사랑하느냐'고. 상대방의 마음을 말로 듣고 싶은 것이다. 마치 심장박동이 화면 위에 그래프로 보여지듯이. 하지만 사랑은 그런 그래프로 보여줄 수도 없다. 형이상학적으로만 설명이 가능하다. 음악도 그런 영역이다.

"음악은 관습적인 눈으로 볼 때에는 무욕의 영역처럼 보이는 영역에서의 추구이며 소망인데, 즉 망각의 바다에서 자신의 몸을 씻는 것, 지나간 열정의 감동적인 그림자놀이다." 비유의 홍수다. 준비되지 못한 자는 이쯤에서 익사할 수도 있으리라. 숨이 차면 쉬었다 가는 것도 지혜. 열 번이고 스무 번이고 반복해서 읽어볼 일이다. 음악을 듣는다는 것은 망각의 강물에 몸을 씻는 행위와 같다. 마음을 비워야 음악이 들리는 법이다. 왜냐하면 음악이 복잡한 생각들을 잊게 해주기 때문이다. 이것이 음악의 힘이다.

음악은 "지나간 열정의 감동적인 그림자놀이다." 망각의 흔적을 즐기는 것이다. 텅 빈 공간 속에서 유영하는 것이다. 음악은 죽음의 현장을 맛보게 해준다. 그 죽음이라 불리는 그림자를 가지고 놀게 한다. 거기서 사랑의 복음이 들려오는 것이다. 인간은 분명 죽어야 할 존재지만 행복하게 살 수 있다. 죽음을 앞두고 두려움을 느끼지 않는 것은 양심의 가책을 받아야 할 일이 결코 아니다. 죽음을 앞두고 춤을 출 수 있는 자는 신이라 불려도 좋다.

니체는 그런 인간을 신이라 부르고 싶다고 했다.

바그너의 반시대적 예술

바그너는 혁명가다. 다행스럽게도 살아생전에 자신의 관객을 만날 수 있었던 행운아다. "초록 언덕"[10] 위에 세워진 자기 자신을 위한 극장을 바라볼 때는 얼마나 기뻤을까. 아마 그는 무한한 긍지를 느꼈을 것이다. 그동안 살아온 자신의 인생이 자랑스러웠을 것이다. 혁명을 해야 할 때는 목숨까지도 걸어야 했을지 몰라도 자기 극장을 바라보는 순간에는 자기 자신의 시선에 승리감이 충만했으리라. 미래를 향한 그 눈빛은 확신에 차 있었을 것이 분명하다. 그 당당함에서 니체는 신의 기운을 느꼈던 것이다.

현대인에게서 한계를 느낀 철학자는 음악을 통해 태어날 새로운 세상에 대한 비전을 바라본다. 구역질을 동반하는 현실 인식은 극복에 대한 의지를 일깨우게 했다. 시대를 넘어서고자 하는 그런 의지 말이다. 니체가 바라보는 세상은 시대에 반하는 그 경향이 가져다줄 희망찬 세상이다. 고통스러운 저항이 실현시킬 행복한 세상이다. 꿈의 실현을 무엇으로 설명할 수 있을까? 기분은 또 얼마나 들떠 있었을까? 사람들은 "단지 기분이 들뜬 행복만을 믿는다"(유고6, 189쪽)는 것을 잘 알고 있는 철학자이기에 묻는 것이다. 바그너를 향한 그의 희망은 꺼지지 않는 햇불과도 같다. 시간이 흐를수록 더욱 커져만 가는 그런 햇불 말이다. 니체 인생에 낭만주의적 분위기가 형성된다. 동경의 눈빛은 사그라질 기색이 없다.

바그너 예술은 현재적 예술에 속하지 않는다. 그는 훨씬 앞서가거나 혹은 현재를 넘어서 있다. 누구도 그의 실존을 우리 시대의 업적에 귀속시키지 말아야 한다. 특히 그의 실존을 저지하기 위해서 모든 짓이 행해졌기 때문이다. 무엇이 바그너를 장려했는지 나열해보라—즉 어떤 점에서 그를 저지했는지가 아니라 그를 지원했는지 말이다(이에 상응하는 예로 마이어베어를 들 수 있다. 그는 바그너의 일상적 성공과 시대적 성공을 매우 인위적으로 부각시켰다.— 그러나 바그너는 언제나 정반대로 행동했고, 특히 그의 "친구들"은 바그너가 자신들에게 결코 휴식을 허락하지 않는 것에 대해서 언제나 언짢아했다. 어떤 새로운 것을 지니면서 그는 그들의 시각에서 갑작스럽게 벗어났기에,《파우스트》에서의 젊은이들처럼 그들은 동경심을 가지고 위를 쳐다보기만 했다). 마찬가지로 라이프치히 사람들은 바그너를 그들 도시의 영웅으로 거의 예찬하지 않았다고 하며, 오히려 바그너에게 대항하는 자신들의 행동을 통해서 루터의 종교 개혁에 대항했던 자신들의 행동을 상기시켰다. 바그너에 대한 나의 고찰은 "반시대적인 것"이라고 스스로 변호될 수밖에 없었다. 왜냐하면 여타 모든 예술과 학문, 게다가 음악가와 음악 학자들도 그의 길을 차단하려 했기 때문이다.—바그너의 적대자들에 관해 말하는 것은 내 관심사가 아니다. 왜냐하면 그럴 경우 나는 아마도 모든 이에 대해서 말하지 않을 수 없을 것이기 때문이다. 죄를 짓지 않는 사람이 어디 있겠는가? 단순히 들으려 하지 않음으로써, 혹은 듣는 둥 마는 둥 함으로써 말이다. 그러나 나는 침묵하련다. 내가 그것을 어떻게 이해하고 있는지는 내가 그 고찰을 반시대적이라고 명명하고 있는 그 제목이 잘 보여준다. (유고6, 350쪽 이후)

니체의 글을 읽다보면 바그너가 어떤 사람인지 대충 감이 잡힌다. 그에게

비친 바그너는 이런 사람이다. 바그너는 변화무쌍했다. 어느 하나로 규정하기 힘든 사람이다. 늘 알 듯하다가도 모르겠는 그런 사람이다. 언제나 예상을 벗어나 있는 그런 사람이다. 비평가들은 그를 제멋대로 해석해낼 뿐이다. "그러나 바그너는 언제나 정반대로 행동했고, 특히 그의 '친구들'은 바그너가 자신들에게 결코 휴식을 허락하지 않은 것에 대해서 언제나 언짢아했다." 바그너는 자신의 관객을 쉬지 않고 육성했을 뿐이다. 쉴 틈을 안 주었다. 언제나 새로운 것을 요구했다.

니체는 이런 바그너의 현상을 '현재적 예술'이라는 틀로 가두어놓을 수가 없었다. 현대인의 감각으로 충분히 해석해낼 수 없기 때문이다. 현대인의 감각으로는 감당이 안 될 때도 많다고 할까. "그는 훨씬 앞서가거나 혹은 현재를 넘어서 있다." 이것이 음악가 바그너에 대한 철학자 니체의 평가였던 것이다. 아니, 우리 자신조차 여전히 현대를 극복해내지 못한 상태인지라 바그너가 아직도 낯설어 보일 수도 있다. 그의 음악세계를 제대로 접하기 위해서는 우리 자신부터 극복해내야 하지 않을까.

"누구도 그의 실존을 우리 시대의 업적에 귀속시키지 말아야 한다." 이 질문에 '왜?'라고 묻고 싶은 독자가 있을까. 음악에 문외한이라면 그저 그 시대 상황으로 들어가는 것도 좋을 것 같다. 바그너가 혁명가의 삶을 살아야 했던 그 시절로 말이다. 귀족이라는 특권계층이 존재하던 시대에 시민계급으로 살아야 하는 예술가의 삶은 어떠했을까? 이런 시절에 음악을 전업으로 하는 예술가라면 어떤 음악을 창작해내야 했을까? 참으로 대답하기 어려운 질문이 아닐 수 없다.

바그너의 음악은 현대 이후를 겨냥한 예술이다. 현대 이후 시대를 접해본 적이 없는 현대인에게 그의 음악은 여전히 거칠기만 하다. 정과 망치로 들을 귀를 뚫고 있는 듯하다. 소리를 듣고도 그 소리의 의미를 파악하지 못하는 청중들을 향해 바그너는 망치질을 해댄다. 명검 "노퉁Notung"[11]이라도 만들려는 요량으로. 지크프리트에게 검이 필요했던 것처럼, 바그너에겐 청중이 필요했기 때문이다. 하지만 "그의 '친구들'"은 늘 당황하기 일쑤였다. 늘 예상 밖에 바그너가 존재했기 때문이다. 늘 《파우스트》에서의 젊은이들처럼 그들은 동경심을 가지고 위를 쳐다보기만 했다." 그들이 보여준 눈빛은 쇼펜하우어가 칸트를 놓치고 나서 보이는 실망의 눈빛과는 성질이 다르다.[12] 바그너의 현상은 오히려 그것을 따라가지 못하는 아쉬움으로 나타나고 있을 뿐이다. 그저 외경심으로 바라볼 수밖에 없는 그런 상황이다. 범접할 수 없는 경지라고나 할까. 따라오라고 손짓은 하는데 늘 한 발짝 앞에서 유혹하는 듯하다. 포기하지 못하게, 즉 자기 음악에 열중하게 하는 기술도 타고났다. 끊임없이 호기심을 자극하기 때문이다.

니체는 바그너를 바라보며 그저 '반시대적'이라는 말만 떠올릴 뿐이다. "바그너에 대한 나의 고찰은 '반시대적인 것'이라고 스스로 변호될 수밖에 없었다." 즉 《반시대적 고찰》은 바그너의 이념과 맞물리면서 완성되었던 것이다. 동시에 니체 자신의 낭만주의시대를 표방하는 대표저서가 되었다. 쇼펜하우어가 칸트를 좇아가다가 길을 잃고 염세주의의 길로 빠져든 반면, 니체는 바그너를 좇아가다가 자기 자신의 의지로 버텨야 하는 허무주의를 완성한다. 아직은 홀로서기에 대해서는 묻지 않기로 하자. 지금은 바그너를 좇아가는 그의 시선에 집중하자. 그를 바라보는 니체의 심정을 읽어내려 해보자.

혁명가의 길은 외롭다. 모두를 거역해야 하는 상황은 힘든 길이다. 바그너를 좇아가는 니체는 그의 정신에 주목한다. 그를 '저지'하려는 의도에 대해서는 귀를 막고자 한다. "바그너의 적대자들에 관해 말하는 것은 내 관심사가 아니다. 왜냐하면 그럴 경우 나는 아마도 모든 이에 대해서 말하지 않을 수 없을 것이기 때문이다." 생각을 해야 할 때 주의해야 할 점이다. 모든 것을 한꺼번에 생각할 수는 없다. 때로는 실마리를 잡고 그것을 따라가는 일에만 몰두해야 한다.

그렇게 니체는 바그너만 바라본다. 아니, "오직 그만을 사랑했다."[13] 오직 사랑! 그 사랑 속에서 니체는 자기 철학의 위대한 탄생을 맛보았던 것이다. "인간은 사랑 속에서만, 사랑의 환상에 둘러싸여서만 창조할 수 있다. 다시 말해 그는 완벽하고 정당한 것에 대한 절대적인 믿음 속에서만 창조할 수 있다."(반시대Ⅱ, 345쪽) 사랑에 빠진 니체. 사랑의 대상인 바그너는 모두로부터 저지를 당하고 있고, 니체는 침묵과 함께 그를 변호하고자 한다. 바그너의 적대자들에 대해서는 침묵을. 하지만 바그너의 입장에서는 반시대적인 현상을 변호하고자 하는 것이었다.

예술의 위대성과 필수성

예술은 위대하다. 예술은 필요하다. 예술 없이는 인간적인 삶이 불가능하다. 예술이 있기에 인간이 존재하는 것이다. '예술의 전당'이 존재한다면 그곳에는 인간이 있으리라. 예술은 인간을 위한 것이어야 하고 또 삶을 살 만한 것으로 만들어주는 것이어야 한다. 다시 한 번 니체의 예술론을 대변하는 문장들을 외워보자.

"세계의 실존은 오로지 미적 현상으로만 정당화된다."(비극, 16쪽)

"예술은 무엇보다 그리고 궁극적으로 삶을 미화해야 하고 그리하여 우리 자신을 다른 사람에게 참아낼 수 있고 가능하다면 즐거운 존재로 만들어주어야 한다."(인간적 II, 113쪽)

"예술은 삶의 위대한 자극제이다."(우상, 162쪽)

삶을 위한 자극제가 아니라면 그것은 예술이 아니다. 이것이 예술에 대한 니체의 입장이다.

> 예술은 투쟁하는 사람의 수면을 위한 꿈, 즉 투쟁하는 사람의 신선한 잠을 위한 신선한 꿈이다. 다시 날이 밝아오고 신성한 어두운 그림자가 살며시 스쳐 지나가면, 그때 예술은 멀어진다. 그러나 예술의 위안은 태고부터 인간 위에 놓여 있다. 그래서 예술은, 비록 그 행복이 마치 그림자처럼 보여도, 세계를 가장 행복하게 만들어준다. 그래서 예술은 신들에게 구걸하거나 무엇을 사들이는 종교의 비열한 근본 동기를 가지고 있지 않은, 이익을 위한 저열한 욕심이 없는 종교의 더욱 숭고한 단계다. (유고6, 352쪽)

예술은 "종교의 더욱 숭고한 단계"다. 진정한 예술은 그 어떤 이념에도 얽매이려 하지 않기 때문이다. 실러의 말로 표현하자면 "예술은 자유의 딸이다." 자유가 없다면 예술도 없다. 예술과 자유는 서로를 필요조건으로 대할 뿐이다. 모든 예술은 기존의 시대정신과 싸우며 탄생된다. 자유, 그것은 오로지 투쟁을 통해서만 주어지는 것이다. 복종을 통해서 얻어지는 자유는 천국에서나 가능한 일이다. 그것은 현실성이 배제된 이념적인 자유일 뿐이다. 말로만 설명이 가능한 그런 자유일 뿐이다. "예술은 종교가 몰락한 곳에서 두각을 나타낸다."(인간적 I, 170쪽) 종교의 몰락은 예술을 위한 전제가 된다. 종교가 더는 세상에 희망을 주지 못할 때 마침내 예술이 그 역할을 하게 된다. 한마디로 예술은 종교의 대체물에 해당한다고 보면 된다. 허무주의 철학이 도전하고자 하는 영역이다. 종교 역할을 대신하고자 하는 철학이라는 얘기다.

인간은 위안을 필요로 하고, 예술은 그에 부합해야 한다. 위안을 줄 수 없는 예술은 의미가 없다. 예술에서 "형이상학적 위로"(비극, 127쪽)의 역할은 필연적인 것이다. 니체에게 예술은 그래야만 한다. 그래서 태고부터 예술은 존재했다. "예술의 위안은 태고부터 인간 위에 놓여 있다." 위로 내지 위안이 필요 없다면 종교도, 예술도 존재할 이유가 없다. 아니, 학문 자체가 무의미해질 수도 있다. 하지만 인간은 일상으로만 버틸 수 있는 존재가 결코 아니다. 이성을 가진 존재지만 이성만으로 버틸 수가 없다. 때로는 비이성의 영역을 넘보지 않을 수 없다. 말로 설명이 안 될 때 인간은 답답해한다. 그 답답함을 극복하려면 떠나야 한다. 일상은 그때 구역질을 유발하게 마련이기 때문이다.

> 예술은 평온과 휴식을 위해, 활동자의 수면을 위해 존재한다. 예술의 문제는 단순화된 것이며 기분을 덜어주도록 되어 있다. 그것은 실제 삶의 무척이나 복잡한 계산을 간략하게 한 것에 불과하다. 그러나 예술은 더욱 단순화된 세계의 가상, 자신의 수수께끼를 더욱 정확하게 풀어내는 듯한 가상을 불러일으킨다는 점에 바로 예술의 위대성과 필수성이 놓여 있다. 그 누구도 그러한 가상 없이는 지낼 수 없다. 현존재의 법칙에 관한 인식이 더욱 복잡할수록, 우리는 설혹 한순간일지라도 더욱 열정적으로 단순화를 갈망한다. (유고6, 353쪽 이후)

예술은 실존의 문제다. 예술은 삶과의 연계 속에서만 의미를 가지기 때문이다. 대부분의 삶이 일상으로 채워져 있어도 옹이처럼 단단하게 박혀 있는 공간이 예술이 차지한 곳이다. "예술은 평온과 휴식을 위해, 활동자의 수면을 위해 존재한다." '복잡한 계산'으로 채워져 있는 일상을 버티게 해주는 것이 예술이다. '쉬는 시간'이란 말이 있다. 공부하는 시간이 대부분이어도 쉬는 시간이 없으면 안 된다. 그 대부분의 시간을 의미 있게 해주는 것이 쉬는 시간이기 때문이다.

이성이 아무리 좋아도 늘 이성적으로 살 수는 없다. 일상이 아무리 넉넉하고 만족스러워도 늘 일상 속에서만 살 수는 없다. 가끔은 일탈이 주어져야 살맛이 나는 것이다. 예술은 지루한 일상에 안식의 기회를 제공해준다는 데 있다. 일상은 쉽게 권태를 안겨다준다. 늘 똑같은 형식의 반복이기 때문이다. 늘 똑같은 공식의 적용 속에서 일상이라는 틀이 형성된다. 이성적인 것은 예상 가능한 것이다. 예상이 가능하지 못하다면 그것은 이성적인 것이라 말할 수 없는 것이다. 하지만 늘 예상할 수 있는 것 속에 머물러 있다면 어떤 느낌이 들까? 숨도 쉴 수 없는 답답함이 이때 느껴지는 것이리라.

예술은 일상의 복잡한 이야기를 간단하게 보여준다. 단순하게 만든 것이 전체를 아우르는 형식이 될 때도 있다는 것을 증명해준다. 인생의 한 단면을 보여주면서 인생의 의미를 되새겨보게 하기도 한다. 몇 줄 안 되는 시가 수많은 생각의 공간을 제공하는 것도 이런 의미인 것이다. 니체는 예술의 이런 측면을 '단순화된 세계의 가상'이라는 개념으로 설명하고 있다. 예술은 이런 "아름다운 가상"(비극, 178쪽)을 통해 "매 순간 실존 일반을 살 만한 가치가 있는 것으로"(같은 곳) 만들어주는 것이다. "그리고 예술을 통해 스스로를 구원하는 것은─삶이다."(같은 책, 66쪽) 즉, 예술이 삶을 구원한다. 아름다운 가상이 구원을 일구어낸다.

"그 누구도 그러한 가상 없이는 지낼 수 없다." 누구나 아름다운 가상을 필요로 한다. 삶을 견디게 해주는 것이 바로 아름다운 가상이다. "종교가 몰락해가는 시대에", 니체는 확신을 가지고 이렇게 말한다, "우리는 예술의 시대로 접어들고 있다."(유고6, 354쪽) 이 가상을 희망이라 불러도 좋다. 제우스의 입장에서 보면 그것은 한낱 재앙에 불과하겠지만 인간의 입장에서 보면 "세상에서 제일 큰 축복"[14]이 아닐 수 없다. 희망보다 더 좋은 말이 또 있을까? 희망이 있어 삶에의 열정과 의지가 깨어나는 것이다.

예술의 시대가 보여주는 모든 것은 단순함과 직결된다. 어두운 밤에도 별이 보이게 하고, 드넓은 황야에서도 길이 보이게 해주며, 햇살이 느껴지는 한순간에도 영원을 느끼게 해준다. 단순함이 결여된 것은 예술이 아니다. 핵심만 담아낼 수 있는 시각과 기술이 필요하다. 그런 기술은 하루아침에 얻어지는 것이 아니다. 끊임없는 배움의 산물일 뿐이다. 삶도 연습해야 한다. 연습을 통해 배워야 하는 것은 그것이 무엇이 되었든 간에 행동으로 옮겨내야 한다. 배우기 위해 행동해야 한다는 것이다. "행동하는 자만이 배우기 마련이니."(차라, 437) 배운 자에게는 모든 것이 그저 간단할 뿐이다. 그런 자만이 자기 삶을 예술적으로 살아갈 수 있을 것이다. 아름답게 말이다.

> 바그너는 연습하는 음악가들을 매우 강조했다. 그들의 과제는 하나의 영혼을 요구하고 있기 때문에 모두가 자신의 영혼으로 연주에 몰입할 수 있다고 말이다. 바그너는 예술의 숙련된 수공업자를 경시했다. 그런 사람은 더는 매력을 주지 않는다. 바그너는 노력, 부담, 강요를 통해서 예술을 연습하는 이들의 일을 쉽게 거들어주었고 질식된 감정 앞에서 그들을 보호해주었다. (유고6, 366쪽)

천재는 태어나는 게 아니라 만들어지는 것이다. 모든 인생은 각자의 책임이다. 얼마나 열심히 만들었느냐가 관건인 셈이다. 천재로 번역되는 라틴어는 '게니우스genius'이다. 그 뜻은 "생산하는 힘"[15]과 연결된다. 생산! 모든 생산은 잉태를 전제로 한다. 없던 것을 낳아야 하기 때문이다. 생산적인 인생은 어떤 것일까? 생산적으로 산다는 것이 무엇을 의미하는 것일까? 그런 삶에 대한 인식을 전해주고자 바그너는 음악을 한다. 천재적인 삶의 전형을 보여주고자 음악을 선택한 것이다. 하지만 잊지 말자. 그에게 천재는 연습에 의해 탄생하는 것일 뿐이라는 사실을.

바그너는 노력형 인간이다. 수많은 갈등과 실패를 거듭하면서 살아간 혁명가다. 경찰의 추적을 피하는 도피 과정 속에서도 창작에 몰두했던 열정적인 음악가다. 때에 따라서는 먹고살기 위해 작곡을 해야 하기도 했다. 그의 인생을 서술하는 데 있어 "파리에서의 배고픈 시절"[16]이라는 용어가 있을 정도다. 하지만 그는 음악이 일이 되어버린 상황 속에서도 운명에 대해 분개하지 않았다. 오히려 한계가 느껴질 때 늘 새로운 길을 찾았으며 삶에 의미를 부여해줄 사랑을 동경했다.

길을 걷는 과정은 순간을 보여주지만 사랑은 언제나 영원을 가르쳐주었다. 방랑하는 인생 속에서 구원의 빛을 좇았다. 방랑 자체도 괴테식으로 해석하면 노력의 증거일 뿐이다. "인간은 노력하는 동안 방황한다." 방황하지 않는다면 노력도 하지 않는다는 얘기다. 방황과 방랑은 이유와 형식에서는 다를 수 있어도 본질에서는 같다. 어디를 향하는지 또 어디에 도달할지도 모르는 인생에서도, 예를 들어 유령선을 타고 다녀야 하는 운명 속에서도 현실과 미래에 대한 주도적인 역할을 갈망했다. 세상은 변할 수 있고 또 변해야 한다는 일념으로 살았다.

바그너는 삶을 주시한다. 삶을 위해 음악을 한다. 음악극의 본질은 인생 이야기다. 사람 사는 내용으로 충만해 있다. 내면의 삶을 무대 위에 형상화했다. 복잡한 일상만큼이나 복잡한 마음을 보여주고자 한다. 그래도 세상의 주인은 인간적인 사랑임을 증명하고자 했다. 사랑이 있어 인생이 살맛 나는 것임을 알았던 것이다. 사랑이 없으면 세상도 아무런 의미를 찾지 못한다. 그래서 그는 그 사랑을 선택하는 데 있어 양심의 가책은 받을 필요가 없음을 주장했다. 사랑하고 사랑했던 것은 결코 잘못한 것이 아니다. 인간적인 사랑만이 구원의 빛임을 보여주고자 했다. 이런 그의 "사랑 이데올로기"[17]는 한마디로 표현할 수 없었다. 끊임없는 노력, 즉 지속적인 해명과 설명으로만 가능했던 일이다.

바그너의 미래에 대한 니체의 예견

바그너는 접근하기 어려운 음악가다. 그의 음악을 듣고 그것을 이해하고 감동받을 수 있는 자는 진정 음악에 대한 조예뿐 아니라 남다른 능력이 있는 자이리라. 하지만 대부분은 힘들어 한다. 구어체로 쓰였다는 그의 산문집조차 읽어내기 힘들다. "왜냐하면 그는 특별히 어떤 점을 강조하지 않기 때문이며, 또한 대부분의 문장 구성에서 강약의 톤을 서로 대비해 사용하지 않기 때문이다. 마치 모든 것이 강조되고 있는 양 그에게는 모든 것이 중요하다."(유고6, 370쪽) 이 세상에서 사소한 것이 도대체 무엇일까? 바람조차 잎새를 흔들어댈 수 있는 요인이 아니던가.

니체는 인정한다. 바그너의 글이 그의 음악을 이해하는 데 도움을 주었다고. "어찌 되었든 내가 알고 싶은 점은, 바그너가 글을 쓰지 않았다면 그와 음악에 관한 언술이 어떤 정도의 혼돈으로까지 빠져들었을까 하는 것이다." (유고6, 371쪽) 바그너의 글은 혼돈에 빠질 수 있던 것을 막아주었다. 자신의 예술을 이해하지 못하는 자들을 위해 글을 썼다. 기존의 소리에 귀가 익숙해 있는 그런 자들, 즉 새로운 소리에 대해서는 들을 귀가 없는 그런 자들을 위해 방비를 해놓은 것이다.

> 바그너가 산문을 쓸 때면 전체적으로 독자가 없다. 예술가로서 창작했을 경우
> 그는 민중을 생각하고 있었고 민중으로서 느끼고 있었다. 그러나 산문적 주석
> 자였을 때―그가 누구를 향했겠는가! 그가 '교양인'을, 즉 학자를 염두에 두고
> 있었을까? 그는 거의 그러했을 것이 틀림없다. (유고6, 371쪽)

니체는 음악이 아니라 산문을 써야 했던 바그너가 당시 교양인이라 자처하는 학자를 독자로 염두에 두고 있었다고 확신한다. 지식을 과시하는 자들을 위해! 안다고 나대는 사람들을 위해! 기존의 것에 대해서 이미 잣대가 형성된 자들을 위해 바그너는 새로운 이야기를 들려주고 싶었던 것이다. 새로운 시도를 하는 자는 자기 자신의 생각을 이해해주는 독자를 확보해야 한다. 하지만 이런 노력에도 바그너는 쉽게 이해되지 못했다. 호불호가 극명하게 갈렸던 것이다. 바그너에 대한 반응은 진보와 보수가 맞붙은 것과 같은 현상으로 나타났다. 바이로이트에서는 호황을 누렸을지 몰라도 바그너 스스로가 원했던 세계화에는 넘어야 할 벽이 많았던 것이다.

하지만 니체는 그때 이미 확신했다. 미래의 바그너는 전혀 다른 평가를 받게 될 것이라고. "바그너가 앞으로 어떻게 될지, 그 모습은 지금의 그의

모습과는 완전히 다르다."(유고6, 412쪽) 후손들에게 바그너는 어떻게 받아들여지게 될까? 먼 훗날 바그너는 어떤 인물로 이해될까? 미래에 바그너는 어떻게 될까? 이 질문을 두고 니체는 긍정적인 대답으로 확신에 가득 차 있었다. 지금과는 전혀 다른 사람이 되어 있을 거라고. 그리고 그의 예상은 맞아떨어졌다. 바그너와 니체는 이제 불멸이 되었다. 인류를 위한 선물이 되었다. 인류가 존재하는 한 영원히 들리고 읽힐 음악과 책들이 된 것이다. 서로 등 돌린 상태로 끝났지만 예수와 유다처럼 비밀에 싸인 이야기가 너무도 많다. 정말 원수지간이었을까? 침묵 속에 묻어둔 진실을 캐고자 오늘도 독서는 세계 곳곳에서 이루어지고 있다. 다음의 글에서 바그너를 향한 니체의 발걸음을 한 번 되새겨보자.

바그너가 어떤 사람인지에 대해 생각해보고, 그의 다양하고 통일적인 본성의 모든 삶의 표현과 힘의 표현을 지나가면서 관찰해보는 행위, 이것은 치료이자 위안이 될 것이다. 즉 바그너가 어떻게 되었을지에 대해 생각하고 고통을 겪었던 사람이라면 누구나 원하지 않을 수 없는 치료이자 위안인 것이다. 그와 같은 진실로 위대하고, 진실로 자유롭게 변화된, 해낼 수 있는 능력과 허용만이 이 세계의 가장 뛰어난 연극이다. 그러한 기질이 발현되는 곳에서는 대지가, 적어도 관찰자에게는, 여름의 정원처럼 여겨진다. 그 연극의 행복감에서 오로지 관찰자 스스로만이 저 고통스러운 발전 과정 속에 변형시키고 거의 정당화하는 합목적성을 집어넣을 수 있다. 즉 아주 어려운 학업을 마쳐야 했음에도 모든 것이 어떻게 그 위대한 본성에 치료와 이득이 되어야 하는지를, 어떻게 그 위대한 본성이 독약을 먹고 자라면서도 강인하게 되는지를, 어떻게 모든 위험이 그 본성을 더욱 용감하게 만드는지를, 어떻게 모든 승리가 그 본성을 더

욱 신중하게 만드는지를 생각해보는 합목적성 말이다. (유고6, 430쪽 이후)

한 사람을 안다는 것이 과연 가능한 일일까. 나도 나를 잘 모르는데 과연 누가 나를 제대로 알까. 누군가가 넌 '그런 사람이다'라고 단정하면 기분이 어떨까. 달을 볼 때마다 생각나는 것은 신비롭다는 것이다. 얼굴은 늘 똑같다. 변하지 않는 가면처럼. '달을 보았다'고 말하지 말라. 왜냐하면 우리는 달의 이면을 보지 못했기 때문이다. 평생을 단 하나의 표정을 바라보고 있으면서도 우리는 수많은 다양한 이야기를 만들어낸다. 그것이 달의 신비다. 우리 모두는 만남을 통해 한 일면만을 보여줄 뿐이다. 열 번을 만나면 열 가지의 면을 보았을 뿐이다. 그런데도 누구는 말 한마디로 모든 것을 알 수 있다고, 또 눈빛만 보아도 다 알 수 있다고 말한다. 무서운 말이다. 그런 앎, 그런 지식이 사람을 죽일 수도 있는데도 말이다.

그렇다고 모른다고 말하기에는 부족한 게 너무 많다. 어떤 식으로든 우리는 앎을 얻어낸다. 꼭 만나지 않아도 앎이라는 영역에 발을 들여놓기도 한다. 상상으로 앎의 탑을 형성하기도 한다. 이성을 가지고 살아야 하는 인간은 선입견과 편견으로부터 자유로울 수가 없다. 우리는 분명 바그너를 알고 있다. 하지만 그 앎이 진짜 앎일까? 위에 인용된 니체의 글을 읽다보면 바그너에 대한 생각을 수십 번도 더 고치게 된다. "바그너가 어떤 사람인지에 대해 생각해보고, 그의 다양하고 통일적인 본성의 모든 삶의 표현과 힘의 표현을 지나가면서 관찰해보는 행위, 이것은 치료이자 위안이 될 것이다." 바그너의 예술을 관찰해보는 것, 그것은 치료이자 위안이 될 것이다. 니체의 확신이다.

바그너라는 길이 있다고 가정해보자. 그 길에서 마주하게 되는 구경거리로는 과연 어떤 것들이 있을까? 어쨌든 그 길 자체가 멋진 여행일 것이다. 바그너라는 정원이 있다고 가정해보자. 그곳에는 어떤 것들이 있을까? 치료와 위안이 되어주는 수많은 꽃과 의자가 있을 것이다. 그 의자에 앉기만 하면 다양한 생각으로부터 해방시켜주고 자유롭게 해줄 것만 같다. 니체에게 바그너는 치료와 위안의 아이콘이다. 바그너와 씨름을 해보고 그 때문에 눈물을 흘리며 고통을 겪어본 자는 반드시 이 치료와 위안을 경험하게 될 것이라고 니체는 확신한다. 그것이 바로 진정한 비극의 효과이기에.

　"이 세계의 가장 뛰어난 연극"을 앞에 두고 이해하지 못한다면 그것은 과연 누구 책임일까? 뜬 눈으로도 보지 못하고 열린 귀로도 듣지 못한다면 과연 무엇이 문제일까? 진정으로 위로를 받고 싶다면 니체는 권한다. 바그너가 마련해놓은 연극 잔치에 한 번 가보라고. 그러면 대지를 정원처럼 여길 것이라고. 온 세상이 "음악의 정원"(비극, 88쪽)이 될 것이다. 이 세상 전체가 아늑하고 어머니의 품처럼 울타리로 보호받는 듯한 정원 혹은 온갖 좋은 것으로 가득 채워져 있는 공간이 될 것이다. 여름을 맞이해 그곳에서 익어갈 열매들을 상상해보면 좋은 기운이 솟구치는 듯하다.

　"모든 삶의 표현과 힘의 표현을 지나가면서 관찰해보는 행위", 다시 읽을 때마다 니체의 생철학의 근본 사상이 읽히고 있다. 그는 자기 생애의 낭만주의 시대에 바그너를 통해 이 행위를 경험하고 있는 것이다. 삶의 표현과 힘의 표현! 그것을 바라보는 것만 해도 치료와 위안이 되어줄 것이라고. 사는 모습만 보아도 삶은 살 만한 것이 되어줄 것이라고. 이보다 더 위안이 되는 말이 또 있을까. 무엇보다 글쓰기의 "다양한 훈련으로 20~30년을 보내라"(인간적 I, 182쪽)라고 가르친 그의 목소리를 기억하고 있는 자라면 이런 표현들을 관찰해야 한다는 말의 의미를 이해할 것이다.

'여름의 정원'처럼 느껴지는 대지! 힘이 넘치는 땅! 그것이 바그너가 인도한 세상이다. "그 연극의 행복감에서 오로지 관찰자 스스로만이 저 고통스러운 발전 과정 속에 변형시키고 거의 정당화하는 합목적성을 집어넣을 수 있다." 고통이라는 과정 속에서 삶의 목적은 변형되기도 하겠지만 그 자체는 더욱 분명해질 것이다. 모든 삶의 목적들은 정당하다. 정당화된 합목적성, 그것은 오로지 삶의 영역에서만 의미를 가질 뿐이다. "세계의 실존은 오로지 미적 현상으로만 정당화된다."(비극, 16쪽) 니체가 자신의 처녀작 《비극의 탄생》에 남겨놓은 명언이다. 삶은 아름답다고 말할 때에만 정당성을 인정받는다는 말이다.

성장에는 고통이 따르게 마련이다. 이를 두고 성장통이라고도 말한다. 이해의 영역에도 성장통이 있다. 독서의 영역에도 마찬가지다. '고통스러운 발전 과정', '아주 어려운 학업' 이 모든 것을 거치고 나서야 마침내 책을 읽으며 상상의 나래를 펼칠 수 있게 되는 것이다. 독서가 가져다주는 행복감을 그때가 되어서야 실감하게 된다. 그전에는 무엇을 읽어도 고통스러운 발전 과정일 뿐이다. 눈물이 날 수도 있다. 삶이 지옥이라는 말이 저절로 나올 수도 있다. 이러고도 살아야 하는지를 묻기도 할 것이다. 그래도 살아야 한다. 그래도 읽어야 한다. 생각하는 존재로 살아야 하기 때문이다. "삶의 사관학교로부터 ─ 나를 죽이지 않는 것은 나를 더욱 강하게 만든다."(우상, 77쪽) 고통스러운 발전 과정은 지속적으로 강함을 지향한다. 삶의 현장이 전쟁터라면 이 독서라는 훈련소에서 충분히 강해져서 세상 밖으로 나가야 한다.

인간은 위대하다. 삶은 위대한 본성을 지닌다. 삶 자체는 독약으로도 쓰러지지 않는다. 오히려 '독약을 먹고 자라면서도 강인하게' 되는 법을 스스로 알고 있다. 건강한 자에게 독약은 그저 예방주사 정도에 지나지 않는다. 그런 것은 치명적일 수가 없다. 외부에서 오는 모든 것은 죽이려고 달려들겠지만 그저 더욱 강하게 만드는 요인이 되어줄 뿐이다. 진짜 치명적인 것은 언제나 자기 안에서 도사리고 있음을 명심해야 한다. 생각하는 존재는 생각 때문에 죽음을 면치 못할 수도 있다는 것은 진리다.

바그너의 음악극에는 합목적성이 내포되어 있다. 비극이라는 고통스러운 발전 과정을 통과하게 한다. 하지만 그 길의 마지막에는 여름 정원이 기다리고 있다. 축제가 벌어지는 곳이다. 그런데도 긴장감은 여전하다. 니체의 진심을 물을 때마다 등장하는 긴장감이다. 바그너를 향한 그의 진심은 무엇일까? 왜 불화가 이들 사이에 끼어들었을까? 니체의 질문 "그는 장차 어떻게 될까?"(유고6, 438쪽)를 자꾸 반복해서 읽다보면 오묘한 맛이 난다. 곧 등을 돌리게 될 운명. 먼 미래를 위해 던진 질문이 아닌 것 같은 느낌. 그는 장차 어떻게 될까? 스스로도 한 번 솔직하게 물어보자. 끝까지 가지고 가는 바그너에 대한 감정에 대해서 묻는 것이다. `

제 4 장 ──────── 음악이 정신을
자유롭게 한다

거리를 둘 수만 있다면
인생은 볼 만하다.

홀가분한 기분

1888년 7월에 출판사로 보내는 《바그너의 경우》에서 니체는 자신의 홀가분한 심정을 피력한다. 홀가분한 마음이 전하는 소리는 소위 "여름의 정원"(유고6, 430쪽)에서 익어간 열매처럼 달콤하기만 하다. 정신 또한 뜨거운 여름처럼 강렬하기만 하다. 그런데 5개월 뒤에는 광기의 세계로 접어드는 긴박한 상황이다. 1889년 1월 초에 그 수수께끼 같은 일들이 벌어지게 된다. 지금 그는 정상적인 정신으로 경험하는 마지막 여름을 보내고 있다. 잎이 떨어지는 가을, 그리고 눈이 내리는 겨울이 오면 그는 토리노Torino의 광장에서 정신을 놓을 것이다. 토리노! 17년간의 집필생활이 도달하게 된 마지막 도시다.

시간이 넉넉하지 않다. 니체도 아마 그것을 느꼈을지 모른다. 이제는 평생을 바쳐 해온 일들에 대해 평가하고 정리를 해야 할 때라는 생각이 들었을 것이다. 무엇보다 니체는 자신의 글이 오해되지 않도록 지속적으로 이런 저런 글들을 적어놓았다. "오, 나의 형제들이여, 그대들은 내 말을 이해하는 가? 그대들은 밀물과 썰물의 이 새로운 법칙을 이해하는가? 우리들에게도 우리의 시대가 있다!"(즐거운, 69쪽) "사람들이 나를 오해하지 않기를 바란다." (같은 책, 357쪽) "어느 누군가가 책을 이해하지 못한다는 것이 그 책에 문제가 있다는 것을 의미하지는 않는다."(같은 책, 389쪽) "내 말을 이해하겠는가?… 내 말을 이해했는가?… '전혀 모르겠습니다! 선생님!'—그럼 처음부터 시작 해보자."(도덕, 451쪽 이후) "—나를 이해했는가?—디오니소스 대 십자가에 못 박힌 자…."(이 사람, 468쪽) 얼마나 이해되기를 바랐던가. 얼마나 오해를 경계 했던가. 이제 니체는《바그너의 경우》를 집필하고 있다. 토리노에서 남겨놓 는 일련의 글 중 선두주자이다. 유언을 남기듯이 써내려갔을 니체의 정신을 따라가보자.

나는 조금 홀가분해졌다. 이 글에서 내가 바그너를 미끼로 해서 비제Bizet에게 찬사를 보낸 것은 순전히 악의에서만은 아니다. 나는 많은 해학 중에 해학일 수는 없는 사항 하나를 제시한다. 바그너에게서 등을 돌린 것은 내게는 하나의 운명이었으며, 이후에 무언가를 다시 기꺼워하게 된 것은 하나의 승리였다. 어 느 누구도 나보다 더 위험하게 바그너적인 짓거리와 하나가 되어 있지는 않았 으리라. 어느 누구도 나보다 더 강력하게 그것에 저항하지는 않았으리라. 어느 누구도 그것에서 벗어나는 것을 나보다 더 기뻐하지는 않았으리라. 이것은 긴 실제의 이야기이다!—이 실화에 명칭을 원하는가?—내가 도덕주의자였더라 면, 어떤 명칭을 부여하게 될지 알겠는가! 아마도 자기극복Selbstüberwindung이라 는 명칭일 것이다.—하지만 철학자는 도덕주의자를 좋아하지 않는다…. 철학

자는 그럴듯한 말들도 좋아하지 않는다…. (바그너, 11쪽)

《바그너의 경우》의 첫 번째 문단이다. "나는"이라는 말로 시작하는 책으로, 주체적 자아를 전면에 배치시킨 것이다. 괴테의 〈프로메테우스〉라는 시가 보여주는 거인주의처럼 '나'의 의미는 거대해지고 있다. 신에 저항하는 거인의 모습처럼 거대해진 것이다. 그리고 이제 니체는 자기 자신의 '나'를 기록하고 있다. "자유정신을 위한 책"을 쓸 때 니체는 "우리는 침묵해서는 안 될 경우에만 말해야 한다. 그리고 극복해낸 것에 대해서만 말해야 한다"(인간적II, 9쪽)고 주장했다. 이를 근거로 보면 《바그너의 경우》에서 피력되고 있는 '나'에 대한 기록들은 그동안 바그너에게 의존해왔던 정신들이 마침내 스스로를 옭아매던 쇠사슬을 끊고 과거의 존재를 극복해냈다는 것을 의미한다.

'나'는 달라졌다. 알프스의 질스마리아에서 무無를 기다리다가 하나가 둘이 된 것처럼 이제 니체는 이전과 이후로 나뉘게 된 것이다. 하나만 보일 때는 운명이 벽처럼 느껴졌을 것이다. 넘지 못할 벽처럼. 필연적인 것처럼. 이런 상황에서 느껴지는 모든 운명은 저주의 얼굴을 하고 달려들었을 것이다. 마치 어쩔 수 없는 것처럼. 하지만 또 다른 자아가 탄생해줌으로써 세상은 다르게 형성된다. 모든 것은 그저 유희일 뿐이다. "선악의 저편에서, 빛을 즐기고 / 또 그림자를 즐기며, 모든 것은 유희일 뿐 / 모든 것은 호수이고 정오이고 목표 없는 시간일 뿐."(즐거운, 414쪽) 이때는 학문조차 즐거울 뿐이다. 공부가 제일 쉽다는 낯선 말이 이때 탄생하게 되는 것이다.

이토록 즐거운 순간을 뭐라고 불러야 할까? '자기극복'? 하지만 이 말은 니체가 느끼기에 너무 '도덕주의자'나 하는 말 같고 또 그래서 '그럴듯한 말들' 중의 하나에 지나지 않는 것 같다고 한다. 간단히 말하면 그냥 싫다는 것이다. 그러면 뭐라고 해야 하나? 니체가 하고 싶은 말은 '바그너에게서 등을 돌린 것'에 대한 명칭이다. 이 하나의 사항을 제시하고자 이 글을 쓰고 있는 것이다. 그것은 '하나의 운명'이었고 또 '하나의 승리'였는데, 그것을 도대체 뭐라고 불러야 하는가 이 말이다.

다시 천천히 생각해보자. '바그너에게서 등을 돌린' 이 사건을 뭐라고 불러야 하나? 니체는 부제목을 〈아인 무지칸텐 프로블렘Ein Musikanten-Problem〉이라고 붙여놓았다. 이것은 맥락상 한 명의 음악가, 즉 바그너를 둘러싸고 있는 문제를 제시하고자 하는 것이다.[2] 이 하나의 문제를 해결했기 때문에 홀가분한 것이다. 이것을 어떤 명칭으로 부를 것인가? 니체 철학을 이해할 수 있는 마지막 열쇠가 바로 이 명칭과 관련한 것이기도 하다. 그만큼 중요한 것이라는 얘기다. 아직 이름 붙이지 않은 철학 같다. 마치 초인은 아직 탄생하지 않은 것처럼. 이름과 관련한 고민은 예전에도 한 적이 있다. 《즐거운 학문》에서 한 말을 다시 읽어보자.

> 오로지 창조하는 자로서만 우리는 파괴할 수 있다. 하지만 다음과 같은 사실도 잊지 말자. 오랜 시간 동안 새로운 "사물"을 창조하기 위해서는 새로운 이름과 평가, 개연성을 창조하는 것으로 충분하다는 것을. (즐거운, 128쪽)

새로운 철학이 탄생을 준비하고 있다. 창조의 순간이 무르익었다. '이건 이거고 저건 저것이다'라고 말을 할 수만 있다면 얼마나 좋을까. 말을 하며 살아야 하는 존재가 그런 식으로 말을 할 수 있다는 것은 지극히 행복한 순간이 아닐 수 없다. 모든 것이 명쾌하게 설명될 수 있다면, 그것이 바로 도道

가 통한 것이 아닐까. 막힘이 없는 정신 말이다. 깨침의 경지. 깨닫지 못한 사람은 그 깨달음의 내용을 다시 말로 설명해주기를 바란다. 악순환이다. 아무리 말로 설명하려 해도 말로는 다 담아낼 수 없는 경지이기 때문이다. '뭘 깨달았는가?' 답답하다. 그저 침묵으로 대답할 수밖에.

깨달음? 이런 궁극적인 것에 대한 질문은 삼가자. 그저 지금 독서에 충실해보자. 니체는 주장한다. "나는 조금 홀가분해졌다"고. 왜 홀가분해진 것일까? "이 글에서 내가 바그너를 미끼로 해서 비제에게 찬사를 보낸 것은 순전히 악의에서만은 아니다." 바그너를 핑계로 비제^{Bizet}(1838~1875)에 찬사를 보낸다? 이것은 정말 악의적인 행동이 아닐 수 없다. 하지만 이런 악의를 우리는 경험하게 될 것이다. 책을 읽으며 얼마나 니체가 이런 악의적인 행동을 남발하게 될지를 우리는 눈으로 확인하게 될 것이다.

《바그너의 경우》를 채우고 있는 문체는 악의로 가득 차 있다. 보란 듯이 다른 사람과 사랑행각을 벌이고 있는 것이나 다름이 없기 때문이다. 물론 이런 상황에서 바그너가 정말 상처를 받았을지는 또 다른 문제다. 그냥 니체의 입장에서 보면 그의 행동은 정말 용납하기 힘든 것임에는 틀림이 없다. 옛사랑을 앞에 두고 다른 새로운 사랑을 뽐내듯이 한다는 것은 나쁜 것이다. 문제는 니체가 이런 행동을 의도적으로 하고 있다는 사실이다. 그 자신이 이런 행동이 악의라는 사실을 잘 알고 있다.

아니, 혼동이 생길까 걱정되어 밝혀둔다. 바그너는 이미 죽었다. 그는 이 세상 사람이 아니다. 이 글을 읽을 수 있는 입장이 못 된다. 그런 사람을 위해 《바그너의 경우》를 쓰고 있고 이 글을 7월에 출판사로 넘긴다. 본문 앞에 붙인 부제목도 눈에 띈다. 여기서는 〈1888년 5월 토리노에서의 편지〉라고 붙어 있다. 편지다. 바그너에게 부친 편지가 아니라 출판사에게 보내는 편지다. 수신자는 중요치 않다. 그저 이 글이 책으로 엮여 세상에 나오게 되는 것이 중요할 따름이다.

다시 물어보자. 왜 니체는 바그너와의 관계를 제삼자에게 전하는 것일까? 도대체 왜 이러는 것일까? 둘 사이에 문제가 있었다는 것을 왜 굳이 밝히고자 하는 것일까? 아니, 문제없다는 것을 과시하려는 것일까? 사랑했던 사람을 떠나보내면서 '난 아무 문제없이 잘 살고 있다'는 것을 보여주려는 것일까? 그런 의도로 《바그너의 경우》를 집필했던 것일까? 만약 그렇다면 정말 악의적인 홀로서기가 될 것이다. 이런 악의가 또 있을까. 악의적인 돌아섬이 아닐 수 없다. 니체는 정말 나쁜 사람이다. 죽은 사람과 이런 장난을 치다니. 니체는 정말 비열하기까지 하다.

그런데 문제는 간단하지 않다. 내면의 문제로 들어서기 시작하면 복잡하기만 하다. 마치 미궁 같다. 밝혀내야 할 것이 한두 가지가 아니다. 바그너와의 결별은 운명이었다고 한다. 헤어짐은 필연이었다는 것이다. 그를 향했던 사랑을 스스로 파괴한다. 새로운 창조를 위해? 글쎄, 그저 허울 좋은 핑계로 들리기도 한다. 가장 잔인한 파괴행위다. 사랑으로 남김 없는 장사를 하려는 듯도 하다. 진정한 장사꾼이라면 이익창출이 목적이어야 할 것이다. 하지만 니체는 지금 남김 없는 사랑을 하려고 한다. 다 주려고 한다. 그리고 '내 안에 너 없다'를 선언하려 한다. 모든 것을 소비하려 한다. 남김없이! 그것도 자기 자신이 행했던 사랑의 감정을 파괴하면서까지!

말로는 승리했단다. 이겼단다. "이후에 무언가를 다시 기꺼워하게 된 것은 하나의 승리였다." 그런데 승리가 입에 담기면서도 쓰기만 하다. "다시 기꺼워하게 된 것"이 뒷맛이기 때문이다. 달콤하지가 않다. 눈물로 뒤범벅이 된 얼굴로 두 팔 벌리며 '승리했다'고 외쳐대는 듯도 하다. 인생 자체가 엉망진창이 되었으면서도 '난 괜찮아'를 부르짖는 것 같다. 팔다리는 다 부러졌는데도 '괜찮으니 덤비라'고 말하며 일어서려는 정말 못 말리는 전사 같다.

격앙된 감정은 그 이후를 뒤따르는 세 번의 "어느 누구도"에서 절정에 이른다. "어느 누구도 나보다 더 위험하게 바그녀적인 짓거리와 하나가 되어 있지는 않았으리라. 어느 누구도 나보다 더 강력하게 그것에 저항하지는 않았으리라. 어느 누구도 그것에서 벗어나는 것을 나보다 더 기뻐하지는 않았으리라." 소리 내서 읽어보면 안다. 얼마나 감정이 격앙되어 있는지를. 폭주 기관차가 쏟아내는 폭발음 같다. 분노의 몸부림에서 터지는 외침 같다. 어느 누구도! 어느 누구도! 어느 누구도! 세 번이나 반복하는 말에 위기감마저 실려 있다. 정신을 놓을 것만 같다. 날개 없이 절벽 앞에 서 있는 듯한 위기감이 엄습해온다. 아니, 서 있을 수나 있나? 한 번 두 번 세 번, 점층법은 감정 상태를 감당하기 어려운 꼭대기로 이끌고 간다. 돌아설 수 있는 상황도 못 된다. 도저히 서 있을 수 없는 좁디좁은 정점 위에 자신을 세우고자 한다. 쓰러질 수밖에 없는 곳에서 외다리로 서고자 애를 쓰는 모습 같다.

"이것은 긴 실제의 이야기다!" 갑자기 긴장이 풀린다. 시선이 실제 상황으로 향한다. 그리고 자기 마음을 설명하고자 한다. 니체는 삽입구 형식으로 이 '실화'에 대한 명칭의 필요성을 역설한다. 냉정한 어조다. 설명조로 바뀌면서 획득되는 이성적인 발언들이다. 이상과의 거리감이 느껴진다. 폭풍처럼 몰아붙이던 감정은 썰물처럼 순식간에 빠져나간다. 그런데 이런 인식이 온 것이다. 말이 오해를 낳을 수 있다고. 그래서 명칭에 대한 고민을 한다고. 예전에도 이와 관련해서 한마디를 한 적이 있다. "정신의 자유에 대한 언어의 위험 — 모든 단어는 하나의 편견"(인간적Ⅱ, 266쪽)이라고. 모든 단어는 하나의 편견에 불과하지만 그 단어 없이는 생각을 할 수 없다는 것이 이성적 존재의 한계다. 스스로 생각을 하면서 자기 자신을 편견 속에 가두어놓게 되는 모순적인 존재가 인간이다. 니체가 이상형으로 추구하는 자유정신은 언어를 도구로 사용해야 한다는 것이 위험한 운명의 장난처럼 보이기도 한다.

단어. 그것들이 모이고 모여 문장이 되고 또 그 문장들이 모이고 모여 하나의 거대한 사상이 된다. 생각하는 존재에게 생각 자체는 인생이란 명칭으로 불리게 된다. 그래서 "40세가 넘으면 누구나 자서전을 쓸 권리를 가지는지도 모른다."(반시대Ⅰ, 200쪽) 죽음을 앞두고 자기 인생을 기록하려는 의지를 확인할 때마다 삶의 의미에 대해 다시 한 번 생각하게 된다. 릴케의 마지막 시로 알려져 있는 죽음을 부르는 시는 자기 자신을 위한 진혼곡 같은 느낌도 든다. "오라 너, 너 마지막이여, 내가 인정하는, / 육체의 조직 속에 있는 불치의 고통: / 내가 정신 속에서 탔던 것처럼, 보라, 나는 탄다 / 네 속에서; 나무는 오랫동안 저항했다. / 네가 태우던 그 불꽃에 동의하기를, / 이제 그러나 내가 너를 살린다 그리고 네 속에서 탄다."[3] 오랫동안 살려고 발버둥을 쳤다. 하지만 이제 죽음의 불꽃이 되어 타고 있다.

죽음을 인식하고 있는 한 아직도 이생의 삶이다. 나무는 아직도 타고 있다. 타는 느낌은 어떤 것일까? 그 단말마斷末摩의 고통이라 불리는 것은 어떤 느낌으로 다가오게 될까? 〈이 사람을 보라〉라는 시에서 니체는 자기 자신을 불꽃으로 묘사한 적이 있다. "그렇다! 나는 내가 어디에서 왔는지 안다! / 불꽃처럼 탐욕스럽게 / 빛을 내며 스스로를 집어삼킨다 / 내가 손대는 모든 것은 빛이 되고 / 내가 버리는 모든 것은 숯이 되니 / 나는 불꽃임에 틀림없다"(즐거운, 60쪽)

자기 자신의 삶과 깊은 관계 속에서 살아간 인생들은 자신의 마지막 순간을 직감한다고 한다. 죽음이 다가오고 있음을 느낀다는 것이다. 니체는 어떤가. 그는 평생 이성과 싸웠다. 그리고 광기를 오랫동안 동경했다. "너희를 혀로 핥을 번갯불은 어디에 있는가? 너희에게 접종했어야 할 광기는 어디에 있는가? / 보라, 나 너희에게 위버멘쉬를 가르치노라. 그가 바로 번갯불이요 광기다!"(차라, 20쪽) 이 말은 왠지 그저 비유로만 읽히지 않는다. 그의 정신은 릴케가 죽음의 불꽃 속에서 타고 있는 듯한 것을 느꼈듯이 광기의 불꽃 속에서 타고 있는 것은 아닌지.

너무 멀리 갔다. 다시 인용문에 집중해보자. 니체의 정신은 아직 타고 있는 나무의 상태 같다. 마음이 아프고 가슴이 저려온다. 돌아섬을 실천하는 순간 그는 쇠사슬을 끊어내는 듯한 느낌을 받았던 것 같다. 자신을 보호해주던 알의 껍질을 깬 듯한 느낌이라고 할까. 아니면 자신이 피부라고 평생 생각하며 살아온 허물을 벗은 느낌이라고 할까. 그는 아직 저항하며 버티고 있다. 그것이 '자기극복'이라 불릴 수도 있다. 하지만 자신의 생각과 행동이 너무 도덕적으로 읽히는 것도 사양한다. 허무주의는 그런 도덕주의 철학이 아니기 때문이다. 아니, 도덕적이지 않은 도덕주의라고나 할까. 인간적인 도덕주의라면 또 어떨까. 모순처럼 들릴까. 어쨌거나 니체는 그런 도덕이라면 인정했을 것만 같다.

데카당이라 불리는 삶의 이념으로서의 극복

산다는 것은 극복의 연속이다. 사는 게 사는 게 아니라는 말도 있다. 진정한 삶과 그렇지 않은 삶이 있다는 것이다. 감옥 안에서 사는 인생도 있다. 그것을 진정한 삶이라고 말하는 이는 아마 없을 것이다. 물이 흘러야 하듯 몸은 움직여야 한다. 모든 움직임은 자유로울 때 의미가 부여된다. 생각도 하나에 얽매이지 말고 이런 생각, 저런 생각 등으로 유연하게 옮길 줄 알아야 한다. 그런 생각이 창조의 물결을 일으킨다. 마음의 문을 닫고 그것을 다잡아야 할 때도 있고 그 문을 열어놓고 빈 마음으로 살아야 할 때도 있다. 마음을 다잡는다. 마음의 창문을 연다. 둘 다 좋은 말이다. 시간을 잡으며 시간을 보낸다. 시간을 보내며 시간을 잡는다. 둘 다 가능한 말이다. 이성은 끊임없이 먼 곳을 보려 하고 삶은 지속적으로 현실을 보게 한다. 둘 다 옳다. 그저 그 균형을 유지하는 것이 관건일 뿐이다. 그래서 삶은 깨달음을 열망하는지도 모른다.

허무주의 철학은 극복의 철학이다. 인간과 인생에 주목하는 철학이기 때문이다. "우리는 더는 입구에 서 있을 수만은 없으며 곧 시작을 넘어서야 한다."(반시대Ⅲ, 436쪽) 언제까지나 '모른다'는 말로 변명을 일삼을 수는 없다. '잘 모른다'는 말만큼 비겁한 삶이 또 없다. 그런 말로 세워진 집은 허물어지기 쉽다. 큰 집이 필요한 것도 아니다. 작아도 튼튼한 집을 지어야 할 것이다. '앎'이라는 단단한 돌들로 자기 자신의 집을 지어야 할 것이다. '언어는 존재의 집'이라고 하지 않았던가. 자기가 살 집이라면 알찬 언어로 짓도록 하자. 그것이 자기 삶에 대한 예의가 아닐까.

> 한 철학자가 자기 자신에게 가장 먼저 그리고 마지막으로 요구하는 바는 무엇인가? 자기가 사는 시대를 자기 안에서 극복하며 '시대를 초월하는' 것이다. 그렇다면 그가 가장 격렬한 싸움을 벌이는 대상은 무엇인가? 그를 그 시대의 아들이게끔 만드는 것이다. 자! 나는 바그녀만큼이나 이 시대의 아들이다. 내가

한 사람의 데카당이라는 말이다: 바로 이것이 내가 파악했던 것이고, 바로 이 것에 내가 저항했다. 내 안에 있는 철학자가 이것에 저항했다. (바그너, 11쪽 이후)

이전의 책에서 읽히는 맛과는 조금 다르다. 그 다른 맛을 감지하겠는가? "나는 이 시대의 아들이다", "내가 파악했던 것", "내 안에 있는 철학자" 등 의 표현이 전하는 느낌의 맛 말이다. '나'에게 집중하는 그 정신 말이다. 모 든 말들이 '나'를 중심으로 돌고 돈다. 이 정신이 바로 허무주의 철학을 살아 움직이게 하는 피다. "너는 피가 곧 넋임을 알게 될 것이다."(차라, 63쪽) '가이 스트Geist', 이 말을 정신으로 번역하든 넋으로 번역하든 상관없다. '모든 단어 는 하나의 편견'이라고 했다. 편견을 가지고 놀 수 있을 때 자유정신이 탄생 한다. 날카로운 칼을 가지고도 춤을 출 수 있어야 한다. 그때 칼춤의 대가가 탄생하듯이. 하나에 얽매일 때 편견이 생긴다는 것을 잊지 말자. 생각하는 존재가 생각에 발목 잡힐 때는 언제나 그 '하나'가 문제일 뿐이다.

'나'의 이야기는 '데카당décadent'이라는 새로운 개념을 끌어들인다. 전집의 집필과정상으로 볼 때 새롭게 등장하는 개념이라는 뜻이다. 물론 니체 철학 을 연구한 자들은 이 개념이 의미하는 바가 얼마나 큰지 잘 안다. 하지만 니 체는 이제야 자기 철학 속에 데카당이라는 말을 집어넣어 함께 요리하기를 시작하고 있다. 데카당! 일반적으로 '퇴폐'로 번역된다. 싫다는 감정이 지배 적이다. 요즈음 말로 하면 '포기'라고나 할까. 적극적인 포기선언 말이다. 삼 포세대, 오포세대, N포세대[4] 등으로 진화해가는 개념 말이다. 대한민국이 직면한 이 시대를 두고 니체는 분명 데카당이라 불렀을 것만 같다. 세기말 적 분위기를 느꼈을 것만 같다. 새로운 시대에 대한 열망으로 타고 있는 촛

불의 의미는 이런 것이리라.

바그너는 혁명가였다. 그 시대의 아들이 되어 새로운 시대를 열었다. 선구자의 길을 걷느라 고생도 많았다. 하지만 이제는 니체가 그의 길을 따라가다가 독립을 선언한다. "자! 나는 바그너만큼이나 이 시대의 아들이다." 전환기를 마련하고자 한다. 그의 인식이 세기전환기다. 그것이 데카당의 분위기다. 그는 그것을 '파악'했던 것이고, 바로 이것에 '저항'했던 것이다. 삶은 인생의 모든 문제에 답을 제시한다. 앎은 모든 문제의 풀림이라는 쾌감을 느끼게 해준다. 알면 저항할 수 있다. 인생에서 방황은 늘 제대로 알지 못할 때 찾아드는 어둠과 같다. 이제 니체는 등을 돌린다. 방황에 반항으로 맞선다. 눈물이 쏟아지지만 이것에 저항하고자 한다.

스스로 자기 삶을 데카당이라고 선언할 수 있는 것도 용기다. 진정한 회개는 죄의식을 전제해야 하듯이 진정한 데카당은 구토증과 혐오증을 전제해야 한다. 사랑은 변했다. 사랑이 역겹다. 이런 감정이 들어야 새로운 사랑을 갈망하게 된다. "삶을 사랑해야 한다!"(즐거운, 67쪽) 신이나 이상이 아니라 삶을! "더는 사랑할 수 없는 곳이라면 들르지 말고 그냥 지나가야 한다!"(차라, 295쪽) 니체에게 바그너는 이제 그냥 지나쳐야 할 곳이 되어버렸다. 물론 떠나야 할 곳이라 생각해 대충 사랑했던 것을 결코 아니다. 앞서 "어느 누구도 나보다 더 위험하게 바그너적인 짓거리와 하나가 되어 있지는 않았다"고 선언하지 않았던가. 니체는 바그너와 하나가 된 것처럼 생각했고 또 그렇게 하나가 된 것처럼 살았다. 하지만 그때가 가장 위험했던 시기였다는 인식이 오고야 말았다. '하마터면 죽을 뻔했다'는 말을 할 때가 이런 때이리라. 이제는 데카당이 삶을 지배한다. 허무주의가 도래한 것이다. 한마디로 다 싫다. 이제는 떠나는 것 외에는 다른 길이 없다.

내가 가장 깊이 몰두하고 있는 것은 사실 데카당스라는 문제이며—그럴 만한 이유들이 있다. '선과 악'은 이 문제의 한 가지 변형일 뿐이다. 몰락의 표지를 응시하는 자는 도덕을 이해하며—도덕이라는 가장 신성한 이름과 가치 정식들 밑에 어떤 것이 숨겨 있는지를 이해한다: 황폐해진 삶과 종말의 의지와 큰 권태가 거기에 숨겨 있다는 것을. 도덕은 삶을 부정한다…. 이런 과제를 위해서 나는 나를 단련시킬 필요가 있었다:—바그너와 쇼펜하우어, 그리고 현대적 '인간성' 전체를 포함해서 내게 들어와 있는 온갖 병증에 대항하는 것이 필요했다.—시대적인 모든 것과 시대에 맞는 모든 것에 대한 깊은 소원疏遠, 철저한 냉각, 깊은 각성이 필요했다: 그리고 차라투스트라의 눈을, 인간의 모든 사실을 엄청난 거리를 두고 개관하는 그의 눈을—인간의 모든 사실을 자기 아래에 있는 것으로 굽어보는 눈을 최고의 소망 사항으로 하는 일이 필요했다…. 이러한 목표—이 목표를 위해 과연 어떤 희생이 불필요하다고 할 것인가? 어떤 '자기—극복'이! 어떤 '자기—부정'이! (바그너, 12쪽)

거리를 둘 수만 있다면 인생은 볼 만하다. 너무 가까이 가서 보니까 인생이 너무 거칠어 보일 뿐이다. 자기 아래에 있는 것으로 굽어볼 수만 있다면 모든 인생은 한 편의 멋진 드라마 같을 것이다. 우물 안 개구리처럼 벽으로 둘러싸인 하늘만 바라볼 때 답답함이 느껴질 뿐이다. 모든 인생은 한 편의 소설이다. 한 발짝만 떨어지면 이야깃거리가 봇물 터지듯 터질 것이다. 삶이 이야기로 전환되지 않는 이유는 삶의 무게를 아직 제대로 감당해내지 못하고 있기 때문이다.

삶은 감당하고 버티는 것에 의미가 있는 것이 아니다. 오히려 그것을 사랑하는 데까지 나아가주어야 한다. "인간에게 있는 위대함에 대한 내 정식

은 운명애다: 앞으로도, 뒤로도, 영원토록 다른 것은 가지기를 원하지 않는다는 것. 필연적인 것을 단순히 감당하기만 하는 것이 아니고, 은폐는 더더욱 하지 않으며 ─ 모든 이상주의는 필연적인 것 앞에서는 허위다 ─. 오히려 그것을 사랑하는 것…."(이 사람, 373쪽) 사랑은 최고의 경지다. 거기까지 갈 수 있기 위해 스스로를 '단련시킬 필요'가 있는 것이다. '삶의 사관학교로부터' 삶을 위한 훈련을 제대로 받아야 한다. "나를 죽이지 않는 것은 나를 더욱 강하게 만든다."(우상, 77쪽) 강해야 한다. 살기 위해서.

삶이라는 목표를 위해 불필요한 희생이란 없다. 모든 것이 필요하다. 하물며 "더러운 물로도 씻을 줄 알아야"(인간적Ⅱ, 59쪽) 한다. 스스로를 단련시킬 필요가 있는 것에 대해서 니체는 조목조목 나열하고 있다. "내게 들어와 있는 온갖 병증에 대항하는 것이 필요했다.", "시대적인 모든 것과 시대에 맞는 모든 것에 대한 깊은 소원, 철저한 냉각, 깊은 각성이 필요했다.", "인간의 모든 사실을 자기 아래에 있는 것으로 굽어보는 눈을 최고의 소망 사항으로 하는 일이 필요했다." 필요성에 대한 감정은 삶을 위해 필수적이다. 먼지조차 필요하다. 이 세상 그 어떤 존재는 이것을 반드시 필요로 할 것이 분명하다. 삶에의 의지는 바로 이 필요성에 대한 감각에 의해 불이 붙는 것이다. 이 대목이 바로 염세주의와 다른 길을 걷고 있는 허무주의의 길을 알려주는 곳이다.

'차라투스트라의 눈'을 가져야 한다. "연극에서처럼 세상을 내려다보는 눈을 열어라. 다른 두 개의 눈을 통해 세계를 들여다보는 커다란 제3의 눈을 열어라!"(아침, 380쪽) 개구리의 눈, 즉 "개구리의 관점"(선악, 17쪽)은 버려야 할 대상일 뿐이다. "우리는 생각하는 개구리가 아니다."(즐거운, 28쪽) 우리는 생각하는 인간이 되어야 하고 또 거기서 만족하는 것이 아니라 생각하는 차라투스트라가 되어야 한다. 차라투스트라에게 인간은 우스꽝스러운 원숭이와 같은 존재일 뿐이다. "사람에게 있어 원숭이는 무엇인가? 일종의 웃음거리 아니면 일종의 견디기 힘든 부끄러움이 아닌가? 위버멘쉬에게는 사람이 그렇다. 일종의 웃음거리 아니면 일종의 견디기 힘든 부끄러움이다."(차라, 17쪽) 부끄러운 줄 알라! 부끄러움이 와주어야 극복에의 의지가 살아난다. 자기 자신에게 데카당을 허용하라! 퇴폐에 대한 감정이 와주어야 살려는 의지가 되살아난다. 증오를 모르는 자가 어찌 진정한 사랑을 할 수 있으랴!

하나만 할 줄 아는 자가 어찌 완벽할 수 있을까. "자유로운 인간은 선할수도 악할 수도 있다."(반시대IV, 102쪽; 즐거운, 170쪽) 착하기만 한 사람이 어찌 진정으로 착할 수 있을까. 어둠을 알아야 빛을 인식할 수 있듯이, 나쁜 행동도 알아야 착한 행동을 알 수 있는 법이다. "속일 줄 모르는 자는 진리가 무엇인지 알지 못한다."(차라, 476쪽) 거짓말할 줄 아는 능력이 바로 진실을 알고 있다는 증거가 되기도 한다. 그래서 니체는 도덕의 노예가 되기보다는 도덕을 무대로 멋진 삶의 춤을 추기를 바라는 것이다. "우리는 도덕 위에도 서 있을 줄 알아야 한다. 매 순간 미끄러져 넘어질 것을 두려워하는 경직된 두려움을 가지고 그 위에 서 있는 것이 아니라, 그 위에서 뛰놀 줄 알아야 한다!" (즐거운, 180쪽) 도덕은 좋은 것이라고 함부로 말하지 말아야 한다. 도덕도 도덕 나름이다. 도덕은 인간의 문제다. 그 문제에 시달리는 것이 아니라 그 문제로 축제라도 벌여야 할 것이다.

니체가 몰두하는 문제는 '데카당스라는 문제'다. 이제 그는 자신의 철학에 대한 이름을 하나 발견해낸 듯하다. '선과 악'이라는 문제까지도 이 문제의 변형일 뿐이라고 평가한다. 선악의 저편은 말 그대로 데카당스가 극복된 상태이리라. 그는 '몰락의 표지를 응시하는 자'가 이해하는 도덕의 본질을 안다. "도덕이라는 가장 신성한 이름과 가치 정식들 밑에 어떤 것이 숨겨 있는지를 이해"한 것이다. 콩깍지가 벗겨진 눈으로 도덕을 바라보는 느낌이다. 신뢰했던 도덕이건만 이제는 그 도덕마저 믿을 게 못 된다. 믿었던 신을 상실한 눈이기도 하다. 이제 어떻게 해야 하나. 신을 찾고 있던 광인의 모습이 떠오른다.

> 이제 지구는 어디를 향해 가고 있는 것일까? 우리는 어디를 향해 가고 있는 것일까? 모든 태양으로부터 떨어져 나온 지금? 우리는 끊임없이 추락하고 있는 것이 아닐까? 뒤로 옆으로 앞으로 모든 방향으로 추락하고 있는 것이 아닐까? 아직도 위와 아래가 있는 것일까? 무한한 허무를 통과하고 있는 것처럼 헤매고 있는 것이 아닐까? 허공이 우리에게 한숨을 내쉬고 있는 것이 아닐까? 한파가 몰아닥치고 있는 것이 아닐까? 밤과 밤이 연이어서 다가오고 있는 것이 아닐까? 대낮에 등불을 켜야 하는 것이 아닐까? (즐거운, 200쪽)

밝은 대낮에도 등불이 필요할 것만 같다. 사물을 인식하기 위해 새로운 빛이 있어주어야만 할 것 같다. 빛의 축제 속에서도 태양은 고독하다. 어둠을 곁에 둘 수 없어서다. 스스로가 빛의 원인이면서도 다른 원인을 찾고 있을 때 허망함이 엄습한다. 신을 잃었을 때 드는 마음이다. 길을 잃었을 때도 마찬가지다. 길은 사방에 널려 있기 때문이다. 선택하기만 하면 되는 것이다. 결코 길은 잃어버릴 수가 없다. 하지만 길을 잃었다고 말한다. 길 위에서 쓰러지는 인간들은 모두 지쳐 쓰러지는 것이지, 길을 잃어 쓰러지는 것이 아니다. 자기 자신이 아니라 다른 어떤 것을 쫓아갔다는 데서 모두 같은 실수를 저지르고 있다. 군중 속에서도 고독을 느끼는 현대인의 모습이다.

허무주의 정신은 광인의 것이라는 말로 놀림감이 된다. 고독한 영혼은 혼자라는 것을 운명의 저주로 인식한다. "같이 존재하는 기쁨"(유고6, 343쪽)을 동경하는 영혼이다. 시장바닥에서도 사람을 찾을 수가 없다. 사람들 속에서 사람을 찾을 수가 없다. 광인이 찾고 있는 것은 신이 된 인간이다. 현대사회에서는 그런 경지에 도달한 인간이 없다. 안타깝다. 긴 중세라는 터널을 통과하면서 고대의 감각은 잊히고 말았다. 인간이 신이었던 그 시절 그 세계는 신화라는 명칭으로 남아 있을 뿐이다. 아무리 사랑을 공부해도 사랑할 수 있는 능력이 생기는 것은 아니다. 하지만 세기말에 접어든 시점에 니체는 인간적인 신을 찾고 있다. 도덕 위에서도, 먼지 위에서도 춤을 출 수 있는 그런 인간을 찾고 있는 것이다.

인간이 가장 아름다운 존재다. 신이 된 인간이 가장 아름다운 인간이다. "어느 것도 아름답지 않다. 인간 외에는."(우상, 158쪽). "그런 행위를 할 자격이 있으려면 우리 스스로가 신이 되어야 하는 것이 아닐까?"(즐거운, 201쪽) 이것이 니체의 대답이다. 신을 찾을 수 없다면 스스로 신이 되라고! 더는 신을 찾을 수 없다면 말이다. 더는! 극복의 과정에서, 그 궁극에서 만나게 될 것은 바로 이것이다. 스스로 신이 되는 경지. 이것이야말로 니체가 말하는 구원의 경지다. '신이 죽었다'는 인식이 오면 혼돈이라도 품어서 신을 잉태하고 탄생시킬 일에만 집중해야 할 것이다.

자기극복은 자기부정을 전제한다. 부정하지 않고 어떻게 극복을 말할 수 있으랴. 진정한 극복은 극복의 대상에 대한 인식이 전제되어야 한다. 창조가 파괴를 전제하듯이. 사랑이 증오를 전제하듯이. 새벽이 어둠을 전제하듯이. 비상이 몰락을 전제하듯이. 삶을 위해서는 극복은 지상명령이다. 현상계를 삶의 터전으로 삼을 수밖에 없는 인간에게는 운명이라는 필연성이 존재한다. 하지만 그 운명이 저주로 머물게 해서는 안 된다. 이렇게 말하면 꼬리를 물고 질문을 던진다. 저주가 있을까? 대답은 분명하다. 인생에 저주는 있다. 저주가 없을 수는 없다. 이것은 형이상학적 세계의 존재에 대해서 인정할 수밖에 없는 것과 같은 논리다. "형이상학적 세계가 존재할 수도 있다는 것은 타당하다."(인간적 1, 29쪽) 마른하늘에 날벼락만 쳐도 양심의 가책을 운운하는 것이 인간이다.

부정은 극복을 통해서만 긍정으로 전환될 수 있다. 꼭 정반합의 변증법적 논리를 끌어들여야만 이해되는 것이 아니다. 칭찬보다 질책이 더 효과적일 때도 있다. 그것이 부정의 힘이다. 인생에 저주가 있다면 반드시 발판으로 삼아야 할 일이다. 올라서려면 발판이 있어야 하기 때문이다. 모든 발판에 감사할 일이다. 올라설 수 있는 계기가 되기 때문이다. 저주는 있어야 한다. 저주로 인식되는 것은 모두가 적당한 적이 되는 것이다. 싸울 만한 적인 것이다. 인생에서 한 발자국이라도 전진하고자 한다면 아무리 사소한 저주라도 싸워서 이겨야 한다. 아니, 싸울 의지만 보여도 저주는 삶을 위한 보약으로 모습을 바꿀 수도 있다. 모든 저주는 비열하게도 강한 의지 앞에서는 쉽사리 모습을 바꾸기 때문이다. 아니, 비열한 게 아니라 영리하다고 말해도 좋다.

저주에 대한 인식은 인생을 바꾸어놓는다. 한계에 대한 깨달음은 인생이 나아가야 할 길을 알려준다. 밤은 있어야 한다. 별이 보이도록 해주기 때문이다. 진정한 지혜는 어둠이 엄습해올 때 날개를 펼친다. "미네르바의 올빼미는 다가오는 어둠과 함께 비상을 시작한다."[5] 이 지혜는 낭만주의의 전유물이 아니다. 헤겔 철학에만 적용되는 논리가 아니다. 그것은 깨달은 자의 몫이다. 깨달음은 어둠을 필요로 할 뿐이다. 대낮에도 등불을 찾는 정신의 몫이다. 두려움을 위해서가 아니라 행동을 위해서 필요할 뿐이다. 저주가 인식될 때 감사할 일이다. 이제야 진정으로 자기 자신을 위하고 자기 인생을 위해 보람찬 행동을 해야 할 시기임을 알려주기 때문이다. 저주에 대한 인식이야말로 진정으로 회개의 눈물을 흘릴 수 있게 해줄 것이기 때문이다.

삶의 현장에서 데카당이라는 어두운 현실 인식은 필연적이다. 더 나은 삶을 추구한다면 더 나쁜 현실 인식은 당연히 전제되어야 한다. 현대를 극복하고자 한다면 현대의 한계를 인식해내야 한다. 아픔은 있어야 한다. 상처도 생겨야 한다. 희생의 필요성은 피할 수 없다. 새로운 가치의 출현은 이 데카당스라는 긴 터널을 통과해야 가능한 일이다. 포기한 자는 절대로 맛볼 수 없는 결과물이다. 저주가 인식되어야 "인간의 목소리"(유고6, 342쪽)가 들리는 법이다. 운명이 보여야 "영혼의 노래"(같은 책, 343쪽)가 귓가에 들려온다. 자기 내면의 목소리다. 자기 운명의 가르침이다.

바그너라는 질병에 감사하는 마음

"모든 인생은 고통이다."[6] 그래서 어떻게 해야 할까? 고통을 피하고 잊어야 할까? 고통이 무서워서? 아니면 고통과 맞서 싸워야 할까? 인생 자체가 고통이라면 그래야 하지 않을까? 세상은 어쨌거나 편한 곳이 아니다. 그래서 모든 인간은 편함을 지향하는 것이다. 세상은 불행한 생지옥이다. 그래서 모든 인간은 행복을 추구하는 것이다. 고통, 그것은 외면할 것이 아니라 싸워야 할 대상이다. 반드시 이겨야 할 싸움이다. 여기에 두 가지의 서로 다른 해결책이 대립한다. 염세주의와 허무주의가 그것이다. 망각의 길을 걸으며 하나밖에 없는 해탈로 나아가는 길과 영원회귀라는 돌고 도는 길을 통해 모든 것을 발아래 두고자 하는 초인에게로 향하는 길이 그것이다.

개체를 잊고 은하수의 일원이 된다? 이 대지의 삶을 떠나 하늘의 인생에 참여한다? 브라만과 합일을 이룬 아트만은 이제 더는 개별적인 존재가 아니다. 물아일체의 경지에 도달한 자아는 평범한 자아가 아니다. 염세주의가 지향하는 삶은 내가 나를 잊고 살고자 한다. 내가 나를 잊고! 마치 기독교의 구원논리처럼 천사가 됨으로써 영생을 얻고자 한다. "부활 때에는 장가도 아니 가고 시집도 아니 가고 하늘에 있는 천사들과 같으니라."(마태복음 22:30) 시집 장가갈 필요성을 느끼지 못하는 그런 인생을 정말 원하는가? 이 세상의 놀이를 포기하고 싶은가? 사랑했던 기억들을 모두 무無로 만들고 싶은가? 추억이 된 아름다운 이야기들을 잊고 싶은가? 염세주의적 해결책 앞에서 니체는 발걸음을 머뭇거린다. 더는 다가설 수 없는 길임을 인식했기 때문이다.

염세주의에게 등을 돌린 것처럼 니체는 바그너와 결별을 선언한다. 그러면서 "나는 조금 홀가분해졌다"고 고백한다. 이혼한 친구의 음성을 닮았다. 그동안 얼마나 지지고 볶았을까. 마음의 문을 닫으면서 마음을 다잡는다. 새로운 길을 떠날 준비를 하는 것이다. 제대로 떠나기 위해 떠날 수밖에 없는 상황을 인식해야 했다. 아픔은 건강을 앞선다. 고통은 기쁨을 앞선다. 증오는 사랑을 앞선다. 운명의 저주를 깨달아야 춤을 추게 하는 노랫소리가 들려온다. 운명이 들려주는 노래가 그때가 되어서야 들리는 것이다. 도덕을 인식해야 춤을 출 수 있는 무대를 가지게 되는 것이다. 인생이라는 무대가 말이다. 바그너는 데카당을 인식하게 해주었다. 그가 없었다면 저항할 이유도 찾지 못했을 것이다.

나의 가장 큰 체험은 병의 치유였다. 바그너는 내가 가졌던 병증 중의 하나에 불과할 뿐이었다. / 내가 바그너라는 병에 감사하고 싶지 않다는 것은 아니다. 이 글에서 바그너가 해롭다고 주장한다면서도 나는 그가 누구에게 필요 불가결한지에 대해서도 주장하고자 한다.ㅡ그가 철학자에게 필요 불가결하다는 것을. 그 밖의 사람들은 바그너 없이도 잘 지낼 수 있을지 모른다: 하지만 철학자는 자기 마음대로 바그너 없이 지낼 수는 없다. 철학자는 자기가 살아가는 시대를 마음에 걸려 하지 않으면 안 되며ㅡ그러기 위해 그는 그 시대를 가장 잘 알고 있어야 한다. 그런데 그가 현대 영혼의 미궁의 내막에 대해 바그너보다 더 정통한 인도자를, 바그너보다 더 유창한 영혼의 고지자를 어디서 발견하겠는가? 현대성은 바그너를 통해서 자신 안에 있는 가장 내밀한 말을 하고 있는 것이다: 현대성은 자신의 선한 면도 숨기지 않고, 악한 면도 숨기지 않는다. 현대성은 자신을 부끄러워하는 것을 잊어버렸다. 그리고 역으로: 바그너에게서 선과 악의 결과가 어떠할지가 명백히 알려지면, 현대의 가치에 대한 계산이 거의 끝나버린 셈이 된다.ㅡ오늘날 한 음악가가 "나는 바그너를 증오하지만 여타의 음악을 더는 참아낼 수 없다"라고 말한다면, 나는 이 말을 완전히 이해한다. 그러나 나는 다음처럼 말하는 어떤 철학자도 이해할 수 있을 것 같다: "바그너는 현대성을 요약하고 있다. 별다른 도리가 없다. 일단은 바그너주의자가 되어야만 한다…" (바그너, 12쪽 이후)

《바그너의 경우》 서문의 마지막 문단이다. '나는'으로부터 시작한 서문의 마지막 말들은 죄다 바그너와의 결별 선언으로 일관하고 있다. 니체가 여기서 혹은 이 책에서 바그너에 대한 결별을 선언한다고 해서 그것을 말 그대로 '결별'이라 읽어내서는 안 된다. 문체를 악의라는 마차에 실어놓았다고 해서 그저 '악의'로만 읽어내면 안 된다. 결별은 그렇게 간단한 사건이 아니다. 니체가 말하는 '결별'은 복잡하다. 부모와 자식 간에 정 떼기를 하는 과정이라고 할까. 아무리 '함께 죽겠노라'고 다짐했어도 부모의 죽음 앞에서 양심의 거리낌 없이 삶을 선택하는 자식의 행동에 그 누가 손가락질을 할 수 있을까. 아무리 사랑했어도 때가 되면 증오도 할 줄 알아야 한다. 그 증오가 돌아섬을 가능하게 해주기 때문이다. 돌아서고 싶으면 증오를 앞세울 수밖에 없다. 필요 없다는 마음이 들어야 버릴 수 있는 것처럼. 그것을 비겁하다 말하면 안 된다. 그 마음이 삶을 위한 의지를 불태워주기 때문이다. 의존적인 마음을 버리고 홀로서기에 합당한 자세를 갖추게 하기 때문이다.

병과 싸워 이겨본 자는 알 것이다. 얼마나 사는 게 즐거운 일인지. 병실에 갇혀 사는 것보다 드넓은 들판을 달릴 수 있는 게 얼마나 기쁜 일인지. 먹고 마시고 잠잘 수 있는 게 얼마나 행복한 일인지. 개인적 체험이다. 소나기가 내리던 날 자전거를 타고 알프스를 넘을 때 그 빗물 사이로 전해오던 신선한 바람은 기억 속의 모든 상처를 치유해주기도 한다. 아니, 그런 신선한 바람을 느끼게 된 것이 치유의 결과였는지도 모를 일이다. 어쨌거나 아픔을 딛고 일어설 때 고지가 보이는 법이다. 꿈과 희망, 힘과 열정, 이 모든 것은 눈이 뜨이고 귀가 열릴 때 폭풍처럼 다가온다. 아니, 이런 것들이 마침내 눈과 귀를 열게 하는지도 모를 일이다. 무엇이 먼저인지 제발 좀 묻지 말자.

바그너에 빠져 지낸 것은 질병에 시달리던 시기였다. 죽음의 문턱까지 갔다. 죽음을 생각하며 알프스로 떠났다. 콩깍지에 씌어 있었다. 쇼펜하우어의 말로 표현하자면 "마야의 베일"에 씌어 있었다. 모든 게 낭만적이었고 아름다웠다. 그에게서 돌아선 지금 이제야 "조금 홀가분해졌다." 이제야! 이제야 그 '병의 치유'를 체험하고 있다. 신선한 바람이 폐를 채우고 있는 느낌이다.

피가 실어 나르는 산소의 맛을 뇌가 인식한다. 건강한 피가 뇌 속에서 새로운 사상을 만들어내고 있는 느낌이다. 눈을 감고 그 쾌감을 만끽해보고 싶은 심정이다. 그저 하나의 병을 극복해냈을 뿐인데 모든 것이 새롭게 정리되는 느낌이다. 그래서 니체는 이 병의 실존에 대해 감사를 느낀다. 또한 그병의 가치에 대해 십분 이해하고 있음을 고백하기도 한다.

병은 없을 수 없다. 병은 실존한다. 이 실존에 의문을 품고 싯다르타는 6년 동안 고행을 했던 것이다. 이 실존에 대한 진정한 인식이 깨달음의 경지를 열어줄 것이라고 믿었기 때문이다. 인간은 병든다. 정도의 차이는 있을지 몰라도 누구나 병이 들어 있다. 그래서 모든 인간은 보약이라는 말 또는 몸에 좋다는 말에 귀가 솔깃해지는 것이다. 약이라면 뭐든지 복용하는 인간도 있다. 하지만 니체는 약이나 의사의 도움을 꺼린다. "가능하면 의사 없이 산다.─병자가 의사의 치료를 받는 것이 자신의 건강을 스스로 돌보는 것보다 더 경솔하다고 나는 생각한다."(아침, 291쪽) 약이나 의사의 도움은 질병의 증세를 완화시킬 뿐이다. 아니, 경우에 따라서는 더욱 악화시킬 수도 있다. 건강은 스스로 챙겨야 한다. 건강할 때 건강을 챙겨야 한다.

모든 병은 치유의 대상이다. 병은 어떤 것이 되었든 간에 삶에 해롭기 때문이다. 하지만 모든 치유의 과정은 질병을 전제한다는 것이 핵심이다. 여기에 허무주의 철학의 시작 지점이 있다. 허무함을 먼저 인식해야 한다는 것이다. 허무주의는 도래해야 한다. 그래야 극복에 대한 필요성도 인식하게 될 것이고 또 결국에는 그 극복이 가능해지기 때문이다. 바그너는 분명 해로운 병임에는 틀림없지만 특히 철학자에게는 필요 불가결한 존재에 해당한다. 철학자라면 바그너를 감당해내야 한다. "그 밖의 사람들은 바그너 없이도 잘 지낼 수 있을지 모른다; 하지만 철학자는 자기 마음대로 바그너 없이 지낼 수는 없다." 이 말이 전하는 메시지는 너무도 잔인하게 들려온다. 치명적인 병이지만 한 번은 겪어야 한다는 얘기로 들리기 때문이다. 아무리 아픈 경험을 하더라도 굴하지 말고 겪어야 한다고.

　나이가 들다보면 사랑도 겁난다. 사랑이 남겨놓을 상처가 두려워서다. 하지만 사랑만큼 달콤한 상처는 없다는 것을 잘 안다. 누구는 시를 쓸 때 사랑에 대해 쓰지 말라고 한다. 하지만 결국에 가서는 사랑에 대한 시만이 가장 아름답다는 것을 잘 안다. 또 누구는 철학을 공부할 때 신에 대해 묻지 말라고도 말한다. 하지만 결국에 가서는 신과 마주쳐야 함을 잘 알고 있다. 현실을 어둠으로 느끼는 자가 지혜를 필요로 한다. 대낮에도 등불을 손에 들어야 한다는 빛에 대한 갈증이 새로운 눈을 뜨게 해준다.

　"철학자는 자기가 살아가는 시대를 마음에 걸려 하지 않으면 안 되며—그러기 위해 그는 그 시대를 가장 잘 알고 있어야 한다." 같은 맥락에서 쇼펜하우어는 이렇게 말했다. "철학이란 당황스러운 상태를 뚫고 헤쳐 나오려고 하면서 철학자가 되는 것이다."[7] 자기가 살고 있는 그 시대와 무관한 철학자라는 말은 모순이다. 자기 시대에 문제의식이 없는 사람이 어찌 철학자일 수 있을까. 기득권에 대해 이의를 제기하는 것이 어쩌면 철학자의 운명이 아닐까. 기존의 질서에 대해 불만이 없다면 철학자가 아닌 것이다. 늘 한계에 직면해 있는 위기감이 철학자의 현실 인식이 아닐까. 늘 그 너머를 동경하는 것이 그의 마음이 아닐까. 철학자의 마음은 늘 자기 시대에 걸려 있어야 한다. 마음이 어떤 사물에 걸려 있을 때 아픈 법이다. 그 아픈 마음으로 현실을 견뎌야 한다. 매일 찾아드는 에톤Ethon이라는 독수리의 날카로운 부리를 견뎌야 한다. 그런 견딤이 거인의 징표다. 3천 년 전의 고대 이야기를 읽어도 자기 시대의 문제와 연결시킬 줄 알아야 철학자인 것이다.

바그너가 가치 있는 질병인 이유는 그가 바로 '현대 영혼의 미궁의 내막'에 대해 정통해 있기 때문이다. "바그너보다 더 유창한 영혼의 고지자를 어디서 발견하겠는가?" 그가 바로 가장 유창한 영혼의 고지자임을 선언하는 문장이다. 현대인이 자신이 살고 있는 현대를 제대로 알고 싶으면 바그너라 불리는 불바다를 통과해야 한다. "현대성은 바그너를 통해서 자신 안에 있는 가장 내밀한 말을 하고 있는 것이다: 현대성은 자신의 선한 면도 숨기지 않고, 악한 면도 숨기지 않는다. 현대성은 자신을 부끄러워하는 것을 잊어버렸다." 현대성이 바그너의 예술을 통해서 현시되고 있다. 그의 음악을 통해 가슴속 깊은 구석에 숨겨둔 말들이 세상 밖으로 나오고 있다. 마치 일기장에만 적어놓던 글들을 세상 사람들이 읽을 수 있게 당당하게 책으로 엮어내는 행위와 같은 것이다.

현대성의 대명사를 제시하라면 단언 바그너다. 바그너는 부끄러운 줄 모른다. 그만큼 대담하다. 그의 예술작품들은 양심에 거리낌을 느끼거나 어떤 것을 숨겨야 한다는 의도를 가지고서는 도저히 만들어낼 수 없는 것들이다. 육체적 사랑을 갈망하며 비너스 산으로 향하는 탄호이저의 발걸음에 눈물 흘리지 않을 사람이 어디 있겠는가. 그의 발걸음에 실려 있는 열정을 바라보며 그 누가 이것은 인간적인 이야기가 아니라고 단언할 수 있겠는가. 그동안 숨겨놓았던 소리들이 단어를 얻고 의미를 쟁취해나간다. 음악극이라는 장르를 통해 마음이 걸려 있던 시대의 문제들이 폭로된다. 선한 면도, 악한 면도 모두 제 모습을 드러내고 있는 것이다.

무대 위에서 펼쳐진 사건들을 통해 '선과 악의 결과'가 명백해지고 나면 "현대의 가치에 대한 계산이 거의 끝나버린 셈이 된다." 관객은 그때가 되어서야 현대의 문제가 무엇인지 감을 잡는다. 그리고 시대를 바꿀 민중임을 선언하게 된다. 민중의 편에 서서 세상을 바꾸고자 한다. 현대 이후를 선언하며 그렇게 미래를 받아들이게 되는 것이다. 현대의 모든 가치를 전도시키려는 의도로 혁명에 동참하게 되는 것이다. 이것은 내면의 혁명이다. 정신세계의 혁명이다. 마음이 걸려 있던 문제와의 싸움이다. 양심을 건드리는 문제에 잔인한 공격을 해대는 것이다.

"오늘날 한 음악가가 '나는 바그너를 증오하지만 여타의 음악은 더는 참아낼 수 없다'라고 말한다면, 나는 이 말을 완전히 이해한다." 병은 병이다. 아픔은 아픔이다. 아픈 것을 두고 아프지 않다고 말한다면 그것은 거짓말일 뿐이다. 바그너는 싫다. 그는 증오의 대상이다. 하지만 그 말을 하려고 니체가 이 편지를 쓰고 있는 것은 아니다. 다른 음악은 더 싫다. 이 말에 귀를 기울여야 한다. 이 말은 그나마 바그너의 음악이 최고라는 역설이기도 하다. 현대음악의 최고봉에 오른 음악이 있다면 그것은 바그너의 음악이라는 얘기다. 니체가 던지는 최고의 찬사가 아닐 수 없다. 하지만 그 찬사가 날카로운 칼과 창이 되었기에 어리석은 군중은 혼란스러울 뿐이다. 때로는 겉으로 드러난 욕의 형식에 눈이 멀어 '니체는 바그너를 싫어한다'고 단언하는 실수를 범하기도 한다. 문제는 그렇게 간단한 게 결코 아닌데도 말이다.

바그너의 가치는 현대성에 있다. 그는 음악이라는 장르를 통해 현대를 무대 위에 형상화해냈다. "바그너는 현대성을 요약하고 있다. 별다른 도리가 없다. 일단은 바그너주의자가 되어야 한다…" 아직도 할 말이 많다. 말을 줄일 수밖에 없다. 더 말하면 잔소리가 될 것 같아 여기서 멈춘 것이다. 현대를 극복하고 싶으면 먼저 현대에 대한 인식부터 해야 한다. 병이 낫고 싶으면 병을 먼저 인식해야 한다. 상처가 상처로 인식되지 않으려면 그 상처의 가치부터 제대로 인식해야 한다. 저주는 없을 수 없다고 했다. 저주를 저주로 머물지 않게 하는 것은 분명 자기 몫이다.

자유정신을 상실한 음악과의 결별

마음이 걸렸다. 마음이 자유롭지 못했다. 마음은 오래 전부터 걸려 있었다. 바그너라는 현대성에 마음이 걸려 있었다. 그것도 아프게. "철학자는 자기가 살아가는 시대를 마음에 걸려 하지 않으면 안 되"(바그너. 13쪽)었기 때문이기도 하다. 이유야 어쨌든 간에 마음이 걸렸다. 신경이 쓰였다는 얘기다. 신경은 너무 오래 쓰면 큰일 난다. 신경이 끊길 수도 있기 때문이다. "근육은 쓰면 쓸수록 더욱 강해지지만 신경은 반대로 많이 쓸수록 점점 약해진다."[8] 마음도 너무 오랫동안 걸려 있으면 안 된다. 마음은 제자리를 찾아야한다. 아무 데나 너무 오래 걸어놓으면 감당할 수 없을 정도로 큰일이 날 수도 있다.

니체는 1888년 5월에 토리노에서 편지를 쓴다. 《반시대적 고찰》의 제4권에서 〈바이로이트의 리하르트 바그너〉라는 글을 쓴 지 12년 만이다. 《바그너의 경우》! 한 권의 책 제목에 다시 바그너의 이름이 등장한다. 그동안 이름을 언급하지 않고 끙끙 앓았다고나 할까. 이제야 마음을 드러낸다. 편지 형식이지만 수치인은 밝히지 않았다. 그저 출판사로 보내졌으니까 출판관계자에게 부쳤겠지 하고 미루어 짐작할 수 있을 뿐이다. 왜 굳이 편지를 써야 했을까? 왜 굳이 편지의 형식을 취해야 했을까? 편지. 그것은 개인적인 고백이 담길 수 있는 형식의 문제가 아닐까.

그리고 모토를 하나 달아놓았다. "웃으면서 진지한 사항을 말한다ridendo

dicere sererum." 웃음. 그것은 신성하다고 했다. 신의 성질에 속한다는 얘기다. 《비극의 탄생》에서부터 니체는 웃는 법을 배워달라고 당부했다. "웃는 자의 이 왕관, 이 장미 화환의 관, 내 형제들이여, 나는 이 왕관을 그대들에게 던진다! 나는 웃음이 신성하다고 말했다. 그대들보다 높은 인간들이여, 내게 배워라 ─ 웃음을!"(비극, 23쪽) 허무주의 철학을 공부한다는 것은 웃음을 배우는 것을 의미한다. 어떤 상황에서도 웃으라는 것이다. 온갖 실수와 패배, 하물며 죽음 앞에서도 웃으라고 가르친다. 웃는 법을 배우지 못했으면서도 허무주의를 알고 있다는 말은 모순에 지나지 않는다. 그는 결코 허무주의를 알고 있는 게 아니다.

모든 살해의 원리는 웃음 속에 있다. "사람들은 노여움이 아니라 웃음으로 살해를 한다."(차라, 65쪽) 니체가 죽이고 싶은 것은 마음의 짐이다. 내면의 적이다. 신이라 불리는 이상이다. 도덕이라 불리는 선악의 잣대다. 정답이라 군림하는 진리다. 이런 적을 죽이고 싶은 것이다. 웃음으로만 죽일 수 있는 적들이다. "예술과 광대가 없다면 어찌 그렇게 할 수 있겠는가? ─ 이것을 부끄러워한다면, 그대들은 아직 우리에게 속하지 않는 것이다!"(즐거운, 180쪽) 웃음이 쑥스러운가? 웃음이 부끄러운가? 새하얀 이빨을 드러내기가? 뻥 뚫린 목구멍을 보여주기가? 그렇다면 아직 허무주의가 무엇인지 모르고 있는 것이다. 니체는 각자 자기 인생을 위해 때로는 일탈을 일삼는 예술가가 되고 또 때로는 웃음으로 모든 것을 살해하는 광대의 역할까지도 해내기를 바란다. 그것이 허무주의의 힘임을 알려주고 싶은 것이다.

다시 책장을 넘기면 눈에 들어오는 문장의 첫 글자에 또다시 놀라 멈칫한다. '나는'이 눈에 띄기 때문이다. "나는 조금 홀가분해졌다"라는 말로 서문을 시작했다. 그리고 지금 본문의 첫 글자도 '나는'이다. '나는 이런 사람이다'하고 지속적으로 주장하는 듯하다. "나는 이제 비제의 걸작을 스무 번째 — 당신은 이것을 믿을 수 있겠습니까? — 들었습니다."(바그너, 17쪽) 본문의 첫 번째 문장이다. 니체가 들었던 것은 비제의 〈카르멘Carmen〉이다. 이 음악을 니체는 스무 번이나 들었다는 것이다. 그것도 너무 좋아서. 한때 사랑했던 사람 앞에서 다른 사람을 사랑했다고 또 그 사랑을 스무 번이나 했다고 자랑을 하고 있다. 약을 올리는 것일까. 잔인하기 짝이 없다. 하지만 이것이 니체의 처방이다. 자기를 위한 처방. 이러지 않고서는 떠날 수가 없어서. 웃으면서 진지하게 말하고 있는 것이다. "많은 해학 중에 해학일 수는 없는 사항 하나를 제시"(바그너, 11쪽)하고 있는 것이다. 웃겨 죽겠는데 웃으며 설명할 수 없는 상황이다. 그것도 아주 진지하게 말해야 하는 상황이다.

> 내가 생각하기에 비제의 음악은 완전한 것 같습니다. 이 음악은 가볍고 탄력 있으며 정중하게 다가옵니다. 이것은 사랑할 만합니다. 이것은 땀을 흘리지 않습니다. "선한 것은 가볍고, 신적인 모든 것은 물결처럼 부드럽게 흘러간다": 내 미학의 첫 번째 명제입니다. (바그너, 17쪽 이후)

정말 잔인하다. 정말 '순전히 악의에서' 한 말이다. 음악가 앞에서 다른 음악가를 칭찬한다. 들으라고 말하는 것 같다. 말하는 의도가 너무도 빤히 들여다보이는 듯하다. 이 음악보다 저 음악이 더 낫다고. 니체는 자신의 미학의 첫 번째 명제를 이렇게 선언한다. "선한 것은 가볍고, 신적인 모든 것은 물결처럼 부드럽게 흘러간다"고. 그러니까 그 정반대의 현상을 바그너 음악으로 해석하면 된다. 니체는 날카로운 공격을 해댄다. 바그너 음악은 가볍지 못하고 무겁다고. 또 바그너 음악은 물결처럼 부드럽게 흘러가지 않는다고. 아니, 꽉 막혀 있다고. 기껏 흘러보아야 거칠기만 하다고. 하지만 이렇게 직접적으로 말을 하는 게 아니라 남을 빗대어 말하고 있다는 게 거슬린다. 순전한 악의인 것이다. 듣는 사람 입장에서는 정말 화가 나지 않을 수 없는 상황이다. 그 누구도 이런 상황에서 화를 내지 않을 수 없을 것이다. 그 화는 정당하다. 하지만 알 수 없다. 아버지뻘인 바그너가 아들 같은 니체의 이런 악의에 찬 반응에 대해 어떤 태도를 취했는지는 아무도 모른다. 죽은 자는 말이 없기 때문이다. 그저 남아 있는 텍스트, 즉 니체의 말을 좀 더 읽어보자.

> 이렇게 해서 이 음악은, 다른 점은 어떻든 세계에서 가장 무례한 천재였던 바그너에 반하는 것이기도 합니다(바그너는 말하자면 우리를 ~처럼 다룹니다. 그는 사람들이 자포자기할 때까지 한 가지 것에 대해 자주 말을 합니다—사람들이 믿어버리게 될 때까지 말입니다). (바그너, 18쪽)

바그너는 세상에서 가장 무례한 천재였다? 왜? 니체의 이런 주장에 이해가 가지 않으면 독서의 속도를 늦추어야 한다. 왜 니체는 이런 말을 하고 있는 것일까? 바그너가 무슨 잘못을 저질렀다는 것인가. 이에 대한 대답은 괄호 안에 제시해 놓았다. 부연설명쯤으로 다룬 것이다. 직접 대놓고 말하기가 좀 쑥스러웠다고 할까. 하지만 오히려 괄호 안에 제시함으로써 더욱 돋보일 뿐이다. 니체는 어쩌면 그것을 노리고 있는지도 모른다. 격렬한 싸움을 기대하고 있는지도 모른다. 문장들이 너무도 잔인하게 들려오기 때문이다.

니체가 이 편지를 쓴 이유는 도대체 무엇일까? 5월에 쓰기 시작한 이 편지를 7월에 출판사에 보냈으니 2개월 동안 이 글을 두고 씨름을 했다는 얘기다.《차라투스트라》의 제2권과 제3권, 이 두 권 모두를 한 달도 채 안 되는 시간에 집필해냈던 집중력을 감안한다면 정말 긴 시간이 아닐 수 없다.[9] 얼마나 지지고 볶았을까? 자기 안에서 얼마나 많은 싸움을 했을까? 안달복달하는 감정싸움이 느껴진다. 신경을 끊어놓을 듯한 격렬한 싸움 말이다. 숨도 쉴 수 없는 답답함이 느껴지기도 한다.

《바그너의 경우》라는 제목이 붙은 편지. 이 글 속에서 니체는 독백을 해나간다. 바그너에게 들려주는 독백이다. 물론 들을 수 있는 상황도 못 된다. 앞서 언급했다시피 그는 이미 이 세상 사람도 아니기 때문이다. 그는 1883년 베니스에서 사망했다. 5년이나 지난 시점이다. 죽은 사람과 결별을 선언한다? 이것도 이상하다. 니체의 생각 속에는 그가 여전히 생생하게 살아 있다고나 할까. 이별을 제대로 하지 못한 채 떠나보내고 남겨진 자, 그는 감정싸움을 하고 있다. 이별을 위한 몸부림을 치고 있는 듯하다.

다시 왜 바그너가 무례하다고 말했는지 살펴보자. "바그너는 말하자면 우리를 ~처럼 다룹니다. 그는 사람들이 자포자기할 때까지 한 가지 것에 대해 자주 말을 합니다—사람들이 믿어버리게 될 때까지 말입니다." 이것이 무례했다는 것이다. 너무도 영리하게 말을 해서 사람들이 그의 말을 실제로 믿어버리는 상황이 벌어졌다는 것이다. 그것이 무례함의 원인이라는 것이다. 믿음을 만들고 말았다. 신앙을 창출하고 말았다. 민중은 추종자로 돌변하고 말았다. 혁명운동은 온데간데없고 음악극이라는 이름으로 새로운 예배를 드리고 있는 듯하다고 할까. 자기 삶을 포기하게 하는 대신 믿음으로 무장하게 한다고 할까.

　음악이 정신을 자유롭게 한다는 것을 사람들이 알까요? 사유에 날개를 달아준

다는 것을? 사람들이 음악가가 되면 될수록 더욱더 철학자가 된다는 것을? (바그너, 19쪽)

바그너에게서 음악의 힘을 경험했다. 자유로워질 수 있는 힘을 발견했다. 이성적 존재가 이성의 틀로부터 해방될 수 있는 힘을 느꼈던 것이다. 그래서 바그너를 추종했던 것이다. 그를 사랑했던 것이다. 다른 그 누구도 사랑한 적이 없었다. 사랑! 단 한 사람만 있으면 일어날 수 있는 기적을 맛보았다. 그 한 사람이 없어 고독을 느끼는 것이 인간이다. 니체는 바그너를 만나고 파란 하늘을 보았다. 청명한 하늘처럼 구름 한 점 없었다고 했다. "우리의 하늘에는 구름 한 점 지나간 적이 없었다."(이 사람, 362쪽) 그토록 깨끗했다. 그 어떤 것도 이들의 사랑을 방해하지 않았다는 것이다. "바그너와의 첫 접촉은 내 삶에서 첫 번째 안도의 숨을 쉬게 했다."(같은 곳) 다시 태어나는 느낌이다. 제2의 탄생이다. 바그너로 인해 삶의 의미를 알게 되었다고나 할까. 그로 인해 진정으로 철학자가 될 수 있었다고. 모든 것이 이 순간에 가져다 놓으려고 그렇게 했나보다고. 순간의 선택들이 운명을 만들어 여기까지 왔나보다고. 바그너로 인해 이 모든 것이 가능해진 것이다.

그런데 바그너는 그런 존재가 아니었다. 그의 음악은 정신에 자유를 선사해주지 못했다. 오히려 구속을 강요했다. 믿음을 주었기 때문이다. 신앙을 가지게 해주었기 때문이다. 그의 음악으로 인해 오히려 정신의 자유를 박탈당한 것이다. '사유의 날개'를 달아주기는커녕 오히려 꺾고 만 것이다. 날개를 상실한 정신은 온갖 망상을 만들어낼 위기에 처하고 말았다. 생각은 멈추지 않기 때문이다. 믿음으로 일관하는 생각은 한계를 모르고 환상과 망상을 넘나들게 된다. 현실에 발을 붙이지 못하는 생각은 스스로를 자유인이라

착각하며 유령처럼 허공을 떠다닌다. 그것은 진정한 자유가 아니다.

　니체는 현대인은 자기 자신을 알기 위해 바그너주의자가 되어야 한다고 했다. 또 현대라는 한계를 넘어서기 위해 바그너의 음악을 알아야 한다는 것이었다. 그토록 절실했다. "사유에 날개를 달아준" 것은 음악이었다. 그것을 알게 해준 것이 바그너였다. "사람들이 음악가가 되면 될수록 더욱더 철학자가 된다는 것"을 알게 해준 것도 바그너였다. 산다는 것이 무엇인지 알게 해준 것이 바그너였다. 그럼에도 바그너는 극과 극으로 치닫는다. 그 정반대의 위치에서 비제를 발견한 것이다. 물론 이런 대립구조를 눈에 보이는 대로 받아들이면 안 된다. 니체는 분명하게 밝혔다. "바그너를 미끼로 해서 비제에게 찬사"를 보내고 있다고. 이 말은 바그너 음악이 하찮고 비제 음악이 최고라는 식으로 논리를 펼쳐가는 것이 결코 아님을 시사해준 것이다. 이런 내면의 문제에 주목하며 니체의 글을 읽어내야 한다.

> 추상이라는 회색 하늘에 번개가 번쩍이며 지나간 듯합니다; 사물의 온갖 금사세공을 비추기에 그 빛은 충분히 강합니다; 큰 문제들이 거의 포착됩니다; 세계가 마치 산 위에서 내려다보듯 보입니다. ─ 내가 바로 철학적 파토스에 대한 정의를 내리고 있는 것 같네요. ─ 그리고 돌연 해답들이, 힘들이지 않고도 저절로 내 손에 들어옵니다. 얼음과 지혜의 싸라기 우박이, 해결된 문제들의 싸라기 우박이… 내가 있는 곳은 어디입니까? ─ 비제는 나를 비옥하게 합니다. 선한 모든 것은 나를 비옥하게 합니다. 나는 이것에만 감사해하며, 또한 이것만을 선한 것의 증거로 삼습니다. ─ (바그너, 19쪽)

결과를 알고 읽으면 눈물이 난다. 억장이 무너진다고 할까. 바그너가 있던 자리에 비제가 들어섰다. 아니, 그 자리를 비제로 채우고자 발악을 하고 있는 것 같다. 정신은 번개와 함께 자유를 쟁취한다. 인식이 정신을 온갖 구속으로부터 해방시켜준다. 니체는 바그너로 인해 그런 번개를 보았다고 믿었다. 그런데 이제는 그 번개가 비제라고 선언한다. 비제가 진정한 번개였다고 말한다. 죽은 사람을 앞에 두고 이런 소리를 해야 하는 마음은 어떤 것일까? 왜 이런 말로 자기 마음을 "추상이라는 회색 하늘"로 만들고 있는 것일까?

비제가 선한 모든 것이라고 말한다. 이 말은 바그너는 악한 모든 것이라는 뜻이 되기도 한다. 비제로 인해 "큰 문제들이 거의 포착됩니다"라는 말은 바그너로 인해 문제가 더욱 커지기만 한다는 뜻이 된다. 비제로 인해 "세계가 마치 산 위에서 내려다보듯 보입니다"라는 말은 바그너로 인해 길이 하나도 보이지 않게 되었다는 말이기도 하다. 비제로 인해 "철학적 파토스에 대한 정의를 내리고 있는 것"이라면 바그너로 인해 그 어떤 정의도 내릴 수 없게 되었다는 말이 된다. "그리고 돌연 해답들이, 힘들이지 않고도 저절로 내 손에 들어옵니다"가 비제의 영향이라면 바그너의 영향은 그 어떤 해답도 잡을 수 없게 되었다는 것이 된다. "나는 이것에만 감사하며, 또한 이것만을 선한 것의 증거로 삼습니다"라는 말은 바그너에 대해서는 감사할 것이 하나도 없으며 또한 그와 관련한 모든 것이 악한 것의 증거가 될 뿐이라는 주장이 되고 만다.

정말 서문의 도입부에서 밝혔듯이 "순전히 악의"로 가득 차 있다. 사랑이 강렬했던 만큼 증오도 강렬할 수밖에 없다. 좋아했던 마음만큼 혐오의 마음도 클 수밖에 없다. 이때 증오도, 혐오도 모두가 살고자 하는 마음의 증거가 될 뿐이다. "내가 있는 곳은 어디입니까?" 형식적으로는 수신자에게 던진 질문이다. 하지만 이것은 니체가 스스로에게 던지는 질문일 뿐이다. 철학자는 음악가에게서 대답을 듣고 싶었지만 이제는 들을 수가 없다. 대답을 해줄 사람은 이제 존재하지 않는다. 니체는 자유롭고 싶었다. 그것만이 그의 희망사항이었다. 그런데 바그너는 그 반대의 음악을 만들고 말았다. 우리 스스로를 '~처럼' 다루었고 자포자기하게 만들었으며 그가 연출해낸 모든 것을 믿어버리게 만들었다.

콩깍지를 벗으면 사물이 있는 그대로 보인다. 그것이 실망을 낳은 것이다. 용서할 수 없을 때 떠나야 한다. 그것이 삶의 지혜다. 사랑할 수 없을 때 마음의 문을 닫아야 한다. 그것이 생존의 비결이다. 별이 보이지 않을 때 어둠을 인식해야 한다. 그것이 새로운 세상을 열어준다. 날개 없이 절벽에 선 느낌이 들 때 허무주의는 도래한다. 그 어떤 희망도 할 수 없는 상황에서 허무주의가 하늘을 회색으로 물들게 한다. 신의 죽음을 인식한 상황이다. 그런데 바그너와 함께 이성은 수많은 문제로 채워진 미궁 속에 빠지고 말았다. 믿음이 가져다준 미궁이다. 그가 가르쳐준 믿음으로는 이 미궁에서 벗어날 수가 없다. 그것이 니체가 직면한 문제의식이다. 하늘만 바라보며 살 수가 없는 것이다. 현실에 대한 인식이 없으면 삶은 하찮은 돌부리에도 걸려 넘어질 수 있다. 사랑했던 사람이 자신을 이런 미궁으로 인도한 것이다.

남방적 분위기의 사랑 감정

사랑에 빠졌다. 구름 한 점 없는 하늘을 보았다. 파란 하늘을. 해맑은 하늘을. 지극히 행복했다. 온 세상을 얻은 듯했다. 하지만 그것은 콩깍지가 씐 현상일 뿐이었다. 이제는 돌아서야 한다. 사랑했기에 그 발걸음이 무겁기만 하다. 믿었기에 실망도 크다. 미칠 것만 같다. 아니, 5개월 이후에 니체의 정신은 정말로 광기의 세계로 넘어가고 만다. 마지막 힘을 동원해서 이 편지를 쓰고 있다. 정신의 흔적을 남겨놓기 위해 한마디로 온 힘을 다해 집필에 몰두하고 있는 것이다. 바그너를 미끼로 자꾸만 비제를 끌어들인다. 그것도 찬사의 목소리로.

> 이 작품 역시 구원합니다; 바그너만이 유일한 '구원자'는 아니지요. 이 작품과 더불어 사람들은 축축한 북방에, 바그너적 이상이 만들어내는 온갖 수증기에 이별을 고합니다. 그 줄거리가 이미 그것들로부터의 구원입니다. 그 줄거리는 메리메에 의해 열정의 논리, 가장 짧은 선, 엄격한 필연성까지도 갖추고 있습니다; 무엇보다도 열대 지방에 속하는 것, 공기의 건조함, 대기의 투명함을 갖추고 있습니다. 여기서는 모든 면에서 기후가 바뀌어 있습니다. 여기서는 다른 감정, 다른 감수성, 다른 명랑함이 입을 엽니다. 이 음악은 명랑합니다; 그렇지만 프랑스나 독일의 명랑함은 아닙니다. 그 명랑함은 아프리카적입니다; 그것은 숙명을 이고 있으며, 그 행복은 짧고 갑작스럽고 가차 없습니다. 유럽의 교양 있는 음악에서 지금까지 표현되지 않았던 이러한 감수성에 대해 ─ 더욱 남방적이고 더욱 갈색이며 더욱 그을린 감수성에 대해 비제가 용기를 내었다는 점 때문에 나는 그를 부러워합니다…. (바그너, 19쪽 이후)

바그너도 구원자다. 그만 구원자가 아니다. 이 음악, 즉 비제의 음악도 구원한다. 하지만 비제는 다른 방식으로 구원한다. 바그너가 북방적이라면 비제는 남방적이다. 바그너가 축축하고 습한 분위기라면 비제는 태양의 온기를 느낄 수 있는 따사로운 분위기다. 비제가 보여주는 구원이야말로 니체가 원하는 구원이다. 북방의 축축한 분위기가 아니라 남방의 상쾌함으로의 구원이다. "무엇보다도 열대 지방에 속하는 것, 공기의 건조함, 대기의 투명함을 갖추고 있습니다." 바그너의 음악에서는 느낄 수 없는 분위기다. 남방의 분위기, 이것은 이미《즐거운 학문》에서부터 니체 철학의 분위기를 형성하고 있었다.《차라투스트라》의〈사막의 딸들 틈에서〉라는 글에서도 이런 분위기는 이어졌다.

> 진정 놀랍도다!
> 나 지금 여기 앉아 있노라,
> 사막을 가까이 두고, 그리고 어느덧
> 사막으로부터 다시 이렇게 멀리 떨어져,
> 조금도 황폐해지지 않은 채:
> 말하자면 이 더없이 작은 오아시스가
> 나를 삼켜버린 것이다—:
> —그가 하품을 하며
> 사랑스러운 그 입을 벌렸던 것이다,
> 모든 입 가운데서 가장 좋은 향기를 머금은:
> 나 그 속으로 떨어졌고,
> 아래로, 가로질러—그들 사이로,
> 사랑스럽기 그지없는 그대 나의 친구, 소녀들이여! 셀라.
> […]
> —나 여기 앉아 있는 것이다, 더없이 상쾌한 대기를 들이마셔가며,
> 진정 낙원의—대기를,

밝고 경쾌한 대기를, 금빛 줄을 하고 있는,

이토록 상쾌한 대기를 언젠가

달에서 내려왔을 것이다―

[…]

나, 여기 앉아 있노라, 그대

사랑스럽기 그지없는 나의 친구, 소녀들이여,

야자나무를,

어떻게 그가 춤추는 여인처럼,

몸을 구부리고 비틀어대며 엉덩이를 흔들어대고 있는지를 바라보며.

― 오래오래 바라보고 있다보면 따라 하게 마련이다!

그렇게 보이거니와, 야자나무는 춤을 추는 여인처럼,

이미 너무나도 오랫동안, 위태위태할 정도로 오랫동안

언제나, 언제나 한쪽 다리로만 서 있었나?

― 그렇게 보이거니와, 그는 다른 한쪽 다리는

아예 잊고 있었는가?

헛되고 부질없는 일이었지만

나는 잃어버린 다른 한쪽 보석을 찾고 있었던 것이다.

― 달리 말해 또 다른 다리 하나를 ―

저들의 깜찍하고 우아하기 그지없는

부채처럼, 팔랑거리며 번쩍이는 스커트의

그 신성한 주변에서.

그렇다, 그대들 아리따운 나의 친구, 소녀들이

내 말을 전적으로 믿으려 할진대:

그는 그것을 잃어버린 것이다!

그것이 사라져버린 것이다! (차라, 502쪽 이후)

가장 좋아하는 시들 중의 하나다. 외로울 때 읽으면 위로가 되는 시다. 앞뒤 중간 많은 부분을 생략했다. 시 전문을 반드시 읽어보기를 추천한다. 한쪽 다리로도 춤을 추는 그 가련한 인생을 바라보고 있노라면 무한한 행복감이 전해진다. 사막 한가운데서도 희망을 잃지 않고 또 자신의 부족함을 탓하지도 않고, 아니, 그런 것은 완전히 잊어버린 채 팔랑팔랑 스커트를 흔들어대는 모습은 신선하기 짝이 없다.

차라투스트라는 춤추는 야자나무들 가운데서 휴식을 취하고 있다. 사막 속 "더없이 작은 오아시스가 / 나를 삼켜버린 것"을 느끼며, 또 그 오아시스가 하품을 하며 세상에서 "가장 좋은 향기"를 뿜어내고 있다. 오아시스가 하품을 한다? 감정이입된 것으로 읽으면 된다. 사막 한가운데 있는 것이 마치 어머니의 품속 같다고나 할까. 편안하게 잠을 잘 수 있는 그런 분위기다. 지금 잠을 자면 좋은 꿈이라도 꿀 것만 같다.

남방적 분위기다. 슬픔조차 잊어버리게 하는 분위기다. 운명도 잊어버렸다. 그저 춤을 출 수 있는 그런 상황이다. 비극조차 춤으로 승화되고 있다. 슬픈 비극 이후에 추는 사티로스와 마이나데스의 춤 같다. 디오니소스 축제가 따로 없다. 근원적 일자에 도달한 자유정신의 모습이다. 물아일체라고 말해도 좋다. 자기 안을 하나님으로 가득 채웠다고 말해도 무방하다. 모든 형식의 구원은 이런 기분이리라. 모든 것과 하나가 된 느낌 말이다. 아트만과 브라만이 합일을 이룬 그런 경지 말이다. 개체성은 사라지고 천사가 된 그런 천국의 상황 말이다. 친구들이 주변에서 춤을 춘다. 행복한 피곤이 눈을 감겨준다. 정신은 꿈나라로 모험 여행을 떠난다. "더없이 상쾌한 대기를 들이마셔가며, / 진정 낙원의 ― 대기를, / 밝고 경쾌한 대기를, 금빛 줄을 하고 있는, / 이토록 상쾌한 대기"를 마셔대며.

나쁜 공기는 없다. 나쁜 공기? 니체는 이런 공기를 어디서 느꼈을까? 아마도 교회 같다. "순수한 공기를 마시고자 한다면, 교회에 가서는 안 된다!" (선악, 59쪽) 거기에는 그저 "나쁜 공기"(도덕, 375쪽)만이 가득하다. "정신병원이나 병원의 공기"(도덕, 487쪽) 같은 느낌만 가득하다. "그러므로 좋은 공기가 필요하다! 좋은 공기가!"(도덕, 491쪽) 니체가 열망하는 공기는 일종의 '도그마'로 설명될 수 없는 것이다. 오히려 그런 교리로부터 해방된 정신만이 경험할 수 있는 그런 것이다. 모든 선입견과 편견으로부터 자유로운 정신, 그것이야말로 진정 초인의 이름이 아닐까.

> 그 행복의 노란 오후는 우리에게 얼마나 유익한지요! 이때 우리는 멀리 내다보게 됩니다: 언제 우리가 대양을 이보다 더 잔잔한 것으로 보았단 말입니까? ― 그리고 무어족의 춤은 얼마나 우리를 안심하라고 설득하는지요! 만족할 줄 모르는 우리도 그 춤이 지닌 관능적 우울에서는 만족을 배우고야 마는군요! ― 결국에는 사랑을, 자연으로 다시 옮겨진 사랑을! '고결한 처녀'의 사랑이 아니고! 젠타 Senta의 감상도 아닌! 오히려 운명으로서의 사랑을, 숙명으로서의 사랑을; 냉소적이고 무구하며 잔인한 사랑을 배우지요 ― 바로 그래서 그 사랑에는 자연이 깃들어 있는 겁니다. (바그너, 20쪽)

노란 오후! 사막의 색깔이다. 행복의 색깔이다. 삶에 유익한 색깔이다. "이때 우리는 멀리 내다보게 됩니다." 시야가 멀어진다는 얘기다. 멀리 볼 수만 있다면 여유는 쉽게 찾아든다. 시간으로부터 쫓기는 신세는 더는 가능하지도 않다. 오히려 시간과 공간으로 얽혀 있는 현상의 원리로부터 해방되어 진정한 자유를 만끽하고 있는 것이다. 잔잔한 대양! 바다가 잔잔하다. 정적이 지배한다. 평화의 바다다. 사막의 이미지가 바다와 연결된다. 현실 인식이다. 바다도, 사막도 마실 물은 한 방울도 없는 곳이다. 하지만 이곳에서 항해를 하고 춤을 추어야 하는 존재가 인간인 것이다. 운명조차 잊은 채. 마침내 니체는 자연스러운 사랑을 배운다. 음악을 통해 배운 것이다. "자연으로 다시 옮겨진 사랑을!" 이보다 더한 '관능적 우울'은 없다. 우울하지만 만족하며 살아야 하는 그것이 지혜다. 도덕적인 사랑이 아니라 자연적인 사랑만이 진정한 만족을 창출해낼 수 있다는 것이다.

제 5 장 ——————— 우울한 음악의
데카당스 양식

더 건강한 삶을 살고 싶다면
더 무거운 삶의 짐이 필요하다.

구원 논리와 얽혀 있는 바그너의 문제

《바그너의 경우》는 해결해야 할 문제가 있다. 부제목조차 〈음악가의 문제〉라고 했다. 문제는 풀려야 한다. 그것이 문제의 의미다. 니체는 바그너에게서 문제를 인식했다. 하지만 아쉽게도 더는 수정할 수 없는 문제가 되고 말았다. 왜냐하면 바그너는 이 세상 사람이 아니기 때문이다. 그저 문제만 남아 있다. 이것이 사람을 미치게 만드는 것이다. '도대체 왜 그렇게 했냐'고 묻고 또 묻게 되는 것이다. 오열을 하면서도 그 이유만은 듣고 싶은 심정이다. 하지만 질문에 대답해줄 사람은 없다.

니체는 철두철미한 허무주의자다. 정답은 없어야 한다. 진리도 없어야 한다. 인생에 정해진 길이란 존재하지 않는다. 누구나 자기 자신에게 충실해야 할 뿐이다. "'사나이가 되어라! 그리하여 나를 따르지 말고 너 자신을 따르라! 너 자신을!' 우리의 삶도 우리 스스로에 대해 권리를 지녀야 마땅하다!"

(즐거운, 170쪽) 사나이가 되어라! 《성경》에도 이와 비슷한 구절이 있어 인용해 본다. "깨어 믿음에 굳게 서서 남자답게 강건하라."(고린도전서 16:13) 여자라면 괜히 기분이 나빠질 수 있겠다. 하지만 여기서는 그저 남성성 정도로만 이해해주면 된다. 자기 자신을 따르는 자가 남성적이라는 의미로 받아들이면 아무 문제없다. 핵심은 자기 자신을 따르라는 얘기다. 그것이 허무주의 철학의 지상명령이다. 그 외 어떤 것도 진리가 될 수는 없다. 신도 없다. "신은 죽었다! 신은 죽어버렸다! 우리가 신을 죽인 것이다!"(즐거운, 200쪽) 이제 믿을 건 자기 자신밖에 없다. "그런 행위를 할 자격이 있으려면 우리 스스로가 신이 되어야 하는 것이 아닐까?"(즐거운, 201쪽) 수사학적 질문이다. 강한 긍정의 의미를 담은 의문문일 뿐이다.

이성적 존재는 죽음을 의식하고 살아야 한다. 죽음이 삶에서 가장 큰 문제인 것이다. 죽음의 문제는 과학적인 객관적 서술로는 해결되지 않는다. 아무리 증명이 가능하고 정확한 답을 내놓아도 인간은 만족할 수가 없다. 1 더하기 1은 2다. 가장 이성적인 이 대답으로도 인간은 만족할 수 없다. 더 높은 숫자를 더한다고 해서 만족스러울까? 이성은 늘 그다음을 생각하게 한다. 이성은 늘 궁극적인 것을 생각하게 한다. '그는 나를 사랑하는가?', '신을 믿는가?' 인간은 늘 이런 식이다. 이성을 가진 이유다. 죽음이 문제가 되면 이제부터는 신학, 예술, 철학이 담당해야 한다. 인간이 바라는 만족은 소위 인문학만이 제공할 수 있을 뿐이다. 사랑, 만족, 행복, 이 모든 것과 같은 맥락에 서 있는 개념이 구원이다. 인간은 구원을 바라는 존재다.

나 역시 바그너의 문제를 폄하하지는 않습니다. 그것도 나름대로의 마력을 지니고 있습니다. 구원이라는 문제는 그 자체로 존경할 만한 문제이며, 이것만큼 바그너가 심사숙고한 것은 없습니다: 그의 오페라는 구원의 오페라이며, 언제든 누군가가 그의 곁에서 구원되기를 바라고 있습니다: 때로는 어느 젊은 청년이, 때로는 어느 젊은 처자가 말입니다―이것이 바그너의 문제인 것입니다. (바그너, 22쪽)

구원! 참으로 멋진 말이다. 사랑만큼이나 매력적인 말이다. 구원해주겠다는데 그 누가 의심할 수 있으랴. 너무도 좋다. 구원이론은 생각만으로 행복을 느낄 수 있게 해주는 묘약과도 같다. 바다 한가운데서도 혹은 사막 한가운데서도 행복을 느낄 수 있다. 콩깍지가 씌면 가능한 일이다. "마야의 베일"을 쓰기만 하면 실현되는 일이다. 믿음이 가져다주는 무아지경이다. 좋은 느낌이 지배하면 모든 것이 긍정적으로 보일 수 있다. 문제는 그런 긍정이 현실적으로도 긍정적일 수 있느냐 하는 것이다.

바그너의 오페라는 구원의 오페라다. 구원을 빼면 남는 게 없다는 얘기다. 늘 죽음 이후의 삶을 보여주며 끝난다. 마지막 엔딩 장면은 황홀하기 그지없다. 합창이 뿜어내는 행복감은 이루 말로 형용할 수 없을 정도다. 바그너는 자신의 음악극으로 혹은 자신의 극장에서 구원이 이루어지기를 바란다. 그는 그러니까 "언제든 누군가가 그의 곁에서 구원되기를 바라고 있"는 것이다. 바그너의 이념과 구원은 같은 사물에 대한 다른 이름과 같다. 그의 모든 이념은 구원이라는 강물로 연결된다고 말해도 된다. 하지만 바로 "이것이 바그너의 문제인 것"이다. 니체는 예를 들어 문제를 가시화해본다.

〈로엔그린〉은 탐구와 물음에 대한 엄숙한 금지를 포함하고 있습니다. 이렇게 해서 바그너는 "너는 믿어야 하며 믿지 않으면 안 된다"라는 그리스도교적 관념을 대변하는 것입니다. 학적이라는 것은 지고의 것과 가장 거룩한 것에 대한 범죄 행위이지요…. 〈방랑하는 네덜란드인〉은 여자가 가장 불안정한 자도 안주시킨다는, 바그너적으로 말하자면 '구원한다'는 숭고한 가르침을 설교하고 있습니다. 여기서 우리는 실례를 무릅쓰고 질문을 하나 던질 수 있습니다. 즉 그것이 사실이라 하더라도, 그렇다고 그것이 이미 바랄 만하다는 것입니까?라고요. (바그너, 23쪽 이후)

왜 남의 말에 신경을 써야 할까? 왜 여자는 생판 모르는 남자의 말을 믿어야 하고(〈로엔그린〉) 또 남자는 자기를 죽을 때까지 사랑해주는 그런 여자에 의해 구원되어야(〈방랑하는 네덜란드인〉) 하는가? 도대체 왜 구원이 남의 존재에 의존적이어야만 하는가? 자기가 가야 할 길을 타인에게 묻는 것은 어리석은 일이 아닐까. 아니, 묻는 것 자체는 괜찮다고 하더라도 남이 가르쳐주는 길을 진리로 받아들이는 것은 분명 어리석은 일이 될 수 있으리라. 니체는 바그너에게서 문제를 인식하고야 말았다. 이제는 경탄이 아니라 실망할 일만 남았다. 희망이 보이지 않고 앞이 깜깜함을 느낄 뿐이다. 모든 것이 암담해지고 말았다고 말하면 지나친 말일까. 믿었던 사람에게 뒤통수를 맞은 듯한 기분이다.

간단히 말하자면: 〈파르지팔〉이지요 — 여기에 철학자가 추가로 에필로그를 붙여보겠습니다. 신성함 — 아마도 이것은 민중들과 여자들이 아직도 좀 더 높은 가치라고 보게 되는 최후의 것이며, 본성적으로 근시안적인 모든 자를 위한 이상理想의 지평일 것이다. 그러나 철학자들 사이에서 신성함이란 모든 지평이 그러하듯 몰이해에 지나지 않으며, 그들의 세계가 막 시작되는 곳에서 문을 걸어

버리는 행위에 지나지 않는 것이다―그들의 위험, 그들의 이상, 그들의 염원이 시작되는 곳에서 말이다⋯. 좀 더 정중하게 표현하자면: 대다수 사람은 철학만으로는 만족하지 못한다. 그들에게는 신성함이 필요하다. ― (바그너, 26쪽)

인간은 신비를 원한다. 말로 형용할 수 없는 것에서도 이성적인 대답을 원한다. '하늘에 떠 있는 별이라도 따준다'는 허망한 말을 듣고자 한다. '죽어도 살리라'는 말을 듣고 싶은 것이다. "그들에게는 신성함이 필요하다." 신성한 곳이 필요하다. 천국이라는 곳이 필요하다. 모든 악으로부터 보호받는 그런 곳을 염원한다. 어머니의 품속 같은 곳을 끊임없이 갈망한다. 세상에 태어난 이상 그것을 원하지 않을 수가 없는 것이다. '나를 사랑하는가'라는 질문에 분명한 대답을 듣고 싶은 것이다. 증명이 가능하고 이성적이며 과학적인 대답을 듣고자 하는 것이다. 이것이 인간의 한계다.

허무주의를 받아들일 준비가 되어 있는가? 자신에게 물어보아야 할 때가 되었다. 그 어떤 정답으로부터도 자유로울 수 있는가? 가슴에 손을 얹고 솔직하게 대답을 해야 할 때가 된 것이다. 시험 공화국에서 시험을 거부할 용기가 있는가? 그것도 주체적인 결정으로 말이다. 요즈음의 포기 세대는 주체적인 듯이 보이지만 타인에게 손가락질부터 하는 자기연민이 더 강하다. '나의 이 모든 불행은 너 때문이다'라고 외쳐대고 있을 뿐이다. 건드리기만 해도 터질 것만 같다. 모두가 분노조절 장애를 겪고 있다. 이제는 정말 인문학에 다시 구원의 손길을 내밀 때가 되었다.

모든 계약은 파기될 수 있다

근대는 시민정신의 발현으로부터 시작된다. 권력이 신으로부터 온다는 왕권신수설 따위는 이제 설득력을 상실하고 말았다. 인간 사회의 모든 불행은 불평등 계약에 의해 발생한다는 것을, 바꾸어 말하면 공정한 사회, 정의로운 사회는 계약에 의해 실현될 수 있다는 것을 인식한 것이다. 17~18세기를 거치면서 등장하는 "사회 계약설"[1]은 시민의식을 고취시키는 데 지대한 영향을 끼친다. 이런 시대의 흐름을 따라 바그너도 새로운 계약 창출을 위한 길을 나섰으며 스스로 혁명가가 되었던 것이다. 그의 발언은 거침이 없었다. 새로운 세상이 보이는데 모른 척할 수가 없었다. 좀 더 나은 사회가 보이는데 무시할 수가 없었던 것이다.

혁명과 구원 사이에서 바그너는 자신의 역할을 찾았다. 정치적으로는 성공을 거두지 못했다. 하지만 기득권은 세상이 변했음을 인정하고 서서히 특권을 내려놓게 된다. 이것이 독일에 프랑스에서와 같은 혁명이 없었던 이유다. 지금은 바그너에게 집중해보자. 그는 사회의 기존 질서에 대해 항거했다. 그는 불행에 대해서 의문을 제기했다. 불행의 조건들에 대해 고민을 했던 것이다. 사는 게 왜 힘든가? 왜 삶이 힘들어야 하는가? 이런 질문에 그는 신비주의적 대답을 들으려 하지 않았다. 그는 현실적인 대답을 원했던 것이다.

> —《반지》이야기도 해보겠습니다. 이것도 여기에 속하니까요. 이것도 구원에 대한 이야기이지요: 단지 이번에는 구원받는 이가 바그너일 뿐입니다. —바그너는 반평생 여느 프랑스인이 믿듯 혁명을 믿었습니다. 그는 루네Rune 문자로 쓰인 신화 속에서 혁명을 모색했으며, 지크프리트에게서 혁명가의 전형을 발

견했다고 믿었답니다. — "세계의 온갖 불행은 어디서 유래하는가?"라고 바그너는 묻습니다. "낡은 계약들에서"라고 그는 모든 혁명 이데올로기의 주창자처럼 대답합니다. 명료하게 말하자면: 관습과 법률과 도덕과 제도들에서, 옛 세계와 옛 사회가 뿌리박고 있던 모든 것에서. 그러면 "사람들은 어떻게 세계의 불행을 사라지게 하는가?", "어떻게 사람들은 옛 사회를 없애버리는가?" 오로지 '계약들'(관습, 도덕)에 전쟁을 선언함에 의해서, 이런 일을 지크프리트가 하고 있습니다. 그는 이 일을 일찍, 아주 일찍 시작합니다: 그의 출생부터가 이미 도덕에 대한 전쟁 선언이었습니다 — 그는 불륜에 의해, 근친상간에 의해 세상에 태어나지요…. 전설이 아니라, 바그너가 이러한 극단적인 특징을 고안해낸 것입니다; 이러면서 바그너는 전설을 수정하고 있는 것이지요…. 지크프리트는 자신의 시작처럼 그렇게 계속 살아갑니다: 그는 즉흥적으로 행하고, 전해내려오는 모든 것과 일체의 경외심, 그리고 일체의 외경을 무너뜨립니다. 자기 마음에 들지 않는 것들을 그는 찔러 죽여버립니다. 그는 무례하게도 낡은 신들을 육탄공격합니다. 하지만 그의 주요 임무는 여자를 해방시키는 것 — '브륀힐데를 구원하는 것'입니다…. 지크프리트 그리고 브륀힐데; 자유연애의 성사聖事이고; 황금기의 시작이며; 옛 도덕의 신들의 황혼이지요 — 악이 제거되어버립니다…. 바그너의 배는 오랫동안 기꺼이 이런 항로를 따라 달립니다. 의심할 여지없이 바그너는 이런 항로에서 자기의 최고 목표를 찾았습니다. (바그너, 26쪽 이후)

바그너는 혁명가였다. 세상을 바라보는 눈이 남달랐다. 노년에 들어선 세상의 모습을 본 것이다. 그래서 새로운 세상을 꿈꾸었던 것이다. 이런 사상에 니체는 반했고 바그너의 추종자가 되었다. 4부작으로 이루어진 〈니벨룽엔의 반지〉의 초연은 1876년의 일이었다. 바로 이 해에 〈바이로이트의 리하르트 바그너〉가 출간되었다. 니체의 낭만주의 시대를 마감하는 작품이 세상에 나왔던 것이다. 꿈과 희망이 소용돌이쳤던 시절이라고 할까. 세상을 바꿀 수 있다는 가능성이 눈앞에 펼쳐지는 듯했다고 할까. 혁명가를 좇아가는 니체의 마음도 설레었을 것이 분명하다.

"'세계의 온갖 불행은 어디서 유래하는가?'라고 바그너는 묻습니다. '낡은 계약들에서'라고 그는 모든 혁명 이데올로기의 주창자처럼 대답합니다." 질문도 분명하고 대답도 명쾌하다. 이런 질문과 대답이 민중의 속을 시원하게 해주었던 것이다. 이런 기치 아래 민중이 모일 수 있었던 것이다. 낡아버린 기존의 계약들을 파기시키고자 하는 의지에 불이 붙었다. 현실적인 삶이 고통스러운 이유를 관습적·도덕적인 기존의 계약조건에서 찾아내는 발상의 전환은 사회 분위기 전체를 바꾸어놓기에 충분했다.

모든 불행은 "관습과 법률과 도덕과 제도들에서, 옛 세계와 옛 사회가 뿌리박고 있던 모든 것에서" 유래한다! 법이 잘못되었다. 그렇다면 불법을 저지를 용기가 거인의 조건이었던 것처럼 시민은 현재의 모든 조건에서 옛것을 인식하고 저항할 용기가 요구되어야 했다. "오로지 '계약들'(관습, 도덕)에 전쟁을 선언함에 의해서" 세상이 바뀔 수 있다는 것이다. 싸워야 한다. 전쟁을 일삼아야 한다. 싸우려면 적에 대한 인식부터 해야 한다. 처녀작《비극의 탄생》에서부터 니체는 이에 대한 요구를 해왔다.

> 자신의 힘을 견주어볼 수 있는 상대인 적敵, 즉 가치 있는 적으로서 무서운 것을 갈망하는 몹시 날카로운 눈초리의 실험적 용기는? 자신이 "두려워하는 것"이 무엇인지를 배우고자 하는 적은 있는가? (비극, 10쪽)

시대를 어둡다고 인식하는 것이 지혜의 역할이다. 대낮에서 등불을 필요로 하는 그런 인식 말이다. 지혜의 상징인 미네르바의 올빼미는 멀리서 어둠이 다가옴을 바라본다. 그때 진정으로 비상의 필요성을 인식하게 되는 것이다. 세상이 암울하다고 느끼는 것은 선구자의 몫이다. 깨달은 자의 몫이다. 그들이 혁명의 길에 앞장서게 되는 것이다. 독일에서는 바그너가 그 길의 선두에 서 있었다. 그는 기존의 계약들을 적으로 간주했다. 그리고 용감하게 싸웠다.

도덕과의 전쟁은 《아침놀》에서 이미 구체화되었다. 그는 "수천 년 동안 신봉해온 낡은 신념을 조사"(아침, 10쪽)했고 "도덕에 대한 우리의 신뢰를 파괴하기 시작했다."(같은 책, 11쪽) "복종만이 허용"(같은 곳)된 현실 속에서 저항 의지를 요청했다. "도덕적 왕국"(같은 책, 13쪽)에 만연되어 있는 불합리를 바라볼 줄 아는 시각을 요구했다. 《즐거운 학문》에서는 "전쟁은 모든 선한 것의 아버지"(즐거운, 159쪽)라고까지 주장했다. 이런 주장들을 모아보면 니체의 허무주의는 분명 전쟁철학이라 말하지 않을 수 없게 된다. 싸움을 종용하는 사상 때문에 그런 것이다. 정치가 조금만 말을 바꾸면 조작될 위험이 다분하다. 하지만 잊지 말자. 니체는 "직접적인 싸움을 벌이지 말자!"(즐거운, 292쪽)고 말했음을. 정말 치고 박는 저질스러운 싸움을 원한 것이 아니다. 그는 도덕이라는 장에서 인식의 싸움을 원했던 것이다.

'전쟁 선언' 자체가 이미 많은 진전을 보인 것에 해당한다. 싸움이 필요성을 깨달은 증거가 되기 때문이다. 파프너Fafner라는 용을 찔러 죽이는 영웅 지크프리트의 출생은 바그너가 스스로 창안해낸다. 즉 "그의 출생부터가 이미 도덕에 대한 전쟁 선언이었습니다―그는 불륜에 의해, 근친상간에 의해 세상에 태어나지요…." 불륜과 근친상간! 이것이 영웅의 탄생 조건이었다. 도덕적인 시각으로 보면 도저히 받아들일 수 없는 조건이다. 그래서 혁명인 것이다. 옳지 않다고 보았던 것이 옳음의 조건이 되고 있기 때문이다. "이 러면서 바그너는 전설을 수정하고 있는 것"이다. 그는 모든 신화를 다룰 때 "그 신화의 종교적 의미를 넘어서 자유로웠다"(유고6, 349쪽)는 것이다. 말 그 대로 제멋대로 바꾸어놓는 것이다. 바그너는 자신이 다루게 될 모든 신화를 기존의 이야기와 해석의 틀에서 벗어나 시대 상황에 맞게 재구성하는 데 성 공을 거두었다. 이야기를 만들어가는 데는 천재였던 것이다.

영웅 지크프리트는 무례했다. 그는 그 어떤 것에도 존경심을 보이지 않았 다. 한마디로 무서운 게 없었다. 그는 두려움이 무엇인지 알고자 했을 뿐이 다. 그 두려움을 모름이 전쟁에 필요한 무기를 창출하게 해준다. "두려움을 결코 알지 못하는 자만이, / 노퉁을 새로이 만들어낼 수 있도다."[2] 두 동강 난 칼은 붙일 수 없다. 완전히 녹여 새롭게 만드는 수밖에 없다. 기존의 법 질서를 유지하면서 새로운 세상을 만들 수 없듯이 완전히 뜯어고쳐야 한다. 이 모든 것은 오로지 두려움을 모르는 자에 의해서만 가능하다. 도덕에 대 해서도 전쟁 선언을 할 수 있는 그런 정신만이 해낼 수 있는 일이다. 하늘의 뜻이라 해도 저항하는 자세로 바라보는 거인의 이글대는 눈빛만이 실현시 킬 수 있는 일이다.

혁명은 자신이 원하는 것이 무엇인지 아는 것에서 시작한다. 영웅은 그것 을 모범적으로 보여준다. "그는 즉흥적으로 행하고, 전해 내려오는 모든 것 과 일체의 경외심, 그리고 일체의 외경을 무너뜨려버립니다. 자기 마음에 들 지 않는 것들을 그는 찔러 죽여버립니다. 그는 무례하게도 낡은 신들을 육 탄공격합니다." 이것이 영웅의 자세다. 무례하기 짝이 없다. 그의 길을 막을 수 있는 것은 아무것도 없다. 신도 그의 앞에서는 위력을 상실하고 만다. 이것이야말로 '신들의 황혼'이다.

바그너가 구원하고자 하는 것은 사랑이다. 인간적인 사랑이다. 그런 사랑만이 "자유연애의 성사이고; 황금기의 시작"을 의미한다. "'모든 신은 죽었다. 이제 위버멘쉬가 등장하기를 우리는 바란다.' 이것이 언젠가 우리가 위대한 정오를 맞이해 가지게 될 최후의 의지가 되기를!"(차라, 131쪽) 이제 인간의 시대를 여는 것이다. 생철학자 니체가 열광할 수밖에 없는 이념이다. 구원이 존재해야 한다면 인간적인 사랑에 의해 이루어져야 할 일이다. 자유로운 연애가 성스러운 일이 되어야 한다. 그것을 저해하는 모든 도덕적인 관습은 파괴되어야 한다. 이 얼마나 가슴 벅찬 이데올로기인가.

염세주의 철학자 쇼펜하우어에 빠져버린 병든 바그너

바그너의 정신은 포이어바흐에서 쇼펜하우어로 옮겨간다. 인간적인 측면에서 형이상학적인 측면으로 변해간다. 청년의 기상을 포기하고 허약한 염세주의로 나아간 것이다. '청년 독일파'의 이념은 이제 그의 관심사가 되지못했다. 오로지 형이상학적 구원사상에 몰입한다. 현실을 외면하는 시선을받아들인 것이다. 여기서부터 바그너와 니체의 만남은 갈림길에 봉착하게된다. 니체가 도저히 따라갈 수 없는 이념이었기 때문이다.

니체에게는 오로지 대지가 천국의 기반이어야 했던 것이다. "형제들이여, 맹세코 대지에 충실하라. 하늘나라에 대한 희망을 설교하는 자들을 믿지 말라! 그런 자들은 스스로가 알고 있든 모르고 있든 독을 탄 사람들에게 화를입히는 자들이다."(차라, 18쪽) 니체의 허무주의 철학은 대지의 철학이다. 이

땅을 위한 사상이다. 그것이 구원이다. 그런데 바그너는 다른 구원을 말한다. 이것이 문제였던 것이다.

> 그런데 무슨 일이 생겼습니까? 불행한 일이 생겨버리고 말았습니다. 배가 암초에 걸리고 말았던 것입니다; 바그너는 오도 가도 못하게 되었습니다. 그 암초는 바로 쇼펜하우어의 철학이었습니다. 그가 음악으로 표현한 것이 무엇입니까? 낙관주의입니다. 바그너는 수치스러웠습니다. 그것도 쇼펜하우어가 나쁜 형용사를 — 향기 없는 낙관주의라는 형용사를 붙였던 낙관주의라니. 바그너는 또 한 번 수치스러웠습니다. 그는 오래오래 곰곰이 생각했지만, 그의 처지는 절망적인 것 같았습니다…. 마침내 하나의 탈출구가 어렴풋이 떠올랐습니다: 바로 그를 좌초시킨 암초. 어떨까요? 바그너가 그 암초를 자기 여행의 목적이고 숨은 의도이자 원래의 의미라고 해석한다면? 거기서 좌초한다는 것 — 이것 또한 하나의 목적일 수 있지 않을까요. 내가 좌초를 했으니, 나는 제대로 항해한 것이다. 그래서 그는 《반지》를 쇼펜하우어적으로 옮겨버린 것입니다. 모든 것이 잘못되고, 모든 것이 몰락하며, 신세계는 옛 세계만큼이나 나쁘다: — 무無가, 인도의 키르케가 손짓해 부른다…. […] 바그너는 구원되었습니다…. 진짜 진지하게 말해서 그것은 구원이었습니다. 바그너가 쇼펜하우어에게 입은 덕은 측정할 수 없을 정도입니다. 데카당스 철학자여야 데카당스 예술가에게 자기 자신을 선사하는 법입니다 — — (바그너, 27쪽 이후)

서로 통해야 친구가 된다. 약자는 약자끼리 어울리는 법이다. 데카당스는 데카당스를 만나 서로 어울리고 말았다. 퇴폐가 퇴폐를 만나 현실을 외면하는 구원을 받아들이고 만 것이다. 이루어질 수 없는 사랑이라면 저 하늘에 가서 이루자고. 넘지 못할 벽이라면 저세상에 가서 합일을 이루자고. 눈물을 흘리며 현실과 작별한다. 오열하며 세상과 이별한다. 이것이 비극의 분위기를 만들어낸다. 생철학자에게는 카타르시스를 느끼기보다는 혐오만이 남는다. 쾌감보다는 구역질이 나 숨을 쉴 수조차 없다. 니체는 떠나야 했다. 사랑하며 추종했던 바그너와 이별해야 했다.

쇼펜하우어의 해결책은 나약했다. 현실과 싸울 의지조차 없었다. 아예 삶에의 의지를 포기하고자 했다. 욕망의 불을 끄고자 했다. 소위 니르바나 Nirvana를 꿈꾸었다. 내세관으로 일관하는 그런 이념 속에서는 현실적 진보는 설 자리를 찾지 못한다. "쇼펜하우어 같은 형이상학적 철학자는 진보를 인식할 만한 어떤 이유도 발견하지 못할 것이다."(인간적Ⅰ, 238쪽) 극복에의 의지 따위는 안중에도 없다. 오로지 무無의 손짓에 반응할 뿐이다. 마침내 바그너는 낙관주의에 의한 구원을 받고 만 것이다.

낙관주의는 쇼펜하우어가 그토록 비판적으로 다루었던 개념이다. 그럼에도 해탈로 나아가는 그의 사상은 결국 또 다른 낙관주의를 선택하는 모순을 저지르고 만다. 헤겔 철학과 함께 그의 철학은 이런 측면에서 낭만주의적 경향을 띠고 있는 것이다. 하지만 낭만주의는 괴테의 말처럼 '병든 것'[3]에 불과하다. 현실을 외면하고 있기 때문이다. 현실을 부정하고 있기 때문이다. 병은 인식되어야 한다. 싯다르타가 생로병사를 알고 출가한 것처럼 그 인식은 더 큰 인식을 위한 전제가 될 뿐이다.

데카당스 예술가에게 ─ 이런 말이 나왔지요. 그리고 이 말로 인해 나는 진지해지기 시작합니다. 이런 데카당들이 우리의 건강을 ─ 게다가 음악까지! 망쳐버리면 나는 그저 천진하게 바라보고만 있지 못합니다! 바그너가 도대체 인간이란 말입니까? 그는 오히려 질병이 아닐까요? 그가 건드리는 모든 것을 그는 병들게 합니다.—그는 음악을 병들게 했습니다—/ 필연적으로 자신의 부패한 취향을 체감하는 자, 이 취향을 좀 더 높은 취향으로서 요구하는 자, 자신의 부패상을 법칙으로서, 진보로서, 완성으로서 관철시킬 줄 아는 자는 전형적인 데카당입니다. (바그너, 28쪽 이후)

데카당은 취향을 좀 더 높은 취향으로 상승시키고자 하는 자의 것이다. 데카당에 대한 인식은 그것에 머물게 하지 않는다. 바그너는 데카당스 예술가다. 모든 것을 병들게 했기 때문이다. 그에 의해 음악이 병들어버렸기 때문이다. 그런데 니체는 그를 통해 데카당을 인식한다. 그를 넘어서고자 하는 의지가 생겨나고 있기 때문이다. 바그너도 니체도 데카당의 전형을 보여주고 있다. 하지만 바그너는 끝나는 쪽에서 보여주는 데카당이고, 니체는 시작하는 쪽에서 보여주는 데카당이다. 허무주의라는 개념처럼 도래해야 할 때와 극복해야 할 때의 어감은 전혀 다른 것처럼. 적응해야 할 때와 극복해야 할 때의 마음이 다른 것처럼. 사랑할 때와 증오할 때가 전혀 다른 느낌인 것처럼.

아픈 것을 인식하는 것은 건강한 것이다. 그 건강이 삶을 더 나은 곳으로 인도해준다. 건강만이 병을 낫게 해준다는 얘기다. 건강한 자만이 건강이 무엇인지 안다. 건강한 자만이 몸의 이상증세를 인식한다. 병들어 나약한 자는 그 병들어 있음 자체를 현상으로 받아들일 때가 많다. 그냥 병들어 사는 것이다. 고통을 안고 사는 것이다. 건강하지 못하니 극복에의 의지도 없다. 그저 고통으로부터 벗어나고 싶은 마음뿐일 것이다. 하지만 생철학자 니체는 삶을 위한 필수조건으로 건강을 요구한다. 살고 싶으면 건강하라는 얘기다.

그가 말하는 삶은 그냥 생명 유지나 연장을 의미하는 것이 아니다.

슬픔도 전염된다. 그래서 우울한 사람을 경계해야 할 일이다. 우울한 기운이 뻗치지 못하도록 거리를 유지하는 것도 지혜다. 바그너는 "질병이 아닐까요?" 바그너가 질병이다. "그가 건드리는 모든 것을 그는 병들게 합니다." 이 대목은 특히 《즐거운 학문》에서 언급된 시를 연상시킨다. "내가 손대는 모든 것은 빛이 되고 / 내가 버리는 모든 것은 숯이 되니 / 나는 불꽃임에 틀림없다."(즐거운, 60쪽) 이것은 니체가 자기 자신에게 내린 정의다. 허무주의적 사상을, 즉 "강함의 염세주의"(비극, 10쪽)를 퍼트리는 힘으로 인식되었던 것이다. 그런데 바그너는 정반대의 원리로 나아간다. 그는 모든 것을 병들게 한다는 것이다.

> 해로운 것을 해롭다고 느끼고, 해로운 것을 의식적으로 포기할 수 있다는 것은 젊음의 징표이며 생명력의 징표입니다. 해로운 것은 지쳐버린 자를 유혹합니다: 채소는 채식주의자를 유혹합니다. 질병 자체는 삶의 자극제가 될 수 있습니다: 단, 사람들이 이 자극제를 이겨낼 정도로 충분히 건강해야만 합니다! — 그런데 바그너는 더욱 지치게 합니다: 그러니까 그는 약자와 지쳐버린 자를 유혹하는 것이지요. 오오, 그 늙은 거장은 방울뱀의 행운을 누리고 있습니다. 그는 항상 '어린애'들이 자기에게 다가오는 것을 바라보고 있기 때문이지요! — / 다음과 같은 관점을 먼저 말해보겠습니다: 바그너의 예술은 병들었습니다. 그가 무대 위에 올리는 문제들 — 전부 다 히스테리 환자들의 문제 —, 그의 발작적인 격정, 그의 과민한 감각, 점점 더 강한 양념을 원하는 그의 취향, 그가 원리라는 옷을 입히는 그 자신의 불안정성, 생리적 전형으로 간주하는 자기의 남녀 주인공(—병자들의 진열실! —)의 선정에서 적지 않은 경우: 이 모든 것

이 다 같이 병든 모습을 보여주며, 이는 추호도 의심의 여지가 없습니다. 바그너는 노이로제 환자입니다. (바그너, 30쪽)

바그너의 음악은 이제 더는 혁명을 위한 것이 못 된다. 젊은 혈기가 빠져 있다. 혁명을 위한 눈은 감기고 말았다. 새롭게 떠지는 눈은 허공을 바라보게 한다. 무無를 인식하게 한다. 모든 게 허무하다는 식으로 바라보게 한다. 전형적인 염세주의적 시각이다. 감각조차 쓸모없게 만들고 만다. 바그너의 음악은 현실에 지친 자들을 위한 음악이 되었을 뿐이다. 형이상학적 의미에서만 위로를 해주는 그런 역할만을 담당할 뿐이다. 현실적으로 그 어떤 영향을 끼치지도 못하는 그런 음악으로 전락하고 만 것이다. "바그너의 예술은 병들었습니다.", "바그너는 노이로제 환자입니다." 니체의 진단이다. 바그너는 병들었고 환자다. 그 병은 젊음을 상실하고 늙음을 표방하는 것이다.

질병을 시작 지점으로 삼느냐 아니면 마지막 지점으로 삼느냐가 문제다. 니체가 전자라면 바그너는 후자다. 바그너는 구원을 말하지만 나약해서 구원을 바라는 쪽이다. 생각 자체가 의존적이다. 그는 해로운 것을 해롭다고 인식조차 하지 못하고 있는 실정이다. '젊음의 징표', '생명력의 징표'는 찾아볼 수 없다. 질병을 견디지 못하고 지쳐버린 자의 모습을 하고 있다. "병이란 늙음과 추함, 염세적인 판단이 너무 일찍 찾아오는 것이다. 그것들은 서로 관련된다."(아침, 324쪽) 병에는 늙음과 추함, 그리고 염세적인 판단이 서로 얽혀 있다. 부정적 이미지의 병이 바그너에게 지배적이다. 그에게 병은 더는 자극제가 되지 못한다. 늙음에 질병은 치명적일 수밖에 없다.

하지만 건강한 자에게 질병은 그저 극복의 대상이 될 뿐이다. "질병은 인식의 수단"(인간적 I, 14쪽)이다. 삶이 인식의 수단인 것과 같은 말이다. 삶 자체가 고통이라면 말이다. 고통이 있어야 인식이 가능하다는 것이다. "질병 자체는 삶의 자극제가 될 수 있습니다: 단, 사람들이 이 자극제를 이겨낼 정도로 충분히 건강해야만 합니다!" 건강, 그것이야말로 허무주의가 원하는 바다. "건강을 위해 가끔 무겁게 짓누르는 짐이 필요하다."(인간적 I , 68쪽) 더 건강한 삶을 살고 싶다면 더 무거운 삶의 짐이 필요하다. 니체는《차라투스트라》에서 "정신의 세 변화"에 대해 이야기한 적이 있다. 그때 첫 번째 정신으로서 낙타의 정신을 요구했다. "공경하고 두려워하는 마음을 지닌 억센 정신, 짐깨나 지는 정신"(차라, 38쪽)으로서 말이다. 뭐든지 처음에서 짐을 지는 법부터 배워야 한다.

바그너는 짐을 지려 하지 않는다. 삶의 짐으로부터 해방을 꿈꾼다. 이런 나약한 정신은 삶을 더욱 지치게 만들 뿐이다. 이런 해방에 대한 환상은 "약자와 지쳐버린 자를 유혹하는 것"으로 나아갈 뿐이다. 결국 니체는 냉정을 잃고 험담을 쏟아놓고 만다. "그가 무대 위에 올리는 문제들 — 전부 다 히스테리 환자들의 문제"라고. 무대는 그저 "병자들의 진열실!"이라고. 병에 걸린 환자들은 모두가 '발작적인 격정', '과민한 감각', '점점 더 강한 양념을 원하는 취향', '원리라는 옷을 입은 불안전성' 등만을 보여줄 뿐이라고.

생리적 퇴화와 예술의 타락으로서의 데카당스 양식

바그너는 데카당스 양식이다. 모든 것에서 힘을 앗아간다. 니체가 바라보는 바그너는 이런 식이었다. 낭만주의적 환상이 깨지고 나니 모든 것이 추해 보였던 것이다. 삶을 살 만한 것으로 만들기보다는 혐오스럽게 만들고 있기 때문이다. 자기 자신이 아닌 다른 존재의 필요성을 인정한다는 것 자체가 이미 타락의 증거가 된다. 삶의 에너지를 앗아가는 예술, 즉 예술의 타락상이 엿보였던 것이다. 초기에 가졌던 사랑만큼이나 증오가 후기를 장식한다. 다가선 만큼 물러서야 하는 아픔을 겪고 있는 것이다. 바그너의 음악을 들으며 니체는 바그너의 음성을 듣는다.

—우리, 이상주의자가 되세나! —이것이 우리가 할 수 있는 일 중에서 가장 교활한 일은 아닐지라도, 가장 현명한 일이기는 하네. 사람들을 고양시키려면, 자기 자신이 고양되어 있지 않으면 안 된다네. 구름 위에서 노닐고, 무한에 대해 장광설을 늘어놓으며, 거창한 상징들을 우리 주변에 두르세! 주르줌! 붐붐! —이보다 더 좋은 충고는 없네. '고양된 가슴'은 우리의 논거이며, '아름다운 느낌'은 우리의 대변인일세. 덕은 대위법에 대해서도 그 정당성을 유지한다네. "우리를 개선하는 자가 어찌 그 스스로 선하지 않을 수 있겠는가?"라고 인류는 항상 결론짓는다네. 그러니까 우리, 인류를 개선하세! —그렇게 해서 사람들은 선해진다네 [⋯] 음악이 '원기 회복'에 도움을 준다는 것을 결코 용인하지 마세; 음악이 '기분을 북돋는다'는 것을; 음악이 '즐거움을 준다'는 것을 결코 용인하지 마세. 우리, 결코 즐겁게 하지 마세! —사람들이 예술을 다시 쾌락주의적으로 생각하게 되면, 우리는 지는 것일세⋯ 역겨운 18세기가 바로 그러했다네⋯ 곁다리로 말하자면 그것에 대해서는 한 첩의 약—즉 위선보다, 이 표현을 용서해주게, 더 좋은 충고는 없을 듯하네. 이것이 품위를 부여한다네. —그리고 어쩔 수 없이 어둡게 바라보고, 공공연하게 탄식하고, 그리스도교적으로 탄식하며, 거창한 그리스도교적 동정심을 보여주어야 하는 때를 고르세. "인간은 타락했다: 누가 인간을 구원하는가? 무엇이 인간을 구원하는가?"—우리,

여기에 대해 대답하지 마세. 우리, 조심하세, 종교를 창시하고자 하는 우리의 공명심과 싸우세. 그렇지만 우리가 인간을 구원한다는 것, 우리의 음악만이 구원한다는 것을 어느 누구도 의심해서는 안 된다네… (바그너, 34쪽 이후)

니체는 늘 이런 식으로 철학을 했다. 환청을 들으며 쓰러져가던 고서점에서 쇼펜하우어의 《의지와 표상으로서의 세계》를 읽을 때 '이 책을 집으로 가져가라'[4]는 소리를 들으며 염세주의와 한바탕 씨름을 했고, 고대 그리스 비극을 연구하다가 디오니소스 신의 목소리도 들었다. "하나의 낯선 목소리가 말했다. 아직 '알려지지 않은 신'"(비극, 13쪽)의 목소리를. 《비극의 탄생》을 마감할 때는 아이스킬로스가 내뱉었을 법할 목소리를 들려주기도 한다. "그러나 지금 나를 따라와 비극을 보세. 그리고 나와 함께 두 신의 신전에 제물을 바치세!"(같은 책, 179쪽) 《인간적인 너무나 인간적인》에서는 방랑자가 그림자와 대화를 하기도 한다. "말소리가 들리는군.—어디에 있는 거냐? 너는 누구냐? 나 자신이 말하는 것과 거의 같은데, 다만 내 목소리보다는 더 작은 목소리 같군."(인간적 II, 217쪽) 니체가 들은 방랑자의 말이다. 그의 대표작 《차라투스트라는 이렇게 말했다》가 전하는 모든 목소리는 또 누구의 것일까? 차라투스트라? 그가 바로 하나에서 둘이 된 니체의 또 다른 자아가 아니던가. "하나가 둘이 되었다— / —그리고 차라투스트라가 내 곁을 지나갔다…."(즐거운, 415쪽) 이런 관계로 인해 차라투스트라가 한 말은 모두 니체가 한 말이 되기도 한다.

바그너의 음악을 들으면 바그너의 목소리가 들려온다. 선율과 음색이 음절을 갖추고 의미 있는 단어로 해석의 옷을 입는다. 지극히 니체적인 상황이다. "우리, 이상주의자가 되세나!" 환상적인 분위기로 일관하는 무대에서 바그너는 종교적 이상향을 보여준다. 그러한 세상을 이해할 수 있기 위해 스스로 이상주의자가 되어야 한다. "사람들을 고양시키려면, 자기 자신이 고양되어 있지 않으면 안 된다네." 사람들을 전도^{傳道}시키려면 스스로 전도되어 있어야 한다네. 기독교인들이 하는 소리 같다. 고양된 상황을 무엇으로 알 수 있을까? "구름 위에서 노닐고, 무한에 대해 장광설을 늘어놓으며, 거창한 상징들을 우리 주변에 두르세! 주르줌! 붐붐!", "볼켄쿡쿡스하임 Wolkenkuckucksheim"[5], 즉 '뻐꾸기 구름 둥지'를 믿어야 이야기가 되는 것이 이상주의자들의 말이다. '덩덩 덩더쿵' 장단을 맞추며 남이 한 말을 따라 하는 따라쟁이가 되어야 한다.

이상주의 무대에서 진짜 주인공은 '덕'이요, '선'이 된다. 신의 뜻 하나님의 뜻이라고 해도 무방하다. 아니, 신 자체라고 말해도 가능한 일이다. 이상 자체는 어떤 단어로 옷을 입어도 다 가능한 것이 된다. 그저 "'고양된 가슴'은 우리의 논거이며, '아름다운 느낌'은 우리의 대변인"이 될 뿐이다. 상대가 어떻게 생각하는지 도대체 어떻게 알 수 있을까? 한 사람만 넘어가도 왜곡될 위기에 처하는 게 의견인데. 그렇게 말도 안 되는 소문이 생겨나는 것인데. 도대체 어떻게 좋아하는 사람의 마음을 마음대로 설명할 수 있으랴. 모든 이상주의자의 말들은 도덕적으로 무장하고 있을 뿐이다. 좋은 것은 좋아야 한다는 도그마로 철갑을 두르고 있는 것이다. "'우리를 개선하는 자가 어찌 그 스스로 선하지 않을 수 있겠는가?'라고 인류는 항상 결론짓는다네. 그러니까 우리, 인류를 개선하세! ─ 그렇게 해서 사람들은 선해진다네"라고 논리의 "전신 갑주"(에베소서 6:11)를 입는다.

또 바그너는 이렇게 말하는 듯하다. "음악이 '원기 회복'에 도움을 준다는 것을 결코 용인하지 마세; 음악이 '기분을 북돋는다'는 것을; 음악이 '즐거움을 준다'는 것을 결코 용인하지 마세. 우리, 결코 즐겁게 하지 마세!"라고. 삶에서 즐거움을 앗아간다. 이것이 데카당이다. 니체는 바그너의 음악이 삶을 살 만한 것으로 만들어주지 못하고 있다는 말을 하고 싶은 것이다. 원기 회복에는 전혀 도움을 주지 않고, 기분을 북돋기는커녕 상하게 하고 있으며, 즐거움보다는 우울하게만 만들고 있다고. 그의 비극은 삶의 에너지를 회복시켜주는 카타르시스를 이끌지 못하고 이념적인 구원에의 환상만을 보여줌으로써 삶에 대해 주눅만 들게 하고 있을 뿐이라고.

쾌락주의보다는 성스럽기를! 바그너의 예술이 전하는 분위기다. 그의 무대에서 쾌락주의가 느껴지면 그는 지는 것이라 생각했다. "사람들이 예술을 다시 쾌락주의적으로 생각하게 되면, 우리는 지는 것일세…." 바그너는 전의를 불태운다. '역겨운 18세기'에 대항해 싸움을 자처한다. 무겁고 어두운 음악을 만들고자 애를 쓴다. "그리고 어쩔 수 없이 어둡게 바라보고, 공공연하게 탄식하고, 그리스도교적으로 탄식하며, 거창한 그리스도교적 동정심을 보여주어야" 한다는 것이다. 기독교적 교리가 음악의 선율을 타고 흐른다. 죄의식을 고취시키고 양심의 가책을 느끼게 한다. 바로 이 순간, 바그너의 음악이 구원의 역할을 하며 손을 내민다. "우리가 인간을 구원한다는 것, 우리의 음악만이 구원한다는 것을 어느 누구도 의심해서는 안 된다네…." 유일신의 목소리처럼 절대적인 의미를 부여하고자 한다. 이것이 바그너의 음악이다. 그 길밖에 없다고, 다른 길은 없다고 가르치는 것이다. 그의 단호함이 무섭기까지 하다.

충분합니다! 충분해요! 나의 명랑한 일필─筆하에서 음울한 사실이 지나치게 적나라하게 다시 인식되지 않았을까 두려울 정도입니다 ─ 예술의 타락상이,

예술가의 타락상이 말입니다. 후자, 즉 예술가의 특성의 타락은 잠정적으로는 다음처럼 표현될 수 있을 것입니다: 음악가가 이제는 배우가 되고, 그의 기술은 점점 더 속이는 재능으로 전개된다. 이것에 대해서는 (나의 주저主著 안의 "예술의 생리학"이라는 제목의 장章에서) 더 자세히 보여줄 기회가 있을 겁니다. 바그너로부터 시작된 예술의 타락과 취약성 하나하나가 그렇듯이, 연극적인 것으로 된 예술의 이러한 총체적인 변화가 어떻게 해서 생리적인 퇴화를 알려주는 하나의 표현인지를(더 정확히 말하자면 히스테리의 한 형식인지를) 말입니다: 예를 들면 매 순간 그 예술 앞에서 자리를 바꾸도록 만드는 그 예술이 가지는 시각의 불안정함이 생리적 퇴화의 한 가지 표현이라는 것에 대해 말입니다. 바그너에게서 자연의 장난이나 임의와 변덕, 그리고 우연만을 보는 한, 사람들은 바그너에 대해 아무것도 이해하지 못합니다. 바그너는 사람들이 말하는 것처럼 "엉성한" 천재나, "실패한" 천재 또는 "모순적"인 천재는 아니었습니다. 바그너는 완전무결한 자이고 데카당의 전형으로서, 그에게는 '자유의지' 전부가 결여되어 있으며 모든 특성은 필연성을 띠었지요. (바그너, 36쪽)

바그너는 호락호락한 사람이 아니다. 그는 절대로 실패한 천재가 아니다. 그렇게 말하는 사람들은 바그너에게서 아무것도 경험하지 못한 자들일 뿐이다. 니체가 바그너를 공격하는 진짜 이유를 제대로 이해해야 한다. 그가 음악을 잘못해서 공격하는 게 절대로 아니라는 사실부터 분명하게 인지해야 한다. 바그너는 완벽한 사람이다. 음악을 정확하게 사용할 줄 아는 진정한 예술가였다. 하지만 니체로부터 욕을 먹는 이유는 무엇일까? 여기에 집중을 해야 한다. 여기에 수많은 오해의 여지가 남아 있다. 바그너가 못나서 욕을 하는 게 아니다. 그의 예술이 하찮아서 그런 것도 아니다. 인정할 것은 인정하자. 니체도 이 점에서는 분명했다. 바그너의 음악에서 "모든 특성은 필연성을 띠었다"고 인정했다. 그는 그 어떤 것도 허투루 다루지 않았다. 음악을 우연의 연속으로 만들어놓지 않았다는 얘기다.

니체가 바그너를 비판하는 이유는 그의 '예술의 타락상' 내지 '예술가의 타락상' 때문이다. 특히 후자의 경우 니체는 "음악가가 이제는 배우가 되고, 그의 기술은 점점 더 속이는 재능으로 전개된다"고, 또 이런 타락의 선두에 바그너가 있다고 지적한다. "바그너로부터 시작된 예술의 타락과 취약성 하나하나가 그렇듯이, 연극적인 것으로 된 예술의 이러한 총체적인 변화가 어떻게 해서 생리적인 퇴화를 알려주는 하나의 표현인지를(더 정확히 말하자면 히스테리의 한 형식인지를) 말입니다." 바그너의 예술은 타락했다. 하나의 문화 발전 과정에서 말기에 해당한다는 것이다. 즉 그 자체가 데카당이라는 것이다.

예술이 도그마를 품고 있다고나 할까. 처음에는 신선했던 형식이 급기야 퇴락의 징조를 보이고 말았다. 속된 말로 하자면 그 정신이 썩었다는 것이다. 정신이 썩었으니 모든 게 썩어버렸다. '생리적 퇴화'와 '히스테리의 한 형식'은 바그너 예술의 현상을 대변한다. 감각은 너무 예민해졌다. 아니, 신경질적으로 변했다고 할까. 무대가 전하는 분위기는 안정을 찾게 해주기보다는 불안감만 증폭시키고 있을 뿐이다. "시각의 불안정함이 생리적 퇴화의 한 가지 표현이라는 것"은 이론의 여지가 없다. 자기 시각에 긍지가 사라져버렸다. 남의 시각에 신경을 쓰기 시작한 것이다.

삶 자체가 위기에 처하고 말았다. 삶의 운명이 자기 손아귀에서 벗어나고 말았다. 도대체 누구에게서 삶의 의미를 찾을 수 있을까? 왜 살아야 하는지에 대한 대답을 누구로부터 들을 수 있단 말인가? 바그너의 낭만주의적 구원 사상에는 "'자유의지' 전부가 결여되어" 있다. 모든 비극적 종말은 필연처럼 보인다. 필연성 앞에서 영웅은 무릎을 꿇고 만다. 그리고 죽음 이후의 이야기로 넘어간다. 구원이라는 환상을 보여주면서. 그래서 니체는 바그너 무대가 시작부터 끝까지 현실과는 아무런 상관도 없는 이야기로 충만해 있다며 비판의 날을 세우고 있는 것이다.

> 〈탄호이저〉 서곡의 짜증나게 하는 잔인함이 우리와 무슨 상관이 있다는 말입니까? 또는 〈발퀴레〉의 서커스가 무슨 상관이 있다는 말입니까? 극장과는 무관하다고 해도 바그너의 음악에 의해 대중화된 모든 것은 미심쩍은 취향을 가진 것이며, 취향을 부패시킵니다. 내가 보기에 〈탄호이저〉 행진곡은 수상쩍습니다. 소시민적인 짓거리 같다는 말이지요; 〈방랑하는 네덜란드인〉 서곡은 아무짝에도 쓸모없는 소음입니다; 〈로엔그린〉의 전주는 어떻게 사람들이 음악으로 최면을 거는지에 대한 가장 적절한 예로, 너무나 위험하면서도 너무나 성공적입니다(—나는 신경을 설득시키는 것 이상의 다른 야심은 없는 음악은 몽땅 좋아하지 않습니다). 그런데 최면술사 바그너, 저질 프레스코화를 그리는 화가 바그너는 도외시하더라도 별 가치 없는 것들을 모아두는 또 다른 바그너가 있습니다: 누구도 그보다 먼저 취한 적 없는 눈길과 부드러움과 위로의 말들로 가득 채워 있는 음악의 가장 위대한 우울증 환자, 침울하고 나른한 행복의 소리를 만들어내는 거장이 말입니다…. 바그너의 가장 내밀한 말로 이루어진 사전은 다섯 박자에서 열다섯 박자 사이의 짧막한 것들로만 채워 있고, 아무도 알지 못하는 음락으로 채워 있습니다…. 바그너는 데카당의 덕목을 갖추고 있습니다. 즉 동정심을— — — (바그너, 38쪽)

많이 흥분했나보다. 할 말이 아직도 많이 남아 있다는 것을 시위라도 하듯이 하이픈을 세 번이나 찍어놓았다. 마치 망치로 찍어놓은 듯한 느낌이다. 말을 하면서 증폭되어가는 감정을 조절하지 못한 것 같기도 하다. 감정이 한계를 넘어선 것 같다. 마지막을 치달으면서 등장하는 두 번의 말줄임표 또한 격앙된 감정을 여실히 보여주고 있다. 차분하게 무언가를 생각하게 하는 쉼표로 읽히지 않는다. 타이핑이 말을 따라가지 못할 때 나타나는 현상 같은 느낌이 들 뿐이다.

니체는 바그너의 작품들을 조목조목 따진다. 〈탄호이저〉, 〈발퀴레〉, 또다시 〈탄호이저〉, 〈방랑하는 네덜란드인〉, 〈로엔그린〉이 연속으로 언급된다. 〈탄호이저〉 서곡이 들려주는 '짜증나게 하는 잔인함'은 현실과 아무런 연관이 없다. 〈발퀴레〉는 대중화된 '미심쩍은 취향'을 가졌거나 '취향을 부패'시키는 서커스다. 〈탄호이저〉의 행진곡은 '소시민적인 짓거리'에 불과하다. 〈방랑하는 네덜란드인〉 서곡은 '아무짝에도 쓸모없는 소음'이다. 〈로엔그린〉의 전주는 사람들을 최면에 걸게 하는 "가장 적절한 예로, 너무나 위험하면서도 너무나 성공적"이다. 바그너 음악은 전체가 그저 '신경을 설득시키는 것'밖에 지향하는 바가 없다. 니체는 이런 음악을 그냥 싫다고 말한다. 그냥 '몽땅 좋아하지 않는다'고.

싫어도 너무 싫다. 그 싫은 이름을 세 번이나 연속해서 하나의 문장 속에 언급한다. "그런데 최면술사 바그너, 저질 프레스코화를 그리는 화가 바그너는 도외시하더라도 별 가치 없는 것들을 모아두는 또 다른 바그너가 있습니다." 최면이나 걸고 벽화나 그려대고 잡동사니들만 모아놓은 무대가 바그너의 것이라는 얘기다. 이것으로도 모자랐나보다. 니체는 부연설명을 한다. "누구도 그보다 먼저 취한 적 없는 눈길과 부드러움과 위로의 말들로 가득 채워 있는 음악의 가장 위대한 우울증 환자, 침울하고 나른한 행복의 소리를 만들어내는 거장이 말입니다…" 바그너는 '우울증 환자'인 동시에 '침울하고 나른한 행복의 소리를 만들어내는 거장'이다. 거장은 거장인데 부정적인 거장이다. 니체가 원하지 않은 쪽으로 발달된 재능이다. 앞서 언급했다시피 그저 "속이는 재능"(바그너, 36쪽)에 지나지 않는다.

취향을 상실하게 하고 추종자를 만들어내는 독재자의 극장

취향은 하고 싶은 마음이나 욕구 따위가 기우는 방향을 일컫는다. 한마디로 좋아하는 경향이다. 좋아하는 게 없다면 어떤 일이 벌어질까? 그것도 인생에서? 욕망이 없다는 것은 재앙이 아닐까? 모든 욕망의 불이 꺼진다는 말 자체가 지옥이 아닐까? 욕망을 감당하지 못하는 자들에겐 해탈이라 불릴 수 있어도 욕망을 감당할 수 있는 자들에겐 지극히 부정적인 말이 아닐 수 없다. 가슴을 뛰게 하는 게 없다면 무슨 재미로 살아야 할까? 남자와 여자가 없다면 무슨 재미가 있을까? 모두가 천사 같다면, 모두가 천편일률적으로 획일화되어버렸다면, 어떤 고통도 없다면, 그것이 구원의 상황이라면, 도대체 삶의 의미는 무엇으로 설명될 수 있단 말인가?

생철학적으로 볼 때 취향의 상실은 분명 있어서는 안 될 상황이다. 물론 허무주의적으로 설명한다면 다른 얘기다. 취향은 변할 수밖에 없고 싫증난 취향은 과감하게 버려야 한다. 새로운 취향을 가지기 위해서 말이다. 파도가 끊임없이 새롭게 오고 가듯이. 신세대는 늘 기성세대가 하지 말라는 것을 하면서 어른이 된 느낌을 받는다. 어쩔 수 없다. 세대 간에 갈등이 존재한다는 것은 당연한 소리다. 그런데 이런 허무주의적인 해석이 아니라, 일방적인 논리라면 문제가 된다. 하나의 취향이 무의미해지고 그다음은 그저 구원이니 신의 뜻이니 하는 쪽으로, 즉 이상주의적으로 나아가는 논리라면 지극히 위험하기 짝이 없는 것이 되고 만다. 위험해도 너무나 위험하다. 바그너는 자신의 예술을 통해 바로 이 위험한 '짓거리'를 하고 있다는 것이 니체의 비판이다. 그것은 '자유의지'가 철저히 결여되어 있는 '소시민적인 짓거리'에 불과하다고.

— "아주 좋습니다! 하지만 사람들 자신이 혹시라도 음악가가 아니라면, 혹시라도 데카당이 아니라면, 자신의 취향을 어떻게 그런 데카당 때문에 상실해버릴 수 있겠습니까?"—아니, 그 반대로! 어떻게 해야 그렇게 되지 않을 수 있단 말입니까! 시도해보아야 하지 않겠습니까! — 여러분은 바그너가 누구인지 알지 못합니다: 그가 매우 대단한 배우라는 것을 말입니다! 극장에서 그가 끼치는 영향보다 더 깊고 더 무게 있는 영향이 정녕 있다는 말입니까? 그 젊은이들을 한번 보십시오 — 경직되어 있고 창백하며 숨을 멈춘 듯한 모습을! 이들은 바그너주의자들입니다: 이들은 음악에 대해서는 아무것도 이해하지 못하지만 — 그럼에도 바그너는 그들을 지배합니다…. 바그너의 예술은 백 가지 분위기로 압박을 가합니다: 당신은 머리를 조아릴 뿐입니다. 달리는 할 수 없을 것입니다…. 배우 바그너는 독재자이고, 그의 파토스는 온갖 취향과 온갖 저항을 무너뜨려버립니다. — 몸짓의 이런 설득력을 누가 갖추고 있고, 누가 몸짓을 그렇게 명료하게 파악했으며, 누가 몸짓을 그런 식으로 처음부터 파악했단 말입니까! 숨을 멎게 하는 그러한 바그너의 파토스, 극도의 감정을 더는 사라지지 않게 하려는 그러한 의지, 매 순간 질식시키고자 하는 상태의 그처럼 공포스러운 지속! — — (바그너, 39쪽 이후)

니체는 바그너를 알고 있는 유일한 철학자다. "여러분은 바그너가 누구인지 알지 못합니다." 이 말로 그는 무슨 말을 하고 싶은 것일까? 조심하라는 얘기다. 속지 않으려면 다른 방법이 없다고. "그가 매우 대단한 배우라는 것을 말입니다!" 이 말은 또 무슨 말일까? 앞서 언급한 음악가의 타락상이 기억나는가? "음악가가 이제는 배우가 되고, 그의 기술은 점점 더 속이는 재능으로 전개된다."(바그너, 36쪽) 즉, 종합하면 바그너는 속이는 재능으로 충만한 예술가라는 얘기가 된다. 그래서 속지 않으려면 '내 말을 들으라'고 니체는 애타게 설득을 하고 있는 것이다. 정말 그의 속이 타는 듯하다.

믿음을 가진 자, 신앙을 가진 자, 자기 자신이 아닌 다른 어떤 것을 믿는 자들에게서 발견되는 공통점이 하나 있다. 그것은 '자신의 취향'을 상실해 버렸다는 얘기다. '교회 다니시는 분이 그러시면 안 되죠'라고 말을 하는 자의 마음속에는 이미 정형화된 삶의 방식이 있다고 그것을 강요하고 있는 것이다. '자기 마음대로' 사는 것은 지극히 부정적인 것이 되고 만 것이다. 오로지 '하나님의 뜻대로'라며 의존적으로만 살고자 하는 것이다. 그것이 착하고 선하며 덕스러운 것이라고 위로를 얻으려 하는 것이다. 그 뜻이 어떤 것인지는 결코 자기 자신 안에서 찾고자 하지 않는다. 그저 자기 뜻으로 자리 잡은 다른 이의 뜻일 뿐이다. 계몽주의식으로는 '잣대'라고 말해도 될 것이다.

데카당이 무엇인지 제대로 알고 싶으면 스스로 그것을 "시도해보아야 하지 않겠습니까!"라고 니체는 역설한다. 고통을 알고 싶으면 병에 들어보아야 한다. 바그너의 무대만큼 사람의 마음을 병들게 하는 것이 또 있을까? "극장에서 그가 끼치는 영향보다 더 깊고 더 무게 있는 영향이 정녕 있다는 말입니까?" 그의 극장이 데카당의 영역에서는 최고라는 것이다. 여기에서 니체는 정신이 마비되어버린 바그너주의자들만 확인할 뿐이다. "그 젊은이들을 한 번 보십시오 — 경직되어 있고 창백하며 숨을 멈춘 듯한 모습을! 이들은 바그너주의자들입니다." 바그너의 극장 안에는 그의 말에 일사불란하게 움직이는 추종자들만 존재한다. "바그너는 그들을 지배합니다…. 바그너의 예술은 백 가지 분위기로 압박을 가합니다." 압박을 당하고 지배를 당한 자들만이 존재할 뿐이다.

자기 취향을 상실한 자들, 그들이 바그너주의자들이다. 그들은 "머리를 조아릴 뿐"이고, "배우 바그너는 독재자이고, 그의 파토스는 온갖 취향과 온갖 저항을 무너뜨려버립니다." 저항의지를 상실한 추종자들만 양산해내는 예술은 데카당의 전형일 뿐이다. 모든 열정은 오직 이상주의를 지향할 뿐이다. 현실적인 것은 모조리 그 의미를 상실하고 만 것이다. "숨을 멎게 하는 그러한 바그너의 파토스, 극도의 감정을 더는 사라지지 않게 하려는 그러한 의지, 매 순간 질식시키고자 하는 상태의 그처럼 공포스러운 지속!" 만이 극장 안을 채운다. 무아지경, 황홀지경이 따로 없다. 그 안에 자기 자신은 없다. 그 안에서 자기 자신의 인생은 중요치 않다. 그저 찬양만이 남아 있을 뿐이다.

찬양의 소리가 높으면 높을수록 삶의 숨소리는 약해져 간다. 이상향이 분명해지면 분명해질수록 현실의 의미는 허무해지고 만다. 숨을 쉴 수 없는 자는 죽음을 동경할 수밖에 없다. 살려달라고 외쳐대면서 죽음을 지향하게 된다. 환상 때문에 숨이 멎게 된 바그너주의자들은 바그너를 독재자로 인정하고 자기 삶의 주인으로 받아들인다. '그처럼 공포스러운 지속'만이 삶을 지배한다. 니체는 숨을 쉬고 싶다. 신선한 공기를 필요로 한다. "순수한 공기를 마시고자 한다면, 교회에 가서는 안 된다!"(선악, 59쪽) 도그마로 충만한 곳에서는 제대로 숨을 쉴 수 없기 때문이다. 자유정신은 그곳에서 살 수가 없기 때문이다.

> 바그너가 도대체 음악가였단 말입니까? 확실히 그는 그 이상의 어떤 다른 존재였습니다: 말하자면 비할 바 없는 배우, 가장 위대한 연기자, 독일인이 소유했던 가장 경탄스러운 극장의 천재, 전형적인 우리의 연출가였습니다. 그가 속해 있는 곳은 음악의 역사가 아닙니다. 어떤 다른 곳입니다: 진정한 위대한 음악가와 그를 혼동해서는 안 됩니다. 바그너와 베토벤이라니요―이것은 신성모독입니다―그리고 궁극적으로는 바그너한테도 부당합니다…. 음악가로서도 바그너는 진정 배우로서의 그였을 뿐이었습니다: 그는 음악가가 되었고, 시인이 되었습니다. 그 안에 있는 독재자, 즉 배우―천재가 그를 그렇게 강요했기 때문입니다. 그를 지배하는 본능을 알아차리지 않는 한, 사람들은 바그너에 대해 그 어떤 것도 알아내지 못합니다. (바그너, 40쪽 이후)

바그너를 베토벤과 비교한다는 것은 신성모독이다. 베토벤에게만 부당한 것이 아니라 바그너에게도 부당하다. 둘은 서로 다른 음악을 대변하고 있기 때문이다. 베토벤은 음악으로 영웅을 찬양했어도 종교적 이상을 찬양하지는 않았다. 이것은 천지 차이다. 바그너, "그가 속해 있는 곳은 음악의 역사가 아닙니다. 어떤 다른 곳입니다." 그곳은 어떤 곳일까? 굳이 대답을 원한다면 이렇게 말할 수 있을 것이다. 그저 이상주의자들만이 속할 수 있는 그런 곳이라고. '뻐꾸기 구름 둥지'를 믿는 자들만이 속할 수 있는 그런 곳이라고. 현실에 발을 붙이지 못한 자들만이, 즉 "구름 위에서 노닐고, 무한에 대해 장관설을 늘어놓으며, 거창한 상징들을" 자기 주변에 둘러놓은 자들만이 숨을 쉴 수 있는 그런 곳이라고. 그런 것들로 보호막을 쳐놓은 자들만이 살 수 있는 그런 곳이라고.

'지배하는 본능'을 알아차려야 한다. 그 앎이 이상에 등을 돌리고 현실로 되돌아오게 해줄 것이다. 자유정신은 그 어떤 지배의 원리도 허용하지 않는다. 삶에는 도그마가 오히려 독이 될 수도 있다. '이래야 한다, 저래야 한다'는 식의 규정은 삶을 옭아매는 쇠사슬이 될 뿐이다. 누가 '넌 이런 사람이다'라고 규정하면 거부감이 생기는 것과 같은 논리다. 삶은 그런 식으로 형성되는 것이 아니다. 오히려 미래를 열어놓을 때 더 크고 웅장하게 성장할 수 있게 되는 것이다.

속임수에 놀아나지 말아야 한다. 진실을 알기 위해 거짓말을 배워야 한다. "속일 줄 모르는 자는 진리가 무엇인지 알지 못한다."(차라, 476쪽) 진실은 믿음을 통해 얻어지는 것도 아니다. "'신앙'이란 무엇이 참인지를 알고자 ─ 하지 ─ 않는다는 것을 의미한다."(안티, 293쪽) 그래서 모든 것을 스스로 "시도해보아야" 한다. 바그너 음악의 가치는 스스로 거짓말로 형성된 세상을 경험해보게 하는 데 있다. 이 세상 안으로 들어갈 때는 정신을 바짝 차려야 한다. 독을 독으로 받아들이지 않기 위해 마음을 독하게 먹어야 한다. 더러운 물이 들어와도 스스로 더러워지지 않기 위해 먼저 바다가 되어야 한다. "몸을 더럽히지 않고 더러운 강물을 모두 받아들이려면 사람은 먼저 바다가 되어야 하리라."(차라, 18쪽) 미궁 안으로 들어가 괴물과 싸워야 할 때는 인식의 갑옷을 입어야 한다. "이 싸움의 한복판으로 뛰어들기 전에 이제까지 획득한 인식의 갑옷을 입기로 하자."(비극, 121쪽) 정신을 놓으면 정말 큰일이다.

헤겔의 유산인 진지한 언어로서의 음악

바그너는 말이 많았다고 한다. 말도 무척 빨리했다고 한다. 니체가 받은 그의 첫인상은 다음과 같다. "식사 전후에 바그너는 장인가수의 모든 중요한 부분들을 연주했다네. 그는 모든 음을 따라 했고 동시에 매우 자유분방하셨다네. 그는 말하자면 정말로 활달하면서도 열렬한 사람이었다네. 그는 엄청 빠르게 말을 했고, 그러면서도 매우 웃겼다네. 그렇게 그는 거기 있던 모든 사람을 아주 즐겁게 해주었다네."[6] 분명 말하는 재주가 남달랐던 것 같다. 말을 잘했다는 얘기다. 수다스럽기는 했어도 사람들을 즐겁게 해주는 능력이 있었다는 것이다. 분위기 메이커라고 할까. 분위기를 휘어잡을 수 있는 그런 능력이 바그너에게 있었다는 것이다. 하지만 이것은 초기의 인상에 불과하다. 후기에 가서는 정반대의 인상으로 변한다. 부정적 이미지로 부각되고 만 것이다.

> 바그너는 천성적인 음악가는 아니었습니다. 그가 음악의 모든 법칙, 좀 더 명확히 말하자면 음악의 모든 양식을 포기해버린 것이 그 증거입니다. 그것들로부터 자기가 필요한 것, 즉 무대—수사법, 표현 수단, 몸동작의 강화 수단, 암시 수단, 심적 피토레스크의 수단을 만들기 위해서요. 이 점에서 바그너는 일류 고안자이자 혁신가라고 간주할 수 있습니다—그는 음악의 언어적 능력을 무한대로 증진시켰습니다—: 언어로서의 음악. 그는 이런 음악에서의 빅토르 위고입니다. 음악이 경우에 따라서는 음악이 아니라 언어이며, 도구이자 연극의 시녀일 수 있다는 점이 먼저 인정되었다는 전제하에서요. 바그너의 음악은 극장—취향이라는 몹시 관대한 취향에 의해 보호받지 않는다면, 단순히 저급

한 음악일 뿐입니다. 애초에 지금까지 만들어진 음악 중 가장 저급한 음악일 겁니다. (바그너, 41쪽)

들었다 놓았다, 이런 식으로 니체는 바그너를 칭찬도 하고 비판도 한다. "바그너는 일류 고안자이자 혁신가"다. 극찬이다. "언어로서의 음악. 그는 이런 음악에서의 빅토르 위고입니다." 찬사다. 그런데 극찬과 찬사가 극찬과 찬사로 읽히지 않는다. 그것이 니체 문체의 특성이다. 꼭꼭 씹어 먹어야 하는 글이다. 전체적으로는 칭찬이 아니다. "바그너는 천성적인 음악가는 아니었습니다"부터 낌새가 심상치 않다. 바그너는 음악가가 아니다. 누가 수필가에게 '넌 수필가가 아니다'라고 말하면 어떤 감정이 들까? 마음이 편치 않을 것이다. 기분이 나쁠 것이다. 음악가에게 음악가가 아니라는 말보다 더 기분 나쁜 게 또 있을까. 한마디로 최고의 비판이다.

음악에 대해서 바그너가 '포기해버린 것'과 '필요한 것'은 전혀 다른 것이었다. 그가 포기해버린 것은 "음악이 모든 법칙, 좀 더 명확히 말하자면 음악의 모든 양식"이고, 필요로 했던 것은 "무대—수사법, 표현 수단, 몸동작의 강화 수단, 암시 수단, 심적 피토레스크의 수단" 등이었다. 이 수사법과 수단들을 통해 바그너는 "음악의 언어적 능력을 무한대로 증진"시킨다. '언어로서의 음악'으로 치자면 위대한 소설가 빅토르 위고를 버금갈 것이다. 하지만 "음악이 경우에 따라서는 음악이 아니라 언어이며, 도구이자 연극의 시녀"로 전락하고 말았다. 음악이 주인공이 아니라 도구의 역할로 추락하고 말았다는 것이다. 음악을 통해 이념을 전달하려는 것이 바그너의 특징이다. 이것을 니체는 가만 내버려두지 않는다. 그의 음악을 "저급한 음악"이라고, 그것도 "지금까지 만들어진 음악 중 가장 저급한 음악"이라고 공격을 해댄다. 그저 말이 많은 음악이라고.

> 음악가로서 그는 수사학자였습니다―그래서 그는 원칙적으로 '그것의 의미
> 는'이라는 것을 전면에 내세우지 않으면 안 되었던 것입니다. "음악은 언제나
> 수단일 뿐입니다": 이것이 그가 내세웠던 이론이었으며, 무엇보다도 그가 통틀
> 어 실천할 수 있었던 유일한 것이었습니다. 그러나 어떤 음악가도 이런 식으로
> 생각하지는 않았습니다.―바그너는 자기 음악이 "무한한 것을 의미하므로"
> 진지하게 받아들이라고, 깊이 있게 받아들이라고 전 세계를 설득시키기 위해
> 문학을 필요로 했던 거지요; 그는 평생 '이념'의 해설가였습니다. (바그너, 48쪽)

이념이 주인공이다. 이념을 해설하기 위해 바그너는 음악을 동원했다. 하
지만 이념을 위해 그 음악은 문학을 필요로 할 수밖에 없었다. 바로 이런 경
향 때문에 바그너는 "평생 '이념'의 해설가"였던 것이다. "음악가로서 그는
수사학자였습니다." 수사학자? 그렇다. 그는 말을 하는 학자였다. 끊임없이
이념을 설명하고자 했던 학자 말이다. "그래서 그는 원칙적으로 '그것의 의
미는'이라는 것을 전면에 내세우지 않으면 안 되었던 것입니다." 설명이 없
으면 이해할 수 없는 음악, 그것이 '언어로서의 음악'의 특징이다. 말이 동원
되어야만 마침내 이해의 대상으로 다가오는 그런 음악 말이다.

바그너는 자신의 무대를 위해 음악을 수단으로 사용했다. "음악은 언제나
수단일 뿐이다.", "음악이 경우에 따라서는 음악이 아니라 언어이며, 도구이
자 연극의 시녀일 수 있다는 점", 이것이 음악에 대한 그의 변함없는 입장이
었다. 음악을 통해 그가 할 수 있는 유일한 방법이었다. 다른 방법으로 '실
천'할 수 없었던 것이다. "바그너는 자기 음악이 '무한한 것을 의미하므로'

진지하게 받아들이라고, 깊이 있게 받아들이라고 전 세계를 설득시키기 위해 문학을 필요로 했던 것이지요." 수사학자로서, 설득의 기술의 대가로서 문학을 사용했던 것이다. 무한한 것을 의미하는 음악을 설명하기 위해.

> 헤겔과 셸링이 사람들의 정신을 유혹했을 당시 바그너는 젊었다는 사실을 상기해봅시다; 그가 알아차린 것, 그에게 명백했던 것은 독일인만이 진지하게 받아들였던 것으로서, 그것은 ― '이념'이었습니다. 이것은 어둡고 불명료하며 불길한 예감이 드는 것입니다; 독일인들 사이에서는 명료함이란 곧 이의 제기이고, 논리는 곧 반박입니다. 쇼펜하우어는 엄격하게 헤겔과 셸링의 시기를 부정직한 시기라며 나무랐습니다 ― 엄격하기는 하지만 정당하지는 않은 말이지요: 염세적 사기꾼인 그 자신도 자기보다 더 유명했던 그 시대의 인물들보다 어느 것 하나 '더 정직'하게 행하지는 않았습니다. 도덕은 논외로 합시다: 헤겔은 취향 중의 하나입니다… 그리고 독일적 취향만이 아니라, 유럽적 취향이기도 합니다! ― 바그너가 파악했던 취향! ― 그가 자신을 성장시켰다고 느꼈던 취향! 그가 영원하게 만든 취향! ― 바그너는 그것을 음악에 적용시켰을 따름입니다 ― 그는 "무한한 것을 의미하는" 양식을 고안해냈던 것입니다 ― 그는 헤겔의 유산이 되어버렸습니다…. '이념'으로서의 음악 ― ― (바그너, 49쪽)

"언어로서의 음악"(바그너, 41쪽)은 '이념으로서의 음악'을 의미한다. 이것의 뿌리는 독일적 취향인 동시에 유럽적 취향이기도 한 헤겔과 셸링이었다. 소위 낭만주의 시대의 정신이었다. '이념'을 지향했던 시대의 정신 말이다. 현실적인 것으로는 도저히 도달할 수 없는 이상향이 낭만주의의 목적이었다. 바그너가 그들에게서 '알아차린 것, 그에게 명백했던 것'은 바로 이 비현실적인 이념이었다. "이것은 어둡고 불명료하며 불길한 예감이 드는 것입니다; 독일인들 사이에서는 명료함이란 곧 이의 제기이고, 논리는 곧 반박입니다." 논리가 압도한다. 니체가《비극의 탄생》에서 비극을 살해한 원리로 지목했던 바로 그 '소크라테스주의'다. 그에게 소크라테스는 비극적인 가면 뒤에 숨어서 비극 자체를 몰락의 길로 이끌었던 "말하는 악마적 힘"(비극, 97쪽)이었다. "소크라테스라 불리는 마신"(같은 책, 98쪽)이 비극을 죽인 것이라고 주장했다. 그런데 그 마신의 그 힘을 바로 바그너에게서 인식하게 된 것이다.

"어둡고 불명료하며 불길한 예감"이 든다. "엄격하기는 하지만 정당하지 않은 말"들이 난무한다. 바그너도 낭만주의 시대의 인물들보다 어느 것 하나 '더 정직'하게 행하지는 않았다. 낭만주의에서 시작된 취향이 "바그너가 파악했던 취향! —그가 자신을 성장시켰다고 느꼈던 취향! 그가 영원하게 만든 취향!"이었다. 이념에 눈이 먼 취향이다. 다른 소리는 전혀 듣지 못하는 귀를 가진 취향이다. 이념에 얽매인 자가 자유를 죽인다. 자신이 옳다고 말하는 "근본주의자"[7]가 예술의 정신을 파괴한다.

바그너는 이런 근본주의자가 되어 낭만주의적 취향을 음악에 적용시켰다. "그는 '무한한 것을 의미하는' 양식을 고안해냈던 것입니다—그는 헤겔의 유산이 되어버렸습니다… '이념'으로서의 음악——." 바그너의 음악은 "말하는 신"(비극, 98쪽), 즉 "말하는 악마적 힘"(같은 책, 97쪽)을 받아들였다. 그는 낭만주의의 정신을 추종했다. 현실적이기보다는 비현실을 더 좋아하는 그런 취향을 자신의 것으로 만든 것이다. 대지로 몰락하기를 원했던 니체는 자신이 그토록 좋아하고 추종했던 바그너의 예술에서 삶에 이롭지 못한 취향만을 인식한 것이다. 그는 바그너를 떠나야 했다. 죽은 사람을 떠난다. 죽은 사람과 이별을 해야 한다. 죽은 사람을 두 번 죽이는 것이다. 억장이 무너진다.

이념에 충실한 바그너의 추종자들

바그너의 음악은 낭만주의 전통을 이어간다. 이 시대의 대표적인 철학자는 헤겔이다. 지극히 낙천주의적인 철학이다. 정반합의 논리로 역사는 발전만을 거듭한다는 것을 믿고 있다. 헤겔의 변증법 이론은 나라를 잃은 독일 젊은이들에게 마약처럼 확산되었다. 꿈과 희망의 원리로 작용했던 것이다. 프랑스 강점기를 견딜 수 있는 힘이 되어주었다.[8] 그런데 독불전쟁(1870~1871)에서도 승리를 거둔 이 시점에 또다시 낭만주의적인 취향이라니! 이것이 니체를 격분하게 했던 것이다.

헤겔 철학은 관념론이다. "이성적인 것은 현실적이고, / 현실적인 것은 이성적이다."[9] 이것이 그의 철학을 대변하는 문장이다. 이념은 오로지 이성을 통해서만 인식된다. 관념론의 핵심 이론이다. 이성지상주의! 이성의 도구는 말이고, 바그너는 그 말의 기능을 자신의 음악에 적용했다. 의미를 추구하며 상징들로 차 있는 미궁 안으로 들어간다. 의미를 상실하고 길을 잃으면 안 된다. 의미를 놓쳐서는 안 된다. 이런 집착이 바그너를 독재자로 만들고 만다. 그를 따르는 추종자는 바그너의 손짓 하나에서도 의미를 찾으려 할 뿐이다.

헤겔에 열광했던 사람들 같은 부류가 오늘날 바그너에 열광합니다; 학교에서는 글까지도 심지어는 헤겔식으로 씁니다! ―독일의 젊은이는 누구보다 그를 이해했습니다. '무한한' 그리고 '의미'라는 두 낱말로 이미 충분했습니다: 독일 젊은이들에게서 이 두 낱말은 비할 데 없이 서로 잘 지냈습니다. 바그너가 젊은이들을 정복한 것은 음악으로가 아닙니다. '이념'으로지요: ―바그너 예술의 수수께끼 상자, 그 예술이 하는 100여 가지 상징 밑에서의 숨바꼭질, 그 예술에 나타나는 이념들의 다색多色 구성이 바로 젊은이들을 바그너로 향하게 하고 유혹했던 것입니다; 구름을 만드는 바그너의 천재성, 허공을 부여잡고 허공에서 배회하고 방랑하는 것, 어디나 존재하면서 어디에도 없는 것은, 그 시대에 헤겔을 유혹하고 현혹했던 천재성과 똑같은 것입니다! ―바그너의 다양성과 충만함, 그리고 자의성 속에서 젊은이들은 정당화되고 ― "구원받습니다" ― 그들은 전율하며 듣습니다. 안개 긴 먼 곳에서부터 위대한 상징들이 바그너의 예술 안에서 어떻게 부드러운 천둥소리를 울리게 되는지를; 때때로 그들의 가슴 속이 잿빛이 되고 소름 끼치고 서늘해져도 그들은 불쾌해하지 않습니다. 그들 모두가 통틀어 바그너 자신과 꼭 닮아 있지 않습니까! 그들 모두 나쁜 날씨, 독일의 날씨와 유사하지 않습니까! 보탄Wotan은 그들의 신입니다: 그런데 보탄은 나쁜 날씨의 신입니다…. 이런 식으로 되어버린 독일 젊은이들이 잘못된 것은 아닙니다: 어찌 그들이 우리 다른 사람들이 아쉬워하는 것, 우리 알키오네 사람들이 바그너에게서 아쉬워하는 것을 아쉬워할 수 있겠습니까 ―즐거운 학문; 가벼운 발걸음을; 재기와 불꽃과 기품을; 위대한 논리를; 별들의 춤을; 과감한 정신을; 남방빛의 전율을; 매끄러운 바다를 ― 완전성을…. (바그너, 49쪽 이후)

의미에 얽매인 사람들, 그들이 바로 바그너주의자들이다. 바그너가 허공 속에 구름을 만들면 추종자들은 그 구름 위를 걷는다. "바그너의 다양성

과 충만함, 그리고 자의성 속에서 젊은이들은 정당화되고 ─ '구원받습니다'
─ ." 말이 이끈 구원 상황이다. 말에 신경을 써야 하는 이유다. 해석에 의존
할 수밖에 없는 상황이다. 신의 뜻에 몰두할 수밖에 없다. 나아가야 할 방향
을 허공 속에 묻는다. 대낮에도 정신은 "안개 낀" 것을 느낀다. 빛이 있는 것
도 아니고 없는 것도 아니다. 길이 있는 것도 아니고 없는 것도 아니다. 사는
게 사는 게 아니다. 그저 죽지 못해 살고 있을 뿐이라고 말하면 어떨까. 현대
인의 삶이 바로 이런 모습이다. 주체성을 상실하고 자기 취향도 잃은 채 구
름 위에 서 있는 듯하다.

　현대인의 삶은 '공장'에서 찍어낸 상품 같은 존재다. 사회생활 자체가 도
시 이데올로기로 일관한다. 유행을 좇으면서도 교양인임을 자처하는 현대
인의 삶이다. "내 말을 믿어라. 사람들이 성숙하기 전에 학문 공장에서 일하
면서 유용한 사람으로 만들어진다면, 학문은 너무 일찍 이 공장에서 이용되
었던 노예들처럼 파멸할 것이다."(반시대Ⅱ, 350쪽) 현대사회의 모든 학교는 하
나의 이념만을 주목하게 한다. 돈! 돈의 다른 이름은 성공! 성공의 다른 이
름은 경쟁력! 경쟁력의 다른 이름은 행복! 돈이 있어야 행복하다. 이 말에
수긍을 하는 자들이 현대인이다.

　"젊은이들에게 진정한 학문을 가르쳐야 한다. / 마찬가지로 진정한 예술
을. / 그러면 지고한 삶에서 진정한 역사에 대한 욕구가 함께할 것이다."(유
고6, 196쪽) 이것이 니체가 철학의 길을 걷는 이유다. 고대 비극 시대에 소크라
테스가 극장으로 향하던 젊은이들을 유혹했다면, 지금은 니체가 극장으로
향하는 바그너주의자들을 유혹하고 있다. 유혹에 또 다른 유혹으로 맞서고
있다. 니체는 "계속 살아가도록 유혹하는 실존의 보완과 완성으로서의 예
술"(비극, 42쪽)을 원했다. "인간의 삶을 정당화"하는 그런 예술을. 이때 "신들

의 밝은 햇빛 아래에서 실존은 그 자체로 추구할 만한 가치가 있는 것"(같은 곳)으로 여겨진다.

매력이 없다면 의미가 없다. 유혹할 힘이 없다면 죽어 마땅하다. 아킬레스의 마음을 사로잡지 못했던 펜테질레아 Penthesilea는 말한다. "유혹하지 못하는 여자가 되기보다는 차라리 사라져버리겠다."(인간적Ⅱ, 72쪽) 멋진 여전사다. 싸울 줄 아는 여자다. 이런 여자라면 니체의 시선을 사로잡기에 충분했다. 니체는 "나 자신을 자기 자신에게로 유혹하는"(즐거운, 49쪽) 모든 것을 사랑했다. 그래서 그는 자기 자신을 사랑하도록 유혹할 것을 권하는 것이다.

> 사랑하도록 유혹한다. ─ 우리는 자기 자신을 증오하는 사람을 두려워해야 한다. 우리는 그의 분노와 복수의 희생자가 될 것이기 때문이다. 따라서 우리가 어떻게 하면 그로 하여금 자기 자신을 사랑하도록 유혹할 수 있는지 생각해보자! (아침, 383쪽)

니체가 싫어하는 사람은 자기 자신을 증오하는 사람이다. 대부분 증오하는 이유는 해석 때문이다. 사물을 있는 그대로 보지 못하게 하는 그 해석이 이유다. 투우장에서 황소를 죽이면 쇼가 되지만 사람을 죽이면 비극이 된다. 사람은 삶에 의해서만 의미가 구현된다. 삶을 등진 사람은 그 존재 자체가 이미 가치를 상실한 상태다. "철학자들을 유혹하는 것은 말이다. 그들은 언어의 그물 속에서 허우적거린다."(유고6, 242쪽) 논리의 덫에 걸린 정신은 헤어나오기 힘들다. 삶이라는 미궁 안으로 들어갈 때는 오로지 자기 자신을 따라가야 한다. "오직 너 자신만을 충실히 추종하라 ─ / 그것이 나를 따르는 것이다 ─ 여유롭게! 여유롭게!"(즐거운, 39쪽) 삶의 현장에서는 서둘러서는 안 된다. 서두를수록 시간은 없어진다. 시간에 쫓기는 마음은 모두가 여유를 가지지 못해서다.

바그너주의자들은 모른다. "즐거운 학문을; 가벼운 발걸음을; 재기와 불꽃과 기품을; 위대한 논리를; 별들의 춤을; 과감한 정신을; 남방빛의 전율을; 매끄러운 바다를—완전성을…." 삶은 즐거운 것이다. 별들의 춤을 인식하는 자만이 알 수 있는 것이다. 삶의 무게를 짊어지고서도 발걸음이 가벼운 자는 안다. 삶 자체는 완벽하다는 것을. 삶의 완전성을. 영원한 것이 있다면 그것은 오로지 삶의 의미임을. 삶은 살 만한 가치가 충분히 있음을. 니체가 원하는 사람들은 "우리 알키오네 사람들"이다. 알키온은 "할퀴온halkyon"[10]이라 발음해도 된다. 어쨌거나 그 뜻은 마음이 편한 사람들을 의미한다. 정적의 날들을 연상시키는 사람들이다. 생각하는 사람으로 살면서도 생각에 쫓기지 않는 사람들이다. 늘 생각을 주도하는 그들이야말로 진정 아름다운 사람들이다.

제 6 장 ──────── 카베 카넴,
개를 조심하라

무엇보다도 마지막 순간은
정말 치열한 싸움처럼 느껴지기도 한다.

바그너의 등장과 독일제국의 등장

　빌헬름 1세[Wilhelm I](1797~1888)는 비스마르크[Bismarck](1815~1898)의 정치력에 힘입어 독일 통일이라는 과업을 일구어낸다. 프랑스와의 전쟁(1870~1871)에서 승리를 거두며 나폴레옹에게 당한 수모를 앙갚음해주고 적국의 궁전 베르사유 거울방에서 보란 듯이 통일 선언을 한다. 독일의 국민정서는 승리감으로 가득 차 있었고 또한 하나가 된 국가가 나아가게 될 미래에 대한 희망도 컸다. 이런 역사의 흐름 속에서 바그너라는 예술가가 꿈틀대고 있었다는 게 흥미롭다. 정치 이념과 예술 이념이 절묘한 궁합을 이루면서 새롭게 탄생하는 제국의 기틀을 마련하고 있었다.

　바그너는 극장을 지배하고 극장의 독재자로 군림했다. 그의 예술은 이런 것을 허용했다. 전형적인 독일의 현상이라고 할까. 이동하면서, 즉 어쩔 수 없이 치러야 하는 전쟁 속에서 형성되어가는 민족은 명령과 복종이라는 틀을 본성으로 가질 수밖에 없었다. 게르만 민족이라는 개념하에는 늘 군인정신과 군사문화가 뿌리를 형성하고 있다는 인상은 그래서 저버릴 수 없는 듯하다. 건국신화로 간주될 수 있는 '지크프리트' 전설은 하나가 된 제국의 이야기로 거듭날 수 있었다.

바그너의 정신이 극장을 지배한 후 그것은 새로운 정신이 지배하고 있습니다: 가장 어려운 것이 요청되고 심하게 비난하게 되며 칭찬하는 일은 거의 없습니다―선한 것, 탁월한 것이 규칙으로 간주됩니다. 취향은 더 이상 필요하지 않습니다; 목소리마저도 말이지요. 바그너의 노래는 거친 목소리로만 불립니다: 이것이 '극적'인 효과를 내지요. 심지어는 재능마저도 내쫓겼습니다. 바그너의 이상이, 데카당스의 이상이 요구하듯이 그 어떤 대가를 치러서라도 표현을 풍부하게 하는 것은 재능하고는 잘 어울리지 않는 법이지요. 거기에는 덕만이 어울립니다―즉 훈련, 자동운동, '자기부정'이라는 덕만이. 취향도 아니고 목소리도 아니며 재능도 아닙니다: 바그너의 무대는 오로지 하나만을 필요로 합니다―독일인만을!… 독일인에 대한 정의: 복종과 명령의 재빠른 수행…. 바그너의 등장이 '독일제국'의 등장과 시기적으로 맞아떨어지는 것에는 매우 깊은 의미가 있습니다: 이 두 사실은 동일한 것을 입증합니다―복종과 명령의 재빠른 수행을.―이보다 더 복종을 잘하고 명령이 잘 이루어진 적은 한 번도 없었습니다. 바그너의 지휘자들은 다음 세대가 조심스럽게 외경하면서 전쟁의 고전적 시대라고 부르게 될 그런 시대에 특히 가치 있는 자들입니다. 바그너는 명령하는 법을 이해하고 있습니다; 이 점 때문에 그는 훌륭한 선생이기도 한 것입니다. 바그너 스스로가 냉엄한 의지로서 자신에게 명령합니다. 평생에 걸친 사육을 명령합니다: 바그너는 예술의 역사상 자기 자신에게 가하는 폭행에

관한 한, 가장 대단한 예를 제시하고 있습니다. (바그너, 52쪽 이후)

덕만이! 바그너에게는 덕만이 어울린다. 이 평가는 예술가에게는 치명적이다. 예술이 훈련을 통해 자동적으로 반응하도록 유도하고 결국에는 자기부정이라는 덕을 완성하게 한다는 얘기이기 때문이다. 독일인들은 명령과 복종이라는 굴레 안에서 거의 자동적으로 반응을 하는 민족으로 자리매김했다. 자유정신의 입장에서 보면 이것이야말로 데카당스의 전형이 아닐까. 퇴폐다. 자유는 완전히 배제되어 있다. 명령만 기다리는 노예처럼 주인만 바라본다. 자기 운명을 알고자 명령권자의 얼굴을 하늘처럼 바라본다. 손가락 하나로 방향만 제시해주면 일사분란하게 진군할 것만 같다. 군인의 미덕만이 예술적인 것으로 인정받고 있는 상황이 벌어지고 만 것이다.

"바그너의 등장이 '독일제국'의 등장과 시기적으로 맞아떨어지는 것에는 매우 깊은 의미가 있습니다." 운명일까, 행운일까. 어쨌든 바그너의 등장은 시대정신과 맞물리면서 승승장구하게 된다. 그의 인생 전반부를 형성했던 혁명의 시기는 독일통일이라는 국면을 맞이하면서 반전을 이루게 된다. 이제는 나라가 그를 원하고 있는 것이다. 그가 보여주는 것은 곧 나라가 보여주고자 하는 것이 된 것이다. 오늘날까지도 바그너 하면 떠올리게 되는 이념이 하나 있다. 그것은 곧 독일제국이다. 바그너와 독일제국은 공동체를 이루면서 역사에 남게 된 것이다. 하지만 한 발자국만 떨어지면 묘한 감정이 든다. 그것이 바로 니체의 감정이다. 국가 이데올로기와 하나를 이루고 있는 이런 예술을 바라보는 니체의 시선은 곱지 않다. 그는 오히려 바그너에게서 문제들만 발견해내고 있다. 정신병원에 가야 할 문제들을 말이다.

이를테면 파르지팔Parsifal을 고등학교 교육을 거친 신학 지망생에 빗대어보는 것 말입니다(―고등학교 교육은 순진한 바보가 되기 위해서는 필수지요). 이렇게 하면서 사람들은 어떤 놀라움을 경험하는지요! 바그너의 여주인공들에게서 숭고한 껍질을 벗겨버리면, 그들은 단 한 명도 빼놓지 않고 죄다 보바리 부인과 혼동할 정도로 닮아 보인다는 사실을 당신은 믿을 수 있겠습니까! [⋯] 그러니 바그너의 문제들은 병원에서 겨우 다섯 발짝 정도 떨어져 있는 문제들 이지요! 그저 전적으로 현대적일 뿐인, 그저 전적으로 대도시적일 뿐인 문제일 따름입니다! 이 점을 의심하지 마십시오!⋯ 바그너의 여주인공들은 아이가 없다는 사실을 간과했습니까(관념 연상에 해당되는 것)?―그녀들은 아이를 가질 수 없습니다⋯. (바그너, 46쪽)

민족의 영웅 파르지팔은 '순진한 바보'로 불려야 했다. 국가가 부르면 바보처럼 무조건 달려들어 임무를 수행해야 했다. 여주인공들도 마찬가지다. 그들에게서 '숭고한 껍질'을 벗겨버리고 나면 남는 게 도대체 뭐란 말인가? 니체는 그들이 "보바리 부인과 혼동할 정도로 닮아 보인다는 사실"을 발견하게 된다. 틀에 박힌 생활에 권태를 느끼고 우울한 나날을 보내는 모습이 안타깝게 보일 뿐이다. 소위 미덕으로 간주되는 순결 이데올로기에 희생이 되어가는 모습만 확인된다. 바그너의 문제들은 병원에 들어가야만 해결될 수 있는 것처럼 보인다. 그 문제들은 그저 현대적이고 대도시적일 뿐이기 때문이다.

현대적이고 대도시적인 문제가 도대체 무엇일까? 무엇을 두고 니체는 현대적이고 대도시적인 문제라고 말했던 것일까? 산업혁명을 거치면서 도시로 모여든 시민들, 그들은 전쟁에서 승리한 것에 대해 무한한 긍지를 느끼고 있었을 것이 틀림없다. 스스로 독일제국의 국민이라는 사실이 자랑스러웠을 것이다. 국가의 이념을 중심에 두고 움직이는 사회! 그 외 모든 것은 배타적인 입장만을 보이는 사회 분위기! 모두가 교양인임을 자처하며 유행을 좇는 획일화된 삶의 양식! 서서히 사회는 데카당의 전형으로 변해간다. 창조보다는 모방을 일삼는 삶으로 변해간다. 생산과는 거리가 먼 바그너의 여주인공들처럼. "바그너의 여주인공들은 아이가 없다는 사실을 간파했습니다(관념 연상에 해당되는 것)? ─ 그녀들은 아이를 가질 수 없습니다…" 여성에게서 여성의 역할이 보이지 않는다. 여성에게서 여성성이 배제되어 있는 것이다. 그저 순결이 지상명령인 것처럼 살아갈 뿐이다. 명령에 잘 복종하는 여인이 되어 살아간다. '순진한 바보'가 따로 없다.

"바그너는 명령하는 법을 이해하고 있습니다: 이 점 때문에 그는 훌륭한 선생이기도 한 것입니다." 이 문장만 읽으면 마치 칭찬처럼 들린다. 하지만 바그너는 자기 자신에게 폭행을 가할 것을 명령하고 있을 뿐이다. "바그너 스스로가 냉엄한 의지로서 자신에게 명령합니다. 평생에 걸친 사육을 명령합니다: 바그너는 예술의 역사상 자기 자신에게 가하는 폭행에 관한 한, 가장 대단한 예를 제시하고 있습니다." 자기 마음대로 하지 말라는 것이다. 오직 국가가 인정하는 미덕만 따르라고 명령하고 있는 것이다. 그것만이 구원의 길이라고, 그것만이 독일제국을 위대하게 만드는 것이라고, 그것만이 "이제 이 제국의 명예를 지켜야 할 때" 필요한 것이라고.

예술에 바라는 니체의 요구 사항

니체는 예술이 삶에 이바지해야 한다는 입장이었다. 그 생각은 처음부터 확고했다. "삶으로 유혹하는 예술"(유고6, 247쪽)만이 진정한 예술이라고 판단했다. 보여주기 위한 예술은 내실이 부실할 수밖에 없다. "발전의 절정에서 모든 예술은 잎만 무성하게 자란다."(유고6, 328쪽) 더 이상 성장하기보다는 나뭇잎만으로 풍성하게 보이게 할 뿐이다. 그저 보임직한 것일 뿐이다. 절정에 달한 예술의 모습이 이렇다는 얘기다. 하지만 그 이후는 결국 절정 이후라는 과정을 경험해야만 한다. 현상 세계 속에서 현상 유지라는 말은 환상에 불과하다. 그 어떤 존재도 생멸의 과정을 피해갈 수 없다.

세기말로 치닫는 와중에 니체는 당시의 예술이 썩었다고 보았다. 병들었다고, 부패했다고, 그래서 데카당의 전형이라고. 이제 그는 대안을 제시하고자 한다. 위기에 처한 예술을 구하고자 한다. 국가의 통제하에 들어가 있는 예술에게 자유의 숨통을 트이게 하고 싶었던 것이다. 도그마와 이념으로 일관하는 예술에 일대 변혁을 요구하고자 한다. 이것은 가슴 아픈 이별 선언의 마지막 문장이다.

> 우리의 배우들이 그 어느 때보다도 존경을 더 많이 받을 만하다는 이런 통찰이 그들의 위험성을 미약한 것으로 파악하게 하지는 않습니다…. 하지만 내가 무엇을 바라고 있는지에 대해 아직도 의아해하는 사람이 있을까요—예술에 대한 나의 분노와 우려와 사랑이 이번에 나에게 말하도록 했던 그 세 가지 요구들을 말입니다.
> 극장은 예술을 지배하는 주인이 되지 않는다는 것.

배우는 진정한 예술가를 현혹하는 자가 되지 않는다는 것.

음악은 기만하는 예술이 되지 않는다는 것. (바그너, 53쪽)

세 가지 요구 사항, 이것은 니체가 바라본 바그너의 경우, 즉 바그너의 문제에 대한 처방이라고 보면 된다. 첫째, 극장은 예술을 지배해서는 안 된다. 제도권에 있는 자들은 그저 행정만 하면 되는 것이다. 국가 기관이라면 그것이 최고의 행정을 낳는 길이 될 수 있다. 국가 기강을 탄탄하게 해주는 최고의 길이라고 말이다. 하지만 예술이 이루어져야 하는 극장이라면 얘기는 달라진다. 예술가가 국가 권력의 눈치를 봐야 한다면 그것은 그저 왕 앞에서 왕이 듣고 싶은 말만 하는 어릿광대에 지나지 않는다. 그것은 결코 예술가가 하는 행위에 해당하지 않는다.

니체가 동경했던 고대 그리스는 예술의 기반 위에 세운 국가였다. 인류 역사상 가장 아름다운 국가를 창출해냈다. 군사력으로는 비교도 안 되는 페르시아와 대결할 수도 있는 그런 강력한 국가를 말이다. 고대 그리스가 몰두했던 비극 문화의 힘은 이루 말로 형용할 수도 없다. 그것을 연구했던 철학자가 니체다. 그의 처녀작 제목《비극의 탄생》은 그래서 시사하는 바가 너무도 많다. 이 비극 문화에는 또한 '아곤Agon'이라는 경쟁논리도 적용되었다. 어느 하나의 이념이 독재하는 게 아니라 서로 경합을 벌이라는 것이었다. 정당한 경쟁 혹은 선의의 경쟁이 허용되는 나라, 그런 나라가 니체에게는 이상향이었던 것이다. "어떤 하나의 윤리가 인류를 지배하게 된다면 인류가 멸망하게 되리라."(즐거운, 68쪽) 이제 이런 말을 니체의 입장에서 이해할 수 있으리라.

둘째, 배우는 예술가를 현혹시켜서는 안 된다. 니체는 음악가 바그너를 두고 배우가 되었다고 지속적으로 지적한 바 있다. 기억이 나지 않는 독자를 위해 대표적인 문장들을 다시 한 번 인용해본다. "여러분은 바그너가 누구인지 알지 못합니다: 그가 매우 대단한 배우라는 것을 말입니다! […] 배우 바그너는 독재자이고, 그의 파토스는 온갖 취향과 온갖 저항을 무너뜨려버립니다."(바그너, 40쪽) 배우가 된 바그너는 현란한 말로 예술가들을 현혹시키고 있다. 그러면서 그는 자기 말에 충성을 맹세하는 자들을 양육해낸다. 소위 '바그너주의자들'을 말이다. 그가 하는 말이라면 모두 옳다고 간주하는 그런 자들, 하나의 이념에 맹신하는 그런 근본주의자들을 말이다.

하지만 취향은 살아나야 한다. 상실된 취향은 되찾아야 한다. 저항의지도 새로운 생명력을 취해야 한다. 그것만이 새로운 시대를 열게 될 것이기 때문이다. 말 잘 듣는 정신으로는 아무것도 해낼 수 없다. 전쟁 시대라면 몰라도. 물론 전쟁 시대라면 명령에 복종하는 정신만이 요구될 수는 있다. 국가의 운명이 달린 전쟁에서는 반드시 이겨야 하기 때문이다. 다른 길이 없다. 승리만 바라보게 하는 것이 관건이다. 하지만 전쟁 시기가 아니라면 고대 그리스인들이 디오니소스 축제를 즐겼듯이 인간은 휴식을 원한다. 50분 동안 공부를 했다면 최소한 10분은 쉬어야 한다. 그 휴식이 그다음 수업시간을 효과적으로 견디게 해줄 것이기 때문이다. 예술은 바로 이런 시기에 유용하다. 권태가 아니라 새로움과 낯섦에 대한 감각을 일깨워주는 데 예술만큼 좋은 도구가 없다. 피카소는 "예술이 영혼으로부터 일상의 때를 씻어준다"고 했던가.

셋째, 음악은 기만하는 예술이 되지 말아야 한다. 바그너는 속이는 재능을 타고났다고 주장한 바 있다. "음악가가 이제는 배우가 되고, 그의 기술은 점점 더 속이는 재능으로 전개된다."(바그너, 36쪽) 바그너는 자신의 속이는 재능으로 독재자가 되었다. 이념으로 생각을 구속하고자 한다. '순진한 바보'의 이데올로기와 순결의 이데올로기를 강요한다. 명령을 신화화하고 절대적인 복종을 강요한다. 하지만 니체는 잘 알고 있다. 그런 식으로 세상을 지배하고자 하는 욕망이 얼마나 허황된 꿈임을. 이 세상에는 영원한 것이 결코 없기 때문이다.

니체에게 난쟁이가 있다면 그것은 바로 현상 유지를 바라는 자들이다. 기득권을 놓지 않으려 잔머리를 굴리는 자들이다. "집과 고향으로부터 소외되어 간악한 난쟁이들에게 사역당해왔던 저 긴 세월의 굴욕"(비극, 177쪽)으로부터 이제 해방되어야 할 때가 되었다. 이제 난쟁이들과 전쟁이라도 해야 한다. "난쟁이여! 너! 아니면 나다!"(차라, 260쪽) 이런 전쟁, 이런 싸움이라면 "아! 싸움을 바라보는 자도 싸움에 가담해야 한다는 것, 그것이 싸움의 마법이구나!"(비극, 120쪽) 이제 모두가 동참해야 한다. 세상의 주인을 바꾸어야 한다.

음악은 상징 언어에 해당한다. 그래서 쉽게 정치적으로 이용될 수 있다. 무엇을 상징하는지 논리적으로 설명만 하면 되기 때문이다. 하지만 진정한 예술의 정신을 정치적 이념이나 종교적 이념에 팔아먹어서는 안 된다. 니체는 바로 그 정신을 고수하고자 한다. 그것도 세계의 상징을 대변하는 것으로서 말이다. "음악의 세계 상징은 바로 그 때문에 언어로써는 어떤 방식으로도 충분히 설명될 수 없다."(비극, 60쪽) 그래서 하나의 설명에 얽매이는 일은 없어야 한다. 그저 자유를 허용할 수 있는 내공을 요구할 뿐이다. 썩은 물을 받아들이고서도 스스로는 결코 썩는 일이 없는 바다와 같은 내공을. 아름다움뿐 아니라 당황스러움과 낯섦, 그리고 새로움은 늘 예술의 영역임을 인정해야 한다.

추신, 그리고 또 이어지는 이야기

편지가 이것으로 끝났나 싶었는데 그 뒤에 '추신'이 붙어 있다. 대부분 한 두 문장이 추신일 텐데, 니체는 일곱 페이지에 달하는 추신을 달아놓았다. 아니, 그것이 다가 아니다. '추신' 이후에 '두 번째 추신'이, 또 그다음에 '후기'가 뒤따른다. 니체답지 않다. 늘 깔끔하게 끝맺음을 했던 이전의 책들과는 느낌이 전혀 다르다. 편지를 쓰고 있다고 생각해서 그렇게 했나보다. 논리나 형식에 구애받지 않고 써도 된다고 생각해서 그렇게 했나보다. 그래도 말을 끝내지 못하는 그 마음은 쉽게 읽힌다. 왜 이렇게 질질 끄는 것일까.

결국에는 출판사로 보낸 편지가 된다. 이 글이 인쇄되기를 원했던 것이다. 자신의 감정과 생각이 담긴 이 글을 세상에 알리고 싶었던 것이다. 왜 그렇게 했을까? 바그너에 대한 자신의 입장표명이 왜 그토록 중요했던 것일까? 또 왜 이렇게 강한 미련이 남아 있었을까? 도대체 무슨 말을 하려고? 분명한 것은 아직도 할 말을 다하지 못했다는 사실, 즉 그의 말이 다 끝나지 않았다는 사실이다. 분명 추신을 단 이유는 아직도 부족한 것이 있다는 느낌이 들어서다. 마음을 가라앉히고 다시 차분히 읽어보자. 편지는 아직 끝나지 않았다.

> ─앞에서의 마지막 말들의 진지함이 아직 발표되지 않은 논문의 몇 줄을 이 자리에서 전하게 합니다. 이것들은 최소한 이 문제에 대한 나의 진지함을 의심하지 않게 할 것입니다. 그 논문의 제목은: 바그너는 우리에게 어떤 대가를 치르게 하는가입니다. (바그너, 54쪽)

마음이 급했나보다. 아직 발표되지도 않은 글의 내용을 편지 속에 담아 보낸다. 시간이 얼마 남지 않았다고 느껴서일까. 니체는 그 글의 형식을 '논문'이라는 말로 힌트를 주고 있다. 물론 그가 말하는 '압한들룽Abhandlung'을 논문으로만 간주하기에는 좀 답답한 면이 없지 않다. 크게 보면 그냥 어떤 학문적인 글 혹은 하나의 학문적인 책을 의미했을 수도 있다. 이것이 쓰러지기 며칠 전에 완성하게 되는《니체 대 바그너》를 일컫는지는 알 수 없다. 어찌 되었든《바그너의 경우》부터 집필되는 글들은 짧은 호흡을 특징으로 하고 있다. 제목은 여러 가지이지만 그 책들을 모두 모아보아도 이전에 집필했던 책들 한 권 정도의 분량에 지나지 않는다. 1888년 7월에《바그너의 경우》를 출판사로 보내고 곧바로《우상의 황혼》에 몰두한다. 그해 12월에는《이 사람을 보라》를 출판사로 보낸다. 그리고《디오니소스 송가》를 포함한 이 시기에 집필된 모든 글을 출판사에 전한다. 그리고 1889년 1월, 새해를 맞이하면서 니체는 정신을 놓는다.

긴박하게 흘러간 인생이다. 잠시도 게으르게 살지 않았다. 누가 보아도 열심히 산 흔적을 발견할 수 있으리라. 건강이 허락하지 않아 요양을 한 적은 있어도 하는 일 없이 시간을 보낸 적은 결코 없었다. 17년의 집필 인생이다. 그것도 만滿으로 하면 16년의 세월에 불과하다. 앞만 보고 달려온 인생이다. 이 짧은 시간 동안 니체는 불후의 명작들을 양산해냈다. 무엇보다도 마지막 순간은 정말 치열한 싸움처럼 느껴지기도 한다. 미완성으로 남아 있는《안티크리스트》는 출판사로 보내지도 못했다. 출간 준비가 덜되었다고 판단했나보다. 얼마나 시간이 아쉬웠을까. 해야 할 일은 산더미 같은데 시간이 없다는 느낌이 들었을 것이다. 끝나지 않은 싸움이건만 육체와 정신이 의지를 따라주지 못하는 상황이다. 늘 주눅 들게 하는《성경》구절이 하나 생각난다. "마음에는 원이로되 육신이 약하도다."(마태복음 26:41) 마음은 굴뚝같지만 몸이 따라주지 못한다는 의미다. 아마 모두 이런 마음으로 인생을 마감하지 않을까 싶다. 아쉽지만 마지막을 인정하고 받아들여야 하는 그런 순간 말이다. 그때가 되면 누구나 운명을 인식하게 되리라.

니체 전집을 반복해서 읽을 때마다 드는 생각이 있다. 비극의 이론처럼 파국을 앞두고 정체기를 맞이하며 수많은 일을 갑자기 해결해보려고 한다. 급히 완결을 지어야 하는 부담감이 느껴진다. 이건 이거고 저건 저거라며 모든 것의 해명을 원한다. 하지만 모든 것이 그저 짧은 호흡에 실릴 뿐이다. 잘 익은 열매처럼 진중하게 시간을 두고 익혀갈 수가 없다. 시간이 촉박하다. 갈 길은 먼데 발걸음은 무겁기만 하다. 할 말은 많은데 혓바닥이 움직여주질 않는다. 숨은 쉬고 싶은데 호흡은 힘들기만 하다. 이성은 한계에 도달한 듯하다. 모든 것이 마음대로 되지 않는다. 7월, 8월, 9월, 10월, 11월, 12월 그리고 1월, 이것이 지금부터 의식을 가지고 경험하게 될 니체의 마지막 시간들이다.

그래서 '추신'은 간절한 느낌으로 다가온다. "바그너는 우리에게 어떤 대가를 치르게 하는가?" 스스로 한 번 대답해보자. 바그너 때문에 대가를 치러야 한다는 것이다. 어떤 대답을 내놓을 수 있겠는가? 사랑의 대가를 묻는 것이다. 진정한 사랑은 무섭다. 진정한 고통을 안겨다 줄 것이 분명하기 때문이다. 사랑 때문에 목숨을 잃을 수도 있다. 니체는 바그너를 사랑했다. 오로지 그만을 사랑했다. 교통도 오늘날 같지 않았던 시절에 알프스에서 숨어 지내던 바그너를 찾아갔을 정도다. 그를 만나는 것이 얼마나 좋았을까? 먼 여행길은 그에게 문제되지 않았다. 그를 만나야겠다는 일념 하나로 그 먼 길을 견뎌냈던 것이다. 열정이 그의 길을 밝혀주었을 것이다.

하지만 돌아서야 한다. 이미 1883년에 죽어버린 사람과의 이별이다. 결별이다. 영혼 결혼식이 있듯이 지금 니체는 영혼 이별식을 하고 있다.《반시대적 고찰》의 〈바이로이트의 리하르트 바그너〉 이후 많은 시간이 흐른 지금, 말기에 들어서서 지금에서야 이별식을 거행하고 있는 것이다. 죽은 사람과 결별식을. 그동안 대놓고 뭐라고 말도 제대로 못했다. 오해가 오해를 낳을 수 있기 때문이다. '이제는 말할 수 있다'는 것이다. 이제는 감당할 수 있는 얘기가 된 것이다.

> 바그너 추종자들은 비싼 대가를 치르고 있습니다. 오늘날에도 여전히 이런 음울한 느낌을 어렴풋이 느낄 수 있습니다. 바그너의 성공도, 그의 승리도 이런 느낌을 뿌리째 뽑아버리지 않았습니다. 그런데 이전에는 그 느낌은 강했고 끔찍했으며 음울한 증오와도 같았지요 — 바그너 생애의 거의 4분의 3 동안 내내 말이지요. 바그너를 향해 일어났던 우리 독일인들의 저항은 아무리 높이 평가해도 충분하지 않고, 아무리 예우를 갖추어도 충분하지 않습니다. 사람들은 마치 질병에 맞서 싸우듯 바그너에게 저항했습니다 — 말하자면 근거를 가지고서 저항한 게 아닙니다 — 사람들은 질병을 논박하지 않으니까요 — 오히려 그 안에 마치 커다란 위험이 기어다니는 듯 심적 압박감으로 불신하고, 불쾌해하며, 역겨워하면서 수상쩍은 진지함으로 저항합니다. (바그너, 54쪽)

니체가 이 편지를 출판사로 보낸 시점으로 보면 바그너가 죽은 지 벌써 5년이나 지났다. 그런데도 여전히 바그너의 흔적이 남아 있다. 그가 남긴 '음울한 느낌'을 느낄 수 있다는 것이다. 바그너에 대한 독일인들의 저항은 거셌지만 그럼에도 이 느낌은 뿌리째 뽑히지 않았다. 왜 그럴까? 왜 바그너는 죽어서도 살아 있는 것일까? 무엇이 바그너를 불멸하게 하는 것일까? 바그너의 흔적은 오늘날까지도 영향을 끼치고 있다. 아니, 앞으로도 영원히 끼칠 것이다. 또한 저항도 만만찮을 것이다. 늘 사랑과 증오의 감정을 동시에 받아야 할 운명인 것이다.

바그너의 음악은 좋기도 하고 싫기도 하다. 혁명적이면서도 동시에 구태의연하기도 하다. 새로운 세상을 보여주기도 하고 또 중세의 그 세상을 재현하기도 한다. 마치 르네상스의 예술작품들처럼 새로운 듯하면서도 교회의 내용이 기조를 이루고 있다. 새것과 헌 것이 공존한다. 사랑이라 불리는 광활한 세상을 여행하다가도 결국에는 이념적인 세상으로 돌아가고 만다. 인간적인 이야기를 들려주다가도 결국에는 신화의 한계에 갇히고 만다. 바그너를 사랑했다면 스스로 그 한계에 갇혀야 하는 답답함을 운명으로 겪어야 한다. 이것은 실로 비싼 대가가 아닐 수 없다. 인생을 걸어야 하기 때문이다. 결혼이라는 반지를 끼는 순간 이미 답답한 일상은 현실이 되고 만다.

낭만주의는 병들었다고 했다. 괴테의 말이었다. 지금은 니체가 바그너의 음악을 병에 든 것으로 평가하고 있다. "바그너의 문제들은 병원에서 겨우 다섯 발짝 정도 떨어져 있는 문제들"(바그너, 46쪽)이라 했다. 그런 문제에 오염된 바그너주의자들은 숨도 제대로 쉬지 못하고 있다고 했다. "경직되어 있고 창백하며 숨을 멈춘 듯한 모습을! 이들은 바그너주의자들입니다."(같은 책, 40쪽) 니체 스스로도 한때는 바그너주의자를 자처했다. 그래서 "바그너는 내가 가졌던 병증들 중의 하나"(같은 책, 12쪽)였다고 고백한 것이다.

하지만 니체가 《바그너의 경우》를 집필한 의도는 자기극복을 알리고 싶었기 때문이다. 극복해낸 것을 세상에 알리고 싶었기 때문이다. "나의 가장 큰 체험은 병의 치유였다."(바그너, 12쪽). "바그너라는 병에 감사하고"(같은 곳)

싫었기 때문이다. 지금 추신에서 니체는 그 질병에 저항해야만 했던 이유와 함께 그에 따른 비싼 대가를 서술하고 있다. 사랑했던 만큼 저항도 강렬해야만 했다. 늪에 빠졌던 만큼 그곳에서 빠져나오는 노력 또한 대단해야만 했다. 하마터면 죽을 뻔한 치명적인 병이었다. 그래서 "바그너가 해롭다고 주장"(같은 곳)하고 싶었던 것이다.

병에 걸리면 저항해야 한다. 낫고 싶으면 다른 방법이 없다. 건강은 쟁취되어야 한다. 거저 주어지는 선물이 아니다. 힘들면 더 무거운 짐으로 힘을 길러야 한다. 그것이 인생의 진리다. 결국에 가서는 힘들이지 않고도 멋지게 살 수 있는 인생만이 구원의 모습처럼 보였던 것이다. "오, 놀라워라! 아직도 날고 있는가? / 하늘로 솟아오르면서도 날개는 쉬고 있다니! / 무엇이 그를 떠받쳐주는 것일까?"(즐거운, 18쪽) 새에게 바람은 비상의 동력이 된다. 바람이 불면 날갯짓을 하지 않고서도 높이 날 수 있다. 바람을 탈 줄만 알면 쉬면서도 날 수 있다. 알바트로스의 비행 모습을 보면서 니체는 삶의 원리를 깨닫고 있다.

인간의 삶에서 살 만한 가치를 부여하는 것은 무엇일까? 새에게 바람이 있다면 인간에겐 무엇이 있을까? 그 바람에 해당하는 것은 과연 무엇일까? 그것이 바로 질병이 아닐까. 그것이 바로 고통이 아닐까. 염세주의 철학자 쇼펜하우어는 인생 자체를 고통과 동일시했다. 그 고통을 해결하고자 염세주의라는 나약한 길을 선택했던 것이다. 하지만 니체는 저항한다. 오히려 저항 의지를 불태우고자 한다. 염세주의에서 시작했지만 꺼져가던 불씨를 살리고자 애를 썼다.

바그너에 대한 저항은 논리적인 근거가 요구되었던 것은 아니다. "사람들은 마치 질병에 맞서 싸우듯 바그너에게 저항했습니다— 말하자면 근거를 가지고서 저항한 게 아닙니다—사람들은 질병을 논박하지 않으니까요—오히려 그 안에 마치 커다란 위험이 기어다니는 듯 심적 압박감으로, 불신하고, 불쾌해하며, 역겨워하면서 수상쩍은 진지함으로 저항합니다." 그냥 싫다. 본능적으로 싫은 것이다. 말로 설명할 수는 없다. 생철학자에게 인간보다 더 아름다운 것은 없기 때문이다. "어느 것도 아름답지 않다. 인간 외에는."(우상, 158쪽) 아무리 아름답다고 해도 인간보다 아름답지는 못하다는 얘기다. 그것이 허무주의 철학의 근간을 이루고 있는 것이다. 다른 모든 사상은 바로 이 토대 위에 세워져 있을 뿐이다.

그런데 바그너는 딴소리를 하고 있다. 예를 들어《도덕의 계보》에서 니체는 이런 말을 했다. "여기에서 물론 저 또 다른 문제, 즉 저 남성다운(아, 실은 남성답지 못한) '시골 바보', 바그너의 유혹의 수단에 걸려 결국 가톨릭교도가 되어버린 저 가련한 놈, 자연아인 파르지팔이 바그너와 도대체 어떤 관계가 있었는가 하는 문제를 비켜갈 수 없다—뭐라고? 도대체 이 파르지팔이 진지하게 취급된 적이 있었던가?"(도덕, 454쪽) 이제 제발 진지해지자는 것이다. 이 진지함에 대한 요구는 추신을 시작하는 메시지이기도 하다. 바그너의 신화적 진지함에 저항하기 위해 니체는 또 다른 진지함의 감정을 동원한다. 위기감을 동반하는 '역겨움'이다. 위험을 의식한 '구토증'이다.

이념의 강화를 위해서라면 바그너의 음악은 최고다. 말이 많은 음악이기 때문이다. 하지만 생각이 많으면 행동이 방해를 받을 수도 있다. 짐을 너무 많이 실은 마차는 끌고 가기 힘들다. 이때 '음울한 느낌'이 삶을 지배하게 되는 것이다. 발걸음이 무거워질 때 어김없이 우울이 고개를 든다. 그래서 글쟁이들은 감기에 걸렸을 때 글 쓰는 것을 삼가야 하는지도 모른다. 세상을 너무 우울하게만 바라볼 수 있기 때문이다. 물론 저항하기 위해서라면 대환

영이다. '질병과 맞서 싸우기' 위해서라면 말이다.

어쨌거나 말이 너무 많으면 실수도 피할 수 없다.《성경》에도 "말이 많으면 허물을 면하기 어려우나 그 입술을 제어하는 자는 지혜가 있느니라"(잠언 10:19)라고 했다. 말은 논리를 따질 수밖에 없다. 논리에 얽매인 자는 학자는 될 수 있어도 예술가는 될 수 없다. 창작은 논리를 떠나야 하기 때문이다. 그런데 바그너의 예술은 논리 위에 세워져 있다. 그것이 문제인 것이다. 삶을 살 만하게 하기보다는 삶을 구속하려 들고 있기 때문이다.

> 본능이 자신을 합리적으로 만들면 본능은 약해지게 마련입니다; 본능이 자신을 합리적으로 만든다는 사실에 의해 본능은 스스로를 약화시키기 때문이지요. (바그너, 55쪽)

합리적으로 되면 될수록 본능은 약해진다. 공부를 많이 하면 할수록 머리가 커진다. 생각이 많으면 많을수록 행동은 굼뜰 수밖에 없다. 순발력은 많은 생각에서 나오는 게 아니다. 가끔 공부 잘하는 학생들을 앞에 앉혀놓고 꿈이 뭐냐, 희망이 뭐냐고 물어보면 말을 하지 못할 때가 많다. 왜 공부하느냐는 질문에도 선뜻 명쾌한 대답을 내놓지 못한다. 그저 학점을 잘 받으려고! 그러나 이것은 대답이 아니다. 자기가 중심에 선 사고의 결과물이 아니기 때문이다. 이성적 논리의 끝에는 늘 허공에 있음을 깨달아야 한다. 쇼펜하우어가 칸트를 따라갔지만 그 어디선가 더 이상 찾지 못했던 것과 같다. "나는 눈으로 당신을 따라 창공 속으로 들어갔습니다. / 그곳에서 당신은 나의 시야로부터 사라졌습니다."[2] 얼마나 황당했을까? 열심히 따라갔는데 황량한 곳에 홀로 남겨진 그런 느낌 말이다. 니체는 바그너에게서 이런 느낌을 받은 듯하다.

극장 중심으로 이루어지는 구원자에 의한 대중의 구원 사상

바그너의 음악극에는 어김없이 구원이 언급된다. 이성적 존재에게 구원은 신의 개념과 함께 늘 족쇄처럼 따라다닌다. 인간이 머리를 잘라버릴 수 없는 것처럼 신학이나 형이상학은 벗어날 수 없는 학문이 된다. 과학으로 인생의 문제가 해결될 수만 있다면 얼마나 좋으랴. 하지만 인간은 가끔 허무맹랑한 이야기를 통해 느닷없는 행복감을 느끼기도 한다. 아무 상관없는 말 한마디에 사랑 감정을 느끼기도 한다. 항상 우리 곁에 있다는 임마누엘 하나님을 생각하며 황홀해하는 신앙인이 얼마나 많은가. 그가 진정으로 사랑을 한다니 얼마나 행복한 일인가. 생각만 해도 행복하다. 그것이 인간이다. 생각하는 존재의 본 모습이다. 하지만 이것이 또한 인간의 한계를 결정짓기도 한다.

> 바그너 추종자들은 비싼 대가를 치르고 있습니다. 독일인은 바그너에 대한 두려움을 얼마 전에야 비로소 잊었습니다─그로부터 벗어났다는 기쁨이 기회만 있으면 그들을 찾습니다─그런데 결국에 그 옛 감정이 전혀 예기치 않게 다시 등장했던 그 기이했던 상황이 기억나십니까? 그 일은 바그너의 장례식에서 일어났지요. 독일 최초의 바그너 협회의 회원인 뮌헨 사람들은 그의 무덤에 화환 하나를 놓았습니다. 거기에 적혀 있던 "구원자에게 구원을!"이라는 비문은 아주 유명해졌습니다. 이 비문을 받아 적게 했던 고도의 영감에 모두 탄

복했고, 바그너 추종자들이 우선적으로 누리고 있던 취향에 모두 탄복했지요; 그렇지만 많은 사람이 (정말 기이하게도!) 그 비문을 조금 고쳤습니다: "구원자에 의한 구원을!"이라고 말이지요 ─사람들은 안도의 숨을 내쉬었습니다─ (바그너, 55쪽 이후)

두 번째 비싼 대가다. 니체는 바그너의 장례식 때의 일들을 떠올린다. 바그너 추종자들은 그의 무덤에 화환 하나를 가져다 놓았다. "구원자에게 구원을!"이라는 문구와 함께. 바그너에게 구원을 바랐던 것이다. 그런데 사람들은 그 문구를 바꾸었다. "구원자에 의한 구원을!"이라고. 그러면서 사람들은 안도의 숨을 내쉬었다고 한다. 스스로 구원되기를 바라는 마음이 실려버린 것이다. 바그너에 의해 구원받고 싶은 것이다. 바그너의 신격화가 이루어진 것이다. 그가 구원의 주체가 된 것이다. 그의 음악은 성스러운 종교가 되었고 그의 극장은 성지에 세운 교회가 되고 만 것이다.

바그너에게서 구원을 바라는 것 자체가 비싼 대가다. 니체는 그런 의존성 자체를 비판하고 있는 것이다. "나의 방식과 말에 유혹되어 / 나를 따르고 추종하려 하는가? / 오직 너 자신만을 충실히 추종하라 ─ / 그것이 나를 따르는 것이다 ─여유롭게! 여유롭게!"(즐거운, 39쪽) 이것이 니체의 입장이었다. 허무주의가 가르치는 삶의 방향이다. 니체는 결코 추종자를 원치 않았다. 오히려 자기 자신의 인생길을 당당하게 걸어가는 그런 독자를 원했을 뿐이다. "'사나이가 되어라! 그리하여 나를 따르지 말고 너 자신을 따르라! 너 자신을!' 우리의 삶도 우리 스스로에 대해 권리를 지녀야 마땅하다!"(즐거운, 170쪽) 삶도 권리가 있다. 이 말을 하고 싶었던 것이다. 삶은 살 권리가 있다고.

바그너 추종자들은 비싼 대가를 치르고 있습니다. 문화에 미친 그들의 영향에 의거해서 그들을 평가해봅시다. 그들의 운동은 진정 누구를 전면에 내세웠습니까? 그들의 운동은 어떤 것을 점점 더 거대하게 키워냈습니까? ─무엇보다도 먼저 문외한의 오만불손을, 예술에는 백치인 자들의 오만불손을 키워내지 않았습니까. 이것이 이제 협회를 조직하고, 자기네의 '취향'을 관철시키고자 합니다. 이것 스스로 음악과 음악가의 일을 심판하는 판관이 되고 싶어 합니다. 그 운동이 키워냈던 두 번째 것은: 예술에 봉사하는 모든 엄격하고도 고상하며 양심적인 교육을 점점 더 중요하게 생각하지 않도록 했던 것이지요; 그런 교육의 자리를 천재를 향한 신앙이 차지해버립니다. 명료하게 말하자면: 뻔뻔스러운 딜레탕티슴이라는 것이요(─이에 대한 공식이《마이스터징어》에 나와 있습니다). 그들의 운동이 키웠던 세 번째 것은 가장 나쁘기도 한 것으로서: 그것은 극장주의Theatrokratie입니다─. 즉 연극이 우위를 점한다고 믿는, 연극이 제반 예술을 지배하고, 예술을 지배한다고 믿는 난센스를 키웠던 것입니다…. 그런데 연극이 무엇인지에 대해 사람들은 바그너주의자들의 얼굴을 대고 골백번 말해야 할 겁니다: 연극은 언제나 예술의 하부에 있을 뿐이고, 언제나 두 번째 것이며, 거칠게 된 것이고, 대중을 위해 잘 처리되고 잘 위장된 것이라고 말입니다! 이 점에 관한 한 바그너가 바꾸어놓은 것은 아무것도 없지요: 바이로이트는 거대한 오페라이지만─좋은 오페라도 되지 못하고 있으니…. 연극은 취향 문제에 있어서 대중 숭배의 한 형식이고, 일종의 대중 봉기이며, 좋은 취향에 대적하는 국민투표입니다…. 이 점을 바로 바그너의 경우가 입증하고 있습니다: 그는 다수를 얻었습니다─그러나 그는 취향을 망쳐놓았고, 오페라를 위해 우리의 취향 자체를 망쳐놓았던 것입니다! (바그너, 56쪽 이후)

테아트로크라티! 참 말을 잘 만들어낸다. 정치체제를 구별하는 개념으로 아우토크라티Autokratie, 독재정치, 아리스토크라티Aristokratie, 귀족정치, 데모크라티 Demokratie, 민주주의 등이 있다. 여기에 니체는 테아트로크라티라는 말을 만들어 낸다. 극장 관계자들로 구성된 조직체라고나 할까. 그들에 의해 움직이는, 즉 모든 것을 극장을 중심으로 움직이는 그런 조직 말이다. 물론 극장 자체를 문제 삼는 것은 아니다. 고대 그리스의 중심지 아테네에도 아크로폴리스 동남쪽 성벽에는 디오니소스 극장이 있었다. 그곳에서 '비극이 탄생'했다. 민주주의 시대에 피어난 꽃과 같다. 그 향기는 2500년이 지난 지금에도 풍겨나고 있다.

그런데 테아트로크라티는 문제다. 바그너주의자들이 보여주는 행태는 문제라는 얘기다. 예술의 '예'자도 모르는 자가 예술을 평가하려 든다는 것이다. "뻔뻔스러운 딜레탕티슴"이 따로 없다. '문외한의 오만불손', '예술에는 백치인 자들의 오만불손'이 테아트로크라티의 현상이다. 바그너주의자들이 "협회를 조직하고, 자기네의 '취향'을 관철시키고자" 한다. 게다가 그들이 "심판하는 판관이 되고자" 한다. 예술이라는 영역에서는 그 어떤 능력도 없는 자가 "예술을 지배하고, 예술을 지배한다고 믿는 난센스"를 보여주고 있을 뿐이다.

"바이로이트는 거대한 오페라이지만—좋은 오페라도 되지 못하고 있으니…." 이 말은 초기의 어감과는 전혀 다르다. "지금 바이로이트에서 일어나고 있는 것은 혁명이다. 즉 스스로 심미적으로 느끼는 것과는 거리가 먼 새로운 힘의 구성이다."(유고6, 405쪽) 초기의 발언에는 희망이 실려 있었다. 하지만 후기의 어감에는 그저 실망이 실려 있을 뿐이다. 테아트로크라티는 아마추어들의 예술 향유에 불과하다. 그것은 "대중 숭배의 한 형식이고, 일종의 대중 봉기이며, 좋은 취향에 대적하는 국민투표"에 지나지 않는다.

키르케로서의 음악, 유혹해서 지치게 하는 개를 조심하라

음악의 힘은 헤라클레스적이라 했다. 그 힘이 해방시켜주는 것이 거인이다. 거인의 정신은 신의 종족 따위는 안중에도 없다. 프로메테우스는 쇠사슬을 끊어내고 마침내 자유를 얻었다. 그는 자유정신의 상징이다. 이제 사는 것만이 남아 있을 뿐이다. 삶만이 존재의 문제다. 자기 뜻대로! 신의 뜻대로가 아니라! 거인의 삶의 방식은 허무주의가 원하는 방식이다. 자기 삶에 주인이 되어 사는 것이다. 그런데 바그너의 음악은 자기중심적으로 살지 못하게 한다. 외부에 귀를 기울이게 한다.

> 바그너 추종자들은 비싼 대가를 치르고 있습니다. 그들이 정신을 어떻게 해버렸습니까? 바그너가 정신을 해방시킵니까?—바그너에게 독특한 것이란 전부가 다 애매성이고 이중 의미이며 무엇을 위해 설득되었는지 알게 하지 않은 채 무지를 설득시키는 것이지요. 이로써 바그너는 대단한 기술을 갖춘 유혹자인 것입니다. 바그너의 예술은 정신적인 것 중 지쳐 있는 것, 죽어버린 것, 삶에 위협적인 것, 세계 비방적인 것은 모두 비밀리에 보호하고 있습니다—이것이 그가 이상이라는 빛의 장막 안에 감추어둔 가장 비열한 반계몽주의입니다. 그는 온갖 허무주의(—불교적인) 본능에 아첨하며, 이 본능을 음악으로 꾸며냅니다. 그는 그리스도교 정신 전부에, 데카당스의 종교적인 모든 형식에 아첨을 합니다. 귀 기울여 들으십시오: 황폐해진 삶의 토양 위에서 자라난 모든 것, 초

월과 피안이라는 날조된 모든 것은 바그너의 예술에서 가장 고상한 후원을 받습니다. […] 그 후원은 정신을 다시 허약하게 하고 지치게 만들어버리는 감성을 설득하면서 이루어지지요. 키르케로서의 음악…. 이런 면에서 바그너의 마지막 작품은 그의 최고 걸작이라 할 것입니다. 〈파르지팔〉은 유혹하는 기술이라는 점에서 영원히 자기의 서열을 고수할 것입니다. 유혹하는 탁월한 행위로서…. […] 이 점을 이해할 수 있습니까? 말하자면 건강과 밝음이 그늘로 작용하는 것을? 거의 이의제기로 작용하는 것을?…그 정도로 우리는 이미 순진한 바보들이 되어 있습니다…. 숨을 막을 듯한 성직자적인 향기를 사용하는 데 그보다 더 뛰어난 대가는 한 번도 없었습니다— […] 그대들의 정신을 쇠잔시키고, 그대들의 남성다움을 장미 숲 아래에서 잊게 하는 데 이보다 더 기분 좋은 방법을 어디서도 발견하지 못할 것입니다…. 아아, 이 늙은 마술사! 이 클링조르 중의 클링조르! 그런 수단을 가지고 그는 우리에게 어떻게 싸움을 거는지! 우리, 자유정신들에게! […] 여기서 유혹당하지 않기 위해서는 사람들은 냉소자가 되어야 하고, 여기서 숭배하지 않기 위해서는 물어뜯을 수 있어야 합니다. 자! 늙은 유혹자여! 냉소자가 네게 경고한다— 개를 조심하라Cave canem….

(바그너, 57쪽 이후)

카베 카넴, 개를 조심하라! '바그너의 경우'에 대비하는 최고의 문장이 아닐까. 너무 긴장하거나 심각하게 받아들이면 유혹의 기술에 말려들 수 있다. 이 기술에 저항하기 위해 냉소자가 되어야 한다. 때로는 개처럼 물어뜯을 수도 있어야 한다. 공격이 최선의 방어라 했다. 자유정신을 지키기 위한 것이라면 무엇이든 해낼 수 있는 준비를 갖추고 있어야 한다. 거기에는 양심이 끼어들 필요가 없다.

카베 카넴, 개를 조심하라! 내가 개다. 물어뜯는 사나운 개다. 자기 영역을 목숨 걸고 지키려는 개다. 도둑처럼 다가오는 모든 것에 경계의 끈을 늦추지 않는 개다. 예수도 도둑처럼 오겠다고 일러주었다. "내가 도둑같이 이르리니 어느 때에 네게 이를는지 네가 알지 못하리라."(요한계시록 3:3) 믿는 자가 늘 깨어있어야 하듯이 허무주의의 개도 늘 깨어 있어야 한다. 그래서 개의 본성을 일깨워야 한다. 사나운 눈빛과 날카로운 이빨을 드러내고 으르렁대야 한다. 할 말이 있다면 그저 카베 카넴만 외치면 된다. 자기 자신이 잔인한 개라는 사실을 일깨워주면서 말이다.

자기 자신이 개다. 허무주의의 개 의식은 퀴닉학파의 "키온kyon"⁴과는 성질이 다르다. 후자가 금욕적인 자세로 스스로를 구속하는 경향이 짙다면, 후자는 스스로 '나는 개다'라는 말로 암시를 주며 공격 준비를 갖춘 존재다. 허무주의 철학을 배워서 나아가야 할 길이 자기 자신에게로 향하는 길이라 했다. 그 길이 바로 이 개의 길이다. 자기 자신을 위한 양심으로 무장한 개다. 하지만 도덕과 전쟁을 선포한 개다. 도덕적인 성스러움, 배타적인 근본주의적인 정신, "나는 스스로 있는 자이니라"(출애굽기 3:14)고 자처하는 신을 믿으며 스스로는 자만에 빠진 말에 귀를 닫으며 다른 귀를 여는 개다. 자기 의지가 결여된 상태에서 정의라 불리는 감정은 모두 파괴시키고 나서야 직성이 풀리는 개다. 정답이라 군림하는 권위에 도전하는 개다. 대지를 헛된 것으로 만들고 하늘을 천국으로 만드는 모든 본능에 구토증을 느끼는 개다.

키르케로서의 음악, 유혹의 기술로 교묘하게 위장한 음악, 삶을 황폐하게 만들고 정신을 허약하게 하고 지치게 만드는 음악, 온갖 세기말적 증상의 누더기를 걸치고 있는 음악, 병에 걸려 창백한 얼굴을 하고 있는 모든 데카당스의 종교적 형식에 아첨하는 음악, 현실을 외면하고 초월과 피안이라는 날조된 모든 것을 주목하도록 설득하는 음악, 건강을 질병으로 해석하고 밝음을 그늘로 보여주는 음악, 모든 삶의 가치를 뒤바꾸는 음악, 우리 모두를 순진한 바보로 만들어버리는 음악, 성직자적 향기로 숨이 막히게 하는 음악, 남성성을 잊게 하는 음악, 남의 눈치나 살피게 하는 프로테우스Proteus로서의 여성성에 적응하게 하는 음악, '순수한 바보'나 '순결'을 강요하는 음악, 이 모든 것이 바그너 음악에서 발견되는 특성들이다. 이런 음악과 직면해 허무주의는 사나운 개로 변신을 도모한다.

니체는 바그너가 시도하는 모든 유혹에 불쾌한 감정을 드러낸다. 게다가 그는 이런 유혹의 기술이라는 측면에서 볼 때 바그너의 마지막 작품 〈파르지팔〉이 단연 최고라고 꼽고 이에 대해 가장 강력하게 저항한다. 예수의 피를 담아둔 성배를 지키는 기사 이야기; 십자가 위에 매달린 예수의 옆구리를 찔렀다는 성창을 운운하는 기독교적 전설과 신화; 신에 대한 봉사를 통한 인간 정신의 정화; 죄지은 인간에 대한 신의 자비와 사랑; 초월, 피안, 구원 등의 말로만 설명될 수 있는 형이상학적 개념으로 세워진 종교적 내세관, 음악가 바그너의 말년을 장식했던 이 모든 영감에 대해 니체는 개처럼 저항한다.

《선악의 저편》에서 니체는 "내가 '만년의 바그너'와 그의 파르지팔 음악에 반대하고자 함"(선악, 267쪽)을 시의 형식을 빌려 밝힌 적이 있다. 몇 구절만 인용해보자. "목사처럼 손을 벌리는 이 태도", "향 피우는 연기와 향내 풍기는 이러한 관능의 자극", "멈추고 넘어지고 비틀거리는 것", "불확실하게 땡땡하며 울리는 종소리", "수녀들의 추파, 아베마리아 기도 시간을 알리는 종소리", "이 모든 거짓된 황홀에 싸여 있는 천국과 천국 저편" 등이 전하는 허무주의적인 목소리가 들리는가?《도덕의 계보》에서는 "리하르트 바그너

같은 예술가가 만년에 순결에 경의를 표하고 있다면", 그것은 "금욕주의적 이상"(도덕, 452쪽)을 의미한다고 주장했다. "여기에서 물론 저 또 다른 문제, 즉 저 남성다운(아, 실은 남성답지 못한) '시골 바보', 바그너의 유혹의 수단에 걸려 결국 가톨릭교도가 되어버린 저 가련한 놈, 자연인인 파르지팔이 바그너와 도대체 어떤 관계가 있었는가 하는 문제는 비켜갈 수 없다— 뭐라고? 도대체 이 파르지팔이 진지하게 취급된 적이 있었던가?"(같은 책, 454쪽) 없었다! 니체는 자기 자신이 겨우 이 문제를 거론하고 있을 뿐이라고 평가한다.

〈파르지팔〉에 등장한 인물들, 즉 남성다움을 상실한 영웅과 창조의 힘을 상실해버린 기형적인 여성 앞에서 니체는 고개를 절레절레 흔든다. "남성다움을 장미 숲 아래에서 잊게 하는 데 이보다 더 좋은 방법을 어디서도 발견하지 못했기" 때문이다. 반대로 니체는 노력하는 인간을 좋아했다. 괴테도 노력한 대가로 죽을 때까지 방황했던 인물 파우스트를 이상형으로 제시했다. 그가 파우스트를 통해 보여주고자 했던 것은 진정한 구원이란 남성성이 끝까지 삶을 지배해줄 때 실현된다는 메시지였다. 그래서 "인간은 노력하는 동안 방황한다"와 "영원히 여성적인 것이 / 우리를 이끈다"는 말은 휴머니즘 정신과 고전주의의 이념을 대변하는 문구가 되었던 것이다.

니체에게 남성성은 놀이 본능과 연결된다. "진정한 사내는 두 가지를 원한다. 모험과 놀이가 그것이다."(차라, 109쪽) 또 그의 남성성은 자기 자신에 대해 당당한 입장과 연결된다. "사나이가 되어라! 그리하여 나를 따르지 말고 너 자신을 따르라! 너 자신을!"(즐거운, 170쪽) 남성적인 측면이 강화되면 될수록 여성성은 그것을 더욱 강하게 구원해준다는 논리다. 구원은 강자의 것이라는 얘기다. 게다가 대지와 바다는 영원한 여성성과 맞물린다. 그 한가운데서 인간은 진정한 휴식을 취한다. 그곳이 진정한 천국이다. 차라투스트라의 말을 인용하며 잠시 주의를 환기시켜보자. "더 이상 머리를 천상적인 사물의 모래에 파묻지 말고 당당히 들라는 것이다. 이 대지에 의미를 부여하는, 지상의 머리를 말이다!"(차라, 48쪽) "그러나 우리에게는 하늘나라에 들어갈 생각이 전혀 없다. 우리 성숙한 어른이 되었으니. 우리는 이제 지상의 나라를 원한다."(차라, 519쪽) 허무주의가 들려주는 목소리다.

기독교적 구원 사상이나 신이 형상으로서의 예수에 대한 반감은 초기 사상부터 등장했다. "예수는 우리 시대에서는 결코 정신병원을 피할 수 없는 광신자로 묘사될 수 있으며, 예수의 부활에 관한 이야기는 '세계사적 사기'로 불릴지도 모른다."(반시대 I, 225쪽). "신이 존재한다고 주장하는 신부들의 잘못된 주장을 사람들은 얼마나 좋아하는가."(인간적 I, 126쪽) 초월과 피안 같은 내세관은 니체의 철학과 상종할 수가 없다. 그 모든 것은 오로지 허무함으로 맞서고 있을 뿐이다. 그의 철학이 그래서 허무주의라 불리고 있는 것이다.

삶의 토양을 황폐하게 하는 최대의 원인은 취향의 부패다. 욕망을 썩게 만든 모든 것이다. 니체는 욕망의 불을 끄고자 하는 '데카당스의 종교적 모든 형식'에 저항하고자 한다. 이 세상의 모든 것을 병들게 하는 그 원인에 반기를 드는 철학이 허무주의 철학이다. '여기'가 아니라 '저기'서 가치를 찾으려 하는 모든 것에 불편한 감정을 드러내고자 한다. 감각을 무시했던 플라톤의 철학처럼 바그너의 음악도 모든 감각을 무디게 만들고 있다는 데서 니체는 삶에 해로운 가장 위험한 요소를 발견하고 있다. 그의 음악 속에는 마치 미궁 속에 괴물 미노타우로스가 숨어 있는 듯하다고 느낀 것이다. 그래서 개처럼 늘 깨어 있고 조심하라고 권고하고 있는 것이다.

바그너 추종자들은 비싼 대가를 치르고 있습니다. 나는 오랫동안 바그너라는 전염균에 방치되어 있던 젊은이들을 관찰했습니다. 그 첫 번째의 비교적 악의 없는 효과는 취향의 '부패'입니다. 바그너는 알코올을 지속적으로 사용하는 것 같은 효과를 냅니다. 무감각하게 만들고, 위에는 점액이 차게 합니다. 특별한 효과는: 리듬 감각의 퇴화입니다. […] 정말 훨씬 더 위험한 것이 개념의 타락인 것입니다. 젊은이는 천치가 되어버립니다─ '이상주의자'가 되어버립니다. […] 가장 섬뜩한 것은 물론 신경의 타락입니다. […] 아아, 이 늙은 도적! 그는 우리에게서 젊은이들을 약탈해가고, 심지어는 우리의 여인네들까지 약탈해 자기 동굴로 끌어가버리는 것입니다…. 아아, 이 늙은 미노타우로스! 그가 우리에게 무엇을 잃어버리게 했던가! 매년 사람들은 가장 아름다운 처녀들과 청년들의 행렬을 그의 미궁 속으로 이끌어갑니다! 그가 그들을 삼켜버리도록 ─ 매년 전 유럽이 '크레타 섬으로! 크레타 섬으로!'라는 노래를 부르는 것입니다….

(바그너, 59쪽 이후)

고대 그리스의 비극을 연구하다가 니체는 영혼의 곡소리를 들었다. "옛날 티베리우스 시대에 그리스 뱃사람들이 어느 절해고도에서 '위대한 판Pan은 죽었다'라고 애절하게 외치는 소리를 들었듯이, 이제 그리스 세계에 고통에 찬 통곡이 울려 퍼진다. '비극은 죽었다! 시 자체도 그와 함께 사라졌다! 물러나라, 너희 보잘것없는 빈약한 아류들아! 저승으로나 가라! 그곳에선 옛날 거장들이 남긴 빵 부스러기를 실컷 먹을 수 있을 것이다!'"(비극, 89쪽) 바그너의 음악극은 고대 그리스의 비극과 비교하면 정반대의 원리로 움직이고 있다. 그래서 그것이 들려주는 소리도 정반대의 것이다. 생명력을 강화하기보다는 약화하는 쪽으로 나아간다. 대지에 발을 붙이게 하기보다는 하늘나라를 동경하게 만든다. 그의 극 자체가 미궁이다. 바그너주의자들은 그를 따라 미궁 속으로 자꾸만 빠져들어가고 있다.

바그너는 그렇게 우리의 젊은이들을 약탈해간다. '가상현실'에 갇혀 살게 한 것이다. 미궁이 있는 크레타 섬으로! 또 자기 동굴 속으로! 그는 자신의 유혹의 기술로 젊은이들을 점염시켰다. '바그너라는 전염균'은 치명적이다. 삶에 해롭기 때문이다. 그 병균은 젊은이들을 결국 원하는 게 없다고 말하는 '순진한 바보'로 만들고 만다. 자기가 원하는 것조차 신의 뜻으로 무장한 그런 의존적인 인간을 만들고 만다. 취향을 상실한 바보가 되어 구원만을 바라는 병자가 되고 만다. '취향의 부패', '리듬 감각의 퇴화', '개념의 타락', '신경의 타락'은 악순환처럼 물고 물린다. 욕을 해보면 안다. 그 말이 전하는 감각이 어떤지를. 또 정반대로 좋은 말을 해보면 안다. 그것이 얼마나 가슴 설레게 하는지를. 그런데 그 가치가 모두 뒤바뀌어 있다면 어떻게 해야 할까? 니체는 대답한다. 허무주의를 받아들이라고.

문제를 지적하는 진의에 대한 오해를 걱정하는 마음

니체는 참 걱정이 많다. 그동안, 아니 평생을 거쳐 써놓은 저서들이 오해를 받지나 않을까 걱정을 하는 것이다. 또 지금 쓰고 있는 이《바그너의 경우》조차 오해를 하지 않을까 싶어 또다시 '두 번째 추신'을 붙인다. 하나의 추신으로는 부족하다고 느꼈던 것이다. "내 편지가 오해받을 처지에 놓여 있는 것 같습니다."(바그너, 61쪽) 이것이 이 두 번째 추신의 첫 문장이다. 도대체 무슨 오해를 걱정하고 있는 것일까? 바그너를 바라보는 우리의 오해는 과연 무엇일까? 아니, 니체와 바그너의 관계에 대한 오해는 또 무엇일까? 또 니체에 대한 오해는 무엇일까? 도대체 니체가 걱정하는 것은 무엇일까? 두 사람을 중심으로 도는 태풍이 느껴진다.

바꾸어 말하면 니체는 이해를 받고 싶은 것이다. "나는 이해받고 싶습니다.", "나의 말은 한마디도 더 이해받지 못하고 있습니다."(바그너, 61쪽) 이것이 그의 현실 인식이기 때문이다. 그 누구도 "신은 죽었다"는 그의 말을 제대로 들어주지 못하고 있다. 그 누구도 허무주의 사상을 제대로 이해해주지 못하고 있다. '신'과 '허무'라는 단어를 아직도 낯설어하고 있다. 니체를 아는 것도, 모르는 것도 아닌 어정쩡한 독자가 되어 있다. "어떤 얼굴에는 감사의 주름이 나타나기도 합니다; 심지어 나는 겸손한 환호성까지도 듣고 있습니다."(같은 곳) 고맙다고 말하는 독자들, 그의 손짓에 환호하는 독자들까지 만났지만 그래도 마음을 놓을 수가 없다. 왜냐하면 그들조차 오해의 여지를 품고 있기 때문이다.

니체는 간절하다. 자신의 철학이 이해되기를 바라지만 아직도 그의 생각을 따라주는 독자는 단 한 명도 없는 상황이다. 현대인은 여전히 현대 속에 갇혀 있다. 안에서 밖을 내다보기란 쉽지가 않다. 자신의 한계가 어딘지 제대로 보이지도 않는다. 니체는 고독하게 사막을 걷고 있는 것 같은 느낌을 받는다. 외롭기 짝이 없다. 너무 외로워서 뒤로 걸어야 할 정도라고나 할까. "그 사막에서 그는 / 너무 외로워 / 때로는 뒷걸음질로 걸었다. / 자기 앞에 찍힌 발자국을 보려고."[5] 외로워도 너무 외롭다. 독자를 만나지 못한 작가의 마음을 헤아릴 수나 있을까. 마실 물 한 방울 없는 바다에서 항해를 하고 있는 듯한 삭막한 느낌 말이다. 그래서 이해에 대한 갈증이 크게 다가오는 것이다.

나는 독일인에게 그들이 가지고 있는 책 중 가장 심오한 책을 주었습니다—
독일인이 그 책을 한마디도 이해하지 못하는 데 대한 충분한 이유가 되지요….
내가 이 글에서 바그너에게 싸움을 걸면서—이에 덧붙여서 독일적 '취향'에
싸움을 걸면서—, 내가 바이로이트의 백치병에 대해 신랄한 말들을 하면서,
가장 원하지 않았던 것은 다른 음악가들에게 축제를 열어주는 것이었습니다.
바그너에 대적하는 다른 음악가는 고려 대상이 아닙니다. 전체적인 상황은 전
반적으로 열악하고, 퇴락이 일반적입니다. 병이 깊어 있습니다. (바그너, 61쪽)

니체가 《바그너의 경우》를 집필한 데는 두 가지 이유가 있었다. 첫째는
"바그너에게 싸움을" 걸고 싶었다. 둘째는 바그너를 공격하는 다른 음악가
의 편에 서고 싶지 않았다. 니체의 이 말을 곱씹어야 한다. 한참을 머물러 있
어야 한다. 내가 싫어하는 자를 누군가가 비난한다고 해서 그자가 내 편이
라고 착각하지 말라는 것이다. 이분법의 논리 속에 니체를 가두어놓지 말라
는 얘기다. 니체는 분명 바그너와 대립을 하고 있기는 하지만 그렇다고 바
그너를 비판하는 자들에 속해 있는 것은 결코 아니라는 것이다. 바그너나
바그너주의자들 또 그를 비난하는 자들 모두 니체의 눈에는 다 똑같다. 무
엇이 진짜 문제인지 인식도 하지 못한 채 먹살잡이를 하고 있는 것이나 다
름없어 보이기 때문이다.

《바그너의 경우》에서 바그너라는 음악가의 문제를 다룬다고 해서 그를
비난하는 "다른 음악가들의 축제를 열어주는 것"은 결코 아니라는 사실을
반드시 염두에 두어야 한다. 이것이 니체가 이 편지를 쓰게 된 가장 큰 이유
일 것이다. 오해를 받고 싶지 않아서. 그런 오해를 결코 하지 말라는 의도에
서. 니체가 누누이 당부했던 것이 바로 이것이기 때문이다. 그는 "바그너에

대적하는 다른 음악가는 고려 대상이 아닙니다"라고 선을 그었다. 그들의
입장을 옹호하거나 반대하는 것조차 의미 없음을 밝히고 있다. 그들에 대해
서는 관심도 없다는 것이다. 바그너 대 바그너 반대자라는 식으로 이분법으
로 바라보지 말라는 것이다. 니체는 이런 싸움에 휘말리고 싶지 않은 것이
다. 자신의 책이 바그너에 대한 싸움에 이용되기를 바라지 않고 있는 것이
다. 한마디로 자기를 이용하지 말라는 것이다.

　바그너 음악은 구원을 이야기하고 있다. 니체는 구원 사상 자체를 비판하
는 게 아니다. 구원이라는 개념이 선사해주는 바는 분명 있다. 사랑이라는
개념이 가져다주는 향기가 분명 존재한다. 말을 하며 살아야 하는 존재에게
말이 가지는 의미는 어쩌면 전부일지도 모를 일이다. 하지만 구원도 어떤
구원이냐에 따라 문제가 달라지고 만다. 니체가 인정할 수 없는 구원이기
때문에 그 구원의 반대편에 서고자 하는 것이다. 부제목에서 밝혔듯이 그
는 바그너에게서 문제를 발견한 것이다. 그런데 바그너를 비판하는 사람들
은 전혀 다른 문제로 싸우고 있다. 예를 들어 바그너는 달을 가리키고 있는
데 사람들은 그 달을 가리키고 있는 손가락을 문제 삼고 있을 뿐이기 때문
이다. 니체는 그 달의 문제에 대해 논하고자 할 뿐이다. 그 달이 진리가 아니
라 그 달을 보고 진리라고 말하는 우리가 문제임을 밝히고자 할 뿐이다. 〈수
월관음도水月觀音圖〉에서 아무도 관심을 써주지 않던 그 귀퉁이의 동자에 관심
을 쏟고자 하는 것이다.[6] 그가 관세음보살을 바라보며 뭔가를 깨달은 바가
있듯이 니체의 독자도 그의 글을 통해 뭔가를 진정으로 깨달아주기를 바라
는 것이다.

　니체가 바그너라는 음악가를 문제로 인식한 것은 간단하다. "그렇지만 바
그너는 전체였습니다; 그렇지만 바그너는 전체적으로 타락했습니다."(바그너,

62쪽) 이것을 말하고자 했던 것이다. 그가 현대 음악의 시작을 알렸지만 그가 또한 세기말적 증상을 껴안고 있다는 지적인 것이다. 데카당스! 타락, 퇴폐, 허약함, 창백함, 의존적 자세, 병적 증세, 바그너 음악이 품고 있는 이런 것들을 니체는 거침없이 폭로하고자 한다. 단지 그것이 전체적인 증상이다보니 아무도 그 증상을 제대로 깨닫지 못하고 있다는 데 또 다른 문제가 있을 뿐인 것이다. 오해의 문제가 바로 거기에 있다는 것이다.

현대인 모두가 병들어 있다. 삶을 너무 힘들어한다. 행복을 전혀 다른 곳에서 찾고 있다. 늘 행복은 저 멀리 있다고 판단한다. 삶에 대한 '취향'을 상실하고 '바이로이트의 백치병'에 걸려버린 것이다. 순수한 바보가 되어 하늘만 바라본다. 순결을 입에 담으며 허공 속에서 사랑을 찾는다. 고속도로에서 눈을 감고 운전하는 듯한 꼴이다. 삶이 얼마나 위험한 곳인데 이러고 있는 것일까. 니체는 걱정이 태산이다. 이런 세상에서 자기 철학을 이해나 해줄까. 의심은 커져만 간다. 모두가 백치병에 걸려 있기 때문이다.

바그너라는 이름이 음악을 붕괴시킨 이름이라고 하더라도, 그가 음악 붕괴의 원인 제공자는 아닙니다. 그는 단지 속도를 가속시켰을 뿐입니다—물론 그의 방법은 사람들을 놀라게 해서 거의 갑작스럽게 아래쪽으로, 심연을 향해 서게 했지만요. 그는 데카당스의 단순성을 지니고 있었습니다: 이것이 그의 탁월한 점입니다. 그는 데카당스를 믿었고, 데카당스의 어떤 논리 앞에서도 머무르지 않았습니다. 다른 사람들은 우물쭈물했는데 말이지요. —그들을 구분하는 것은 바로 이 점일 뿐, 그 외의 다른 구분점은 없습니다! (바그너, 62쪽)

바그너는 모든 것을 간단하게 보여주는 재능을 지니고 있다. 그는 삶의 복잡한 이야기들을 간단하게 서술할 수 있는 기술을 터득하고 있는 음악가였다. 하지만 그가 보여주는 모든 것은 '데카당스의 단순성'이라는 비판을 피할 수 없다. 모든 게 하나같이 썩었다. 모든 게 부패했다. 삶의 양식은 하나도 존재하지 않는다. 음악이 붕괴되었다. 음악이 제 역할을 하지 못하고 있다. "음악 없는 삶은 하나의 오류다."(우상, 83쪽) 현대인은 음악을 상실한 존재다. 모두가 오류의 삶을 살고 있다.

바그너는 신앙을 무대 위에 올려놓았다. '무대봉헌축제극'이라는 이름으로. 제사를 지내고자 했다. 예배를 드리고자 했다. 신을 위한 찬양가를 부르고자 했다. 신 앞에 무릎을 꿇고 죄를 고백하며 눈물을 흘리고자 했다. 그곳에는 인간적인 것이 완전히 배제되어 있었다. 현상적인 의미에서의 삶의 가치는 철저히 빠져 있었다. 바그너는 확신에 차 있었다. "그는 데카당스를 믿었고, 데카당스의 어떤 논리 앞에서도 머무르지 않았습니다." 그는 거침이 없었다. 데카당스를 향해서라면 목숨까지도 바치고 싶었던 것이다. 순진한 바보가 그래서 필요했던 것이다. 눈을 뜨고도 사물을 제대로 인식하지 못하는 그런 바보를.

무대는 "황폐해진 삶의 표현으로서의 세련됨"(바그너, 62쪽)만이 지배한다. 대지를 천국으로 삼으려는 의지는 온데간데없다. 물론 니체의 허무주의도 신앙을 필요로 한다는 사실을 망각해서는 안 된다. 다만 그는 대지가 천국임을 선언했을 뿐이다. "새 신앙인의 천국은 물론 지상의 천국이어야 한다." (반시대 I , 205쪽) 오로지 삶을 위한 철학이 허무주의 철학이다. 운명이 있다면 그 또한 사랑하자고 가르치고 있다. 잊었을까 싶어 또 한 번 인용해본다. 반복이 최선이니까. "인간에게 있는 위대함에 대한 내 정식은 운명애다: 앞으로도, 뒤로도, 영원토록 다른 것은 가지기를 원하지 않는다는 것. 필연적인 것을 단순히 감당하기만 하는 것이 아니고, 은폐는 더더욱 하지 않으며—
모든 이상주의는 필연적인 것 앞에서는 허위다—. 오히려 그것을 사랑하는
것…."(이 사람, 373쪽) 삶은 좋은 것이다. 삶은 사랑해야 한다. 견디는 것만으로
충분한 것은 결코 아니다.

낙천주의적 노예도덕과 허무주의적 주인도덕

허무주의 철학이 낙천적인 데가 있다면 그것은 오로지 삶뿐이다. 삶이 희
망의 대상이다. 살기 위해 허무를 견디고 있을 뿐이다. 경우에 따라서는 그
허무조차 사랑하면서. 먼지 속에서 살아도 그것이 삶이라는 사실을 인식하
는 것이 의미 있는 일임을 가르치고자 할 뿐이다. '두 번째 추신' 다음에 '후
기'가 있다. 편지는 여전히 이어진다.《바그너의 경우》는 아직도 끝나지 않
았다. 하지만 이 '후기'가 정말 마지막이니 호흡을 가다듬어보자.

> 숨을 돌리기 위해, 개인들의 가치에 대한 온갖 물음이 정신에 대해 판결내어버
> 린 그런 협소한 세계에서 한순간만 빠져나가보자. 한 철학자는 그토록 오랫동
> 안 '바그너의 경우'를 다루고 난 다음, 손을 씻고 싶은 욕구를 느낀다—이제
> 나는 현대에 대한 내 생각을 내놓겠다.—모든 시대는 자신이 가지고 있는 힘
> 에 의거해 그 시대에 허용할 수 있는 덕과 금지해야 하는 덕 또한 결정한다. 한
> 시대는 상승하는 삶의 덕들을 가지거나: 이러면 그 시대는 하강하는 삶의 덕들
> 에 맞서 가장 근본적인 이유를 가지고 저항한다. 아니면 그 시대 자체가 하강
> 하는 삶이다—이러면 그 시대는 하강하는 덕들을 필요로 하고, 충만과 힘의

넘침으로부터만 정당화되는 모든 것을 증오한다. 미학은 이러한 생물학적 전제들과 떼려야 뗄 수 없게 결합되어 있다: 그래서 데카당스 미학이 있고, 고전적인 미학이 있으며 —'미 그 자체'라는 것은 관념론 전체가 그렇듯이 하나의 망상이다. —소위 말하는 도덕적 가치라는 좀 더 작은 영역에서는 주인도덕과 그리스도교적 가치 개념을 가진 도덕과의 대립보다 더 큰 대립은 찾아낼 수 없다; 후자는 철두철미하게 병든 토양에서 자란다. (바그너, 66쪽)

니체는 현대 철학을 연 대표적인 현대 철학자다. 근대를 종식시키고 현대를 시작한 철학자다. 하지만 그의 철학은 현대 자체를 평가하고 있다. 니체의 허무주의 철학은 현대를 다루고 있지만 거기서 이미 현대는 문제로 인식되고 있다는 사실을 깨달아야 한다. 현대는 결코 최선이 아니다. 모든 순간은 시작인 동시에 끝이라는 것이다. 끝을 보느냐 시작을 보느냐는 관점의 차이일 뿐이다. 끝이 보일 때 현대는 그저 극복의 대상이 될 뿐이다. 그래서 니체는 제안한다. 숨을 돌리기 위해 한순간만이라도 우물 안 개구리와 같은 시야를 벗어던지고 좀 더 넓은 시야를 확보해보자고. 좀 더 높은 곳에서 사물을 내려다볼 수 있는 시야만 확보하면 모든 것은 봐줄 만하다. 그것이 삶이라는 현장의 묘미다. 책상 앞에 앉아 책만 바라보지 말고 창문 밖도 한 번 바라보자. 바깥세상이 온 정성을 다해 읽어야 할 진정한 책이라는 사실을 제발 좀 인식해보자. 니체가 바라는 것이 바로 이것이기 때문이다.

이성으로는 한순간에 먼 우주까지 간다지만 그 이성이 만들어내는 공간은 그저 '협소한 세계'에 불과하다. 한 번은 태초를, 또 한 번은 종말을 생각할 수 있는 게 인간이다. 이성이 생각하는 세상의 끝은 광활하기도 하겠지만 그 세상에 갇힌 정신은 옴짝달싹할 수도 없는 구속된 정신에 지나지 않는다. 이성적 존재로 살아야 하는 존재는 그 이성의 대가가 되어야 한다. 이성은 분명 최고의 무기다. 인간을 인간답게 해주는 최고의 무기 말이다. 하지만 그것이 흉기가 되지 않도록 훈련을 해야 한다. 자기 자신을 해칠 수 있는 것이 되면 안 된다. 정말 지양해야 할 일이다.

이성적으로 존재하기 위해 이성의 주인이 되어야 한다. 이성은 도구에 지나지 않는다는 사실을 이제 깨달아야 한다. 1 더하기 1은 2! 이것은 분명 이성적인 대답이다. 하지만 그 1에 해당될 수 있는 내용은 무한하다는 사실을 깨달아야 한다. 인간은 분명 생각하는 존재다. 하지만 그 생각이 자기 삶을 옭아매는 일이 없도록 해야 한다. 자기 주변에 선을 그어놓고 스스로 그 안에 갇혀버리는 그런 어처구니없는 일은 없어야 한다. 신년이 되면 다이어리를 사는 게 당연하다. 하지만 그것 하나로 평생을 계획하고 기록할 수는 없다. 때가 되면 망년忘年을 해야 하고 또 다른 시작에의 의지를 다져야 한다.

'무엇을 하자'고 다짐할 때의 미덕이 있다. 반대로 '무엇을 하지 말자'고 다짐해야 할 때도 있다. 시간과 공간의 원리 속에서 살아야 하는 인생은 늘 그 무엇에 대해 고민을 해야 한다. 하지만 그 무엇이 삶의 짐이 되지 않도록 조심해야 한다. 그 무엇이 상처의 원인이 되지 않도록 주의해야 한다. 오히려 그 짐을 지고도 멋진 춤을 출 수 있는 힘을 길러야 한다. 아픔도 꽃이 되도록 해야 한다. 그것이 허무주의가 바라는 바다. 목숨을 걸고 그 힘을 기르는 연습에 임해야 한다. "삶의 사관학교로부터 — 나를 죽이지 않는 것은 나를 더욱 강하게 만든다."(우상, 77쪽) 허무주의 철학이 뭐냐고 묻는 자를 만나면 들려줄 문구다. 삶의 현장은 분명 전쟁터다. 그 살벌한 전쟁터에 발을 들여놓기 전에 훈련소를 반드시 거쳐야 한다. 이 허무주의라는 철학에서 살아남는 훈련을 배워야 한다.

무엇이 아름다울까? 영원한 '미 그 자체'라는 게 존재할까? 허무주의 사상 앞에 영원한 것은 하나도 없다. 아름다움 그 자체는 없다. 그저 아름다운 것이 존재할 뿐이다. 무엇이 아름다운지는 때와 장소를 달리하며 달라질 뿐이다. 시간과 공간의 원리 속에서 영원히 변하는 모습으로 나타나고 사라질 뿐이다. 이 세상의 모든 것은 생멸이라는 원리로 진행되고 있을 뿐이다. 생멸! 이 단어 앞에서 오랜 시간 명상에 잠겨야 할 일이다. 싯다르타는 생로병사라는 말로 6년을 금욕고행했다는 사실을 잊지 말자.

세상은 오고 간다. '세상 그 자체'도 없다. 미학에도 '데카당스 미학이 있고, 고전적인 미학'이 있다. 구역질을 유발하는 미학이 있고 식욕을 돋우는 미학이 있다. 인간적이지 않은 미학이 있고 인간적인 미학이 있다. 시간도 오고 간다. 파도처럼 오고 간다. 하지만 이 오고 감이 즐거운 것으로 인식될 수 있도록 훈련해야 한다. "괴로울 땐 / 마음이 평정을 잃지 말고 / 행복할 땐 / 너무 기뻐하지 말라."[7] 어떤 경우에도 마음을 다잡는 훈련, 그 훈련이 삶을 삶답게 해줄 것이다. 삶을 살 만한 것으로 만들어줄 것이다. 그것이 주인도덕을 가르쳐줄 것이다. 건강한 도덕을, 선악의 저편에서만 인식되는 도덕을, 하나가 둘이 되게 하는 도덕을, 자기 안에 또 다른 자기가 있다는 것을 알게 해주는 도덕을, 길 위에서 길을 깨닫게 해주는 도덕을, 시간 속에서 시간을 잡게 해주는 도덕을, 삶 속에서 삶을 보여주는 도덕을, 허공 속에서 비상의 원동력이 되는 바람을 느끼게 해주는 도덕을.

하지만 세상에는 이런 도덕만 존재하는 것이 아니다. 노예도덕도 있다. 삶이 힘들 때 고개를 드는 도덕이 있다. 강한 자 앞에서 가지게 되는 그런 도덕이 있다. 주인을 인식하거나 주인을 찾는 도덕이다. 대표적으로 니체는 '그리스도교적 가치 개념을 가진 도덕'을 거론한다. 그것이 주인도덕과 가장 큰 대립을 이룬다고 간주한다. 그 어떤 '대립보다 더 큰 대립은 찾아낼 수 없다'고 말한다. 유일신 사상, 즉 스스로 존재하는 신을 믿는 사상보다 더 노예적인 사상이 또 있을까. 이성이 계명을 정해놓고 그 안에 스스로를 가두어놓는다. 선을 그어놓고 나오지를 못한다. 인간이 저지를 수 있는 대표적인 실수다.

평생을 바쳐 니체는 허무주의 사상을 가르쳤다. 그런 사상을 기반으로 하여 책들을 집필했다. 그럼에도 니체는 불안하다. 오해를 받지나 않을까 하고. 왜냐하면 우리는 여전히 중세의 그늘 속에 머물러 있기 때문이다. "우리는 지금도 중세의 빙하 속에서 살고 있다."(반시대Ⅲ, 427쪽) 신의 존재는 이름을 다양하게 바꾸어가며 이성을 지배해왔던 것이다. 그것이 국가가 되기도 하고 법의 정신이 되기도 하고 정의의 이름을 얻기도 하고 돈이 되기도 하면서 말이다. 가치는 다양한 옷을 갈아입으며 변신을 거듭해왔다. 현대 이후를 논하려면 바로 이 문제부터 인식해야 한다. 한계를 넘어설 수 있는 그 상황까지 나아가야 한다. 그 말은 또한 한계에 도달해야 한다는 것을 의미하기도 한다. 마음의 준비를 해야 한다. 절벽에 설 준비를. 그때는 추락의 아픔을 경험해야 한다. 몰락하는 행위가 가져다주는 엄청난 위기감을 감당해내야 한다. 버리는 마음은 모두 이런 것이다. 피할 수 없다.

삶은 상승기류를 타기도 하고 하강기류를 타기도 한다. '상승하는 삶'이 요구하는 덕은 강자 논리다. 열심히 산 자가 더 많이 가질 수 있다는 논리다. 공부 잘하는 자가 좋은 성적을 받을 자격이 있다는 논리다. 승자가 금메달을 받을 자격이 있다는 논리다. 하지만 '하강하는 삶'이 요구하는 덕은 정반대다. 동정심을 자극한다. 배려정신을 부각시킨다. 나누어 가지자는 입장을 취한다. 불쌍한 사람들을 돌보아야 한다는 논리를 펼친다. 1등만 바라는 경쟁사회를 탓하기도 한다. 물론 이런 가치관이 필요할 때도 있는 법이다. 하지만 생각은 유연해야 한다. 상황에 따라 판단을 달리할 수 있어야 한다. 반대의 목소리도 들을 줄 알아야 한다.

> 반대로 주인도덕('로마적'이고, '이교적'이고, '고전적'이며, '르네상스적'인)은 제대로 잘되어 있다^{Wohlgerathenheit}는 것에 대한 표현, 상승하는 삶에 대한 표현, 삶의 원리로서의 힘에의 의지를 나타내주는 표현이다. 그리스도교 도덕이 본능적으로 부정하듯이('신', '피안', '탈아^{Entselbstung}' 한갓 부정일 뿐), 주인도덕은 본능적으로 긍정한다. 주인도덕은 자기의 충만함을 사물들에 떼어 나누어 준다 — 그것은 세상을 신성화하고 아름답게 만들며 합리적으로 만든다 —. 그리스도교 도덕은 사물의 가치를 빈곤하게 하고 창백하게 만들고 추하게 만들어버리며 세상을 부정한다. '세상'이라는 것은 그리스도교적으로는 욕지거리인 것이다. — 이 두 형식은 가치라는 광학에서는 대립하지만, 둘 다 필요하다: 근거지움에 의해서나 반박으로는 이겨낼 수 없는 유형들이 있는 법이다. 사람들은 그리스도교를 반박하지 않으며, 눈병을 반박하지 않는다. 어떤 철학에 맞서 싸우듯 염세주의에 맞서 싸운다는 것은 학자적 바보 행위의 극치다. '참', '참이 아님'이라는 개념들은 그런 광학에서는 아무런 의미도 가지지 않는 것 같다. (바그너, 67쪽)

진보도 좋고 보수도 좋다. 더불어 사는 것이 이상적이다. 모든 사물에는 긍정적인 측면과 부정적인 측면이 공존한다. 문제는 어떤 측면을 보며 사느냐가 관건일 뿐이다. 가급적이면 긍정적인 측면을 보려고 애를 써야 한다. 하지만 긍정하기 위해서는 무엇보다도 힘이 있어야 한다. 건강해야 한다. 힘도 없으면서 긍정한다? 그것은 모순이다. 용서해줄 상황도 못 되면서 용서해준다? 이런 것이 노예도덕이다. 약자의 도덕이다. 진정한 용서는 오로지 승자의 것이다. 강한 자의 것이다. 이겨낸 자의 몫이라는 얘기다.

니체는 《바그너의 경우》를 비체의 음악에 대한 찬사와 함께 시작했다. 특히 〈카르멘〉을 스무 번이나 들었다고 고백하면서. 도대체 무엇을 들었던 것일까? 아마도 자유로운 정신, 보헤미아의 야성미 넘치는 아름다움이 몰락해가는 비극을 본 것이 아닐까. 정신을 결혼이라는 제도로 구속하려는 소유욕, 아메리카라는 신세계를 꿈꾸며 자기가 살고 있는 세상을 벗어나려는 의지 등이 문제로 다가왔던 것이 아닐까. 무슨 일이 있어도 적응하며 살아야 하는데 그렇지 못한 것이 승리하는 그 결과 속에서 비극적인 상황을 인식한 게 아닐까.

사는 곳이 고향이다. 그곳이 어디가 되었든 상관없다. 정을 붙이고 살아야 하는 곳은 지금 사는 그곳일 뿐이다. 종교도 마찬가지다. 남의 집에 가면 그 집을 존중하는 마음으로 살면 되는 것이다. 보헤미아 사람들은 "현재 살고 있는 나라의 종교가 그들의 종교인 것이다. 나라를 바꿀 때마다 종교를 바꾸는 것이다."[8] 이를 두고 '종교에 대한 무관심'이라 말해도 된다. 그런 것이 무엇이 되었든 상관없기 때문이다. 시간도 지금이 가장 좋다. 과거도, 미래도 지금 이 시간보다 더 중요한 것은 아니다. "그러므로 아무리 무의미한 현재라 할지라도 현실성이라는 점에 있어서는 가장 의미 있는 과거보다 낫다."[9] 결혼해서 아메리카로 가 조용히 살자는 호세에게 카르멘은 "싫어요, 난 아메리카 같은 덴 가고 싶지 않아요. 여기가 좋아요"[10]라고 반박한다. 진정으로 니체적이며 생철학적인 발언이다.

신세계가 행복의 보증이 될 수 있을까? 바닷물은 마시면 마실수록 갈증이 더 심해질 뿐이다. 어떤 조건만 충족되면 행복하리라는 생각은 노예적 발상이다. 현실을 긍정하지 못하는 생각의 결과물이다. 니체는 끊임없이 반복하며 가르쳤다. 삶을 긍정하라고. 삶을 견디는 것에 만족하지 말고 그것을 사랑까지 하라고. 그것만이 삶에 대한 예의라고. 그것만이 사는 자의 의무라고. 삶을 위협하는 생각이 접근하면 개가 되라고. 개가 되어 물어뜯으라고. 개조심! 문 앞에 이 말을 적어놓아 두려움을 조장하듯이 자기 앞에 이런 말을 적어놓아 타인으로 하여금 함부로 접근하지 못하게 하라. 카베 카넴, 개를 조심하라!

제 7 장 ─────── 공포스러운
한밤중의 소리

나는 음악이 10월의 오후처럼
청명하고 깊이 있기를 바란다.
음악이 개성 있고 자유분방하며 부드럽기를,
비열과 기품을 모두 갖춘 달콤한 어린 여자이기를 바란다.

바그너의 대척자로서의 니체

이제 바그너라는 이름을 넣은 제목 중의 마지막 책 《니체 대 바그너》를 읽을 차례다. 부제목은 〈어느 심리학자의 문서〉라고 했다. '추신', '두 번째 추신', '후기' 등으로 이어진 《바그너의 경우》만으로 불안했나보다. 결국에는 또다시 '바그너'란 이름을 넣은 제목으로 또 다른 책을 써내려가기 시작한다. 그래서 누구는 이 책을 두고 《바그너의 경우》 속편'이라고 말하기도 한다. 게다가 이 책은 니체가 1889년 1월 3일[1] 정신분열을 일으키기 직전까지 집필한 "마지막 책"[2]으로 더 유명하다. 이 책에서 니체는 '니체 대 바그너'의 대립구조를 밝히고 싶었나보다. 자유정신의 마지막 기록으로서 말이다.

사실 '어느 심리학자'보다는 '하나의 심리학자' 혹은 '한 명의 심리학자'가 더 나을 것 같다. 독일어에서 부정관사는 불특정인을 말하기도 하지만 하나라는 의미도 있기 때문이다. 여기서 말하는 심리학자는 니체가 자신을 두고 한 말이 분명하다. 니체가 심리학적으로 '니체 대 바그너'를 규명하고 싶은 것이다. 또 누가 있단 말인가. 니체가 스스로 자기 내면을 관찰하고 있다. 마음속에 숨겨둔 말들을 드러내고 있다. 바그너를 만나면서 어떤 변화를 겪게 되었는지를 조목조목 살피고 있는 것이다. 마음을 살핀다! 마음을! 세월 속에 감추어 있던 그 속마음을.

물론 마음을 관찰한다는 것은 쉬운 일이 아니다. 이성은 늘 마음을 숨기려 들기 때문이다. 말하는 존재에게 말이란 참으로 다양한 도구가 된다. 자기 자신을 드러내는 일도 담당하지만 숨기는 일도 담당한다. 우리는 진실을 말하기도 하지만 거짓을 말하기도 한다. 말을 하면서도 동시에 다른 생각을 할 수도 있다. 때로는 오히려 말이 사물을 더 흐려놓기도 한다. 말을 잊어버려야 정신이 맑아질 때도 있다.

또 문체도 다양하다. 누구는 철학적 문체를, 또 누구는 문학적 문체를 좋아한다. 누구는 역사적 문체를, 또 누구는 수필적 문체를 선호하기도 한다. 누구는 일상에서 하는 말들을 나열하는 대사를 좋아하기도 하는데 이들은 극작가가 된다. 니체의 문체는 딱히 뭐라고 규정하기가 어렵다. 니체의 문체는 다양한 경로를 거쳐왔다. 신학, 문헌학, 철학, 문학, 그리고 지금은 심리학이 그것이다. 학문마다 서로 다른 문체를 요구한다. 그런데 니체는 이 모든 문체를 잠언이란 형식으로 모아놓는다. 말을 하는 존재가 말을 하면서 자기 자신을 들여다본다. 그리고 기록을 남긴다. '문서'의 의미는 여기에 있는 것이다. 후손을 위해, 그다음 세대를 위해, 뭔가 증거를 찾고자 하는 독자가 생기면 이 문서를 읽으라고.

다시 한 번 밝히지만 《니체 대 바그너》는 그러니까 '문서'다. 철학자 니체가 자신의 철학과 사상을 증거가 될 만한 자료의 의미로서 글로 남겨놓은 것이다. 그리고 대상은 '니체 대 바그너'다. 관계 규명을 해놓고자 한다. 니체 철학의 마지막 숙제다. 철학자가 자기 집필 인생에서 선택한 마지막 과제다. 왜 굳이 이것을 선택했을까? 분명 마음에 걸려서다. 혹시 오해가 생기지 않을까 하는 이 불안감이 이 글을 쓰게 하고 있는 것이다.

다음에 나오는 장들은 전부 내 옛 저술들에서 어느 정도 신중하게 골라낸 것이지만—그중 몇 개는 1877년까지도 거슬러간다—여기저기서 더 명료해졌을 것이며, 특히 요약되기도 했다. 이것들을 차례차례 읽으면 리하르트 바그너에 대해서나 나에 대한 의심의 여지는 남지 않게 된다: 우리들은 대척자다. 이외에도 사람들은 다른 점들도 파악하게 될 것이다; 이를테면 이 작품이 심리학자들을 위한 글이지, 독일인들을 위한 글이 아니라는 점을⋯. 나는 빈, 상트페테르부르크, 코펜하겐, 스톡홀름, 파리, 뉴욕 등 도처에 독자를 가지고 있다—유럽의 얕은 지대인 독일에는 내 독자가 없다⋯. 그리고 내가 나만큼이나 좋아하는 친애하는 이탈리아인들의 귀에 대고 나는 말하고 싶다⋯. 도대체 언제까지⋯. 삼국동맹이: 가장 지적인 민족이 '독일제국'과 동맹을 맺으면서 낮은 신분과의 혼인을 하고 만 것인데⋯.

프리드리히 니체

토리노, 1888년 크리스마스에. (니체, 518쪽)

'서문' 전문을 인용했다. 첫 번째로 눈에 띄는 것은 이 책의 내용을 형성하고 있는 것이 '전부' 과거에 써놓은 글들의 원고에서 그대로 다시 가져왔다고 밝히고 있다는 점이다. 물론 그때의 그 글을 그대로 가져온 것은 결코 아니다. 군데군데 수정을 했고 문장도 '니체 대 바그너'라는 대척자 관계를 돋보일 수 있도록 의도적으로 바꾸어놓았다. 과거의 글들은 비유 뒤에 마음을 꼭꼭 숨겨두었을 뿐이다. 하지만 수정을 거치면서 니체는 자신의 마음을 드러나게 해놓았다. 관심 있는 독자는 원문을 비교해가며 한 문장 한 문장 분석해보는 것도 보람찬 일일 것이다. 하지만 수정된 부분이나 바뀐 흔적을 추적하는 일은 여기서 할 일이 아님을 밝혀둔다.

아무리 과거에 사용했던 텍스트라 해도 '니체 대 바그너'라는 새로운 주제 아래 모아놓았다는 점을 감안해 새로운 마음과 자세로 독서에 임해야 할 것이다. 일단 궁금한 게 하나 있다. 왜 이러는 것일까? 왜 이래야 했던 것일까? 시간이 부족해서였을까. 아마도 그런 것 같기도 하다. 니체는 이 서문 마지막에 "토리노, 1888년 크리스마스에"라고 장소와 시간에 대한 정보를 밝혀놓았다. 크리스마스! 12월 25일에 이 서문을 썼다는 얘기다. 연말이다. 며칠 있다가 새해가 시작되고, 그리고 1월 3일, 물론 정확한 날짜는 알 수 없지만,[3] 니체는 광기의 세계로 접어든다. 이제 겨우 9일 정도 남은 시점이다. 2주일도 채 남지 않은 시간이다.

시인 릴케가 마지막 시를 써놓을 때도 이런 상황이었다. 죽음을 앞둔 시점 말이다. "아마도 1926년 12월 중순쯤"[4]에 그는 시 한 편을 쓴다. "오라 너, 너 마지막이여, 내가 인정하는, / 육체의 조직 속에 있는 불치의 고통"[5]이라 하면서. 고통이여 오라! 죽음이여 오라! 이런 말을 남겨놓으면서. 그리고 시인은 29일에 죽는다. 정말 우연의 일치일까. 삶을 사랑했고 인생을 노래했던 두 사상가 니체와 릴케는 주어진 시간의 마지막을 활용하는 자세가 닮아 있다. 릴케는 출혈성 백혈병을 앓으며 마지막 기록을 남겼다. 극심한 고통에 대한 기록이었던 것이다. 니체는 마음이 아파 고생하다가 그 마음을 기록하려는 일념으로 '문서'를 남기며 정신의 마지막 시간을 불태운다.

"나는 불꽃임에 틀림없다"(즐거운, 60쪽)는 그 의지로 불태운다. 인생이 되었든 정신의 힘이 되었든 마지막 2주 정도를 창작을 위해 사용하는 이들을 바라볼 때마가 소망이 담긴 목표가 하나 생겨난다. 그렇게 살고 싶다는 그런 목표가.

그리고 니체는 여기 서문에서 무엇보다 '의심의 여지'가 남지 않도록 하기 위해 이 책을 만들고 있다고 고백한다. 물론 정확히 말하면 짜깁기를 하고 있다고. 의심의 여지가 불안했다? 그 여지를 불식시키기 위해 이 책을 만들었다? 이 말은 의심할 게 너무도 많이 남아 있기 때문이라는 얘기도 된다. 어쨌든 이 책이 엮이게 된 목적은 분명해졌다. 모든 것을 분명하게 밝혀놓기 위해서 말이다. 예를 들어, 결혼했다가 이혼한 사람들이 겉으로는 '성격 차이로 헤어진다'지만 그 진정한 내막에 대해 한마디도 하지 않는다면 소문만 무성해질 게 틀림없다. 니체는 이런 상황을 미연에 방지하고 싶었던 것이다. 니체는 바그너 추종자였다. 모두가 이 사실을 잘 알고 있었다. 그런데 1883년 바그너가 죽어버렸다. 죽은 사람에 대해 이러니저러니 말하는 것도 우습다. 어쩌면 이런 상황 때문에 니체는 연구와 집필에 전념할 수밖에 없었는지도 모를 일이다.

《비극의 탄생》과 함께 전기前期를 대표하는《반시대적 고찰》의 제4권 〈바이로이트의 리하르트 바그너〉를 쓴 뒤 긴 시간이 흘렀다. 그리고《바그너의 경우》를 집필했다. 그 후속편으로 니체는 지금《니체 대 바그너》를 쓰고 있는 것이다. 사실 이 두 권은 거의 같은 시기에 집필되었다고 보아도 무방하다. 이렇게 볼 때 전기와 후기에 집필의 대상으로 '바그너'가 자리 잡고 있다는 사실이 눈에 들어온다. 12년의 세월 동안 대놓고 뭐라고 말도 제대로 하지 못했다. 종종 바그너를 언급하긴 했어도 여러 다른 글들 속에 숨겨놓다

보니 독자들이 그 마음을 제대로 헤아려내기 힘들었다. 게다가 진의는 교묘하게 비유 뒤에 숨겨놓았다. 이런 의미인지 저런 의미인지 헷갈리게 만들어놓았다. 상처가 아물지 않아서였을까. 싸우고 싶은데 싸울 사람이 없어서였을까. 도대체 왜 그렇게 했냐고 묻고 따지고 싶기도 하다. 어쨌든 바그너는 죽은 사람이다. 니체는 홀로 남아 이 모든 문제를 떠안아야 한다. 그리고 홀로서기를 하고 있다.

또 서문에서 눈에 띄는 것은 독일에 대한 입장이다. 독일에서 태어난 독일인, 그래서 독일 철학자로 불리는 니체는 단언한다. "독일에는 내 독자가 없다…"고. 이 문장에 니체는 말줄임표를 달아놓았다. 많은 말들을 하지 못한 상태라는 사실을 보여주고 있는 것이다. 또한 많은 말들을 함께 읽어내야 하는 문장이라는 뜻이기도 하다. 말을 줄여놓아야 하는 그 시간만큼 멈추어서야 할 때다. 조국에서 독자를 찾을 수 없는 저자의 심정은 어떤 것일까? 배신감? 아니, 그런 것만은 아닌 것 같다. 만약 그렇다면 이런 글을 쓸 이유도 없었을 것이다. 실망감? 이것도 그다지 설득력이 없다. 정말 실망했다면 할 말도 없었기 때문이다. 그래도 이 글을 적어놓아야 하는 이유는 무엇일까. 문서? 문서를 남겨놓기 위해서? 그렇다면 집필 의도는 분명해진다. 미래의 독자가 될 후손들을 위해서다.

서문에서 마지막으로 언급되는 이탈리아와 독일의 관계도 음미해볼 만하다. 이탈리아인들을 "가장 지적인 민족"이라고 했다. 그리고 독일은 "유럽의 얕은 지대"라고, 또 독일인들을 "낮은 신분"에 속하는 사람들이라고 했다. 그런데 정치는 "삼국동맹"[6]을 해서 서로 어울리려 한다. 정치적인 발언은 다시 처녀작《비극의 탄생》을 집필할 때와 엇비슷하게 들린다. 처녀작에서는 승리와 통일을 경험한 독일이 너무 기고만장해서 거만을 떤다고 비판

했다. 전쟁에서는 승리했을지 몰라도 문화에서는 결코 승리한 것이 아니라고 날카로운 일침을 가했다. 그때나 지금이나 독일에 대한 시각은 여전히 비판적이다. 그런데 그냥 싫다는 게 아니다. 싫음이 그냥 싫음으로 끝나게 하고 싶지 않은 것이다. 그의 비판 속에는 남다른 애정이 담겨 있다. 그것을 읽어내야 한다.

그리고 이 글을 '심리학자들을 위한 글'이라고 밝혀놓았다. 마음에 관심이 있는 사람들을 위한 글이라는 뜻이다. 부제목에서도 '심리학자'가 써놓은 '문서'라는 말을 했다. 심리학자가 심리학자들을 위해 쓴 글, 즉 문서를 작성했다는 것이다. 마음이 통하는 사람만 읽으라는 것이다. 마음이 통하는 사람들끼리 대화하자는 것이다. 마음이 맞지 않으면 굳이 함께할 일이 없다. 인연이 안 되는 데도 굳이 함께하려고 할 때 삶이 힘들어지는 법이다. 마음은 한 번 떠나면 쉽사리 돌아오지 않는다. 아무리 강제해도 마음은 마음대로 잡히지 않는다. 사랑하자고 마음을 먹어도 사랑이 안 되는 것처럼 마음이 맞지 않으면 인연이 안 되는 것이다. 서로 남남이 되어 아무 일 없다는 듯이 자기 갈 길을 가야 할 것이다. 그리고 시간이 흐르면 서로가 멀리 있다는 것을 알게 될 것이다. 하지만 마음이 통하면 얘기는 달라진다. 이제부터는 진심만이 최선이다. 함께할 수 있는 최고의 지혜다.

하지만 마음을 밝히기란 결코 쉬운 일이 아니다. 마음은 늘 이성적 존재에게 문제가 된다. '지금 마음이 이렇다'고 말하는 순간 그 마음은 이미 다른 모습을 하고 있을 때가 많다. 누구는 '나도 나를 모르는데 누가 나를 알까'라는 말도 한다. 십분 이해할 수 있는 주장이다. 자기 마음도 제대로 알 수 없는 게 인간이다. 매 순간 마음은 수십 번도 바뀔 수 있다. 이성적 존재에게 영원한 수수께끼가 있다면 바로 이 마음이라는 존재다. 이성으로는 다가설 수 없는 게 마음이다. 마음은 이성적인 것이 아니다. 그것은 합리적이지 않기 때문이다. 논리로는 도저히 다가설 수가 없다. 오히려 이해하려 하면 할수록 멀어지는 게 마음이 아닐까. 알 수 없는 게 마음이다. 마음을 알고 싶으면 먼저 마음을 내려놓아야 한다. 마음을 풀어놓아야 마음이 잡힌다. 참으로 묘한 것이 마음이란 존재다.

진심真心이란 말도 참 오묘한 말이다. 거짓이 없는 참된 마음이라는 뜻이기는 하지만 과연 무엇이 진심일까? 이성이 말을 도구로 삼는 순간 이미 마음은 잡히지 않는 그 무엇이 되고 만다. 이성의 그물로는 도저히 잡을 수 없는 것이다. 마음은 그저 가만히 두고 바라볼 수밖에 없다. 멀리서, 무심한 듯, 거울 속 자기 모습처럼. 잡으려 들면 일그러지고 파괴되고 마는 영상처럼. 그냥 거리를 두고 바라볼 때에만 진심이란 제 모습을 온전하게 보여준다. 그렇게 니체는 지금 그 마음의 거울 속에 남아 있는 바그너와의 관계를 말로 형용해보고자 한다. 문서의 형식으로 남겨놓고자 한다. 의심의 여지를 남겨두지 않기 위해, 오해의 여지를 남겨두지 않기 위해.

공포스러운 한밤중의 소리를 알고 있는 음악가

니체는 바그너 추종자였다. 누구나 다 알고 있다. 니체는 바그너만을 사랑했다. 누구나 다 인정하는 일이었다. 그의 마음 안에는 온통 바그너뿐이었다. 아무도 이것을 의심하지 않았다. 스승과 제자의 관계를 뛰어넘어 아버지와 아들, 아니 그 관계도 뛰어넘어 서로 사랑하는 연인이 되었다. "오직 그만을 사랑했노라."[7] 바그너를 향한 니체의 사랑고백은 너무도 과감하고 솔직하다. 진심이 담긴 한마디다. 더 이상 뭐라고 말을 해야 사랑이 증명될까. '하늘의 별이라도 따다 주겠노라'고 거짓말까지 동원해야 할까. '하늘만큼 땅만큼 사랑한다'고 허풍을 떨어야 할까. "오직 그만을 사랑했노라." 이 말 한마디면 충분하다. 사랑은 그런 것이다. 굳이 말이 필요 없는 것이다.

바그너는 음악가다. 혁명을 했던 음악가다. 19세기의 시대적 문제들을 좌시하지 않았던 것이다. 새로운 시대를 염원했던 혁명가가 음악까지 했다. 시대를 뛰어넘는 이상을 품고 살았다. 과거의 것을 답습하거나 모방하려는 마음은 그의 것이 아니었다. 늘 새로운 것을 향해 질주했다. 실수를 두려워하지 않았다. 방황도 많이 했다. 그의 인생역정만큼 굴곡이 많은 인생도 없다. 경찰의 추적을 피해 야반도주를 감행하기도 했다. "파리에서의 배고픈 시절"[8]은 그를 포기라는 절벽 앞에 세워놓기도 했다. 망명생활을 하며 알프스 산자락에서 외롭게 숨어 살기도 했다. 목숨의 위험도 느꼈던 삶이다. 하지만 그 먼 곳까지 찾아갔던 게 니체였다. 사랑하기 때문이었다. 둘의 대화는 시간의 흐름까지 잊게 했다. 바그너에 대한 니체의 평가는 찬사로 가득하다. 극찬을 하려면 이렇게 하라고 모범을 보여주는 듯하다. 하지만 그 안에 교묘하게도 비판도 함께 섞여 있다. 그 복잡한 마음을 읽어보자.

나는 예술가들이 종종 자기가 가장 잘할 수 있는 것이 무엇인지를 알지 못한다고 생각한다: 그러기에는 그들의 허영기가 너무 지나치기 때문이다. 그들의 감각은, 새롭고 진기하고도 아름다우며 진짜 완전하게 자기의 땅 위에서 자라날 줄 아는 저 자그마한 식물들보다는 더 자랑할 만한 것으로 향한다. 그들 자신의 정원과 포도원에서 요사이에 수확하는 좋은 것을 그들은 폄하해버리며, 그들의 사랑과 통찰은 동일한 수위가 아니다. 고통받고 억압받으며 탄압받는 영혼들의 영역에서 음조를 발견하고, 말 없는 불행에 언어를 부여하는 데에 다른 어느 음악가보다 더 대가인 음악가가 하나 있다. 늦가을의 색체에서, 최후의 향유, 가장 최후이자 가장 짧은 향유의 이루 형용할 수 없는 감동적인 행복에서 아무도 그를 따를 수 없다. 그는 원인과 결과가 와해되어버린 것처럼 보이고 매 순간 '무로부터' 무언가가 생겨날 수 있는, 영혼의 은밀하고도 공포스러운 한밤중을 표현하는 소리를 알고 있다. 그는 인간 행복의 가장 심층적인 근거에서 나온 모든 것에, 가장 떫고도 불쾌한 포도주가 결국 가장 달콤한 포도주와 한데 뒤섞여버리는 술잔을 다 들이마시는 데서 나오는 모든 것에서 가장 행복해한다. 그는 더는 뛸 수도 날 수도 없고 걸을 수조차 없는 영혼의 힘든 움직임을 알고 있다; 그는 감추어 있는 고통과 위안 없는 이해와 고백 없는 작별에 조심스러운 눈길을 던진다; 온갖 은밀한 고통을 지닌 오르페우스인 그는 누구보다 위대하며, 이제껏 표현될 수 없었거나 심지어는 예술에 적합하지 않다고 여겨왔던 많은 것을 비로소 예술로 편입했다 — 예를 들면 가장 고통스러워하는 자만이 감당할 수 있는 냉소적 반항, 그리고 영혼의 아주 작고도 미소한 많은 부분, 말하자면 양서류적 본성의 비늘을 — . 이래서 그는 진정 지극히 작은 것의 대가인 것이다. 하지만 그는 이런 존재이기를 원치 않는다! 그의 성격은 오히려 큰 벽들과 대담한 벽화들을 더 사랑하기 때문이다! … 그의 정신이 다른 취향과 경향을 — 정반대의 시각을 — 가지고 있다는 사실과 무너진 집들의 한구석에 조용히 앉아 있기를 가장 좋아한다는 사실을 그는 알아차리지 못한다; 거기 숨어서, 자기 자신으로부터도 숨은 채 그는 자기 고유의 걸작을 그려낸다. 모두 아주 짤막하며 종종 한 박자 정도만 긴 걸작을 — 이때에 그는 비로소 아주 선하고 위대하며 완전해진다. 아마도 오로지 이때에만. — 바그너는 깊이 고통받는 사람이다 — 이것이 그가 다른 음악가들보다 뛰어난 점이다.― 바그너가 음악 속에 자기를 집어넣은 모든 곳에서 나는 바그너에게 감탄한다.― (니체, 519쪽 이후)

하나의 텍스트를 통째로 인용해보았다. 이것은 원래《즐거운 학문》87번 글로 실렸다. 눈에 띄는 변화라면 제목이다. 그때는 제목이 〈예술가의 허영심에 대하여〉라 했는데 이번에는 〈내가 경탄하는 곳〉이란 제목으로 바꾸어놓았다. 약간의 문장 수정 외에는 그때나 지금이나 크게 달라진 것은 없다. 외적인 형식은 변함없이 하나의 단락으로 형성되어 있다. 하나의 단락이지만 결코 간단하지가 않다. 간단한 듯 간단하지 않은 정말 독특한 글이다. 도대체 무엇을 경탄하는 것일까? 니체는 이 문서 안에 무엇을 남겨놓은 것일까?

제목이 제시해준 의도와 함께 차근차근 읽어보자. 원래는 부정적 의도가 짙었던 텍스트였다. 〈예술가의 허영심에 대하여〉라고 했으므로 그런 의도를 읽어내는 게 숙제였다. 그런데 지금은 〈내가 경탄하는 곳〉이라고 말을 바꾸었다. 이제는 긍정적인 측면을 읽어내야 한다. 니체가 자신이 인정하는 부분을 분명하게 보여주고자 하고 있기 때문이다. 일단 심호흡부터 하자. 짧지 않은 하나의 단락이기 때문이다. 니체도 심호흡을 한 뒤 작정을 하고 차근하게 글을 써내려간 듯하니까. 그의 집중력이 느껴지는 순간이니까. 자신의 글을 읽을 때는 그 글에 부당한 일을 하지 않으려면, 무엇보다도 똑같은 격정을 가져야 한다고 요구했으니까. "차라투스트라의 지혜의 뜻에 불쌍하게도 부당한 일을 하지 않으려면, 무엇보다도 그의 입에서 흘러나오는 그 평온한 음조를 제대로 들어야만 한다. '폭풍을 일으키는 것, 그것은 더없이 잔잔한 말들이다. 비둘기처럼 조용히 찾아오는 사랑, 그것이 세계를 이끌어간다.'—"(이 사람, 326쪽) 조용한 소리를 들어보자. 모든 가치를 뒤바꿀 그 잔잔한 소리를.

니체는 일반론으로 이야기를 펼쳐나간다. 예술가들은 종종 자기가 잘하는 게 뭔지 모른다는 입장이다. 이유는 그들의 허영기가 너무 지나치기 때문이라고 한다. 허영기가 너무 많아서 이것저것 닥치는 대로 건드리는지도 모를 일이다. 하나만 10년 넘게 몰두하면 그 문제와 관련해서 만큼은 달인이 될 수 있을 텐데. 아무도 그런 끈기를 보여주지 못한다. 그래서 평범한 인생을 살다가 세상을 떠난다. 아니, 평범하기라도 하면 다행이다. 그저 주어진 시간을 낭비만 하다가 사라질 때가 태반이다. 시간이 아깝다. 도입부에서부터 정신이 번쩍 들게 해준다. "여러 가지를 염두에 두지 말고 항상 하나에만 집중하도록 해라!"[9] 혹은 "한 우물만 파라!"[10]는 말들이 번개처럼 스쳐 지나가게 하기 때문이다.

허영기는 소금에 절여야 한다. 그렇지 못한 자가 "더 자랑할 만한 것으로 향한다." 자랑하려는 의도가 담긴 작품은 쉽게 비판의 대상이 된다. 최선을 다한 결과물임에도 인정을 얻어내지 못하고 스스로도 만족을 하지 못하는 경우는 바로 이런 경우에 발생한다. 허영기가 많은 자가 저지르는 가장 대표적인 실수는 당연한 것을 제대로 인식하지 못하고 폄하할 때가 많다는 데 있다. "그들 자신의 정원과 포도원에서 요사이에 수확하는 좋은 것을 그들은 폄하해버리며, 그들의 사랑과 통찰은 동일한 수위가 아니다." 대지에 충실하지 못하고 딴생각에만 집중한 결과라고나 할까. 자기 자신한테는 절실한 일일지 몰라도 개연성이나 필연성이란 시각에서 보면 아무 쓸데없는 일일 때가 많다. 허영기가 많은 사람에게는 결국 열정과 인식은 따로 놀 수밖에 없다. 현실은 마음대로 되는 게 아니다. 사랑과 통찰의 수위가 서로 어긋나 있을 뿐이다.

그런데 단 한 사람만은 다르다는 말을 하기 시작한다. "고통받고 억압받으며 탄압받는 영혼들의 영역에서 음조를 발견하고, 말 없는 불행에 언어를 부여하는 데에 다른 어느 음악가보다 더 대가인 음악가가 하나 있다." 물론 뒷부분을 슬쩍 살펴본 성급한 독자는 눈치챘을 것이다. 바그너를 두고 한 말이라는 사실을. 단 한 명의 음악가, 그를 바라보는 니체, 여기에 묘한 기류가 감지된다. 문서 속에 남은 마음의 흔적이 엿보인다.

니체가 발견한 바그너의 능력은 두 가지에서 두각을 나타낸다. 첫째는 '고통받고 억압받으며 탄압받는 영혼들의 영역에서 음조를 발견'하는 것이고, 둘째는 '말 없는 불행에 언어를 부여하는 것'이다. 고통받는 영혼의 소리는 어떤 것일까? 불행은 어떤 말로 형용될 수 있을까? 그것을 알고 싶으면 바그너의 음악을 들어보면 된다. 거기에는 그런 소리와 언어들이 가득하기 때문이다. 니체는 여기서 음악가이면서 동시에 문학가인 바그너의 재능을 보았던 것이다.

그리고 부연설명이 이어진다. 그가 대가인 이유를 자세히 밝히고 있다. "이래서 그는 진정 지극히 작은 것의 대가인 것이다"까지. 아무도 듣지 못했던 소리를 발견해내고 또 아무도 알지 못했던 말을 만들어내는 데는 단연 최고라는 얘기다. "늦가을의 색채에서, 최후의 향유, 가장 최후이자 가장 짧은 향유의 이루 형용할 수 없는 감동적인 행복에서 아무도 그를 따를 수 없다." 비유의 달인이라고 할까. 전형적인 니체의 문체다. 문학과 철학이 절묘하게 반반씩 뒤섞여 있다. 늦가을의 색채에서 음조와 말을 찾아내는 데는 바그너가 단연 최고라는 것을 말하고자 하는 문장이 전하는 매력은 남다르다.

또 "그는 원인과 결과가 와해되어버린 것처럼 보이고 매 순간 '무로부터' 무언가가 생겨날 수 있는, 영혼의 은밀하고도 공포스러운 한밤중을 표현하는 소리를 알고 있다." 종교적 창조론을 인식하게 하는 음악이라고 할까. 무에서 어떤 존재를 창조해낸다. 바그너의 음악은 그런 것이다. 어둠 속에서 음조와 말을 찾아낸다. 그것이 밤을 위한 음악이 된다. 거기에는 기존의 원인과 결과라는 틀이 와해되어 있다. 그가 창조해낸 밤의 음악 내지 어둠의 음악을 이해하고 싶으면 새로운 원인과 결과라는 틀을 인식해내야 한다. 신이 따로 없다. 그가 신이다.

바그너는 한마디로 모든 것을 다 알고 있다. 그가 행복을 표현하고자 하면 모든 것을 "인간 행복의 가장 심층적인 근거에서" 끌어낸다. 그리고 그 스스로도 "가장 떫고도 불쾌한 포도주가 결국 가장 달콤한 포도주와 한데 뒤섞여버리는 술잔을 다 들이마시는 데서 나오는 모든 것에서 가장 행복해한다." 행복하지 않은 자가 행복을 말할 수는 없는 법이다. 체험이 없는 말은 설득력이 없다. 이성으로는 이해하고 있어도 앎이라는 영역에서는 늘 양심의 가책을 느끼는 게 지식인이다.

하지만 바그너는 다르다. 바그너와 음악은 하나이면서 둘이다. 바그너와 그의 음악에 대한 니체의 찬사는 극으로 치닫는다. "그는 더는 뛸 수도 날 수도 없고 걸을 수조차 없는 영혼의 힘든 움직임을 알고 있다." 정말 힘든 움직임의 소리는 어떤 것일까? 바그너는 그 소리를 알고 있다. 정말 부럽다. 그것을 표현해낼 수 있는 음악가도 부럽고, 또 그것을 인식해내는 귀를 가진 철학자도 부럽다. 같은 것을 바라보고 들을 수 있는 자가 둘만 있어도 기적이 일어난다. 불멸이란 기적이. 그 기적의 이름을 사랑이라 불러도 된다.

고통을 말할 때 바그너는 오르페우스가 된다. 삼라만상을 죄다 울려버렸다는 음악가가 된다. "온갖 은밀한 고통을 지닌 오르페우스인 그는 누구보다 위대하며, 이제껏 표현될 수 없었거나 심지어는 예술에 적합하지 않다고 여겨왔던 많은 것을 비로소 예술로 편입했다." 아무도 몰랐던 것을 앎의 영역으로 끌어올리는 데는 천재였다. 그런데 이 모든 찬사를 한데 모으는 문장을 읽으면 말 그대로 오묘해지고 만다. "이래서 그는 진정 지극히 작은 것에 대가인 것이다." 갑자기 찬사가 찬사로 들리지 않는다. 말이 꼬인 듯한 느낌이 든다. 말을 말 그대로 받아들이지 못하게 한다. '이건 뭐지?' 하고 한 발자국 멀어지게 만든다.

'하지만'이란 접속부사를 전후로 어감은 정반대로 흘러간다. 바그너는 작은 것의 대가일 뿐이다. 그런데 바그너의 성격과 정신은 작은 것에서 만족하려 하지 않는다. 텍스트 초반에 언급된 허영기가 말썽이다. "그의 성격은 오히려 큰 벽들과 대담한 벽화들을 더 사랑하기 때문이다! … 그의 정신이 다른 취향과 경향을 ─ 정반대의 시각을 ─ 가지고 있다는 사실과 무너진 집들의 한구석에 조용히 앉아 있기를 가장 좋아한다는 사실을 그는 알아차리지 못한다." 허영기가 만든 결과물이다. 시대에 걸맞지 않은 구원론에 심취해 있다. "무너진 집들의 한구석"에 앉아 있다. 폐허가 따로 없다. "십자가 밑이야말로 거미줄 치기에 안성맞춤"(차라. 299쪽)인 것처럼. 과거의 영광이 되찾아올까. 중세가 재현될까. 희망도 없는 그곳에서 쓸데없는 짓을 하고 있다. 삶이 없는 곳에서 삶을 동경한다. 허영기가 사람을 이렇게 만들고 말았다. 대지에 발을 붙이고서도 시선은 허공을 향해 있다. 지극히 염세적인 시선이다. 삶을 삶답게 만들지 못하고 있다.

공포스러운 한밤중의 소리가 이념적으로 변화를 한다. 자연적인 필연의 소리가 논리라는 갑옷을 입으며 구원의 소리로 바뀐다. 큰 벽들, 대담한 벽화들로 이루어진, 하지만 그저 무너진 집들에 불과한 곳에 그는 머물기를 좋아한다. 그놈의 허영기 때문에. "거기 숨어서, 자기 자신으로부터도 숨은 채 그는 자기 고유의 걸작을 그려낸다." 이 점에 있어서 바그너를 따를 자가 없다. "이것이 그가 다른 음악가들보다 뛰어난 점이다." 극찬이 최고의 비판으로 바뀐다. 칭찬이 욕설로 바뀐다. "바그너가 음악 속에 자기를 집어넣은 모든 곳에서 나는 바그너에게 감탄한다. ― " 감탄한다! 너무 어이가 없어서 그런 것일 뿐이다. 어처구니가 없어서 놀란 눈으로 경탄을 금치 못하는 것이다.

건강을 해치는 음악에 대한 생리학적 반박

그다음 텍스트는 〈내가 반박하는 곳〉이란 제목의 글이다. 니체가 반격을 시작하는 곳이다. 반항을 시도하는 곳이다. 더는 물러설 곳이 없어서 저항하는 곳이다. 더는 용납할 수가 없어서 싸움을 할 수밖에 없는 곳이다. 대들 수밖에 없는 곳이다. 니체는 무엇을 지키려고 하는 것일까? 반박의 가치와 의미는 어디에서 찾을 수 있을까? 이런 질문을 품고 독서에 임해보자. 이번에도 하나의 단락이지만 세 페이지에 달하는 분량이라 생략 인용한다.

> ― 그렇다고 내가 그런 음악을 건강하게 여긴다는 말은 아니다. 그 음악이 바그너에 대해 말을 하는 경우에는 가장 건강하지 않은 것으로 여긴다. 바그너 음악에 대한 내 반박은 생리적인 반박이다: 왜 이런 생리적 반박이 먼저 미적 형식으로 위장하는가? 미학이란 것은 응용 생리학에 지나지 않기 때문이다. ―

내 '사실', 내 '자그마한 진실'은 그런 음악이 내게 영향을 미치기 시작하면 나는 더는 편하게 숨 쉬지 못한다는 것이다; 내 발이 곧장 그것에 분개하며 반항한다는 것이다: 내 발은 박자와 춤과 행진을 필요로 한다—그런데 바그너의 황제 행진곡에 맞추어서는 독일의 젊은 황제라도 행진할 수 없다—. 내 발은 음악에 무엇보다도 황홀감을 요구한다. 훌륭한 걸음이나 발걸음이나 춤에서 느껴지는 황홀감을. 그런데 내 위도 항의하고 있는 것은 아닌가? 내 심장은? 내 혈액 순환은? 내 내장은 탄식하고 있지 않은가? 이때 내 목소리도 돌연 쉬어버리는 것은 아닌가…. 바그너를 감상하기 위해서는 나는 쥐랑델표 안정제가 필요하다…. 그래서 나는 자문해본다: 도대체 진정 내 몸 전체는 음악에 무엇을 원하는가? 영혼이 아니라. 영혼은 없는 것이니…. 내 몸은 음악에 의해 가벼워지기를 바란다는 생각이 든다: […] 내 우울은 완전성에 몸을 숨기고 완전성의 심연에서 편히 쉬기를 원한다; 그러기 위해 나에게는 음악이 필요하다. 하지만 바그너는 병들게 한다. (니체, 520쪽 이후)

이후 중후반부는 생략했다. 전반부만 인용한 상태다. 이것으로도 니체의 의도를 충분히 읽을 수 있으리라 판단했기 때문이다. 물론 니체의 사상을 좀 더 자세하게 접하고 싶으면 텍스트 전체를 읽어보는 것도 좋은 방법임을 밝혀둔다. 일단 여기 인용된 부분에만 집중해보자. 이 글은 《즐거운 학문》 368번 글이다. 당시에는 〈냉소주의자가 말한다〉라는 제목을 달아놓았다. 니체가 냉소주의자가 되어 말을 했던 것이다. 이번에는 〈내가 반박하는 곳〉이란 제목으로 바꾸어놓았다. 물론 반박하는 방법은 냉소주의적이라는 점을 감안해서 읽으면 된다.

철학에서 '냉소주의'는 인간이 정한 사회의 풍속, 전통, 도덕, 법률, 제도 따위를 부정하거나 무시하는 태도나 경향을 일컫는 개념이다. 부정하고 무시한다. 이것을 반박이라는 개념으로 읽어내면 되는 것이다. 니체가 바그너 음악에 대해 냉소주의적인 태도를 보이고 있다. 그 음악을 건강하게 여기지 않는다. 그 음악은 건강한 음악이 아니다. 바로 이 점이 반박할 수밖에 없게 만든다. 몸에 해로운 것이 들어오면 의지와는 상관없이 몸이 먼저 반응을 한다. 역겨움이나 구토증이 유발되기도 한다. 체하기도 하고 설사를 일으키기도 한다. 몸이 알아서 반응을 해주는 것이다. 그냥 싫다고. "바그너 음악에 대한 내 반박은 생리적인 반박이다." 사상적 반박이 아니다. 논리적 반박도 아니다. 그냥 반박할 수밖에 없다. 천국을 운운하고 구원사상을 찬양하는 그런 음악을 "신은 죽었다"를 선언하는 허무주의 사상가는 받아들일 수 없는 것이다. 사랑은 증오로 변할 수밖에 없다. 만남은 결별로 돌아설 수밖에 없다. 몸이 거부하고 있기 때문이다.

바그너의 음악이 울려 퍼지는 곳에서 니체는 숨조차 쉬기 힘들어한다. "내 '사실', 내 '자그마한 진실'은 그런 음악이 내게 영향을 미치기 시작하면 나는 더는 편하게 숨 쉬지 못한다는 것이다." 호흡과 관련해서 니체는 여러 문장을 만들어놓았다. "순수한 공기를 마시고자 한다면, 교회에 가서는 안 된다!"(선악, 59쪽). "내가 정말 참을 수 없는 것이란 무엇일까? 내가 홀로 해결하지 못하는 것, 나를 질식시키고 초췌하게 만드는 것은 무엇일까? 그것은 나쁜 공기다! 나쁜 공기란 말이다!"(도덕, 375쪽) 이런 공기 속에서 살 수는 없다. 가슴이 답답하다. 숨을 쉬어도 답답함이 느껴지는 그런 공기다. 산소가 부족하다. 먼지만이 가득하다. 그런 공기를 좋아하자고 마음을 먹는다고 좋아지는 게 아니다. 몸은 그냥 싫다고 반응을 하고 있을 뿐이다. 이를 두고 니체는 "생리적인 반박"이라 일컫고 있는 것이다.

"그래서 나는 자문해본다: 도대체 진정 내 몸 전체는 음악에 무엇을 원하는가?" 진지한 질문이다. 니체가 묻고 있는 것이다. 생철학적 질문이기도 하다. 살기 위해 필요한 음악은 어떤 것일까? 그것은 영혼을 위한 것이 아니어야 한다. "영혼이 아니라. 영혼은 없는 것이니…" 삶이 있어야 영혼도 있는 것이다. 삶이 없는 영혼 따위를 니체는 믿지 않는다. 영혼의 생명력은 신체보다 더 약하다. "너의 영혼이 너의 신체보다 더 빨리 죽어갈 것이다." (차라, 28쪽) 그러니 영혼의 삶을 위해 준비할 것도 없다. 준비할 것이 있다면 오로지 신체를 위해서 할 일이다. 건강한 신체, 그것이 행복의 전제가 된다.

건강한 몸은 모든 것을 가볍게 해준다. 발걸음조차 가볍게 만들어준다. "내 몸은 음악에 의해 가벼워지기를 바란다"는 것은 니체의 전형적인 욕망이다. 비극조차 행복한 삶을 위한 조건으로 바라보는 것이다. 비극이라는 어둠을 통과해야 춤도 출 수 있는 것이다. 카타르시스의 전제로서 비극을 요구할 뿐이다. 고통조차 건강을 위한 조건일 뿐이다. "질병은 인식의 수단이다." (인간적 I, 14쪽) 깨달음에 갈증을 느끼는 인간에게 질병은 필수조건이 될 수밖에 없다. 인식이 오면 모든 것이 잔잔한 음조로 바뀐다. "할퀴오니쉐 타게 Halkyonische Tage"[11]가 그런 경지다. 하나가 둘이 되는 순간은 이 경지에서 실현된다. 인식의 최고 경지다.

그런데 바그너의 음악은 생리적으로 반박할 수밖에 없는 음악에 해당한다. 몸을 무겁게 만들고 우울감이 찾아들게 한다. "하지만 바그너는 병들게 한다." 이 말 한마디가 이미 모든 것을 말하고 있다. 건강을 지향하는 철학이 반박할 수밖에 없는 상황이다. 우상을 만들어내고 신을 운운하며 천국에서의 구원을 말하는 음악은 자유정신을 병들게 할 뿐이다. 그 정신을 쇠사슬에 옭아매고 있을 뿐이다. 선을 그어놓고 그 안에서 나오지 말라고 계명을 내리고 있다. 그 안에서의 공기는 나쁘다고 인식하는 게 허무주의 철학이다. 밖으로 나오고 싶다. 몸도 마음도 다 그곳을 향하고 있다. 바깥세상! 바로 대지다. 니체에겐 이 대지가 바로 천국일 뿐이다. 편안하게 숨 쉴 수 있는 그런 이상향이다. 신선한 공기로 심호흡까지 할 수 있는 곳이다. 하지만 바그너는 생애 마지막 작품으로 '무대봉헌축제극'을 벌였다. 무대를 신을 위한 봉헌 제단으로 만들어놓았다. 극장을 예배당으로 만들고 말았다. 음악극은 교회의 교리 안에서 '성스러운' 음조로 바뀌고 말았다.

> 극장에서 사람들은 대중이 되고, 군중이 되며, 여자, 바리새인, 찬성표만 던지는 거수기, 보호자, 바보가 됩니다―바그너주의자가 되어버리는 것입니다: 거기서는 가장 개인적인 양심마저 대다수라는 평준화 마술에 굴복해버리고 맙니다. (니체, 523쪽)

바그너의 극장 안에는 더는 개인이 존재하지 않는다. 모두가 구원받은 천사가 된 듯이 바보가 된다. 개인적인 양심마저 포기해버린 존재가 된 것이다. 양심이 있다면 그것은 오로지 신의 뜻에 합당한 것뿐이다. 모두가 그 뜻에 찬성표만 던지는 거수기가 되어 있다. 의견의 자유는 존재하지 않는다. 모두가 구원이라는 평준화의 마술에 걸려들고 만 것이다. 극장 안에는 오로지 바그너주의자들만 있다. 모두가 바그너가 만들어놓은 무대를 바라보며 박수 치고 환호를 질러대고 있다. 비현실의 환상에 눈이 멀어 현실을 외면하면서도 위기감을 전혀 느끼지 못하는 정신병자들만이 득실대고 있다. "그러니 바그너의 문제들은 병원에서 겨우 다섯 발짝 정도 떨어져 있는 문제들이지요!"(바그너, 46쪽) "그러므로 좋은 공기가 필요하다! 좋은 공기다! 어쨌든 문화의 모든 정신병원이나 병원의 근처에서 멀리 떨어지자!"(도덕, 491쪽) 니체는 신선한 공기가 필요했다.

허무주의 철학이 원하는 음악

음악은 삶의 일부분이다. 인간만이 음악을 알고 음악을 만들 줄 안다. 음악은 필요 없는데 하는 게 하니라 필요해서 하는 것이다. "음악 없는 삶은 하나의 오류다."(우상, 83쪽) 음악이 없는 삶은 진정한 삶이 아니다. 삶의 의미를 찾고 싶으면 음악을 품고 살아야 한다. 고대 그리스의 황금기를 만든 것도 음악의 정신에서 탄생한 비극이라 했다. 음악의 정신에서 탄생한 비극! 그 탄생비화를 연구했던 결과물이 《비극의 탄생》이었다. 비극은 삶을 위한 음악이었다. 음악은 삶을 증진시키는 것이어야 했다.

인간은 음악을 필요로 한다. 음악이 전하는 형이상학적 위안을 필요로 하기 때문이다. 이성적 존재에게 구원이 있어야 한다면 그것은 음악만이 실현시키는 것일 뿐이다. 말로 형용할 수 없는 것을 담당하는 감정의 언어이기 때문이다. 온갖 말들과 이성의 잣대들을 제거하고 허무를 받아들일 수 있는 이성만이 구원이 무엇인지 알게 된다. 이성은 자기를 내려놓을 때 자기를 새롭게 취한다. 그런 구원을 알게 해주는 것이 음악의 힘이다. 니체가 "헤라클레스적 힘"이라고 말하는 그런 힘 말이다. 음악이 해방시키는 것은 인간 내면에 숨겨져 있던 거인의 모습이다. 음악을 통해 인간은 새로운 존재상을 획득하게 되는 것이다.

허무주의 철학은 음악의 정신과 맞물린다. 그 정신에서 비극이 탄생했다는 사실을 반드시 명심하고 있어야 한다. 그 사실이 아리아드네의 실타래와 같은 역할을 해줄 것이기 때문이다. 놓쳐서는 안 되는 실이다. 음악의 정신에서 탄생한 비극은 삶을 위한 것이다. 삶을 삶답게 해주는 음악만이 허무주의 철학이 바라는 것이다. 웃고 춤추며 즐겁게 사는 것만이 진정한 삶이라고 끊임없이 반복하며 주장해왔다. 굴레가 없을 수는 없겠지만 그 굴레에 얽매인 채 살아서도 안 된다. 굴레를 써야 할 때와 벗어야 할 때를 아는 것이 지혜다. 받아들임과 쏟아냄의 시기를 아는 것이 관건이다. 기억의 능력과 망각의 능력이 균형을 이루는 것이 중요하다는 얘기다. 어느 하나에 치중할 때 정신은 병들게 되는 것이다. 모든 병든 정신은 음악에 귀를 기울여야 한다.

> ─가장 정선된 귀를 가진 자들에게 한마디 더 하겠다: 내가 음악에 진정 무엇을 바라는지에 대해. 나는 음악이 10월의 오후처럼 청명하고 깊이 있기를 바란다. 음악이 개성 있고 자유분방하며 부드럽기를, 비열과 기품을 모두 갖춘 달콤한 어린 여자이기를 바란다… […] 마지막으로 알프스 너머에서 ─ 말하자면 지금 내가 있는 이쪽에서 성장한 모든 것 […] 그리고 내가 알프스 너머라고 말할 때는, 나는 진정 베네치아를 말하고 있는 것이다. 음악을 표현할 다른 단어를 찾아보면, 나는 언제나 베네치아라는 단어를 발견하게 된다. 나는 눈물과 음악을 구별할 수 없다. 나는 행복과 남쪽을 공포의 전율 없이는 생각할 수 없다. (니체, 523쪽 이후)

10월의 오후처럼 청명하고 깊이 있는 음악은 어떤 것일까? 가을 하늘 같은 음악. 높은 하늘 같은 음악. 파란 하늘 같은 음악. 온갖 가까운 것들로부터 해방시켜주는 음악. 소위 모든 것을 잊게 해주는 음악. 정신을 맑게 해주는 음악. 속이 시원해지는 느낌을 주는 음악. 모든 결실은 이런 조건 속에서 이루어진다. 가을은 결실의 계절이다. 그동안 잉태한 것을 세상에 내놓은 시기다. 소중하게 품으며 키워온 결과물을 내놓는 시기다.

음악은 상처조차 꽃으로 피어나게 해준다. 음악은 고통조차 삶을 위한 활력의 근거로 바꾸어놓는다. 음악은 기억의 창고를 대청소하게 해준다. 음악은 미래를 보여준다. 음악은 심연을 들여다볼 수 있는 용기를 준다. 지옥처럼 어두운 곳에서도 눈을 감지 않게 해준다. 눈을 뜨고 두려움과 맞서게 하는 것이다. 음악은 비극을 인식하게 해준다. 비극 자체가 음악의 정신으로부터 탄생했기 때문이다. 음악이 비극을 통해 자기 얼굴을 보여주는 것이나 다름없다. "나는 눈물과 음악을 구별할 수 없다." 니체에게 음악은 눈물로 이어진다. 흘러내리는 눈물, 요동치는 감정의 파도, 미궁에 빠진 듯한 답답함, 꽉 막힘, 출구에 대한 동경, 이 모든 것이 음악을 통해 인식의 대상으로 다가온다.

하지만 눈물 때문에 죽을 수는 없다. 눈물이 모이고 모여 바다가 되었어도 그 바다는 새로운 항해를 위한 도전을 요구할 뿐이다. "나는 행복과 남쪽을 공포의 전율 없이는 생각할 수 없다.", "레타르다치온^{Retardation}"¹², 꽉 막힘! 그것 없이는 카타르시스를 생각할 수 없다. 저항 없이는 쾌감은 생각할 수 없다. 바람 없이는 비상을 생각할 수 없다. 산이 없으면 오를 수 없다. 벽이 없으면 넘을 수 없다. 계단이 없으면 밟을 수 없다. 길이 없으면 걸을 수 없다. 길 위에서도 어디로 가야 할지 모른다고 한탄하지 말자. 계단이 힘들다고 주저앉지 말자. 막다른 골목이라고 절망하지 말자.

절망하지 않는 인간이라 하면 떠오르는 영화 한 장면이 있다. 피레네 산

맥의 투르말레를 오르는 외다리 자전거 선수가 보여주는 미소는 행복의 극치를 보여준다. 투르말레? 말 그대로 번역하면 "나쁜 길"[13]이다. 세상에 나쁜 길이란 게 따로 존재할까? 좋고 나쁨을 말하는 존재는 인간뿐이다. 생각

영화 〈환상통〉(2009)의 한 장면. 한쪽 다리로만 '나쁜 길'로 유명한 투르말레에 도전하고 있는 장면.

하는 존재가 그런 말을 만들어내는 것이다. 오히려 그런 나쁜 길이 행복의 지름길이 아닐까? 세네카가 넘겨놓은 명언 중에는 "돌길을 통해 별들에게로!"란 말이 있다. 가끔은 의도적으로라도 힘든 길을 찾아 떠나야 하지 않을까? 한쪽 다리로만 그 '나쁜 길'에 도전하는 모습은 과히 영웅적이다.

비가 오면 나쁜 날일까? 착각하지 말자. 비 오는 날과 비가 오지 않는 날만 있을 뿐이다. 그런 날들에 의미를 부여하는 행위가 있을 뿐이다. 옷이 비에 젖는다고 한탄하지 말자. 그 정도는 견뎌내야 한다. 그것이 사는 것이니까. 사랑하는 사람이 죽는다고 불행한 일일까? 물론 사랑했기에 하늘이 무너지기도 하고 땅이 꺼지기도 할 것이다. 그 또한 견뎌내야 한다. 사랑했던 만큼 대가를 치르고 있을 뿐이다. 시간과 공간, 그리고 인과율의 원리 속에서 살아야 하는 존재의 운명일 뿐이다.

니체는 알프스를 언급한다. 영원회귀의 사상이 탄생한 곳이다. 지금은 '알프스 너머'를 이야기한다. 산 너머에는 무엇이 있을까? 저 산 너머에는 무엇이 기다리고 있을까? 안견의 〈몽유도원도夢遊桃源圖〉도 생각난다. 산을 넘어서고 넘어서면 도달할 수 있을까. 아주 먼 곳에 있을 법한 무릉도원이다. 이상

향이다. 넘어서면 갈 수 있는 곳이다. 산을 넘으면! 고통을 극복하면! 벽을 넘으면! 바람을 견디면! 니체가 말하는 '알프스 너머'는 음악의 정신과 통한다. 그 음악의 다른 이름으로 '베네치아'를 꼽기도 한다. 바그너가 죽음을 맞이한 곳이기도 하다. 그 르네상스의 도시 어느 다리 위에서 니체는 음악 소리를 듣는다. 시의 형식으로 그 소리를 형상화해낸다.

다리에 서 있다
최근 갈색의 밤에.
멀리서 들려오는 노랫소리:
떨고 있는 수면 위로 솟구치던
황금빛 물방울인가.
곤돌라, 등불, 음악 —
취해서 황혼으로 헤엄쳐 갔다….

내 영혼, 하나의 현악,
보이지 않는 손길에 닿아 노래를 불렀다
곤돌라도 은밀히 노래를 불렀다
찬란한 행복감에 떨면서.
— 누군가 귀 기울여 들었을까?… (바그너, 524쪽 이후)

알프스 너머! 거기에 '찬란한 행복감'이 기다리고 있었다. "지금 내가 있는 이쪽에서 성장한 모든 것"은 바로 알프스 너머에서 성장한 것이다. "지금 내가 있는 이쪽"이 바로 "선악의 저편"(즐거운, 414쪽)이다. 무無를 기다릴 수 있는 곳이다. 하나가 둘이 되는 경험을 했던 곳이다. 그곳에서 차라투스트라가 탄생했다. 이제 베네치아다. 르네상스의 도시다. 알프스를 넘어 도착한 곳이다. 높은 산을 넘어, 힘든 산을 넘어, 마침내 바닷가까지 왔다. 게다가 10월의 오후가 선사해주는 아늑함까지 겸비하고 있다. 고비를 넘기면 환희가 찾아든다. 생지옥 같은 굴을 통과하면 환한 햇살이 기다리고 있다.

에드바르 뭉크(Edvard Munch), 〈프리드리히 니체〉 (1906). 스톡홀름 틸스카갤러리의 예술박물관 소장.

"다리에 서 있다"라는 첫 구절은 왠지 〈질스마리아〉의 첫 구절과 같은 메시지를 전하는 듯하다. "여기 앉아 나는 기다리고 또 기다렸다―무無를"(즐거운. 414쪽) 하는 구절 말이다. 같은 정서가 읽힌다고 할까. 같은 목소리가 들린다고 할까. 어떤 경지에 도달한 성자의 목소리 같다. 뭔가에 도달한 정신은 늘 장소부터 밝힌다. 자기가 어디에 있는지부터 인식한다. 지금과 여기에 대한 인식이다. 현실 인식부터 시작한다는 얘기다. 지도 앞에서 현 위치를 확인한 듯하다. 이제 여행만 하면 된다. 방향을 잡고 떠나면 된다. 즐거운 여행이다. 행복한 여행이다. '사는 게 이렇게 좋을 수가!' 하면서 감탄사가 쏟아질 듯하다.

다리는 또한 인간의 다른 이름이기도 했다. "사람에게 위대한 것이 있다면 그것은 그가 목적이 아니라 하나의 교량이라는 것이다."(차라. 20쪽) 길 위에 있을 때 삶은 인식되는 것이다. 삶은 살아져야 한다. 삶은 살 권리를 가지고 있다. "나는 아직 살아 있다. 나는 아직 생각한다. 나는 아직 살아야만 한다. 아직 생각해야만 하니까. 나는 존재한다. 고로 나는 생각한다. 나는 생각한다. 고로 나는 존재한다 Sum, ergo cogito: cogito, ergo sum ." (즐거운, 255쪽) 생각하는 존재는 삶 속에서 의미를 찾을 뿐이다. 나는 살고 있다, 고로 나는 존재한다! 이것이 삶에 대한 니체의 입장이다.

이제 시 감상에 집중해보자. 다리에 서 있을 때, 길 위에 서 있을 때, 삶을 생각할 때 수많은 것이 "헤엄쳐 갔다…." 수많은 것이 눈에 들어오고 또 지나간다. 수많은 것이 생각을 스쳐 지나간다. "갈색의 밤"이, "멀리서 들려오던 노랫소리"가, "떨고 있는 수면"이, 그리고 그 "위로 솟구치던 / 황금빛 물방울"이, "곤돌라"가, "등불"이, "음악"이, 이토록 수많은 것이 "취해서 황혼으로 헤엄쳐 갔다…." 황혼으로! 시간의 흐름에 대한 인식도 동반한다. 오후에서 저녁으로 이어지고 있다. 힘든 하루를 보내며 멋진 휴식을 준비하는 듯하다. 성취감이 가득하다. 승리감이 전해진다.

나른하다. 모든 사물이 취해 있는 듯하다. 권태 아닌 권태가 밀려온다. 피곤 아닌 피곤이 밀려온다. 달콤한 낮잠이라도 자고 싶다. 사물이 취해 있는 게 아니라 자기 자신이 그렇게 느껴지고 있는 것이다. 다만, 사물 속으로 감정이입이 되고 있을 정도로 자연과 합일이 되어 있을 뿐이다. 시간과 공간이 전하는 느낌을 만끽하고 있을 뿐이다. 먼 곳에서 울리는 노랫소리도 들을 만큼 감각은 먼 곳으로 향하고 있다.

그리고 2연이다. "내 영혼"이 전면에 등장한다. 자아가 자신을 인식한다. 영혼의 소리가 들린다. 영혼이 "하나의 현악"이다. 자기 안의 소리다. 운명의 소리일까. 이성의 통제를 벗어난 소리일까. 그런 내 영혼이 "보이지 않는 손길에 닿아 노래를 불렀다"는 것이다. 1연의 "멀리서 들려오던 노랫소리"는 이제 자기 내면의 소리로 연결된다. 사물의 소리와 내면의 소리가 합일을 일군다. "곤돌라도 은밀히 노래를 불렀다 / 찬란한 행복감에 떨면서. / ―누군가 귀 기울여 들었을까?…" 잔잔하다. 1연에서의 "떨고 있는 수면"은 2연에서 그저 "찬란한 행복감에 떨면서" 움직이고 있을 뿐이다. 물방울 소리까지 들리는 정적이 전해진다. "수면 위로 솟구치던 / 황금빛 물방울인가." 그 물방울 소리가 지금은 내면의 소리와 어울린다. "―누군가 귀 기울여 들었을까?…" 질문이 나왔으니 대답을 좀 해보자. 도대체 이 소리를 누가 듣고 있냐고. 자기 자신 외에 또 누가 있을까? 사물계 속에 자기 자신이 있다. 현상계 속에 자기 자신이 자리 잡고 있다. "다리에 서 있다"가 전하고 있듯이.

　허무주의 철학이 듣고자 하는 음악이다. 시의 형식 때문에 또 비유 때문에 메시지가 정확하게 전해지지 않을 수도 있다. 하지만 문학의 문체에 익숙한 이는 오히려 이런 글 속에서 멋진 환상을 만들어내기도 한다. 니체의 생철학적 메시지에서 더 큰 소리로 증폭시킬 수 있는 이념을 발견할 수도 있다. 어쨌든 니체의 글을 읽어내려면 같은 파토스를 가져야 한다는 것을 잊지 말자.

물속에 빠뜨려 허우적거리게 하는 위험한 음악

　바그너가 위험하다? 바그너가 병이다? 마치 전염병이라도 되는 것처럼 니체는 섬뜩해한다. 가까이 가려 하지 않는다. "바그너의 예술은 병들었습니다."(바그너, 30쪽), "바그너는 노이로제 환자입니다."(같은 곳)《바그너의 경우》

에서 니체는 이런 목소리로 바그너에게서 정이 떨어졌음을 알렸다. 하지만 그냥 헤어지고 마는 게 아니라 끊임없이 되새기며 싸움을 건다. 왜냐하면 바그너의 음악은 해롭기는 하지만 철학을 하기 위해서는 필요불가결하다고 여기기 때문이다. "바그너는 현대성을 요약하고 있다. 별다른 도리가 없다. 일단은 바그너주의자가 되어야 한다…."(같은 책, 13쪽), "철학자는 자기 마음대로 바그너 없이 지낼 수는 없다. 철학자는 자기가 살아가는 시대를 마음에 걸려 하지 않으면 안 되며 — 그러기 위해서는 그 시대를 가장 잘 알고 있어야 한다."(같은 곳)

현대인이 어쩔 수 없이 견뎌야 하는 것이 바그너의 음악이다. 그의 음악은 곧 현대의 모습 그 자체다. 현대인은 바그너의 음악과 함께 현대의 문제와 직면하게 된다. 그것은 '예술의 타락상'을 보여준다고, 그것은 '생리적인 퇴화'의 표현이라고, "히스테리의 한 형식"(같은 책, 36쪽)이라고. 그런 음악을 견뎌야 한다. 결별을 선언하지만 끊임없이 그 앞에 머물러 있다. '간다! 정말 간다!' 하면서도 가지 못하는 마음이 이런 게 아닐까 싶다. 이런 분위기는 《니체 대 바그너》에서 〈위험으로서의 바그너〉라는 제목으로 이어진다.

—오늘날 아주 강력하지만 불명료하게 '무한 선율'이라고 불리는 것에서 새로운 음악이 추구하는 의도는 다음처럼 명료하게 설명될 수 있다. 사람들이 바다로 가면, 땅 위에서의 안정적인 걸음걸이를 점차 상실하고 결국에는 무조건 자연이 힘에 굴복해버리는 법이다: 사람들은 헤엄을 쳐야 하는 것이다. 예전의 음악에서는 사람들은 헤엄과는 완전히 다른 것, 즉 때로는 우아하게, 때로는 장엄하게, 때로는 격렬하게, 빠르거나 천천히, 말하자면 춤을 추어야만 했다. 여기에는 절도와 균형 잡힌 시간과 힘 단계의 유지가 필요하고, 이것은 청중

의 영혼으로부터 지속적인 사려를 빼앗았다―사려에서 나온 좀 더 싸늘한 기류와 열광으로 데워진 숨결과의 이런 각축 관계에 모든 좋은 음악이 기초하고 있었다.―그런데 리하르트 바그너는 다른 종류의 운동을 원했다―그는 기존 음악의 생리적 전제 조건들을 전복시켜버렸다. 그는 헤엄치고 부유하기를 원했던 것이다―걷거나 춤추는 것이 아니라…. (니체, 525쪽 이후)

축축하다 못해 물에 빠졌다. 그게 바그너 음악이 전하는 느낌이다. 이게 바로 북방적 이미지다. "축축한 북방"(바그너, 19쪽)은 바그너 음악의 기조를 이룬다. 태양은 먹구름 뒤에 가려져 있다. 흐린 날씨가 지속된다. 비가 끊임없이 내린다. 우울이 지배적이다. 마치 아이가 울 때까지 슬픈 소리를 무한 반복하는 듯하다. "바그너는 말하자면 우리를 ~처럼 다룹니다. 그는 사람들이 자포자기할 때까지 한 가지 것에 대해 자주 말을 합니다―사람들이 믿어버리게 될 때까지 말입니다."(같은 책, 18쪽) 그의 음악은 "오늘날 아주 강력하지만 불명료하게 '무한 선율'이라고 불리는 것"으로 설명되고 있다. 무한 선율! 소리는 열정이 실려서 아주 강력한데 도대체 뭘 원하는지 감을 잡지 못하겠다는 것이다. 그저 울음만을 유발하는 그런 선율이라는 것이다. 분명한 것이 있다면 북방적 분위기밖에 없다.

바그너 음악은 청중을 "바다"로 이끈다. 그런데 그 느낌은 전혀 기쁘지 않다. 왜냐하면 굴복시키기 때문이다. "사람들이 바다로 가면, 땅 위에서의 안정적인 걸음걸이를 점차로 상실하고 결국에는 무조건 자연의 힘에 굴복해버리는 법이다: 사람들은 헤엄을 쳐야 하는 것이다." 사람 사는 모습이 전혀 다르다. 사는 게 사는 게 아니다. 전혀 다른 존재가 되어 살도록 한다. 자기 자신의 모습을 버리고 전혀 다른 모습으로 살게 한다. 마치 "누구든지 나를 따라오려거든 자기를 부인하고 자기 십자가를 지고 나를 따를 것이니라" (마태복음 16:24) 하는 요구처럼 끈질기다. 한 치의 물러섬도 없다. 자기 자신을 온전히 버릴 때까지!

고대 그리스의 음악은 생각을 가볍게 해주었다. 지속적으로 '사려'를 빼앗아갔다. "즉 때로는 우아하게, 때로는 장엄하게, 때로는 격렬하게, 빠르거나 천천히, 말하자면 춤을 추어야만 했다. 여기에는 절도와 균형 잡힌 시간과 힘 단계의 유지가 필요"했다. 사막의 딸들처럼 한쪽 다리만으로도 춤을 출 수 있게 해주었다. 힘의 감정에 도취된 채 '찬란한 행복감'에 떨게 해주었다. 전율을 느끼게 해주었다. 사막이라는 태양의 나라에서도 즐거운 축제를 벌일 수 있게 해주었다. 그것이 '모든 좋은 음악'의 징표로 믿었던 것이다. 그 대표로 니체는《바그너의 경우》에서 비제의 〈카르멘〉을 꼽았던 것이다.

"그런데 리하르트 바그너는 다른 종류의 운동을 원했다—그는 기존 음악의 생리적 전제 조건들을 전복시켜버렸다. 그는 헤엄치고 부유하기를 원했던 것이다—걷거나 춤추는 것이 아니라…." 실망이다. 절망도 느껴진다. 생리적 퇴화를 경험하고 있기 때문이다. 결국에는 히스테리를 일으키게 하는 음악 앞에서 니체는 희망을 잃고 만다. 현대인은 그의 축축한 음악 때문에 대지에 발을 붙이지도 못하고 허우적거리고 있다. 아등바등, 안달복달이다. 때로는 자신이 뭘 원하는지조차 모르고 살아간다. 생리적 퇴화의 결과물이 되어 삶을 연명한다. 죽지 못해 산다. 늘 불만투성이다. 말 한마디에도 쉽게 터져버리는 감수성으로 살아간다. 한계에 도달한 풍선처럼 위태롭기만 하다. 삶 자체가 살얼음판 같다. 위기의 존재로 살아간다. 넘어질까 조심스럽기만 하다. 이게 바로 바다에 빠져버린 현대인의 모습이다. 걷는 것조차 잊어버린 채 그렇게 살고 있다.

바그너는 데카당이다. 그의 음악은 퇴폐의 전형이다. 음악도 문화의 산물이다. 하지만 바그너의 음악은 퇴화의 길에 들어선 문화의 징표다. 삶에서 생명력을 앗아가는 음악이다. 마지막을 알리는 음악이다. 문화가 시들어가는 시기에 피어난 꽃이다. 퇴화의 징조만이 가득하다. 곡성만이 충만해 있다. 이승에서의 삶이 아니라 저승에서의 삶을 노래한다. 결국 니체는 〈미래 없는 음악〉이란 제목으로 또 다른 글을 준비한다.

> 음악은 특정한 문화의 토양 위에서 자랄 줄 아는 모든 예술에서, 거기서 자라나는 모든 식물 중 최후의 식물로서 등장한다. 그 이유는 음악이 가장 내적이고 따라서 가장 늦게 — 언제나 자기에게 속한 문화가 가을을 맞아 그 꽃이 시들어갈 때에 달성되기 때문이다. [⋯] 우리의 최근 음악 역시 제아무리 지배적이고 지배욕이 있다 하더라도 아마도 잠시 잠깐뿐이리라: 왜냐하면 이 음악은 그 토대가 급격히 가라앉는 문화 — 곧 침몰되는 문화에서 생겨났기 때문이다. [⋯] 민족전쟁의 시대, 교황권 지상주의자의 수난 시대, 유럽의 현재 상태들에 적합한 이런 단막극적 특성들 전체는 실제로 바그너 예술 같은 예술에 갑작스러운 영광을 안길 수 있다. 미래에 대한 보장은 없는 영광을. 독일인 자체가 미래를 가지지 않는다⋯. (니체, 527쪽 이후)

"독일인 자체가 미래를 가지지 않는다⋯." 이런 문장을 잘 읽어야 한다. 이런 말을 하고 있는 심경의 진의를 읽어낼 줄 알아야 한다. 사랑하는 연인들이 싸울 때 정말 치열하게 싸운다. 입에 담지 못할 욕설까지 해대기도 한다. "나는 폴란드인이다"(니체, 524쪽)라고 말하지만 크게 보면 그곳 역시 독일이었다. 예를 들어 굳이 '나는 독일인이 아니라 바이에른 사람이다'라고 말하는 의중은 어떤 것일까? 우리나라 상황으로 빗대어 말하면 '나는 한국 사람이 아니라 경상도 사람이다'라고 말하는 것이나 다름이 없다. 뭔가 차별을 두려고 하는 마음이다. 침몰하는 국가를 바라보며 한 발자국 물러선다. 이것은 비겁한 행동이 아니라 비판으로 도움을 주고자 하는 것이다.

"바그너 예술 같은 예술"이 "갑작스러운 영광"을 꿰찼다. 말세다. 세기말의 증상이다. 퇴폐라는 것이다. '교황권 지상주의자의 수난 시대'에 구원 사상이라니. 천국 사상이라니. 니체는 몰락으로 치닫는 문화에 일침을 가한다. "우리의 최근 음악 역시 제아무리 지배적이고 지배욕이 있다 하더라도 아마도 잠시 잠깐뿐이리라: 왜냐하면 이 음악은 그 토대가 급격히 가라앉는 문화—곧 침몰되는 문화에서 생겨났기 때문이다." 중세를 되살리려는 의도가 만연한 예술은 현대를 아름답게 포장할 수는 있어도 본질적으로 바꾸어놓지는 못한다. 암울한 시대의 재현일 뿐이다.

예술이 부패했다. 그런 예술이 꽃으로 간주될 때 문화는 위기를 면치 못한다. 특히 음악이라는 예술은 문화의 성장과정에서 가장 나중에 형성되는 결과물이다. 왜냐하면 그것은 가장 내적인 것을 토대로 형성되기 때문이다. 바그너의 음악은 "문화가 가을을 맞아 그 꽃이 시들어갈 때"에 태어난 역사의 산물이다. 유년기의 희망참도 청년기의 활기도 모두 지난 시점에, 그것도 장년기를 지나 노년기에 접어든 시점에 태어난 산물이라는 얘기다. 생명력은 한계에 달했다. 그저 "대중에게! 성숙하지 않은 자에게! 둔감한 자에게! 병든 자에게! 바보들에게! 바그너주의자에게!"나 어울리는 음악에 지나지 않는다. 성숙하지 않은 자? 그렇다. 늙었다고 성숙해진 것은 결코 아니다. 나이가 든다고 모두 성숙해지는 것은 아니다. 진정한 성숙의 과정을 밟지 못한 문화는 퇴폐의 길을 걸을 수밖에 없다. 바그너의 음악은 한마디로 그저

"미래 없는 음악"에 불과할 뿐이다. 결국 니체는 바그너와 결별을 할 수밖에 없다. 새로운 미래를 위한 처사일 뿐이다. 미래를 준비하는 마음으로 이 결별이라는 상황을 맞이하고 있는 것이다. 조국의 미래를 위해서 말이다.

삶의 충일을 위한 철학

허무주의는 이상을 허무하게 바라본다. 허무주의는 현실을 있는 그대로 받아들인다. 허무주의는 삶을 주목한다. 허무주의는 삶의 주체인 인간만을 아름답다고 말한다. 허무주의는 삶에 고집을 피우는 인간을 거인으로 간주한다. 허무주의는 삶에서 주인이기를 바란다. 그 외의 모든 것은 허무할 뿐이다. 삶은 과정이다. 사는 것이 삶이다. 끊임없이 변화에 직면해 있는 것이다. 정체는 죽음뿐이다. 정지된 삶이란 없다. 영원불변이란 이상일 뿐이다. 말뿐이다. 현실에서는 있을 수 없는 것이다. 아무리 단단한 쇳덩어리도 세월 앞에서는 무참히 무너지고 마는 것이다. 허무주의는 도래해야 한다. 눈물은 흘릴 수밖에 없다. 사나이는 눈물을 흘리지 않는다? 그따위 이상적인 말로 사람을 놀리지 말라. 그런 사람은 단 한 명도 없다.

낭만주의는 참으로 매력적이다. 이상적인 것만을 추구하기 때문이다. 현실은 싫다고 선언하기 때문이다. 저 너머에는 뭔가가 있을 것만 같다. 시선은 늘 먼 곳으로만 가고 있다. 이 현실을 떠나고 싶은 것이다. 견디기 힘들어서 외면하는 것이다. 아파서 잊고 싶은 것이다. 멈추지 않는 눈물을 끊고 싶은 것이다. 그런 곳이 과연 있을까? 이성은 있다고 말한다. 있을 것만 같다. 반드시 있어야만 할 것 같다. 이성이 도달할 수 없는 곳이 어디 있을까?

눈만 감아도 세상 끝까지 갈 수 있는 생각을 가지고 사는 인간인데. 임마누엘의 하나님도 참 매력적이다. 내가 무슨 짓을 하든 무슨 말을 하든 그저 내 곁에 있어주는 존재이기 때문이다. 그런 신이 나를 태초부터 사랑했단다. 이얼마나 사랑의 빚을 느끼게 해주는 말인가. 하지만 허무주의는 낭만주의에 저항한다. 온갖 낙천적인 희망의 불씨를 꺼버리려 한다. 잔인하다. 절망이라는 절벽 앞에 세우고자 한다.

아마도 사람들은, 최소한 내 친구들은 기억할 것이다. 내가 처음에는 약간의 오류를 저지르고 과대평가를 하기는 했지만 어쨌든 희망하는 자로서 이 현대 세계에 달려들었다는 것을. 나는 19세기의 철학적 염세주의를 흄과 칸트와 헤겔의 철학에서 표현되었던 것보다 더 고등한 사유력의 징후로, 더 큰 승리를 구가하는 충일한 삶의 징후로 이해했다―어떤 사적인 경험에 의거해서인지 누구 아는 사람이 있을까?―나는 비극적 인식을 우리 문화의 가장 아름다운 사치로, 우리 문화의 가장 값비싸고 가장 고귀하며 가장 위험한 종류의 허비로 받아들였다. 하지만 우리 문화가 너무나도 풍요롭기에 허락된 사치로 받아들였다. 마찬가지로 나는 바그너 음악을 영혼의 디오니소스적 강대함을 표현하기 위한 것으로 해석했다. 바그너 음악에서 나는 태곳적부터 봉쇄당해온 삶의 근원력을 마침내 숨 쉬게 하는 지진 소리를 들었다고 믿었다. 이로써 오늘날 문화를 자칭하는 모든 것이 흔들리게 된다는 것은 아무 상관이 없었다. 사람들은 알 것이다. 내가 잘못 생각했다는 것을. 마찬가지로 사람들은 알 것이다. 내가 바그너와 쇼펜하우어에게 무엇을 선물했는지를―나는 나를 선물로 주었던 것이다…. 모든 예술, 모든 철학은 성장하거나 하강하는 삶의 치유 수단이나 보조 수단으로 간주될 수 있다: 이것들은 언제나 고통과 고통받는 자를 전

제한다. (니체, 529쪽)

《즐거운 학문》 370번 글을 다시 가져왔다. 그때는 〈낭만주의란 무엇인가?〉라는 제목으로 글을 시작했다. 지금은 〈우리 대척자들〉이라고 제목을 바꾸었다. 좀 더 대립각을 부각시키기 위함인 것 같다. 낭만주의는 병들었다. 현실을 외면하기 때문이다. 니체는 현실을 받아들이고자 한다. 현실을 받아들이고 견뎌내고 싶은 것이다. 그리고 결국에는 그 현실조차 발아래 두기를 바라고 있는 것이다. 현실은 삶의 터전이 되어야 하기 때문이다. 현실은 삶의 무대다. 없어서는 안 될 존재다. 그 위에서의 삶은 예술처럼 창조적이어야 한다. 모든 움직임은 생명으로 승화되어야 하는 곳이다.

니체는 낭만주의에 대해 "대척자"임을 자청한다. 운명이다. 생리적으로 반감을 가질 수밖에 없는 사상이다. 물론 처음부터 이런 대립구도로 나아갔던 것은 아니다. 특히 《비극의 탄생》과 《반시대적 고찰》을 쓸 때만 해도 쇼펜하우어와 바그너는 긍정적 이미지로 파악되었다. 거기서 희망을 보았던 것이다. 니체는 "처음에는 약간의 오류를 저지르고 과대평가를 하기는 했지만 어쨌든 희망하는 자로서 이 현대 세계에 달려들었다"고 고백한다. 실수였다. 쇼펜하우어와 바그너를 잘못 보았다. 잘못 평가했다. 그들의 사상을 제대로 읽어내지 못했다는 자기비판이 섞인 발언이다.

하지만 이제는 안다. 쇼펜하우어의 염세주의 사상도 바그너의 구원 사상도 자신의 희망이 될 수 없다는 사실을. 니체는 이제 홀로 떠난다. 자신의 길을 선택한다. 힘들어도 어쩔 수 없다. 그들과 함께할 수 없기 때문이다. 그들에게서는 그저 '나쁜 공기'만 있을 뿐이기 때문이다. 그는 소위 좋은 공기를 찾아 떠난다. 나약한 염세주의에서 등을 돌린다. 이제 그 앞에 드넓은 대양이 있을 뿐이다. 황량한 사막이 있을 뿐이다. 목숨을 걸어야 한다. 모험 여행을 떠나야 한다. 이상이 아닌 자기 자신을 찾아 떠나는 여행길이다. 험난할 것이다. 온갖 괴물이 방해를 해올 곳이다.

떠나면서도 니체는 자신이 오해했던 지점을 하나하나 설명한다. "의심의 여지"(니체, 518쪽)를 남겨놓지 않게 하기 위해서. 문서로서의 기능을 제대로 하도록 하기 위해서. "나는 19세기의 철학적 염세주의를 흄과 칸트와 헤겔의 철학에서 표현되었던 것보다 더 고등한 사유력의 징후로, 더 큰 승리를 구가하는 충일한 삶의 징후로 이해했다." 하지만 이것이 바로 오해였다. 잘못 생각했던 것이다. 잘못 판단했던 것이다. 19세기의 철학적 염세주의는 그런 것이 아니었다. 그것은 고대 비극이 준비했던 그런 슬픔이 아니었다. 삶의 충일로 나아가는 그런 아픔이 아니었다. 오히려 고통을 잊고 싶은 나약한 염세주의에 지나지 않았다.

"나는 비극적 인식을 우리 문화의 가장 아름다운 사치로, 우리 문화의 가장 값비싸고 가장 고귀하며 가장 위험한 종류의 허비로 받아들였다." 이것도 오해였다. 니체가 받았던 "비극적 인식"은 예술적 체험이 아니었다. 창조를 위한 아픔이 아니었다. 도피와 회피의 전혀 다른 감정 상태에 뿌리를 두고 있었을 뿐이었다. 이겨보려고 승리해보려고 노력하는 자세보다는 포기하는 느낌이 더 강했던 것이다. 노력하는 자가 흘리는 눈물은 어쩌면 '허락된 사치'일 수 있다. 하지만 포기하는 자가 흘리는 눈물은 그런 명예를 얻지 못한다. '가장 아름다운 사치'로 인정받지 못한다. 그것은 그저 쓸데없는 눈물일 뿐이다.

그리고 나서 니체는 바그너 음악에 대한 오해도 언급한다. "마찬가지로 나는 바그너 음악을 영혼의 디오니소스적 강대함을 표현하기 위한 것으로 해석했다. 바그너 음악에서 나는 태곳적부터 봉쇄당해온 삶의 근원력을 마침내 숨 쉬게 하는 지진 소리를 들었다고 믿었다." 오해다. 마음을 가장 아프게 하는 오해다. 바그너를 사랑했던 니체. 그가 좋아했던 음악. 하지만 알고 보니 모든 것이 오해였을 뿐이다. 사랑해서는 안 될 사람이었다. 좋아해서는 안 될 음악이었다. 모든 사랑은 상처를 남긴다고 했던가. 돌아서야 하는 철학자는 뼛속까지 파고드는 아픔을 인식한다. 바그너에 대한 희망이 절망으로 바뀌는 순간을 어떤 말로 형용할 수 있을까. "영혼의 디오니소스적 강대함을 표현하기 위한 것"으로 착각했고 "태곳적부터 봉쇄당해온 삶의 근원력을 마침내 숨 쉬게 하는 지진 소리"로 오해했다.

착각하고 오해했을 그 당시는 그게 얼마나 좋은 느낌을 선사해주었을까. 콩깍지가 씌웠을 때 그 마음은 얼마나 좋았을까. 얼마나 행복했을까. 사랑에 빠졌다는 그 느낌은 온 세상을 얻은 느낌과도 비교될 수 있다. 희망으로 충만할 때 인간은 뭐든지 할 수 있다. 자기를 희생할 수도 있다. "사람들은 알 것이다. 내가 잘못 생각했다는 것을. 마찬가지로 사람들은 알 것이다. 내가 바그너와 쇼펜하우어에게 무엇을 선물했는지를—나는 나를 선물로 주었던 것이다." 자기 자신을 바쳐 사랑했다. 염세주의에 푹 빠져 있었고 먼 길을 마다하고 알프스까지 찾아갔다. 자기 자신을 온전히 바쳤다.

니체는 자기 자신을 선물로 주었던 것을 어떻게 생각하고 있는 것일까. 후회? 아니, 그런 것 같지 않다. 아무리 반복해서 읽어도 후회가 들려오지 않는다. 상황이 반복된다고 해도 니체는 그 길을 선택할 수밖에 없다는 운명론적인 해석이 읽힐 뿐이다. 니체에게 그 오류는 운명이었다. 치명적인 매력에 희생되었을 뿐이다. 그것은 값진 경험이다. 빠질 수밖에 없는 질병이었다. 하지만 니체는 그 질병에서 회복을 경험했다. 이를 두고 니체는 "자기극복"(바그너. 11쪽)이라는 도덕적 개념을 적용했던 것이다. 이제 "바그너에게서 등을 돌린 것은 내게는 하나의 운명이었으며; 이후에 무언가를 다시 기꺼워하게 된 것은 하나의 승리였다"(같은 곳)는 말을 이해할 수 있으리라.

뭔가를 배우려면 자기 자신을 "선물"로 줄 수밖에 없다. 가르침을 주는 상대에게 무릎을 꿇어야 한다. 그리고 수많은 짐을 져야 한다. 숙제도 해야 하고 매도 맞아야 한다. 그러면서 단련되는 것이다. 몸도 정신도 그러면서 강해지는 것이다. 하지만 떠난다. 청출어람靑出於藍의 미덕이라고 할까. 진정으로 떠나기 위해 생리적 변화까지 받아들인다. 혐오감을 인정한다. 구토증까지 느껴가며 돌아선다. 그래야 진짜 등을 돌릴 수 있기 때문이다. 그래야 미련 때문에 저지를 수 있는 실수를 미연에 방지할 수 있기 때문이다.

'성장'과 '치유'는 고통을 전제한다. 고통받는 자를 전제한다. 고통 없이 성장한다는 말은 어불성설이다. 고통을 전제하지 않는 치유란 있을 수도 없다. 그저 말도 안 된다. 허무주의 철학에서 고통은 딛고 올라설 수 있는 계단과 같다. 오르려면 계단을 밟아야 한다. 밟지 않고 올라설 수는 없다. 길이 되려면 밟히고 밟히는 고통을 감내해야 한다. 니체는 자기 자신에게로 가는 길을 내고 싶은 것이다. 아무도 갈 수 없는 그 길을 닦고 싶은 것이다. 처음 가는 그 길을 발견하고 또 알려주고 싶은 것이다. 무슨 일을 하든 그 처음이 어려울 뿐이다. 뒷사람은 그저 먼저 간 사람의 흔적만을 따라가면 된다. 그래서 "눈 덮인 들판을 걸을 때 / 어지럽게 함부로 걷지 말라"[14] 했던 것이다.

고통은 삶이 설 수 있는 초석이다. 그 기반 위에서만 삶이 설 수 있다. 고통이 큰 만큼 삶도 튼튼하다. 고통이 다양한 만큼 삶도 다방면으로 방비책을 겸비하게 되는 것이다. 고통과 건강은 정비례한다. 아픈 만큼 성장한다. 흘린 눈물만큼 세상을 보는 눈은 씻기고 씻겨 더욱 밝게 된다. 눈물은 부정적인 것이 아니다. 고통은 부정적으로 바라볼 것이 아니다. 그런 것들이 삶을 삶답게 해주기 때문이다. 그런데 쇼펜하우어와 바그너는 정반대의 생각을 펼친다. 그래서 니체는 대척자의 입장을 취할 수밖에 없는 것이다.

> 이들은 삶을 부정하고, 삶을 비방하며, 그러기에 이들은 내 대척자들이다―삶의 충일한 더할 수 없이 풍요로운 자, 디오니소스적 신과 디오니소스적 인간은 공포스럽고 의문스러운 것에 대한 주시를 허용할 뿐 아니라, 스스로 끔찍한 행위와 파괴와 해체와 부정의 모든 사치를 허용한다―그에게는 모든 사막을 풍요로운 과일 재배지로 만들 수 있는 넘쳐흐르는 생산력과 재건력의 결과로서 악과 무의미와 추함이 허락되는 것처럼 보인다. (니체, 530쪽)

쇼펜하우어와 바그너, 니체는 이들을 추종했다. 이들이 하는 말이라면 여과 없이 받아들였다. 그것이 배움의 과정이었다. 하지만 그 배움의 끝에는 인식이 왔다. 전혀 다른 느낌이 이들에게서 등을 돌리게 했다. 잊고 다른 것을 취하게 했다. 염세주의로부터 정 떼기를 해야 했다. 마치 부모로부터 정 떼기를 하듯이. 가슴 아픈 결별 이야기가 아닐 수 없다. 바그너의 죽음, 그것을 바라보는 니체의 심정. 수많은 생각을 하게 한다. 죽은 자를 향한 사모의 정은 말 그대로 애끓는다. 죽고 싶다. 죽을 지경이다. 아파서 그런 것이다.

하지만 이대로 죽을 수는 없다. 이것이 인식이고 깨달음이다. 살아야 한다. 살고 싶다. 살기 위해 잊어야 하고 돌아서야 한다. 삶의 충일은 양심의 가책과 상관이 없다. 고통의 바다, 눈물의 바다라 일컬어지는 이 세상을 주시하도록 하는 것은 디오니소스 신의 이념이다. 날카로운 가시가 득실거리는 가시밭이다. 그래도 그곳에 발을 들여놓아야 한다. 그곳에서만 삶이 존재할 수 있기 때문이다. 디오니소스는 삶을 들여다보게 한다. 삶의 심연을 주목하게 한다. 어두운 측면을 주시하게 한다. 그는 "끔찍한 행위와 파괴와 해체와 부정의 모든" 것을 사치로 인식하게 한다. 몸 안에 가시가 박혀 있는 느낌조차 사치로 인식하게 한다. 고통은 사치다! 이 말이 가져다주는 느낌은 정반대의 생각을 가지게 해주는 열쇠가 된다. 그 정도의 고통으로 눈물을 흘린 게 부끄럽게 만들어주기 때문이다. 아픈 게 아픈 게 아니었다.

삶에서 가장 문제가 되는 게 무엇일까? 황량한 사막에 있다는 그런 느낌? 하지만 허무주의는 이렇게 말한다. "모든 사막을 풍요로운 과일 재배지로 만들 수 있는 넘쳐흐르는 생산력과 재건력의 결과로서 악과 무의미와 추함이 허락되는 것처럼 보인다"고. 살 수 없을 것만 같은 그런 느낌이 와야 극복에의 의지가 발동한다. 한계에 도달해야 한다. 더는 흘릴 눈물이 없을 때 슬퍼하기를 포기하게 된다. 울어도 소용없다는 것을 깨달았기 때문이다. 이제는 사는 것이 문제일 뿐이다.

악이 나쁜 건가? 선이 좋은 건가? 이런 이분법이 세상 논리일까? 선의 편에 서야 할까? 신의 자녀가 되어야 할까? 악은 내쳐야 할 대상일까? 악을 처단하기 위해 성전이라도 벌여야 할까? 하지만 전의를 불태워야 할 때는 어떤 마음을 허용해야 하는 것일까? 싸움, 전쟁에 나서야 할 때는 어떤 마음을 가져야 할까? 이분법으로 사고하는 자가 가장 무섭다. 신의 이름으로 사람을 죽일 수도 있기 때문이다. 살인을 저지르면서도 눈 하나 깜박하지 않을 수 있기 때문이다. 거짓말을 하면서도 양심의 가책을 느끼지 않을 수 있기 때문이다. 대중은 그저 "개돼지"[15]일 뿐이라고 간주하면서.

세상에 무의미한 것은 하나도 없다. 모든 것은 의미로 가득하다. 생각하는 존재에게 무의미한 것은 하나도 없다. 어둠조차 의미를 가지고 있는 것이다.

혼돈조차 창조의 원인이 될 수 있는 것이다. "춤추는 별 하나를 탄생시키기 위해 사람은 자신들 속에 혼돈을 지니고 있어야 한다."(차라, 24쪽) 허무주의의 가르침이다.

제 8 장 ——————— 사랑해야
할 때

인생은 허무하다.
그래도 그 허무한 인생을 끌어안고 살라.
그것도 사랑하며.

낭만주의 속에서 싹튼 병든 예술

끝이 있을까? 이성은 끝을 생각하게 한다. 물론 태초를 생각하게도 한다. 이성은 늘 정답을 추구하게 한다. 태초에는 무엇이 있었을까? 어떤 일들이 벌어졌을까? 반대로 세상이 종말에 이르면 어떤 일들이 벌어지게 될까? 궁금하기만 하다. 시간여행을 할 수 있다면? 공간 이동이 가능하다면? 하지만 이 모든 것이 무작정 나쁜 것만은 아니다. 끝에 도달하면 돌아설 수 있다. 바닥을 차면 떠오를 수 있다. 바다에 빠져 허우적대다가도 바닥에 발이 닿으면 안심할 수 있게 되는 것이다. 그때부터는 조금씩 육지를 향해 나아갈 수도 있다. 죽음의 위협을 받던 곳에서 삶이 가능한 곳으로 이동이 가능하기 때문이다.

그런데 쇼펜하우어와 바그너를 좋아갔던 니체는 막다른 골목에 도달하고 말았다. 그들이 이끈 곳은 출구가 없다. 염세주의적 사고방식 속에서 해결책을 찾을 수가 없었다. 현실을 외면하는 낭만주의적 사고로는 길을 찾을 수가 없었다. 그들이 제시하는 해결책은 진정한 해결책이 아니었다. 니체는 그것을 받아들일 수가 없었다. 인정할 수도 없었다. 생리적인 거부감이 염세주의에서 돌아서게 했다. "바그너에게서 등을 돌린 것은 내게는 하나의 운명"(바그너, 11쪽)이었다. 이 문장을 늘 다시 읽으며 니체의 심경을 추적해야 할 일이다. 반복만이 최고의 스승이니까.

니체는 쇼펜하우어와 바그너를 통해 운명을 보았다. 하지만 그 운명은 극복할 수 있는 운명이었다. 그것은 운명이 아니었다. 부정할 수 있는 운명이었다. 아직까지는 운명을 개척할 수 있는 단계에 있었던 것이다. 이런 운명은 인식되고 극복될 수 있다. 니체는 또다시 문서를 남겨놓는다. 돌아설 수밖에 없었던 이유를 밝혀놓는다. 이번에는 〈바그너가 속한 곳〉이란 제목으로 글을 시작한다. 여기서는 프랑스의 낭만주의에 뿌리를 둔 바그너를 폭로하고자 한다. 그의 뿌리가 낭만주의라는 사실을 폭로하고자 한다.

유럽의 문화운동을 잘 알고 있는 사람들은 전부 그 모든 것에도 불구하고, 프랑스 낭만주의와 리하르트 바그너의 아주 긴밀한 상호 귀속 관계를 명백한 사실로 보고 있다. 이들은 모두 그 눈과 귀에 이르기까지 문학에 의해 지배되고 있으며 — 세계 문학적 교양을 갖춘 유럽 제일의 예술가들이며 — 이들은 대부분 스스로가 문필가, 시인, 감각과 기교의 중개자와 조정자다. 이들은 모조리 표현의 광신자, 숭고한 것과 추한 것과 소름끼치는 것의 영역에서의 위대한 발견자이고, 효과와 진열과 진열장의 기술 면에서는 더 위대한 발견자다. 이들은 모조리 그들의 타고난 천재성을 훨씬 넘어서는 재능의 소유자들이고 —, 유혹하고 부추기며 강요하며 전복시키는 모든 것으로의 섬뜩한 통로를 지닌

명실상부한 대가들이며, 논리와 직선에 대한 타고난 적수이자, 낯선 것과 이국적인 것과 거대한 것, 감성과 오성의 모든 마취제를 몹시 갈망하는 자들이다. 전체적으로는 대담하고 — 감행적이며, 화려하고 — 힘 있으며, 높이 날고 높이 이끌어 올리는 종류의 예술가들이다. 이들은 자기들의 세기에 — 대중의 세기에 — '예술가'라는 개념을 처음 가르쳐야만 했다. 하지만 병들어 있었다⋯. (니체, 533쪽)

"유럽 제일의 예술가들", "감각과 기교의 중개자와 조정자", "위대한 발견자", "재능의 소유자", "명실상부한 대가들", "타고난 적수" 등, 언뜻 듣기에 지극히 긍정적으로 들린다. 칭찬처럼 들린다. 그런데 자세히 읽으면 칭찬이 아니다. 반어법으로 치닫는다. 결국에는 모든 것이 "하지만 병들어 있었다"는 이 마지막 말로 귀결되고 있을 뿐이다. 아무리 날고 기어도 병들어 있었다. 아무리 제 잘났다고 떠들고 나대도 병들어 있었다. 그것은 니체의 인식이다. 쇼펜하우어, 바그너와 함께한 시간들이 가져다준 현실 인식이다. 우울은 전염병이다. 니체에게도 현실은 감당하기 힘든 것으로 다가왔다. 이제는 어떤 해결책을 선택할 것이냐의 문제만이 남아 있을 뿐이다.

니체가 "문학"을 언급할 때도 정신을 차려야 한다. 긍정적으로 읽어야 할지, 아니면 부정적으로 읽어야 할지를 판단해내야 하기 때문이다. 예를 들어 "나는 문학을 내 것으로 삼고 싶다"(유고6, 201쪽)고 말할 때는 지극히 긍정적으로 읽힌다. 철학과 문학을 한데 아우르는 문체를 갈망했던 철학자의 입장을 고스란히 담아놓은 문장쯤으로 읽어내면 되는 것이다. 하지만 위의 인용문을 읽을 때는 그런 목소리가 들려오지 않는다. 마치 플라톤이 문학 전반을 싸잡아 욕을 하고 있는 듯한 느낌이 전해질 뿐이다.

문학이 욕을 먹을 때는 너무 비현실적일 때다. 개인적인 감정에 치우쳐 보편적인 이념을 끌어들이지 못할 때다. 너무 사적인 일에 빠져 공감을 일으킬 만한 사물 인식을 담아내지 못할 때다. 그래서 시인 릴케도 시를 쓰고자 할 때 '사랑에 대한 시'를 쓰지 말라고 충고하기도 했던 것이다. "되도록이면, 사랑의 시는 쓰지 않도록 노력하십시오." 너무 자기 얘기만 쏟아놓거나 그것이 시라고 착각하고 있으면 안 된다는 것이다. '사랑에 빠지면 누구나 시인'이라는 말도 있다. 하지만 이런 내용의 시를 읽는 독자는 이런 말로 항변할 것이다. '너만 아픈가?' 하고 말이다. 글을 쓰는 사람은 조심해야 할 일이다.

물론 낭만적인 분위기가 좋을 때도 있다. 아직 현실 지배능력이 부족한 어린 시절 때의 일이다. 힘으로는 도저히 이겨낼 수가 없다. 어른들의 폭력에 그저 희생이 될 수밖에 없는 상황에서의 동화 속 이야기는 가장 아름다운 것이 아닐 수 없다. 아이들은 영리하기 짝이 없고 어른들은 어리석기 짝이 없다. 거기서는 어른들이 어린아이들의 놀이에 희생되고 있을 뿐이다. 낭만주의 시대 때 대세를 이루었던 분야가 동화라는 사실 앞에 우리는 뭔가를 깨달아야 한다.

하지만 인간은 영원히 어린아이로 살아갈 수가 없다. 성장을 해야 한다. 성장통을 경험해야 한다. 모든 성장은 한계를 넘어서는 행위다. '환상통'으로 현실에 주눅 들어 살아서도 안 된다. 잘못 인식된 통증은 극복되어야 마땅하다. 진정으로 삶에 도움이 되는 통증이라면 감당해야 한다. 그런데 인간은 이성적 동물인지라 말이 가져다주는 행복감을 무시할 수가 없다. 말도 안 되는 이야기를 들으며 상상의 나래를 펼친다. 교묘한 논리에 빠져 환상을 접하기도 한다. 하지만 모든 낭만주의자는 '마취제를 몹시 갈망하는 자들'에 불과하다. 고통을 감당하기보다는 마취제로 잊고 싶은 것이다. 아픈 데도 아프지 않다고 외치며 살게 한다. 추락하고 있으면서도 대지에 발을 붙이고 사는 줄 알게 한다. 초점을 잃은 눈으로 세상을 바라보고 있으면서도 제대로 사물을 인식하고 있다고 허풍을 떨게 한다. 현실보다는 비현실을 선택한 자들이 보여주는 세상은 죄다 이 모양이다.

마약을 한 번 맛본 자는 그 황홀함을 잊지 못한다. 꿈도 꾸지 않는 수면이 가져다주는 치유의 힘을 끊임없이 동경한다. 생각하는 존재가 생각으로부터 해방될 수 있는 것은 최고의 행복이 아닐 수 없다. 이성적 존재가 이성의 쇠사슬을 끊고 자유로울 수 있다는 게 얼마나 황홀한 것인지 이루 말로 형용할 수가 없다. 하지만 그것이 마약의 힘에 의한 것이라면 문제는 심각해진다. 이성의 달인이 되어 이성을 마음대로 다룰 수 있는 상황이 아니기 때문이다. 생각의 대가가 되어 생각을 자유자재로 사용할 수 있는 능력 없이 마주하는 무아지경은 착각에 불과하다. 마취제에 의존하는 삶만큼 위기에 처한 인생이 없다. "가능하면 의사 없이 산다. 병자가 의사의 치료를 받는 것이 자신의 건강을 스스로 돌보는 것보다 더 경솔하다고 나는 생각한다." (아침, 291쪽) 이것이 허무주의 철학의 입장임을 잊지 말아야 한다.

물론 허무주의 철학도 의사를 찾고 있다. 하지만 다른 영역의 전문가일 뿐이다. "영혼을 치유하는 새로운 의사들은 어디에 있는가?"(아침, 65쪽) 이것이 니체가 찾고 있는 의사다. 생각하는 존재는 생각 때문에 문제가 발생한다. 생각 때문에 바다에 빠져 허우적대기도 한다. 생각 때문에 죽음을 선택할 수도 있다. 정신적 고통이 너무 크면 육체적 고통쯤은 간단한 문제가 되고 만다. 스스로 숨통을 끊어놓을 수도 있다. 스스로 핏줄을 잘라놓을 수도 있다. 이런 끔찍한 행동은 모두가 생각의 문제에 기인하고 있을 뿐이다.

생각하는 존재에게 생각은 무기이면서 동시에 괴물이기도 하다. 자기 안에 무기를 지니느냐 괴물을 키우느냐는 자기 책임이다. 현대라는 '대중의 세기'에 대중적인 삶을 선택하느냐 아니면 예술가적으로 창조적인 삶을 선택하느냐는 개인의 취향 문제다. 취향이 있다는 것은 지극히 긍정적인 것이다. 취향이 병들면 안 된다. 그런데 낭만주의 예술은 대중에게 최면을 걸어 "취향을 부패"(바그너, 39쪽)시킨다. "아마도 우리 역시 여전히 이러한 도덕화된 시대 취향의 희생물이며, 먹이이며, 병자들일 것이다."(도덕, 510쪽) 대중적인 취향은 자기 것이 아니다. "네가 지금 행하고 생각하고 원하는 것은 모두 네가 아니다"(반시대III, 392쪽)라는 양심의 소리를 들어야 한다. 자기 생각으로 살고 있다고 착각하지 말라. 그 생각조차 타인의 목소리인지도 모를 일이기 때문이다.

독일적인 소리 대 로마의 종소리

섹스를 하지 않고 임신하고 출산한 여자는 신의 어머니라고 불린다. 동정녀 마리아가 그다. 동정 하나로 신의 어머니가 된 것이다. 하지만 이 모든 이야기는 믿음의 영역에서나 가능한 이야기다. 종교적인 해석으로나 있을 법한 이야기다. 현실적으로는 불가능한 이야기다. 그런데도 진실처럼 들린다. 사실처럼 들린다. 이성이 그렇게 들도록 유도한다. '그것이 정말 불가능한가?' 하고 반문하면 할 말이 없다. 왜냐하면 이성은 극단적인 상황까지 생각하게 하기 때문이다.

'시간 여행이 정말 불가능하다고 생각하는가?', '장풍掌風이 정말 허황된 이야기라고 생각하는가?' 딱히 부정적 근거를 찾지도 못한다. 모든 것은 가능할 것만 같다. 신화시대에는 날개를 달고 하늘을 나는 것은 그저 신들의 이야기에 불과했다. 하지만 현대에는 비행기가 존재한다. 먼 훗날 시간 여행을 할 수도 있을 것만 같다. 요즈음은 병원에서 인공수정까지 해준다. 섹스가 없어도 임신이 가능한 시대가 되었다. 그 가능성까지 거두어들일 필요는 없다. 그래서 '정말 불가능하다고 생각하는가?' 하고 반문하면 그 대상이 무엇이 되었든 간에 주저하게 되는 것은 사실이다.

삶의 문제는 무엇일까? 창조적인 삶은 어떤 모습일까? 없던 길도 만들어내는 삶은 어떤 것일까? 선구자적 삶을 산다는 것은 힘든 일임에 틀림이 없다. 하지만 그런 삶은 아무나 살 수 있는 게 아니다. 한계를 인식한 자만이 새로운 세계를 연다. 극복에 극복을 거듭한 자만이 신세계를 보여준다. 현실에서 만족하지 못한 자가 그 현실을 넘어 새로운 이념을 발견하게 되는 것이다. 그런데 똑같은 상황에서도 전혀 다른 삶이 있다. 똑같이 만족하지 못하고 구토증을 느끼지만 그 해결 방법에 있어서는 소극적인 행동이 있다. 그것이 바로 낭만주의적인 것이다. 대지보다는 하늘을 주시하는 시선이다. 대지를 더럽고 불순하다고 생각하고 하늘을 깨끗하고 순결하다고 판단하는 것이다. 〈순결이 사도 바그너〉라는 제목으로 시작하는 글을 읽어보자.

　　―그래도 이것이 독일적인가?

　　독일의 심장에서 나온 것인가, 이 가슴 답답한 날카로운 소리가?

　　그리고 독일의 몸인가, 자기 스스로를 찢는 이것이?

　　독일적인가, 사제의 손의 이러한 뻗침이,

　　이 유황 냄새 풍기는 감각적 자극이?

그리고 독일적인가, 이 전복, 멈춤, 비틀거림이,

설탕처럼 달콤한 흔들거리는 종소리가?

이 수녀들의 추파가, 아베마리아 종소리가,

이 완전히 거짓되고, 황홀경에 빠진 하늘 — 하늘보다 더 높은 하늘이?…

— 그래도 이것이 독일적인가?

생각해보라! 그대 아직은 문간에 서 있으니…

그대가 듣는 것은 로마이기 때문이다 — 로마의 침묵하는 신앙이기 때문이다!

(니체, 534쪽)

이 글은 《선악의 저편》 256번 글 마지막에 실렸던 것이다. 단어를 합치는 방법에서 한두 군데 바꾸었고 연을 두 개로 바꾸었다는 것 빼고는 그대로 옮겨놓았다. 크게 달라진 게 없다는 얘기다. 로마! 여기서 말하는 로마는 무엇일까? 그것은 기독교의 중심지가 아닐까. 예수의 첫 번째 제자, 초대 교황 베드로의 교회가 있는 곳이 아닐까. 《선악의 저편》에서의 구성을 살펴보면, 이 시 바로 앞에서 니체는 "만년의 바그너"(선악, 267쪽)와 그의 마지막 작품 〈파르지팔〉을 비판하고 있었다.

그렇다. 〈파르지팔〉이 문제다. 그것이 가장 큰 문제다. 성배를 지킨다는 그 기사의 이야기를 생애 마지막 무대 위에 올려놓은 것이 문제다. 그 전까지는 긴가민가하면서 조심스러웠다. 불만을 표명해도 비유 뒤에 숨겨놓았다. 그런데 〈파르지팔〉을 보고 나서 니체는 바그너 작품 전체를 다시 평가하기 시작한다. 모든 작품이 바로 이곳으로 집중되고 있음을 확인한다. 로마로! 모든 작품에서 로마의 냄새가 풍긴다는 얘기다. 곳곳에서 '나쁜 공기'만을 채우고 있다는 것이다.

"—그대로 이것이 독일적인가?" 두 연으로 나뉜 곳에서 첫 구절은 모두 이것이었다. 이 질문을 필두로 끊임없이 반복되는 질문들을 쏟아낸다. 숨이 막힐 지경이다. 온갖 "날카로운 소리"들이 애를 끊어놓는 듯하다. 창자를 끊어내는 그런 소리 같다. 그 소리는 "스스로를 찢는" 소리고, "사제의 손"이 뻗쳐 오는 소리고, "유황 냄새 풍기는 감각적 자극"을 일삼는 소리고, "비틀거림"의 소리고, "설탕처럼 달콤한" 소리고, "수녀들의 추파"가 담긴 소리고, "완전히 거짓"된 소리고, "황홀경에 빠진 하늘—하늘보다 더 높은 하늘"의 소리다. 니체는 두 번이나 반복해서 질문을 던진다. 이 소리가 진정 독일의 소리인가? 하고.

"생각해보라! 그대 아직은 문간에 서 있으니…." 양심을 후벼 파는 소리다. 왜냐하면 우리 현대인은 여전히 중세의 기운으로부터 자유롭지 못하기 때문이다. "우리는 지금도 중세의 빙하 속에서 살고 있다."(반시대Ⅲ, 427쪽) 문간에 서 있다는 이 현실인식이 전하는 메시지는 분명하다. 아직도 한 발자국도 내딛지 못하고 있다는 뜻이기도 하다. 문간에서 머뭇거리고 있다. 떠나지 못해, 미련 때문에, 용기가 없어서, 어디로 가야 할지 몰라서, 이유는 다양하다. 왜 그 문 앞에서 서성대는가? 니체는 묻고 싶은 것이다. 마치 시골에서 온 청년이 "법 앞에서"[2] 평생을 보내는 듯한 그런 느낌도 든다. 돌아서면 떠날 수 있는 것을, 그 돌아섬을 행동으로 옮기지 못하는 그런 미련이 느껴지기도 한다.

'문 앞에서' 들려오는 소리는 날카로운 소리다. 스스로를 찢어대는 소리다. 자기 자신을 부정하는 소리다. 교회의 문 앞에 서 있다고 보아도 무방하다. 그 안에서 울려 퍼지는 소리를 고스란히 들을 수 있는 곳이다. 도대체 언제 현대를 제대로 인식하고 그것을 극복해낼 것인가? 도대체 현대 이후는 어떤 이름으로 불리게 될 것인가? 아직 오지 않은 미래의 이름을 묻고 있는 것이다. "그대가 듣는 것"은 여전히 기독교의 "나쁜 공기"가 전하는 소리뿐이다. "신은 죽었다"는 소리에 심기가 불편함을 느끼고 있기 때문이다.

"하늘보다 더 높은 하늘"이 있어야만 할 것 같다. 그래야 희망적일 것 같다. 그런 하늘이 존재해야 할 것만 같다. 죽음 이후에도 삶이 있을 것만 같다. 그래야 할 것만 같다. 신앙의 힘은 대단하다. 삶 자체를 오로지 저 하늘로 가는 과정을 위해 희생을 해야 할 것 같은 생각을 하게 하기 때문이다. 무섭다. 자기부정이야말로 진정한 미덕처럼 들려오기 때문이다. "누구든지 나를 따라오려거든 자기를 부인하고 자기 십자가를 지고 나를 따를 것이니라."(마태복음 16:24) 자기 자신에 대한 양심이 조금이라도 남아 있다면 그것은 신의 뜻이 아니다. '자기 스스로를 찢는 이것'이야말로 진정한 신의 뜻이다. "위의 것을 생각하고 땅의 것을 생각하지 말라."(골로새서 3:2) 진정한 기독교인은 위의 것만 생각해야 한다. "세상과 벗이 되고자 하는 자는 스스로 하나님과 원수되는 것이니라."(야고보서 4:4) 하나님의 원수, 그를 두고 적그리스도라고도 한다. '안티크르스트'가 그 말이다.

거인 프로메테우스처럼 신을 향해 저항할 수 있는가? 허무주의 철학은 이것을 묻고 있다. 진정한 독일 문화는 이동민족의 것이었다. 그 어디에도 얽매이지 않는 정신의 것이었다. 그것을 〈카르멘〉이 전하는 보헤미안 정신으로 해석한다 해도 무리는 없다. 자유정신은 그런 것이기 때문이다. 하지만 언제부턴가 신에게 굴복하고 말았다. 암흑기가 엄습했고 그 어둠은 아직도 세상을 뒤덮고 있는 듯하다. 어두운 지하에서도 희망을 잃지 않고 작업했던 철학자는 '아침놀'이 밝아옴을 인식한다. 신의 죽음이라는 복음 소리를 접했던 것이다. "이 책에서 사람들은 '지하에서 작업하고 있는 한 사람'을 보게 될 것이다."(아침, 9쪽) 《아침놀》의 첫 번째 문장이다.

교회의 종소리는 정말 우렁차다. 서양의 종소리를 대표하는 종소리는 날카롭기만 하다. 쇳덩어리가 종 안을 때려대면서 발생하는 소리이기 때문이다. "서양의 종소리는 좌우로, 또는 앞뒤로 흔들릴 때마다 추가 종을 때림으로써 첫소리가 끊어지기도 전에 또 다른 소리를 일으킨다."[3] 이것이 바로 이념의 종소리다. 의미가 부여된 소리다. 천사들을 춤추게 하는 소리다. '하늘의 소리가 이런 것이다' 하고 윽박지르듯이 울려 퍼진다. 신의 음성을 듣기라도 하듯이 성스러움까지 느낀다. 왜 이러는 것일까? 도대체 무엇이 문제일까? "이 가슴 답답한 날카로운 소리가?" 땡그랑 땡그랑 땡그랑 하고 끊임없이 울려 퍼지는 소리를 향해 질문을 던져보자. 니체의 질문들을 소가 되새김질을 하듯이 잘근잘근 씹어보자. 그때 그 질문이 전하는 답답한 심정이 읽힐 수도 있을 테니까. 질문이 형성되는 순간은 답답한 심정이 전제되어야 할 테니까 하는 소리다.

관능과 순결, 사랑과 이념 사이에서

육체적 사랑을 입에 담기까지는 참으로 오랜 시간이 흘러야 했다. 늘 정신적 사랑이 대세였다. 육체의 이야기들은 입에 담지 못할 것이었다. 지금도 가끔 누군가가 육체적 사랑에 대한 이야기를 꺼내면 쑥스러운 마음에 주변을 두리번거릴 때가 많다. 성희롱의 마녀사냥에 몰릴 수도 있기 때문이다. 자기는 좋아도 남이 그렇게 들어주지 않을 때가 많기 때문이다. 섹스라는 단어는 여전히 금기어처럼 여기고 있다. 그럼에도 엄숙한 도덕적 가면 뒤에서는 욕망의 불꽃을 태우고 있는 듯한 느낌은 저버릴 수 없다.

몸이 홀대를 받아왔다? 육체가 철학의 대상으로 된 것도 최근의 일이다. 누구는 '몸 철학'을 운운하기도 한다. 하지만 그것을 설명하는 사람도, 또 듣는 사람도 아직은 쑥스럽기만 하다. 낯을 붉혀야만 하는 그 순간이 서로 불쾌하기만 하다. 하나님의 사랑을 운운하는 교회에서는 여전히 섹스는 금기어다. 부정적인 용어다. 천사처럼 순수한 사랑만이 진정한 사랑이라고 가르친다. 바그너의 음악이 이런 소리로 가득하다. 그런 소리가 구원의 소리라고 당당하게 들려준다.

> 관능과 순결 사이에는 어떤 필연적 대립이 존재하지 않는다; 좋은 혼인이나, 가슴에서 우러나는 진정한 애정은 전부 이런 대립을 초월한다. 하지만 이런 대립이 사실상 존재하는 경우라도 다행스럽게도 이 대립은 비극적인 대립일 필요는 없게 된다. 이 점은 적어도 비교적 잘 자라고 비교적 명랑한 모든 인간에게 해당된다. 이들은 천사와 하찮은 짐승 사이의 그들의 불안정한 균형적 위치를 당장에 삶에 반대하는 이유로 치는 것과는 거리가 먼 자들이다―하페즈나 괴테 같은 가장 섬세한 자들, 가장 명민한 자들은 거기서 심지어는 매력을 하나 더 보았던 것이다…. 그런 모순이야말로 사람들을 삶으로 유혹하는 것이다…. 한편, 키르케의 불행한 짐승들이 순결을 흠모하게끔 된다면, 그것들은 순결 안에서 자기네와 대립되는 면만을 보며, 그 대립되는 것만을 흠모하게 된다는 것은 너무나도 명백한 사실이다―오오, 어떠한 슬픈 울부짖음으로, 얼마나 슬픈 열망을 가지고서인가! 사람들은 생각할 수 있을 것이다―이것이 바로 리하르트 바그너가 이론의 여지없이 자기 삶의 말기에 음악 속에 담고고 무

대에 올리고자 원했던 저 괴롭고도 완전히 쓸모없는 대립이라는 것을. 그런데도 무슨 목적으로 그 대립을? 이렇게 우리는 당연히 물을 수 있다. (니체, 534쪽 이후)

이 텍스트는 《도덕의 계보》 제3논문 2번 글이다. 거기서는 '금욕주의적 이상'을 설명하고자 했다. '루터의 결혼'이나 해피엔딩으로 끝나는 '마이스터징어'로 대변되는 사랑 이데올로기에 대립되는 것으로서 말이다. 하지만 여기서는 이런 복잡한 이야기는 쏙 빼버렸다. 그저 '관능과 순결'이라는 대립구조만 부각시키도록 텍스트를 재구성했다. 《도덕의 계보》를 읽을 때나 지금이나 변한 게 없다면 자기 책임이다. 아직도 '순결'이란 단어를 들으며 좋은 느낌을 가진다면 자기 책임이다. 아직도 인간은 "더러운"(차라, 18쪽) 존재라는 말에 반감이 생긴다면 그것 또한 자기 책임이다. 아니, 좀 더 부드럽게 표현하면 아직 때가 안 된 것이다. 아직 니체의 생각 속으로 몸을 던지지 못하고 있을 뿐이다.

'난 깨끗하다'고 말하는 사람 치고 문제가 없는 사람 없다. 오히려 자신의 문제를 감추기 위해 이 말을 사용하기도 한다. 양심에 피도 눈물도 없는 자가 자신은 '깨끗하다'는 말로 무장한다. 하지만 모든 사물은 일면만 있는 게 아니라서 문제다. 그걸 모르면 정말 문제는 심각해진다. 자신은 깨끗한데 세상이 더럽다고 삿대질을 해댄다. 세상 사람들이 자기를 괴롭힌다고 아우성이다. 자기연민에 빠진 자들의 공통점이다. '나는 문제없는데 사람들이 문제'라고 생각하는 것이다. 이런 사람은 이래야 한다는 식으로 선을 분명하고 긋고 사는 사람은 아무런 양심의 가책 없이도 "교회 다니시는 분이 그러시면 안 되지요" 하며 비아냥거리기도 한다. 때로는 태극기를 흔들어대며

애국가를 불러대기도 한다. 그러면서 자기 자신은 하나도 잘못한 게 없다고 당당하게 말한다. 스스로도 이념으로 무장하고 있다는 사실을 전혀 눈치 채지 못하고 있다. 그저 남이 잘못하고 있다는 말만 반복한다.

혼란스럽다. 순결의 사도들이 대립을 한다. 이쪽과 저쪽이 대립을 한다. 이념 대 이념이 힘겨루기를 한다. 서로가 근본주의자의 얼굴을 하고 흥분한다. 근본주의가 문제다. 의견의 자유가 없다. 옳다는 생각이 또 다른 옳다는 생각과 충돌을 일삼는다. 악을 처단하려 원정을 떠났던 십자군은 당당했다. 사람을 죽이면서도 신의 뜻이라 믿었다. 마녀를 불태우던 군중의 마음도 이와 같았으리라. 춤을 추려고 하기보다는 싸우려고만 한다. 축제를 벌이려고 하기보다는 전쟁터를 만들어내려고 한다. 그것도 당당하게. 신의 뜻이라며. 남의 의견에 귀를 기울이는 사람은 이런 식으로 행동대장이 되어버린다. 남의 의견을 자기 의견으로 바꾸어놓은 사람만큼 무서운 게 없다. 시킨 대로 하는 사람만큼 일방적인 사람이 따로 없기 때문이다. 그런 의견을 가질 만한 능력이 부족하기 때문에 대화도 안 된다. 그런 일방적인 의견에 대해 문제를 지적해도 알아듣지도 못한다. 문제 자체를 이해도 못한다.

현대의 문제, 그것이 바그너의 문제다. 관능과 순결은 대립할 이유가 없다. 하지만 바그너는 그것을 대립물로 간주한다. 중세인의 시각으로 세상을 바라본다. 진정한 사랑은 대립을 초월한 것인데도 말이다. "좋은 혼인이나, 가슴에서 우러나는 진정한 애정은 전부 이런 대립을 초월한다." 거의 같은 소리를 《도덕의 계보》에서도 했다. "모든 좋은 결혼, 모든 본래의 애정이란 이러한 대립을 넘어서는 것이다."(도덕, 453쪽) 《선악의 저편》에서는 더 멋진 말도 했다. "사랑으로 행해진 것은 항상 선악의 저편에서 일어난다."(선악, 127쪽) 니체가 남겨놓은 명언 중의 명언이다.

이건 되고 저건 안 된다! 그것이 사랑이다? 묻지도 따지지도 말라! 그것이 사랑의 징표다? "학적이라는 것은 지고의 것과 가장 거룩한 것에 대한 범죄 행위"(바그너, 23쪽 이후)다? 배우려 하지 말고 믿어라! 의심하지 말고 믿기만 하라! 그 믿음이 스스로를 의인으로 만든다? "의인은 그의 믿음으로 말미암아 살리라."(하박국 2:4) 결국 믿음이 구원의 조건이 되고 만다. 하지만 이런 논리 앞에서 니체는 조심스럽게 입을 연다. "여기서 우리는 실례를 무릅쓰고 질문을 하나 던질 수 있습니다."(바그너, 24쪽) 왜 안 되는가? 의심이 가면 충분히 질문을 던질 수 있는 것이다. 이성을 가지고 살아야 하는 존재에게 질문을 금지하는 것만큼 불가능한 일이 또 있을까? 묻지 말라는 요구만큼 양심의 가책을 느끼게 하는 게 또 있을까.

사람들은 끊임없이 '관능과 순결 사이'에서 대립과 모순을 찾으려 한다. 중세 이후의 사고방식이 지금까지 이어지고 있는 것이다. 고대 신들의 홀딱 벗은 모습 앞에서 우리는 늘 낯선 경험을 하지 않을 수 없다. 신이 저래도 되나 하고 의아해한다. '그저 고대니까 그렇게 했겠지' 하고 대수롭지 않게 넘기기도 한다. 현대에서는 불가능한 일이라는 것을 당연하게 생각하면서 말이다. 도대체 현대인의 문제는 무엇일까? 선과 악으로 구별해놓고 선의 편에 서고자 하는 마음의 문제는 무엇일까? 니체는 그 문제를 보여주고자 한다.

관능과 순결, 그것은 당연한 것이다. 어쩌면 당연한 모순일 수도 있다. 육체를 가지고 태어났지만 이성도 함께 가지고 살아야 하는 게 인간의 운명이다. 육체적 삶만큼이나 이성적 삶도 중요하다. 삶 자체는 빵으로만 가능한 게 아니다. 이성의 도구인 말이 가져다주는 깨달음의 영역에서의 만족도 빵이 가져다주는 만족감만큼이나 중요하다. 누구는 깨달음을 인생의 목적으로 삼기도 한다. 먹고사는 일은 안중에도 없는 사람들이 있다. 오히려 그런 일들을 돼지들의 일이라고 폄하하기까지 한다. 하지만 니체는 균형을 요구한다. "나는 살고 있다, 고로 존재한다."(반시대 II, 383쪽) 육체가 있어야 생각도 가능하다. 건강한 육체에 건강한 정신이 깃든다. 여기서 닭이 먼저냐, 알이 먼저냐 식으로 따지지 말자. 유물론이니 관념론이니 따지지 말자. 니체는 둘 다 원한다. "그런 모순이야말로 사람들을 삶으로 유혹하는 것이다…." 니체는 여기서 말을 줄인다. 도대체 더 무슨 말로 설명을 해야 알아듣는단 말인가. 현실과 이상, 육체와 정신, 이런 모순 속에서 인간은 벗어날 수가 없다. 그것이 운명이다.

육체적 사랑을 운운하는 자들은 돼지들이다? 글쎄 이렇게 막말을 해도 되는 것일까? "한편, 키르케의 불행한 짐승들이 순결을 흠모하게끔 된다면, 그것들은 순결 안에서 자기네와 대립되는 면만을 보며, 그 대립되는 것만을 흠모하게 된다는 것은 너무나도 명백한 사실이다—오오, 어떠한 슬픈 울부짖음으로, 얼마나 슬픈 열망을 가지고서인가!" 니체의 목소리가 들리는가? 하늘만 바라보며 구원을 부르짖는 돼지들이 연상되는가? 스스로를 돼지로 인식하는 존재들의 탄식이 들리는가? 천사 같은 존재가 되기를 열망하는 그 소리가 들리는가? 그것도 눈물을 흘리며 호소하는 소리가? 믿는 자들의 모습이 이런 것이다. 육체를 가지고 태어난 자들이 벗어날 수 없는 대립 속에서 끊임없는 갈등을 초래한다. 끝낼 수 없는 싸움을 벌이고 있다. 허무한 싸움이다. 육체를 가지고 살아야 하는 한 그 싸움은 끝나지 않을 것이기 때문이다.

바그너가 무대 위에서 보여주는 대립의 문제들을 언제나 해결할 수 있을까. 구원만이 가능하다. 죽음 이후의 삶에서나 가능한 일이다. 그것은 "이론의 여지없이 자기 삶의 말기에 음악 속에 담그고 무대에 올리고자 원했던 저 괴롭고도 완전히 쓸모없는 대립이라는 것"에 불과하다. 관능과 순결의 대립은 쓸모없는 대립에 지나지 않는다. 사랑의 상처가 두려운 자가 사랑을 문제 삼는다. 삶이 힘겨운 자가 삶을 탓한다. 이길 수 없는 자가 승리감을 부정적으로 평가한다. 못난 자들이 질투를 일삼는다. 충분히 건강하고 강한 자는 사랑이 가져다주는 행복감보다 더한 행복이 없음을 잘 알고 있다. 사랑하지 않는 죄보다 더한 죄는 없다. 인간만이 가장 아름답다고 말할 수 있는 자는 사는 것 자체보다 더 아름다운 것은 없다는 것도 잘 알고 있을 것이다.

　허무주의 철학이 준비하는 모든 언어적 율동을 따라할 수 있는 자라면 이제 양심의 가책 없이도 질문할 수 있게 될 것이다. 관능과 순결의 대립은 쓸모없는 것이라고. 당연한 것을 문제 삼는 것이라고. "이렇게 우리는 당연히 물을 수 있다." 양심의 가책 없이 물을 수 있다. 현실과 이성은 괴리가 있을 수밖에 없다. 대지에 붙어 있는 발과 먼 곳을 바라보는 눈이 있는 머리는 서로가 가장 멀리 있다. 발과 머리가 이토록 멀리 있는데 어찌 현실과 이상이 대립을 일삼지 않을 수 있을까. 신은 있기도 하고 없기도 한다. 진리는 있기도 하고 없기도 한다. 사랑은 있기도 하고 없기도 한다. 정은 들기도 하고 떨어지기도 한다. 화장실에 들어갈 때 마음과 나올 때 마음은 같을 수가 없다. 생각은 이럴 수도 있고 저럴 수도 있다. 이 세상에 영원한 것이 있다면 그저 변화뿐이다. 삶의 지혜는 이런 변화에 동참할 때 나오는 것이다. 변할 때마다 넘어지는 인생만큼 가련한 게 또 없다. 허무주의 철학은 이런 삶을 지양해보고자 안간힘을 쓰고 있는 것이다.

바그너의 마지막 작품 〈파르지팔〉에 대한 끝나지 않는 문제 제기

집요하다. 한 번 문 것은 절대로 그냥 놓아주지 않는 개 같다. 그래서 '카베 카넴', 즉 개를 조심하라고 외쳐대고 있는지도 모를 일이다. 〈파르지팔〉을 또다시 문제 삼는다. 아니, 어쩌면 꾸준히 니체의 글들을 따라오며 독서에 매진해온 자라면 지금쯤 이 작품에 대한 니체의 마음을 읽을 수도 있으리라. 허무주의 철학자에게 성배라니. 성배 자체가 이미 신의 존재를 기정사실로 인정하는 것이기에 결별은 운명이 되고 만다. 광기로 접어들 시점을 며칠 앞두고 있다. 니체의 내면을 관찰하는 마음으로 다음의 글을 읽어보자.

> 바그너가 그 시대에 얼마나 감격해하면서 철학자 포이어바흐를 추종했는지를 상기해보라. '건강한 감성'이라는 포이어바흐의 말—이 말은 30~40년대에 수많은 독일인에게서처럼 바그너에게도 구원이라는 말처럼 울렸다.—이들은 청년 독일파를 자처했다. 바그너가 결국에는 건강한 감성을 다른 식으로 배운 것일까? 이 질문을 하는 이유는 그가 건강한 감성을 최소한 다르게 가르치려는 의지를 결국 가졌던 것처럼 보이기 때문이다… 플로베르에게서처럼 그에게서도 삶에 대한 증오가 득세해버린 것일까?… 왜냐하면 〈파르지팔〉은 삶의 전제들에 대항하는 책략과 복수욕과 은밀한 독살 짓거리의 산물이기 때문이다. 〈파르지팔〉은 나쁜 작품이다.—순결을 설교하는 것은 반자연에 대한 선동이다: 나는 〈파르지팔〉을 양속에 대한 암살 행위로 느끼지 않는 사람들은 전부 경멸한다.— (니체, 536쪽 이후)

니체는 경멸한다. 해로운 것을 해롭게 느끼지 못하는 것을 경멸한다. 왜냐하면 "해로운 것을 해롭다고 느끼고, 해로운 것을 의식적으로 포기할 수 있다는 것은 젊음의 징표이며 생명력의 징표"(바그너, 30쪽)이기 때문이다. 새로운 것을 보고도 새로운 것으로 인식하지 못하는 것도 마찬가지다. 모든 계절을 마흔 번 정도 반복한 나이, 공자는 이를 두고 불혹不惑의 나이라고도 말한다. 흔들리지 않는 존재가 되었다는 뜻도 되지만 부정적으로 바라보면 지극히 권태로운 시기가 아닐 수 없다. 하늘 아래 새로운 게 없다는 인식과 맞물리기 때문이다.

늙음이라는 단어에 대해 불편한 심기를 가질 필요는 없다. 니체가 말하는 늙음은 나이의 문제가 아니다. 극복할 것을 찾지 못하는 자, 배울 것이 없다고 생각하는 자, 사랑을 포기한 자가 늙은 것이다. 가르치려고만 하는 그 꼰대정신이 늙음의 징표다. 남의 말을 듣지 않고 귀를 닫고 사는 자, 의견의 자유를 만끽하기보다는 하나의 의견에 고정된 자, 대화의 문을 닫고 자기 생각 안에서만 편안함을 느끼는 그자가 늙은 것이다. 건강한 사람을 바라보며 질투를 느끼면 늙은 것이다. 늙음은 경계의 대상이다. 극복의 대상이다.

'건강한 감성', 그것이야말로 최고의 것이다. '인간적인 너무나 인간적인' 것의 이상은 건강에 의해서만 구현된다. 매일 적당한 운동으로 육체의 건강을 챙겨야 하듯이 매일 적당한 독서로 정신의 건강을 챙겨야 한다. 안중근은 "일일부독서 구중생형극一日不讀書口中生荊棘"이라 했다. 논어의 첫 문장도 태어나 배우지 않으면 인간답게 살 수 없다는 메시지와 함께 시작한다. "배우고 때때로 익히면 또한 기쁘지 아니한가!"[4] 학문은 결코 '범죄 행위'가 아니다. 학문은 불결한 것이 아니라 즐거운 것이다. '즐거운 학문'만큼 인간적인 것이 또 있을까. 공부가 제일 재미있다. 인간적인 것일 때 그렇다는 얘기다. 공부가 재미없을 때는 정답이 있을 경우다. 그런 것을 외워야 하는 상황이 사람을 지치게 만든다. 10분도 견디지 못하게 만든다.

바그너는 포이어바흐를 좋아했다. 그의 "건강한 감성"이라는 말을 좋아했다. 청년 독일파의 이념, 청년의 이상을 좋아했다. 그런데 무슨 일이 벌어진 것일까? 건강한 삶에 대한 이념에 변화가 나타난다. "결국에는 건강한 감성을 다른 식으로 배운 것일까?" 니체는 의문을 제기한다. 왜냐하면 바그너가 "건강한 감성을 최소한 다르게 가르치려는 의지를 결국 가졌던 것처럼 보이기 때문이다…" 또 말줄임표. 도대체 왜 그렇게 했냐고 따지며 의혹을 제기하는 철학자의 목소리가 들려온다. "플로베르에게서처럼 그에게서도 삶에 대한 증오가 득세해버린 것일까?…" 이어지는 말줄임표. 많은 생각이 스쳐 지나가는 지점이다.

삶이 싫어져서 구원을 바랐던 것일까? 늙으면 다 이렇게 되는 것일까? 세월이 흘러가면 다 이런 생각을 가지게 되는 것일까? 늙어갈 인생이기에 궁금하기도 하고 또 안타깝기도 하다. 아니, 불안해진다. '세월 앞에 장사 없다'고 했다. 세월을 이길 수는 없다. 세월 앞에서는 늘 숙연해진다. 혹시나 의식하지 못한 사이에 늙어버리지나 않을까 조바심이 나기도 한다. 잃어버린 세월을 탓하는 그런 인생을 살고 싶지 않아서다. '삶에 대한 증오', 이것이 나에게도 찾아올까? 병이 들고 이곳저곳이 아파 오고 고통에 익숙해지고 기억력은 약해지고 눈은 흐려지고 귀는 정적만을 들려주고 문지방도 제대로 넘나들지 못하게 될 때, 과연 나는 어떤 생각으로 삶을 대하게 될까? 겁을 먹기 시작하면 한도 끝도 없다. 두려움이 자라나기 시작하면 없던 공포도 살아난다. 기가 약하면 귀신도 보인다 했다. 주변에서 친구들이 하나둘씩 죽었다는 소식이 들려오면 어떤 심정일까? 추억을 공유할 사람들이 자꾸만 줄어들 때 어떤 마음을 가지게 될까? 그때 삶이 허무하게 느껴지면 어찌할까. 이런 나약해진 마음에 구원 소식은 복음처럼 들릴 수밖에 없다.

하지만 허무주의는 허무에 맞서게 한다. 허무는 감당해야 한다. 삶에서 허무가 없을 수는 없다. 변화도 마찬가지다. 생명은 죽음으로 끝난다. 허무주의 철학은 이 허무함을 제대로 인식시키고자 한다. 허무주의는 도래할 것이다. 피해갈 수 없다. 세월의 흐름을 막을 수 없는 것처럼. 그런데 바그너는 인생의 막바지에 너무 약해져버렸다. "왜냐하면 〈파르지팔〉은 삶의 전제들에 대항하는 책략과 복수욕과 은밀한 독살 짓거리의 산물이기 때문이다." 거칠게 들린다. 니체가 흥분했나보다. 그래도 진심이 실린 말이다. 흥분할 수밖에 없다. 〈파르지팔〉과 함께 바그너는 하늘에 대한 찬양으로 생을 마감한다.

니체는 한마디를 남긴다. "〈파르지팔〉은 나쁜 작품이다." 허무주의적 시각에서 보면 쓸모없고 터무니없는 작품이다. 성배라니. 신의 피라니. 도대체 신이 웬 말인가. 이런 불만의 소리가 터져 나온다. 또 순결이라니. 순결은 삶의 현장에서 불가능한 것이다. 오히려 더러움을 감당하는 훈련을 해야 마땅하다. 자연과 더불어 자연스럽게 사는 게 인간적인 것이다. 자연스러운 것이 가장 아름다운 것이다. 자연스러운 것이 예술이다. 모든 부자연스러운 것은 극복되어야 한다. 완벽한 것은 모두 자연스러운 것일 뿐이다.

하늘을 바라보며 대지의 것을 부정하는 행위는 모두 "은밀한 독살 짓거리의 산물"일 뿐이다. 삶을 감당할 수 없는 자들이 삶을 싫어한다. 남자가 싫은 자들이 '모든 남자는 늑대'라고 말한다. 여자가 싫은 자들이 '모든 여자는 여우'라고 말한다. 나약한 정신이 질투로 무장한다. 나약한 염세주의가 삶에서 온갖 의미를 제거해버린다. 추락하면 순식간이다. 힘든 게 삶이라지만 그 사는 게 문제일 뿐이다. 삶의 문제가 죽음으로 해결되지 않는다는 것을 수백 번 말해도 지나친 것이 아니다. 그런 짓거리에 대해서는 경멸을 해도 상관없다. 그런 생각 자체에 대해 구토증을 느껴도 된다. 오히려 그런 경멸과 구토증을 양심으로 가져야 할 일이다.

> 이미 1876년 여름 첫 번째 바이로이트 축제 기간 중에 나는 바그너에게 내적인 결별을 고했다. 나는 애매모호한 것을 참아내지 못한다; 바그너는 독일에 있게 된 이래로 내가 경멸하는 모든 것에 차례차례 응해주었다—반유대주의에조차… 사실 그때가 작별을 고하기에는 최적기였다: 나는 곧 그 확증을 얻었다. 리하르트 바그너, 그는 가장 성공한 것처럼 보이지만 사실은 부패해버린 절망한 데카당이고, 갑자기 어찌할 바를 모른 채 산산이 부서져 그리스도교의 십자가 앞에서 침몰해버렸다…. (니체, 537쪽 이후)

바그너는 반유대주의자가 되어버렸다. 그리고 기독교의 교리를 받아들이고 말았다. 그는 "그리스도교의 십자가 앞에서 침몰해버렸다…." 기독교에 굴복하고 말았다. 삶을 포기하고 영생을 선택한다. 대지를 포기하고 천국의 편에 선다. 반유대주의에 대해서는 좀 조심하자. 물론 반유대주의는 니체가 경멸하는 모든 것 중의 하나임에는 틀림없지만 그렇다고 이것을 니체가 반유대주의에 동조했다는 식으로 해석하지는 말자. 허무주의 앞에서는 모든 ~주의가 한계를 드러내고 마는 이념에 불과할 뿐이니까. 그 어떤 이념도 영원할 수는 없는 법이니까. 진리의 모습조차 세월의 흐름에 따라 변모할 수밖에 없으니까.

1876년. 바이로이트에서 첫 번째 축제가 열렸다. 바그너의 입장에서 보면 생애 최고의 시기였다. 그는 승리자였다. 하지만 십자가 앞에서는 침몰하고 말았다. 바그너는 "부패해버린 절망한 데카당"에 불과했다. 외면은 승리자를 구가하지만 내면은 복종을 자처하는 노예가 되었다. 스스로 신의 종이 되고 말았다. 그때 니체는 "내적인 결별을 고했다." 말은 안 했지만 마음은 떠났다. 정이 떨어졌다. 콩깍지를 벗기고 나면 모든 것은 전혀 다른 모습으로 보일 뿐이다. 모든 것이 주관에서 벗어나 객관적으로 보이기 시작한다. 삶은 힘들다. 그 힘듦 때문에 삶을 증오해야 할까? 이제 허무주의 철학의 대답을 스스로 만들어보자.

> 그때부터 고독하게 그리고 스스로를 가혹하게 불신하며, 나는 약간은 통분해하면서 당시에 나를 적대시하고 아프게 하며 혹독하게 대하던 모든 것의 편이 되었다: 이렇게 나는 저 용감한 염세주의로 가는 길을 다시 발견했다. 이 염세주의는 모든 이상주의적인 허위와는 대립되며, 또한 내게로 향하는—내 과제로 향하는 길이었다…. (니체, 538쪽 이후)

"내게로 향하는 길", 그 길이 허무주의의 길이다. 나 이외에 그 어떤 존재도 향하지 않는다. 그 외의 모든 길은 허무하다. 자기 자신의 운명은 그 어떤 이상주의보다 우위를 점한다. 염세주의적 삶에도 배울 점이 있다. 그것은 자기 자신에게로 향하는 길에 대한 열망이다. 운명을 인식한다는 것은 그 운명이 제시하는 과제를 인식하는 것이기도 하다. 모든 운명적 과제는 풀어내야 한다. 삶이 직면하는 모든 한계는 또 그것이 마지막이 아니라면 극복의 의지로 맞서야 한다.

> 건강을 회복하고자 하면, 우리에게 선택의 여지는 남아 있지 않다: 그 어느 때

졌던 짐보다 더 무거운 짐을 우리는 져야만 한다…. (니체, 539쪽)

건강은 절제 속에서 실현된다. 지나침이 없을 때 가능한 것이다. 하지만 병이 들었을 때는 어떻게 해야 할까? 이것이 문제다. 병은 언제나 약할 때 힘을 발휘한다는 점을 잊지 말아야 한다. 그렇다면 건강을 회복하는 길은 단 한 가지밖에 없다. 강해지는 수밖에 없다. 더 큰 삶의 무게를 감당해보는 수밖에 없다. 한꺼번에 너무 많은 부담을 주면 무릎을 꿇을 수 있다. 조금씩 짐을 늘이면 힘은 증가할 수 있다. 버틸 힘이 생기면 전진도 가능해진다. 시작이 힘들지 첫 발을 떼고 나면 그다음부터는 리듬을 타면 된다. 진정한 운명이 발견되면 이제부터는 견뎌내는 것만으로 만족하면 안 된다고 했다. 이제부터는 사랑을 해야 할 때다.

위험을 감지하고서도 동정 앞으로 다가서는 영혼의 탐구가

마음보다 이해하기 어려운 게 없다. 사랑보다 복잡한 게 없다. 사는 것보다 힘든 게 없다. 동물은 이성이 없어서 상황만 바뀌면 언제든지 행동에 변화가 일어난다. 양심도 없다. 말귀를 알아듣는 동물의 행동도 사실 반복학습을 통한 결과물일 뿐이다. 하지만 인간은 다르다. 인간은 이성적 동물이라 생각으로부터 자유로울 수가 없다. 늘 생각하며 살아야 한다. 상황이 바뀌어도 마음이란 놈이 고집을 피우며 변화를 거부한다. "나는 이런 사람"[5]이라고 말하며 버틴다. 생각이 자유롭지 못하다.

사랑은 신의 이름이기도 하다. 그만큼 이성적 존재에게는 신성으로 다가

오는 개념이다. 사랑은 정말 기적과 같다. 사랑의 힘은 상상을 초월한다. 사랑만 있으면 뭐든지 할 수 있다. 그런 사랑이지만 사랑만큼 힘든 게 또 없어서 문제다. 시기도 맞아야 한다. 아니, 모든 게 맞아야 한다. 두 사람의 마음이 맞아야 한다. 자기 마음도 모르는데, 그래서 알 수 없는 게 마음인데 두 마음이 맞아야 하는 조건은 정말 아무도 예측할 수가 없다. 마음먹는다고 되는 일도 아니다. 그 똑같은 마음을 상대도 먹어주어야 한다. 똑같은 시간에 똑같은 양만큼. 한쪽이 너무 지나쳐도 사랑은 이루어질 수 없다.

쇼펜하우어는 모든 사랑은 동정이라 말했다. "모든 참되고 순수한 사랑은 연민이고, 연민이 아닌 모든 사랑은 사욕私慾이다."[6] 일리 있는 주장이다. 사랑이라 말할 수 있는 것은 어쨌거나 상대에 대한 전폭적인 마음이다. 그런 마음과 마음이 서로 만났을 때 사랑이라는 기적이 일어난다. 자기 자신을 생각하는 마음은 하나도 없어야 한다. 오로지 상대만이 전부여야 한다. 신은 나를 사랑한다. 늘 내 곁에 있다. 그래서 임마누엘이라 불린다. 이제 남은 것은 나의 사랑이다. 그래서 누구든지 신을 따르려거든 먼저 "자기를 부인"(마태복음 16:24)하라는 것이다. 자기 자신을 0의 상태로 만들어낼 때 사랑이라는 천국에 들어서는 것이다. 구원이다. 사랑이 가능하게 해주는 세상이다.

그런데 동정이 참으로 묘하다. 동정 하나가 이토록 큰일을 해낼 수 있다니. 동정 하나로 신까지 낳는 여성이 있다니. 니체의 허무주의도 바로 이 동정이라는 개념에서 숨은 비밀을 찾고 있다. 하나와 또 다른 하나가 인연을 시작하는 그 끝자락에서 도대체 무슨 일들이 벌어지고 있는 것일까? 육체를 가지고 동시에 생각하는 존재로 살아야 하는 인간에게 안과 밖의 문제는 얽히고설켜 있다. 생각 때문에 육체가 말썽이고 육체 때문에 생각이 복잡하다. '건드리면 죽어!' 하는 마음으로 늘 이기주의의 가시를 온몸에 박아놓고 살면서도 누군가와 함께하고 싶은 마음, 그 동정 속에는 분명 엄청난 사실 무엇이 숨어 있는지도 모른다. 니체가 감지해낸 것은 무엇보다도 그 동정이 지극히 위험하다는 것이다.

어떤 심리학자, 타고난 심리학자, 불가피한 심리학자이자 영혼의 탐구가가 공들여 골라낸 경우들과 인간에 접근하면 할수록, 그가 동정 때문에 질식해버릴 위험은 점점 더 커진다. 그에게는 어느 다른 인간보다 엄격한 명랑함이 더 필요하다. 좀 더 고급한 인간들의 부패와 몰락은 말하자면 법칙과도 같다: 그런 법칙을 언제나 목격하고 있어야 한다는 것은 끔찍한 일이다. 이런 몰락을 발견해낸 심리학자, 좀 더 고급한 인간의 이런 총체적인 내부의 '불치병'을, 그 모든 의미에서의 이런 '너무 늦었다!'는 영원한 탄식을 비로소 발견해내고, 그런 다음에는 거의 전 역사를 통해 다시 발견해내는 심리학자의 다층적인 고통 ─ 이것이 언젠가는 심리학자 자신을 망치는 원인이 될 것이다…. (니체, 540쪽)

사는 것은 녹록지 않다. 사람에게는 삶이 문제다. 삶이 사람을 괴롭힌다. 언제나 사는 게 문제다. '입에 풀칠하고 사는' 게 힘든 것이다. 그냥 먹는 것 자체로 문제가 해결되면 얼마나 좋을까. 하지만 사는 것은 먹고 나서가 또 문제로 다가선다. 생각이 그렇게 만드는 것이다. 생각은 늘 새로운 생각을 해내야 하고 또 그 새로운 생각을 감당해야 한다. 늘 '끔찍한 일'을 감안하고 살아야 한다. 끔찍한 일 없이 살 수가 없다. 어느 하나만 지속적으로 생각해도 생각에 끔찍한 문제가 발생한다. 시간과 공간 개념이 파괴되며 결국 생각은 그 순간 그 지점에 머무르고 영원히 돌아오지 못하게 된다. 이를 두고 광기라 부른다. 미치면 그만이다. 죽으면 그만인 것처럼. 정신을 놓으면 돌아올 수가 없다. 미궁 속에서 괴물에게 패배하면 살아나올 수가 없는 것이다.

생각 때문에 인간은 흥분하기도 하고 화를 내기도 한다. 생각의 칼날이 결국에는 자기 자신을 향하고 있어서다. 하지만 시간과 공간 개념을 파괴시킬 그 지속적인 생각이 지극히 정적인 순간, 평온한 상태로 대체되면 어떨까? 니체가 차라투스트라를 탄생시켰다는 그 "할퀴오니쉐 타게"[7]가 생각을 지속적으로 지배하게 되면 어떤 일이 벌어지는 것일까? 행복한 나날들만 생각하다가 광기의 세계에 접어들었다면 생각은 어떤 상황에 있는 것일까? 어쩌면 가장 이상적인 상황이 아닐까. 가장 평온한 상황 말이다. 영원히 넋 놓고 있을 수 있는 그런 경지 말이다. 눈을 뜨고 세상을 바라보는 듯하면서도 밖의 것에 대해서는 관심도 없는 그런 눈으로 살아가는 부처 같은 인생 말이다. 그저 속이 텅 빈, 그래서 오로지 맑은 소리만 낼 수 있는 그런 종鐘 말이다. 그런 종은 모든 의미를 싣고서도 온갖 해석을 요구하는 그런 해탈의 소리만을 세상에 내놓는다.

호흡을 가다듬자. 너무 멀리 간 듯하다. 아직 감당해야 할 짐들이 너무 많고 무겁다. 다시 텍스트에 집중해보자. 허무주의는 인간을 대상으로 삼는 철학이다. 오로지 인간만을. 그 외의 모든 것은 허무하다는 생각을 허용한 철학이다. 그런데 그런 철학이 가장 위험하단다. "질식해버릴 위험은 점점 더 커진다." 공부하면 할수록 위험해지는 공부. 니체를 따라가다 갑자기 발걸음이 무거워지는 느낌이 든다. 당황스럽기도 하고 두렵기도 하다. 그 위험이 어느 정도의 위험인지 감을 잡을 수가 없기 때문이다. 계속 따라가야 할까? 아니면 여기서 멈추어서야 할까. 니체는 분명히 말했다. '위험은 점점 더 커진다'고.

허무주의는 고독의 철학이고 그 길은 자기 자신에게로 이끈다. 결국에는 자기 자신과 맞서 싸우게 한다. 미궁 속에서 만나는 것은 자기 자신이다. 괴물이라 불리는 자기 자신이다. 자기 자신이 강한 만큼 그 괴물 또한 강할 것이다. 섀도복싱 Shadow boxing, 즉 거울 앞에서 주먹을 휘두르는 훈련이 가장 힘들다. 자기가 일어서면 거울 속 그놈도 일어설 것이기 때문이다. 이제 더는 힘이 없다고 실토하는 순간 자기 자신은 거기에 있을 것이다. 끝에서 만나는 것은 오로지 자기 자신뿐이다.

인간을 연구하는 영혼의 탐구가는 '엄격함'과 '명랑함'이 더 필요하다. 자기 자신에게 무너지지 않기 위해서다. 어린 시절 그 어느 방 안에서 밖으로 나오지 못하고 있을 어느 정신을 만날 수도 있다. 그 시절, 그 순간이 다시 펼쳐질 수도 있다. 그때의 그 아픔이 다시 느껴질 수도 있다. 준비된 자에게는 기회가 되겠지만 그렇지 못한 자에게는 치명적일 수도 있다. 인생이 품고 있는 "총체적인 내부의 '불치병'" 때문이다. 난쟁이가 거인과 맞붙어야 한다. 거인으로 알고 살아왔던 것을 오히려 난쟁이라 부르며 그를 향해 "난쟁이여! 너! 아니면 나다!"(차라, 260쪽)라고 선전포고를 할 수 있겠는가? 전쟁에 너무 늦으면 안 된다. 지옥에서 울려 퍼지는 소리는 "'너무 늦었다!'는 영원한 탄식"이 아닐까. 게으름으로 시간을 허비하면 안 된다. 쉴 때 시간은 더 빨리 흘러간다. 의식적으로는 1, 2분도 따라가기 힘들지만 딴생각할 때는 10분도 훌쩍 지나가고 만다. "도대체 그 시간은 어디로 간 것일까?"[8] 한순간에 평생이 흘러갈 수도 있다. 허무주의 철학은 훈련장이다. "아스케제 Askese"[9], 즉 금욕고행으로 번역되는 이 말의 의미가 훈련임을 명심해야 한다.

내면의 문제는 복잡하다. '인간에 접근하면 할수록' 그 복잡함은 숨통을 옥죌 것이다. 그 누구도 도와줄 수 없다. 미궁은 자기 자신이 만든 벽들로 이루어진 곳이다. 인간의 문제, 그것을 싸고도는 '다층적인 고통' 속으로, 심연 속으로 한 계단 한 계단 아래로 발길을 옮길 때 조심해야 한다. 곳곳에 괴물이 도사리고 있다. "이것이 언젠가는 심리학자 자신을 망치는 원인이 될 것이다…." 무릎을 꿇게 하고 오열하게 할 것이다. 자기 안에 괴물이 있다. 인간의 운명이다. 이보다 더 끔찍한 일이 또 있을까. 하지만 그 모든 것은 오로지 웃음으로만 "살해"(차라, 518쪽)할 수 있다. 그래서 웃음을 배우라고 그토록 신신당부했던 것이다. "나는 웃음이 신성하다고 말했다. 그대들보다 높은 인간들이여, 내게 배워라—웃음을!"(비극, 23쪽) 웃어넘기면 아무 일도 아니다. 삶의 현장에서 웃어넘길 수 없는 일이 있을까?

"좀 더 고급한 인간들의 부패와 몰락은 말하자면 법칙과도 같다: 그런 법칙을 언제나 목격하고 있어야 한다는 것은 끔찍한 일이다." 이 말을 수십 번 반복해서 읽어야 한다. 내면에서 어떤 의미를 형성할 때까지. 이해를 돕기 위해 다른 곳에 있는 문장도 동원해보자. "위대함의 운명—모든 위대한 현상 뒤에는 퇴락이 따른다."(인간적 I, 175쪽) 퇴락은 명예로운 것이다. 몰락은 위대한 것이다. 부패는 본질의 변화를 꾀하는 성스러운 순간이다. 창조를 위한 모든 파괴 행위는 긍정적이다. 웃고 있는 자는 신성하다. 그 누구보다 '높은 인간들'이다. 그들은 부패와 몰락을 극복한 자들이다. 인생에서의 모든 승리는 온갖 끔찍한 일을 전제할 뿐이다. 끔찍한 일 중에서도 가장 끔찍한 일은 바로 신의 이름으로 불리는 사랑이다.

> 아아, 심장에 대해 알고 있는 자는 그 아무리 최고이자 가슴속 깊은 사랑이라도 얼마나 빈약하고 속수무책이며 교만하고 잘못을 저지르는지에 대해 알고 있다 —어떻게 해서 사랑이 구원하기보다는 오히려 파괴하는지를…. (니체, 542쪽)

사랑은 함부로 할 일이 아니다. 준비되지 않은 자에게 그것이 남겨놓는 상처는 치명적이다. 평생 그 상처를 끌어안고 살아야 한다. 그럴 자신이 있는가? 그 상처가 자기 삶의 모든 끝자락까지 영향을 미치게 될 것이다. 어느 하나를 건드려도 그 상처로 향하게 될 것이다. 어느 한순간 그 상처가 도져 발걸음을 멈추게 할 수도 있다. 줄타기라도 하고 있는 상황이라면 추락이 운명처럼 다가올 것이다. 하지만 그런 몰락은 인간적이다. 좀 더 고귀한 인간들의 부패와 몰락은 법칙이다. 상승하면 하락도 피할 수 없다. 오른 만큼 떨어져야 한다. 그것이 삶이 직면한 운명이다. 모든 사랑에는 대가를 치러야 한다.

고통을 가볍게 받아들이는 에피쿠로스적 명랑성

에피쿠로스의 철학은 행복론으로 충만하다. 행복한 삶을 고민했던 철학이다. 어떻게 해야 행복한 삶을 살 수 있을까? 그것만이 삶의 문제임을 가르쳤던 철학이다. "과거의 좋은 점을 잊은 자는 벌써 지금 늙은이다."[11] 수많은 명언을 모아놓은 에피쿠로스의 잠언집에 등장하는 하나의 문장이다. 제목은 《행복으로 가는 길》이라 한다. 그 안에는 과거 인생 선배들이 해놓은 말들을 이것저것 모아놓았다. 말을 하며 살아야 하는 존재에게 좋은 말은 중요하다. 생각이라는 정원에 어떤 말들의 씨앗을 뿌리고 키울지는 자기 몫이다. 생각의 틀은 결코 미궁으로만 인식되는 게 아니다. 온갖 꽃들과 나무들로 가득한 정원으로 인식될 수도 있다. 좋은 일들을 기억하는 것이 청춘의 비결이다. 좋은 추억을 생각해내며 웃을 수 있는 자는 영원한 청춘 속에서 사는 자다.

이런 정신적인 은밀한 긍지, 인식을 위해서는 정선된 자, '정통한 자', 희생자라고 할 만한 자의 이런 긍지는 온갖 종류의 위장을 필요로 한다. 주제넘은 동정의 손길이 닿는다거나 그와 고통을 같이하지 않는 다른 자들 전체들로부터 자기를 보호하기 위해서는 말이다. 깊은 고통은 고귀하게 만든다; 이것이 사람들을 구분해내는 것이다. ― 가장 세련된 위장 형식 중 하나는 에피쿠로스주의다. 이것은 고통을 가볍게 받아들이며 슬프고도 심각한 모든 것에는 저항하는 허세적이면서도 용감한 취향의 일종이다. 명랑하다고 오해받기 때문에 명랑함을 이용하는 '명랑한 인간들'이 있다 ― 이들은 오해받기를 원한다. 학문이 명랑하다는 외관을 부여하기 때문에 그리고, 학문성이 인간을 피상적이라는 결론을 내리게 하기 때문에 학문을 이용하는 '학문적 정신들'이 있다 ― 이들은 그릇된 추론을 하도록 유혹하고 싶어 한다… 자기들의 심장이 근본적으로 부서져서 치유 불가능해졌다는 사실을 은폐하고 부정하고 싶어 하는 뻔뻔한 자유정신들이 있다 ― 햄릿의 경우가 그러하다: 그렇다면 바보스러움 자체는, 싫지만 너무나 확실한 어떤 지식을 감추는 가면일 수 있는 것이다. ― (니체, 543쪽)

《니체 대 바그너》 본문의 마지막을 장식하는 글이다. 여기서 니체는 에피쿠로스의 철학적 이념을 끌어들인다. 허무주의 철학의 긴 여정을 행복론으로 마감하고 있는 것이다. 여기서 말하는 "뻔뻔한 자유정신"은 어떤 정신일까? 그것은 가시를 품고서도 아프다고 말하지 않는 정신이다. 위장으로 자기 삶을 포장한 정신이다. 고통이 없다는 말을 하는 게 아니다. 고통은 피할 수 없다. 하지만 그것 때문에 울지는 않는다. 오히려 웃고 싶어 환장했다. 이를 두고 미쳤다고 말할 수도 있다. 오히려 그렇게 "오해받기를 원한다.", "이들은 그릇된 추론을 하도록 유혹하고 싶어 한다…" 침묵으로 말하는 수많은 말을 들어내야 하는 지점이다. 허무주의 철학의 본령이 바로 여기에 있기 때문이다.

수많은 오해에 둘러싸여 있는 철학, 그것이 허무주의 철학이다. 곳곳에 오해의 덫을 마련해놓았다. 자기 자신에게로 향하는 길은 만만하지 않다. 끊임없이 길을 찾았고 또 그 길을 걸었다고 생각했는데 그 길 위에서 결국에는 자기 자신을 만나게 된다. 그것이 허무주의가 이끈 마지막 지점이다. "즐거운 학문"이 가져다준 지식이다. "싫지만 너무나 확실한 어떤 지식"이다. 하지만 그 지식을 선물처럼 거저 손에 쥐여주지는 않는다. 죽을 각오를 해야 겨우 얻을 수 있는 지식이다.

고통이 자기 자신을 보호해준다. 가시가 몸이 허물어지지 않게 하는 것이다. "깊은 고통은 고귀하게 만든다.", "자기를 보호하기 위해서는" 이 고통을 웃음으로 위장할 줄 알아야 한다. 허무주의 철학은 허무를 견디고 있을 뿐 아니라 그 허무를 사랑하는 철학이다. 삶을 위장하라! 모든 삶은 고통이지만 그 고통을 웃음으로 위장시켜라! 이것이 허무주의 철학의 궁극적인 명령이다. "자기들의 심장이 근본적으로 부서져서 치유 불가능해졌다는 사실을 은폐하고 부정하"라는 것이다. 인생은 허무하다. 그래도 그 허무한 인생을 끌어안고 살라는 것이다. 그것도 사랑하며.

어떤 때보다 내 삶의 가장 어려웠던 시절에 더 깊이 감사해야 하지 않을까라고 나는 종종 자문했다. 내 가장 내적인 본성이 가르쳐주듯이, 높은 곳에서 바라보면 모든 것은 다 필연적이며, 거시경제적 의미에서는 모든 것이 다 그 자체로 유용하기도 하다―그것들을 사람들은 견뎌야 할 뿐 아니라 사랑해야 한다…. 운명애: 이것이 내 가장 내적인 본성이다. (니체, 544쪽)

허무주의가 무엇이냐고 또 묻고 싶은 자가 있는가? 허무주의는 사랑을 가르치는 철학이다. 이 말을 이해하겠는가? 사랑하란다, 제발 좀 사랑하란다. 자기 자신을, 자기 운명을. 사랑하려면 대상을 찾아야 한다. 대상이 분명해야 한다. 그래야 사랑도 할 수 있는 것이다. 지도를 들고 어디로 갈까 고민을 할 때도 가장 먼저 해야 할 일은 현 위치를 파악하는 것이다. 자기 자신이 누구인지부터 알아야 한다. "너 자신을 알라", 그것은 "학문의 전부"(아침, 62쪽)라고 했다. 배워야 할 것의 전부라는 얘기다. "즐거운 학문"의 중심에는 자기 자신이 있을 뿐이다. 신도, 진리도, 정답도 아니다. 오로지 자기 자신뿐이다.

자기 자신을 지배하기 위한 이런 길고도 위험한 연습을 통해 사람들은 새로운 사람이 된다. 그는 이제 몇 가지 의문부호를 더 가진다―무엇보다도 금후에는 이제껏 지상에서 질문이었던 것보다 더 많이 더 깊이 있게 더 강건하게 더 엄격하며 더 악하게 더 종용하게 질문을 던지는 의지를 가진다…. 이렇게 되면 삶에 대한 신뢰는 사라져버리고; 반면 삶 자체가 하나의 문제가 되어버린다.― 믿기 어려울 수도 있다. 그렇게 해서 어떤 사람이 암울한 자가, 올빼미가 되어버렸다는 것을! 하지만 그는 삶에 대한 사랑은 아직도 가능하다―단지 다른 식으로 사랑할 뿐이다… 여자에 대한 사랑이 가능한지는 미심쩍지만… (니체, 545쪽)

허무주의 철학은 자기 자신에 대한 사랑을 가르치는 철학이다. 타인에 대한 사랑은 그저 미심쩍을 뿐이다. 그것을 부정하는 것은 아니지만 일단은 자기 자신부터 챙기자! 이것이 니체가 바라는 바다. 자기 자신부터 건강을 챙기자! 건강한 자가 사물을 있는 그대로 받아들이는 법이니까. 감당할 수 있게 왜곡해서 받아들이지 않을 힘이 있으니까. 그에게는 "삶 자체가 하나의 문제" 덩어리다. 그래도 된다. 그에게 예상치 못한 끔찍한 일이 있을까? "인간은 대답할 수 있는 질문만 듣는다"(즐거운, 231쪽)고 했다. 하지만 허무주의라는 긴 터널을 빠져나온 자에게 그가 감당하지 못할 끔찍한 질문이 남아 있을까.

삶을 사랑하는 자에게는 삶 자체가 문제여도 상관없다. 고양이가 노리개를 가지고 놀 듯 허무주의자에게는 모든 것이 놀이의 대상이 될 뿐이다. 울고 웃으며 살아갈 뿐이기 때문이다. 아무리 깊은 곳에 빠졌어도 또 아무리 강한 세상 풍파를 맞이했어도 사랑을 이길 수 있는 것은 없다. "하지만 그의 삶에 대한 사랑은 아직도 가능하다." 이 말만 기억해두자. 사랑이 불가능한 상황은 없다. 그 어떤 상황에 처해 있어도 삶은 사랑할 만하다.

나는 너의 진리다, 허무주의적 중생 이론

기독교에서만 중생重生이 있는 게 아니다. 거듭남은 기독교의 전유물이 아니다. 누구나 다시 태어날 수 있다. 새로운 사람이 될 수 있다. "사람이 거듭나지 아니하면 하나님의 나라를 볼 수 없느니라."(요한복음 3:3) 이 말은 허무주의 철학에서도 유용하다. 새롭게 거듭나지 않으면 니체가 들려주는 소리를 들을 수 없다. 자유로운 자가 자유로운 소리를 들을 수 있다. 자유로운 자가 자유로운 세상에서 자유롭게 살아갈 수 있다. 자유로운 사람의 눈에는 모든 것이 자연스럽다. 불평불만은 그의 것이 아니다.

> 그지없이 기묘한 일이 하나 있다: 그 후로 사람들이 다른 취향을—두 번째 취향을 가지게 되었다는 것이 그것이다. 그런 심연으로부터, 위대한 의혹의 심연으로부터도 사람들이 새롭게 다시 태어난 것이다. 껍질을 벗고, 더 과민하고 더 악해져, 기쁨에 대한 더 섬세해진 취향을 가지고, 모든 좋은 것에 대한 더 예민해진 미각을 가지고서, 더 유쾌한 감각과 기쁨 속에서도 또 하나의 더 위험한 순진함을 지닌 채, 어린아이 같으면서도 동시에 이전보다 수백 배나 세련된 채로 그들은 다시 새롭게 태어난다. (니체, 545쪽 이후)

전혀 다른 사람이 된 사람을 만나면 "기묘한 일"이라고 생각한다. 예전에는 전혀 보이지 않던 측면을 보게 되면 당황스럽다. 이건 그 사람이 아니라고 단정을 짓는다. 그 사람을 이해하지 못한다고 해서 그 사람이 문제인 것은 아니다. 우리는 대부분 이해하지 못하는 상황 속에서 사물을 탓한다. '네가 설명을 잘못해서 그런 것이다'라고 쉽게 말한다. 경우에 따라서는 속은 듯한 느낌 때문에 기분이 나쁠 수도 있다. 하지만 정말 그럴까. 가슴에 손을 얹고 대답해보자. 예상치 못한 변화를 인식해서 그런 것은 아닐까.

사람은 새롭게 태어날 수 있다. 새로운 존재가 될 수 있다. 극복의 과정이 이런 존재를 가능케 해준다. 극복한 자는 이전과 이후의 존재 형식을 다르게 취할 뿐이다. 하나는 분명 둘이 될 수 있다. 이전의 그도 그이고 이후의 그도 그다. 그 연관성을 이해하는 것이 관건일 뿐이다. 삶은 과정이다. 그래서 삶은 스스로를 끊임없이 문제 상황으로 되돌려놓는다. 알았다고 장담하다가도 새롭게 고민에 빠져들어야 한다. 그것이 인생의 묘미다. 아무리 깨달은 자라 해도 아침이 되면 새롭게 무릎을 꿇고 앉아 정진해야 한다.

인생에서의 모든 변화는 취향의 변화에 기인한다. 모든 취향은 변할 수 있다. 좋은 것이 영원히 좋을 수는 없다. 나쁜 것이 영원히 나쁜 것도 아니다. 좋을 때도 있고 나쁠 때도 있다. 만날 때도 있고 떠날 때도 있다. 출생이 있는 곳에서만 박수를 쳐주고 죽음의 현장에서는 웃지도 말라는 것은 편견이 아닐까. "사람들은 오디세우스가 나우시카와 이별했을 때처럼, 그렇게 삶과 이별해야만 한다. ― 연연하기보다는 축복하면서."(선악, 114쪽) 죽음 앞에서도 웃으며 춤을 추어라. 축제를 즐겨라. 그것이 죽은 자가 바라는 것일지도 모를 일이다.

"허물을 벗을 수 없는 뱀은 파멸한다. 의견을 바꾸는 것을 방해받는 정신들도 이와 마찬가지다. 그들은 정신이기를 그친다."(아침, 422쪽) 정신을 가진 자라면 허물을 끊임없이 인식하고 또 벗어던져야 한다. 책은 손에 들려주어야 하고 또 언젠가는 내려놓아야 한다. 말도 마찬가지다. 끊임없이 외우고 잊으며 정신을 새롭게 해야 한다. 기억과 망각 사이에서 천진난만하게 웃을 줄 알아야 한다. 공부해야 한다며 울 필요도 없고 잊어버렸다고 안타까워할 필요도 없다. 모든 것은 때가 되면 부패하고 몰락의 길을 걸을 수밖에 없다. 그것이 영원히 변하지 않는 삶의 법칙이다.

허물을 벗고 나면 살갗은 연약하기 짝이 없다. 온갖 질병에 노출된다. 그 어떤 미미한 자극에도 쉽게 상처가 난다. 하지만 강함에 대한 의지로 극복해내야 한다. 더욱 강해지겠다는 의지로 그다음 상황을 받아들여야 한다. 취향의 허물을 벗은 상태에서만 "순진함을 지닌 채, 어린아이 같으면서도 동시에 이전보다 수백 배나 세련된 채로 그들은 다시 새롭게 태어난다." 허무주의 앞에 버릴 수 없는 것은 없다. 모든 것은 생로병사의 과정을 밟을 수밖에 없다. 데카당은 삶의 문제다. 언제 그 허물을 인식하느냐가 관건일 뿐이다.

> 아마도 진리는 자기의 근저를 보여주지 않을 이유를 가지고 있는 여자가 아닐까? … 아마도 그녀의 이름은 그리스어로는 바우보 Baubo가 아닐까? … 오오, 이 그리스인들! 이들은 삶을 이해하고 있었다. 그럴 수 있으려면 표면과 주름과 표피에 용감하게 머무는 일, 가상에 대한 숭배, 형식과 음조와 말과 가상의 올림푸스 전체를 믿는 일이 필요하다! 이런 그리스인들은 표피에 머무른다─그들은 깊이가 있기 때문이다 …. 그리고 바로 그곳으로 돌아가지 않으려는가? 현대 사상의 가장 높고도 가장 위험한 정상에 오르고 거기서 우리를 둘러보았으며 거기서 아래를 내려다보았던 우리, 대담한 정신이여, 바로 이 점에서 우리는─그리스인이 아닌가? 형식과 음조와 말의 숭배자들이 아닌가? 바로 그래서─예술가가 아닌가? … (니체, 547쪽 이후)

후기의 마지막 부분이다. 여기서 니체는 진리를 운운한다. 진리는 바우보다. 진리는 음탕한 여자다. 진리는 자기 자신을 보여주지 않는다. 하지만 진리는 모든 정신을 유혹한다. 모든 자유로운 정신을 옭아매는 치명적인 힘을 지녔다. 진리를 알고 싶으면 그 음탕한 여자의 마음에 들어야 한다. 인식이라 불리는 모든 깨달음은 느닷없이 온다. 내가 원한다고 깨달아지는 법이 없다. 인식은 의지의 몫이 아니다. 이성을 가지고 살아야 하는 존재는 이 점을 늘 염두에 두고 살아야 한다. 깨달음을 지향하지 않을 수 없기 때문이다.

사람은 늘 진리를 묻는다. 삶은 늘 문제의 절벽 앞에 세워놓고 정답을 찾게 한다. 정말 끔찍한 일이다. 여자에게 콩깍지가 씐 채로 보낸 세월은 한탄한다고 되돌아오는 것도 아니다. 진리는 음탕한 여자의 본성을 가지고 있다. 진리는 뭇 남성에게 자신을 허락한다. 여기서 '나는 여자니까' 하는 헛소리가 들리지 않았으면 좋겠다. 여자와 남자의 문제가 아니다. 지금 이 비유가 말하려는 진짜 의도를 읽어내야 한다.

"그리스인들은 표피에 머무른다―그들이 깊이가 있기 때문이다…." 너무도 중요한 말이다. 현상에 몰두해야 하는 이유가 여기에 있다. 현상학과 실존철학을 넘어 실존주의가 탄생하게 되는 철학적 흐름, 그 계보가 시작하게 되는 지점이 바로 여기에 있다. 깊이가 있는 자만이 표피에 머무를 수 있다. 삶 자체를 문제로 인식할 수 있는 것이다. 1 더하기 1은 2다. 지극히 이성적이다. 하지만 그 일에 대응할 수 있는 일은 무한하다. 인간이 이성을 고집하는 이유는 그 형식에서 수많은 내용이 도출될 수 있기 때문이다. 독자가 고전을 읽고자 하는 이유도 여기에 있다. 거기에는 수많은 해석이 잠자고 있기 때문이다. 아무도 언급하지 않은 이론이 코를 골며 자고 있는지도 모를 일이다.

아무리 흉측한 괴물이라도 때려잡으면 그의 것은 모두 취할 수 있다. 그래서 영웅은 가능하면 가장 강한 자와 싸우기를 원하는 것이다. 그가 누구보다도 더 많은 것을 소유하고 있을 것이기 때문이다. 지크프리트는 파프너라 불리는 용을 때려잡고 수많은 금은보화를 자기 것으로 만들었다. 하지만 용 앞에 서기까지는 아무도 가지지 못한 용기를 품어야 했다. 그 어떤 적도 두려워하지 않는 그런 용기를. 최고의 적, 용, 그 적의 존재가 자신을 영웅으로 만들어줄 것이다. 이것이 최고의 적을 찾는 이유다. 하찮은 적은 필요 없다.

　1 더하기 1은 2다. 삶은 표피가 전부다. 눈에 보이는 게 전부다. 하지만 이런 인식은 또 다른 인식이 있어야만 가능한 것이다. 산은 산이고 물은 물이다. 하지만 알고 보면 산은 산이 아니고 또 물도 물이 아니다. 그런데 진정으로 깨닫고 나면 다시 산은 산이고 물은 물이 되고야 만다. 그때 인식은 이렇게 말하고자 한다. '아! 이미 전부 다 보았던 것이구나!' 하고 말이다. '보고서도 못 보았을 뿐이구나!' 하고 말이다.

　이 대지 위에 모든 것이 있다. 이 대지가 천국이다. 여기에 모든 것이 존재한다. 개개의 존재에게 해석을 붙이는 일은 생각의 몫이다. 누구는 바람에 스치는 잎새를 바라보면서도 개인의 운명을 인식했다. 그는 결국 바람에 스치는 별을 바라보며 더 큰 운명을 인식하기도 했다. 또 누구는 인생을 소풍으로 인식하기도 했다. 보고 즐겨야 할 일들이 너무도 많다. 삶 자체가 소풍이다. 삼라만상과 손에 손을 잡고 놀고 있다. 이 행복한 삶 속에서 행복을 느끼지 못한다면 도대체 누구에게 책임을 물어야 할까.

　그리고 후기 다음에 〈가장 부유한 자의 가난에 대하여〉라는 시가 부록으로 달려 있다. 《바그너의 경우》에서처럼 또 질질 끌리는 느낌이다. 그래도 니체가 남겨놓은 문서를 대하는 느낌으로 다가서보자. 또 다음과 같은 질문을 품고서 읽어보자. 대지의 자손으로 태어난 자가 가난해지는 이유는 무엇일까? 이 시는 사실 《디오니소스 송가》에 실렸던 것을 다시 가져온 것이다. 여섯 페이지에 달하는 분량이지만 여기서는 중략하면서 인용해본다.

　　10년이 흘렀다―
　　물방울 하나 내게 떨어지지 않았다

습기 찬 바람도, 사랑의 이슬도

― 비가 내리지 않는 땅…

이제 나는 내 지혜에 간청한다

이 메마름을 너무 탐하지 말기를

스스로 흘러넘치고, 스스로 이슬을 떨구기를

스스로 누렇게 병든 황야의 비가 되기를!

[…]

― 조용히 하라! 내 진리가 말을 하니! ―

[…]

― 나는 너의 진리다…. (니체, 551쪽 이후)

"나는 너의 진리다." 이게 무슨 근거 없는 자신감인가. 기분부터 나쁘다. '네가 무슨 나의 진리냐'고 저항부터 하고 싶다. 그런데 차분히 속을 들여다보면 충분히 그럴 수 있을 것만 같다. 왜냐하면 여기서 '나'는 '내 지혜'이고 또 '내 진리'이기 때문이다. 내 안의 내 목소리라고 할까. 내 안의 내 뜻이 진리라는 얘기다. 그 외의 모든 목소리에는 귀를 닫으라는 것이다. 밖에서 진리를 찾으면 찾을 수 없다. 아무리 세월이 흘러도 비는 내리지 않는다. '10년'이 무색하다.

대지가 메말랐다. 10년이 넘도록 비가 내리지 않았다. 황폐하다. "물방울 하나 내게 떨어지지 않았다". 여기서 밝혀지는 것은 나와 대지의 관계다. 나는 곧 대지다. 나에게 비가 내리지 않았다는 얘기다. 그래서 "이제 나는 내 지혜에 간청한다 / 이 메마름을 너무 탐하지 말기를 / 스스로 흘러넘치고, 스스로 이슬을 떨구기를 / 스스로 누렇게 병든 황야의 비가 되기를!" 그렇다. 니체의 허무주의적 메시지는 분명하다. 자기 자신이 답이다. 모든 것은 스스로 해내야 한다. 그것만이 답이다.

"이 메마름을 너무 탐하지 말기를" 바라는 마음을 읽을 수 있는가? 왜 이 메마름을 탐하지 말라는 것인가? 외로움을 너무 좋아하지 말라는 것이다. 때로는 자기 자신을 향해 내미는 손을 필요로 하기도 해야 한다. 차라투스트라도 "그의 나이 서른이 되던 해에 고향과 고향의 호수를 떠나 산속으로 들어갔다. 그곳에서 자신의 정신과 고독을 즐기면서 보내기를 10년", 이것이 《차라투스트라》의 첫 대목이었다. "보라! 나는 너무 많은 꿀을 모은 꿀벌이 그러하듯 나의 지혜에 싫증이 나 있다. 이제는 그 지혜를 갈구해 내민 손들이 있어야겠다." 그 손들을 찾아 사람들 속으로 내려간다. 하산한다. 빛이 없는 곳에 빛을 주려 몰락하는 태양처럼 몰락을 선택한다.

같은 목소리다. 10년이 흘렀다고 말한다. 10년이란 세월을 고독을 즐기면서 시간을 보냈다. 그리고 스스로에게 간청했다. "스스로 흘러넘치고, 스스로 이슬을 떨구기를 / 스스로 누렇게 병든 황야의 비가 되기를!" 병든 자기 자신을 위해 스스로 약이 되고 의사가 되기를 바랐던 것이다. 그때 어두운 심연에서 목소리 하나가 들려온다. "—조용히 하라! 내 진리가 말을 하니!—" 조용히 해야 들리는 목소리다. 시끄러우면 들을 수 없는 소리다. 온갖 흥분을 버리고 가만히 있어야 한다. 그래야 자기 안의 소리가 들려온다. 내면의 소리가 진리의 메시지를 들려준다. "나는 너의 진리다…."

허무주의 철학자가 남겨놓은 마지막 문장이다. 의식을 가지고 선택한 마지막 글이다. 17년이라는 긴 집필 시간을 마감하는 자리에 니체는 이 문장 하나를 유언처럼 남겨놓았다. 문서의 마지막 글로서 말이다. 나는 너의 진리다. 너는 나고 나는 너다. 돌고 도는 순환 논리다. 영원회귀 사상이다. 이런 인식과 함께 허무주의의 철학적 여정은 끝맺음을 한다. 이제 긴 호흡으로 명상을 준비하자. 니체의 마지막 말을 떠올리며. "나는 너의 진리다…."

그런데 수수께끼가 하나 남는다. 1889년 1월 2일, 즉 광기의 순간을 하루 앞두고 니체는 《니체 대 바그너》가 출판되어서는 안 된다[11]는 기록을 남긴다. 왜 그렇게 했을까? 왜 마음이 변했을까? 문서의 가치가 없다고 느낀 것일까? 굳이 과거의 글들을 다시 모아놓을 이유가 없다고 판단했던 것일까? 철학자는 이제 더 대답이 없다. 죽은 자는 말이 없다.

바그너를 따라가다 만난
삶에 대한 사랑

니체에게 바그너는 문제였지만 그 문제가 삶을 인식하게 해주었다. 염세주의는 삶의 끝자락으로 이끌고 갔지만 거기서 새로운 출발을 하게 해주었다. 바그너는 낭만주의적 분위기 속에서 홀로 내버려두었지만 그를 통해 고독을 알게 되었다. 그가 없었더라면 자기 자신에게로 가는 길을 잊고 살았을지도 모를 일이었다. 니체는 바그너에게 깊은 감사의 마음을 잊지 않고 있다. 그는 대척자의 입장에서 글을 써나갔지만 그 이면에는 사랑을 남겨놓았다. 바그너에 대한 사랑은 삶에 대한 사랑으로 변하더니 결국에는 진리에의 사랑으로 증폭되어 나갔다.

진리는 여자다. 여자의 마음을 사로잡아야 한다. 진리의 마음을 얻어야 한다. 그래야 사랑이라는 기적을 체험할 수 있다. 진리는 삶 속에서 찾아야 한다. '니체 대 바그너'라는 대척자 입장에서 시작한 글은 또다시, 여느 다른 책들과 마찬가지로 삶을 찬양하는 소리로 마감한다. 어느덧 바그너는 사라지고 말았다. 상처는 상처로 머물지 않았다. 언제부턴가 바그너는 문제가 되지 못했던 것이다. 마음 한구석에서나 자리를 잡고 있을까. 아니, 어느 구석에도 문제로서는 버티지 못했던 것이다. 그 정도로는 문제가 되지 못했다고나 할까. 삶 자체를 문제로 간주하고 나면 모든 것은 그저 사소한 것이 되고 만다.

삶도 진리처럼 여자다. 폭력을 행사해서는 안 된다. 어르고 달래야 한다. 아니, 자신을 사랑하도록 매력을 발산해야 한다. 삶을 자기 것으로 만들고 싶다면 그래야 한다. 삶과 사랑을 나누고 싶다면 그래야 한다. 물론 모든 사랑이 그렇듯이 깊은 상처는 예상하고 있어야 한다. 그 어떤 상처도 사랑이 남겨놓는 것보다 더 치명적일 수는 없다는 인식으로 다가서야 한다. 사랑은 매력적이면서도 그만큼 치명적이라는 사실을 명심해야 한다.

그리고 다가설 때는 만반의 준비를 다 하고 다가서야 할 일이다. 상대는 삶이다. 목숨을 건 도전이다. 모험 여행이다. 사랑 때문에 삶을 포기하는 자가 얼마나 많았던가. 그런 희생자의 대열에 끼지 않으려면 정말 최선을 다해 준비해야 할 일이다. 삶은 싸워서 이겨야 할 대상이다. 허무주의 철학은 싸움을 종용한다. 때로는 전쟁이라도 치러야 한다고 가르친다. 삶과의 전쟁이다. 살기 위한 전쟁이다. 싸워야 할 삶이 있고 사랑해야 할 삶이 있다. 삶의 현상을 어느 하나로 규정하려 들지 말자. 세상은 먼지구덩이다. 맞는 말이다. 흙은 더럽다. 하지만 그 흙을 품은 것이 바다다. 바다는 온갖 더러움을 받아들이고서도 썩지 않는다. 오히려 모든 생명의 어머니임을 자처하기도 한다. 모든 창조의 정신은 이런 여성성과 맞닿아 있음을 잊지 말자. 바다가 된 자가 초인이다.

철학자라면 바그너의 음악을 들어야 한다고 했다. 현대인이라면 그의 음악을 들어야 한다고도 했다. 그의 음악은 철학을 하게 하는 묘한 매력이 있다. 삶은 공식대로 되는 게 아니다. 삶은 형식이 없는 것도 아니다. 하지만 그 형식 속에 무엇을 담을 것인가는 개인의 몫이다. 어떤 생각으로 살 것인지는 자기 손아귀에 들어온 문제다. 누구를 사랑할 것인지는 스스로 결정해야 할 일이다. 삶은 분명 실존의 문제다. 삶은 분명 눈에 보이면서도 동시에 보이지 않는 존재다. 보이는 삶은 극복해내야 할 일이고 보이지 않는 삶은 찾아내야 할 일이다. 삶의 내용은 노력 여하에 따라 충분히 바뀔 수 있다.

어떻게 살아야 하는가? 나는 누구인가? 이런 질문으로부터 자유로울 수는 없다. 이성을 가지고 살아야 하는 인간은 죽을 때까지 이것을 문제 삼지 않을 수 없다. 하지만 그 어떤 경우에도 삶이라는 이 현상의 문제를 도외시해서는 안 된다. 눈에 보이는 이 현실의 문제를 폄하해서는 결코 안 된다. 허공을 바라보아야 할 때도 있지만 결국에는 가장 가까운 것을 감당하기 위함임을 잊지 말아야 한다. 그런 의미에서 니체의 허무주의적 경고를 다음처럼 외워보자. 삶을 지키는 개가 되자! 카베 카넴! 개를 조심하라!

제1장 | 음악의 정신으로부터 철학적 글쓰기

1 Rüdiger Safranski, 《Nietzsche: Biographie seines Denkens》, Frankfurt am Main, Isseu 5, 2010, p.20.

2 재인용; 같은 곳; "Ich bin eine Pflanze, nahe dem Gottesacker geboren."

3 도서출판 책세상의 '니체전집' 제6권에는 독특한 편집 의도가 엿보인다. 《반시대적 고찰》 제4권에 해당하는 〈바이로이트의 리하르트 바그너〉를 전면에 내세웠다. 이것을 《반시대적 고찰》 속에 함께 넣지 않고 따로 떼어내서 편집을 했다는 것이 특징이다. 그리고 1875년 초부터 1876년 봄까지 써놓은 유고들을 첨부해 놓았다. 즉 〈바이로이트의 리하르트 바그너〉가 집필되던 당시의 메모들을 함께 붙여놓은 것이다. 나름대로 의미가 있는 편집이 아닐 수 없다. 앞으로 이 유고들은 '유고6', 그리고 〈바이로이트의 리하르트 바그너〉는 '반시대Ⅳ'라는 약어와 함께 페이지 수를 밝히기로 한다.

4 이동용, 《내 안에 코끼리》, 이파르, 2016, 37쪽.

5 참고; 이동용, 《쇼펜하우어, 돌이 별이 되는 철학》, 동녘, 2쇄, 2015, 269쪽 이후.

6 재인용; Rüdiger Safranski, 《Nietzsche》, 위의 책, p.9; "Alles was [⋯] sich gar nicht mit Musikrelationen erfassen lassen will, erzeugt bei mir [⋯] geradezu Ekel und Abscheu. Und wie ich vom Mannheimer Concert zurückkam, hatte ich wirklich das sonderbar gesteigerte übernächtige Grauen vor der Tageswirklichkeit: weil sie mir gar nicht mehr wirklich erschien, sondern gespenstisch."

7 쇼펜하우어, 《의지와 표상으로서의 세계》, 을유문화사, 개정증보판, 2015, 416쪽.

8 참고; 《발타자르 그라시안: 세상을 보는 지혜》, 아침나라 6판 3쇄, 2011, 139쪽; "말을 할 때는 유언을 하듯 하라." 이 책을 번역한 자는 쇼펜하우어다. 그라시안의 글과 생각이 곧 쇼펜하우어의 것은 아니지만, 전혀 상관없다고 말하기에는 닮은 데가 너무도 많다.

9 https://de.wikiquote.org/wiki/Martin_Heidegger; "Die Sprache ist das Haus des Seins."

10 참고; 이동용, 〈아이쉴로스의 '포박당한 프로메테우스'에 나타난 정의와 불의〉, 《브레히트와 현대연극》, 제16집, 2006, 한국브레히트학회, 2007, 243쪽 이후.

11 참고; 《비극》, 79쪽 이후.

12 Goethe, 《Gedichte, Sämtliche Gedichte in zeitlicher Folge》, hg. v. Heinz Nicolai, Frankfurt am Main, 1992, p.163: "Hier sitz ich, forme Menschen / Nach meinem Bilde, / Ein Geschlecht, das mir gleich sei, / Zu leiden, zu weinen, / Zu genießen und zu freuen sich, / Und dein nicht zu achten, / Wie ich!"

13 https://de.wikipedia.org/wiki/Titanismus

14 쇼펜하우어, 《의지와 표상으로서의 세계》, 위의 책, 421쪽.

15 Goethe, 《Faust: Eine Tragödie, Erster und zweiter Teil》, München, Issue 13, 1992, p.16: "Es irrt der Mensch, solang er strebt."

16 같은 책, p.351: "Das Ewigweibliche / Zieht uns hinan."

17 정진희, 〈세상과 인간에 대한 통찰의 장소: 그리스 델피신전〉, 《한국산문》, vol.120, 2016. 04., 63쪽.

18 이동용, 《쇼펜하우어, 돌이 별이 되는 철학》, 위의 책, 181쪽.

19 파스칼, 《팡세》, 동서문화사, 2016, 85쪽.

20 재인용: 이동용, 《지극히 인간적인 삶에 대하여》, 동녘, 2쇄, 2016, 274쪽 이후.

21 https://de.wikipedia.org/wiki/Arthur_Schopenhauer; "der Welt [liegt] ein irrationales Prinzip zugrunde."

22 이는 《우상의 황혼》(1889)의 부제목에도 등장하는 말이다. 이 책의 부제는 〈어떻게 망치를 들고 철학하는 지(Wie man mit dem Hammer philosophiert)〉다.

23 https://de.wikipedia.org/wiki/Ratio

24 재인용: Rüdiger Safranski, 《Nietzsche》, 위의 책, p.138: "der Kampf mit der Vernunft gegen die Vernunft".

25 괴테, 《시와 진실》, 종문화사, 2006, 433쪽.

26 Goethe, 《Faust》, 위의 책, p.53: "Ist doch ein jedes Blättchen gut. / Du unterzeichnest dich mit einem Tröpfchen Blut."

27 이동용, 《바그너의 혁명과 사랑》, 이파르, 개정증보판, 2012, 25쪽.

28 재인용: Ivo Frenzel, 《Friedrich Nietzsche》, Reinbek bei Hamburg, Issue 32, 2002, p.4.

29 재인용: 이동용, 《쇼펜하우어, 돌이 별이 되는 철학》, 위의 책, 68쪽.

30 쇼펜하우어, 《인생론》, 육문사, 개정판, 2012, 197쪽.

제2장 | 나란히 발전하는 음악과 철학

1 참고; Gottfried Martin, 《Platon》, Reinbek bei Hamburg, Issue 19, 1995, p.11.

2 같은 책, p.82.

3 Hans Lamer(Begr.), 《Wörterbuch der Antike: Mit Berücksichtigung ihres Fortwirkens》, Stuttgart, Issue 9, 1989, p.8.

4 참고: Gottfried Martin, 《Platon》, 위의 책, p.16.

5 성 아우구스티누스, 《고백록》, 크리스챤다이제스트, 중쇄, 2008, 146쪽.

6 https://de.wikipedia.org/wiki/Gerechter_Krieg; '성전'으로 번역되는 이 단어의 라틴어는 "bellum iustum"이라고 함.

7 포이어바흐, 《기독교의 본질》, 한길사, 2008, 45쪽.

8 https://de.wikipedia.org/wiki/Hybris

9 Ivo Braak, 《Gattungsgeschichte deutschsprachiger Dichtung in Stichworten》, Teil Ia Dramatik, Antike bis Romantik, Kiel, 1975, p.21.

10 https://de.wikipedia.org/wiki/Hybris; "Realitätsverlust."

11 https://de.wikipedia.org/wiki/Styx

12 참고: 이동용, 《바그너의 혁명과 사랑》, 위의 책, 7쪽.

13 Ivo Frenzel, 《Friedrich Nietzsche》, 위의 책, p.33; "Vor und nach Tisch spielte Wagner alle wichtigen Stellen der Meistersinger, […]."

14 같은 책, p.44; "[…], dass ich mich in seiner Nähe wie in der Nähe des Göttlichen fühle."

15 같은 곳; "über unsern Himmel ist nie eine Wolke hinweggegangen."

16 같은 곳, "Richard Wagner, über den Du kein Urteil glauben darfst, das sich in der Presse, in den Schriften der Musikgelehrten usw. findet."

17 재인용: Kerstin Decker, 《Nietzsche und Wagner: Geschichte einer Hassliebe》, Berlin, 2014, p.9.

18 사뮈엘 베케트, 《고도를 기다리며》, 민음사, 50쇄, 2012.

19 Goethe, 《Gedichte》, 위의 책, p.855.

20 쇼펜하우어, 《인생론》, 위의 책, 197쪽

21 루이 16세 치하에서 재무장관으로 일하던 네케르는 국민의회에 개혁권한을 넘기려 하다가 1789년 7월 11일에 해고를 당한다. 그의 해고를 보수주의자들의 만행으로 해석한 프랑스 파리의 시민들은 바스티유 감옥을 습격하면서 대혁명을 시작한다.

22 Goethe, 《Gedichte》, 위의 책, p.163; "Und dein nicht zu achten, / Wie ich!"

23 https://de.wikipedia.org/wiki/Titanomachie

24 참고: Goethe, 《Gedichte》, 위의 책, p.162; "Ihr nähret kümmerlich / Von Opfersteuern / Und Gebetshauch".

25 Hesse, 《Demian: Die Geschichte von Emil Sinclairs Jugend》, Frankfurt am Main, 1974, p.91; "Wer geboren werden will, muss eine Welt zerstören."

26 https://de.wikipedia.org/wiki/Umwertung_aller_Werte

27 https://de.wikiquote.org/wiki/Friedrich_Schiller; "Die Kunst ist eine Tochter der Freiheit."

28 참고: 강우석, 영화 〈행복은 성적순이 아니잖아요〉, 1989.

29 Ivo Frenzel, 《Friedrich Nietzsche》, 위의 책, p.45; "Er war als Lehrer nicht unbeliegt."

30 Rüdiger Safranski, 《Nietzsche》, 위의 책, p.86; "er kann jetzt schon für die Freiheit der Gesellschaft wirken."

[…] Die Kunst kann den Menschen an seinen wahren Daseinszweck erinnern, […]."

31 같은 곳; "Der höchste Zweck des Menschen ist der künstlerische."

32 같은 책, 13쪽.

제3장 | 신화적 사유와 삶의 열정

1   이동용,《쇼펜하우어, 돌이 별이 되는 철학》, 위의 책, 75쪽.

2   https://de.wikipedia.org/wiki/Askese; "Askese (griechisch ἄσκησις áskēsis), gelegentlich auch Aszese, ist ein vom griechischen Verb askeín (ἀσκεῖν) 'üben' abgeleiteter Begriff."

3   이동용,《나르시스, 그리고 나르시시즘》, 책읽는사람들, 2001, 193쪽.

4   이동용,《내 안에 코끼리》, 이파르, 2016, 202쪽.

5   Heidegger,《Über den Humanismus》, Frankfurt am Main, Issue 25, 1975, p.5; "Die Sprache ist das Haus des Seins."

6   '발할(Walhall)'이라고도 한다. 참고; https://de.wikipedia.org/wiki/Walhall

7   쇼펜하우어,《의지와 표상으로서의 세계》, 위의 책, 115쪽.

8   https://de.wikipedia.org/wiki/Memento_mori

9   라이너 마리아 릴케,《릴케전집》제2권, 책세상, 3쇄, 2011, 131쪽.

10 https://de.wikipedia.org/wiki/Grüner_Hügel; 바이로이트에 있는 언덕 이름. 이곳에 바그너의 극장이 세워져 있다.

11 https://de.wikipedia.org/wiki/Gram_(Schwert);〈니벨룽엔의 반지〉에 등장하는 영웅 지크프리트가 파프너 Fafner라는 용을 죽였던 검의 이름.

12 참고; 이동용,《지극히 인간적인 삶에 대하여》, 위의 책, 274쪽 이후; "나는 눈으로 당신을 따라 창공 속으로 들어갔습니다 / 그곳에서 당신은 나의 시야로부터 사라졌습니다."

13 재인용; Kerstin Decker,《Nietzsche und Wagner: Geschichte einer Hassliebe》, 위의 책, p.9; "Ihn allein habe ich geliebt."

14 장영희,《축복》, 비채, 2006.

15 https://de.wikipedia.org/wiki/Genie; "erzeugende Kraft".

16 Hans Mayer,《Wagner: Mit Selbstzeugnissen und Bilddokumenten》, Hamburg, Issue 29, 2002, p.20; "Pariser Hungerjahre".

17 이동용,《바그너의 혁명과 사랑》, 위의 책, 127쪽 이후.

제4장 | 음악이 정신을 자유롭게 한다

1 《인간적인 너무나 인간적인》의 부제목이다.

2 'Musikant'라는 명사는 복수에서만 어미에 -en이 붙는 게 아니라 단수 2격에서도 똑같은 어미가 붙는다. 그래서 서문의 주장과 관련해서 볼 때 이를 복수로 해석한 책세상 편의 부제목 〈몇 악사의 문제〉는 오해가 아닐 수 없다.

3 재인용; 이동용,《나르시스, 그리고 나르시시즘》, 위의 책, 378쪽.

4 '삼포세대'는 연애, 결혼, 출산이라는 전통적인 가족 구성에 필요한 세 가지를 포기하는 세대를 지칭하는 신조어다. '오포세대'는 여기에 더해 취업과 내 집 마련을 포기한 세대를 일컫는다. 여기서 더 나가 인간관계와 미래에 대한 희망까지 포기한 '칠포세대', 또 건강, 외모관리까지 포함한 '구포세대'도 있다. 마지막으로 꿈도 희망도 없는 삶에 비관해 삶까지 포기한다고 해서 '전포세대'가 있으며, 이 모든 것을 통합적으로 설명하기 위해 'N포세대'라는 단어가 등장했다.

5 Hegel,《Grundlinien der Philosophie des Rechts》, Frankfurt am Main, Issue 5, 1996, p.28; "die Eule der Minerva beginnt erst mit der einbrechenden Dämmerung ihren Flug."

6 Schopenhauer,《Die Welt als Wille und Vorstellung》, Band 1, Stuttgart, 1990, p.439; "alles Leben [ist] Leiden."

7 쇼펜하우어,《의지와 표상으로서의 세계》, 위의 책, 87쪽.

8 한스 요아힘 노이바우어 엮음,《염세 철학자의 유쾌한 삶: 쇼펜하우어에게 배우는 삶의 여유》, 문학의문학 2012, 61쪽.

9 참고; https://de.wikipedia.org/wiki/Also_sprach_Zarathustra; "Benötigte Nietzsche für den ersten Teil zwei Monate, für den zweiten und dritten nicht mal einen, so beschäftigte ihn der abschließende Teil den gesamten Herbst und Winter 1884, 1885."

제5장 | 우울한 음악의 데카당스 양식

1 근대 철학의 꽃이라 불릴 수 있는 '사회 계약설'을 주장했던 대표적인 철학자들로는 홉스(Thomas Hobbes, 1588~1679), 로크(John Locke, 1632~1704), 그리고 루소(Jean Jacques Rousseau, 1712~1778)가 있다. 이들의 철학 사상은 근대 사회의 기틀을 형성하는 기반을 마련해주었다.

2 Wagner,《Der Ring des Nibelungen: Ein Bühnenfestspiel für drei Tage und einen Vorabend. Zweiter Tag: Siegfried》, Stuttgart, 2002, p.36; "nur wer das Fürchten nie erfuhr, / schmiedet Notung neu."

3 Benedikt Jeßing u.a. (Hg.),《Metzler Goethe Lexikon》, Stuttgart u.a. 1999, p.420; "Classisch ist das Gesunde, romantisch das Kranke."

4 Ivo Frenzel,《Friedrich Nietzsche》, 위의 책, p.31; "Nimm dir dieses Buch mit nach Hause."

5 Aristophanes, 《Die Vögel》, Stuttgart, 2008, p.43.

6 Ivo Frenzel, 《Friedrich Nietzsche》, 위의 책, p.33.

7 https://de.wikipedia.org/wiki/Orthodoxie; '근본주의'는 그리스어 오르토스(orthos)에서 유래했고, '옳은', '올바른' 등을 의미한다. 근본주의자는 특정 이념만을 진리로 삼고 그 신념하에 자신이 옳다고 서슴없이 말하는 자를 일컫는 개념이다. 참고; 이동용, 《망각 교실》, 이파르, 2016, 38쪽.

8 참고; 이동용, 《쇼펜하우어, 돌이 별이 되는 철학》, 위의 책, 155쪽 이후.

9 Hegel, 《Grundlinien der Philosophie des Rechts》, 위의 책, p.24; "Was vernünftig ist, das ist wirklich; / und was wirklich ist, das ist vernünftig."

10 https://de.wikipedia.org/wiki/Halkyonische_Tage; 참고; 이동용, 《니체와 함께 춤을》, 위의 책, 309쪽.

제6장 | 카베 카넴, 개를 조심하라

1 Wagner, 《Lohengrin》, hg. v. Egon Voss, Stuttgart, 2001, p.8; "Nun ist es Zeit des Reiches Ehr' zu wahren." 참고; 이동용, 《바그너의 혁명과 사랑》, 위의 책, 176쪽 이후.

2 http://www.gutzitiert.de/zitat_autor_pablo_picasso_thema_kunst_zitat_12872.html; "Kunst wäscht den Staub des Alltags von der Seele."

3 쇼펜하우어, 《인생론》, 위의 책, 395쪽.

4 https://de.wikipedia.org/wiki/Kynismus; 고대 그리스어로 키온은 개를 뜻한다.

5 오르텅스 블루, 〈사막〉, in: 류시화 엮음, 《사랑하라 한 번도 상처받지 않은 것처럼》, 오래된미래, 305쇄, 2016, 52쪽.

6 참고; 이동용, 《내 안에 코끼리》, 위의 책, 51쪽 이후.

7 재인용; 이동용, 《쇼펜하우어, 돌이 별이 되는 철학》, 위의 책, 25쪽 이후.

8 뒤마 피스·메리메, 《춘희·카르멘》, 혜원출판사, 7쇄, 2003, 329쪽.

9 쇼펜하우어, 《인생론》, 위의 책, 77쪽.

10 뒤마 피스·메리메, 《춘희·카르멘》, 위의 책, 321쪽.

제7장 | 공포스러운 한밤중의 소리

1 Dieter Borchmeyer, 《Nietzsche, Cosima, Wagner: Porträt einer Freundschaft》, Frankfurt am Main, u.a. 2008, p.199; "3. Jan. 1889 Nietzsche paralytischer Zusammenbruch. Wahnsinnszettel an Cosima."

2 https://de.wikipedia.org/wiki/Nietzsche_contra_Wagner; "Nietzsche contra Wagner ist Friedrich Nietzsches letzte Schrift".

3 인터넷 자료(https://de.wikipedia.org/wiki/Friedrich_Nietzsche)나 전기(傳記) 작가들은 그냥 "1월 초 Anfang Januar"(Rüdiger Safranski, 《Nietzsche》, Biographie seines Denkens, 위의 책, p.388)라고 밝혀놓기도 한다. 모두가 그 날짜를 대수롭지 않게 여기고 기록을 남겨놓지 않은 탓이다.

4 재인용; 이동용, 《나르시스, 그리고 나르시시즘》, 위의 책, 380쪽.

5 같은 책, 378쪽.

6 https://de.wikipedia.org/wiki/Dreibund; 삼국동맹은 독일제국과 오스트리아-헝가리, 그리고 이탈리아 사이에 맺은 동맹을 일컫는다. 이 동맹은 1882년에 맺었고 1915년에 파기되었다.

7 재인용; Kerstin Decker, 《Nietzsche und Wagner: Geschichte einer Hassliebe》, 위의 책, p.9; "Ihn allein habe ich geliebt."

8 Hans Mayer, 《Wagner》, Hamburg, Issue 29, 2002, 10, p.20.

9 이동용, 《내 안에 코끼리》, 위의 책, 199쪽.

10 같은 책, 203쪽.

11 https://de.wikipedia.org/wiki/Halkyonische_Tage; 참고; 이동용, 《쇼펜하우어, 돌이 별이 되는 철학》, 위의 책, 403쪽.

12 https://de.wikipedia.org/wiki/Retardierung

13 http://de.wikipedia.org/wiki/Tourmalet; "schlechter Weg."

14 휴정 서산대사의 선시로 백범 김구선생이 생전에 즐겨 썼던 휘호로 잘 알려져 있다. 공주 마곡사에 헌정된 텍스트 전문은 다음과 같다. "눈 덮인 들판을 걸어갈 때(답설야중거) / 어지럽게 함부로 걷지 말라(불수호란행) / 오늘 내가 가는 이 발자취가(금일아행적) / 뒷사람의 이정표가 될 것이니(수작후인정)".

15 우민호, 영화 〈내부자들〉, 2015.

제8장 | 사랑해야 할 때

1 라이너 마리아 릴케, 《젊은 시인에게 보내는 편지》, 태동출판사, 2014, 14쪽.

2 Kafka, 《Die Erzählungen: Originalfassung》, Frankfurt am Main, 1997, p.162 이후.

3 이동용, 〈종소리〉, 《내 안에 코끼리》, 위의 책, 181쪽.

4 공자, 《공자의 논어》, 스마트북, 재판, 2013, 27쪽.

5 이동용, 《내 안에 코끼리》, 위의 책, 186쪽.

6 쇼펜하우어, 《의지와 표상으로서의 세계》, 위의 책, 598쪽.

7 https://de.wikipedia.org/wiki/Halkyonische_Tage; 참고; 이동용, 《쇼펜하우어, 돌이 별이 되는 철학》, 위의

책, 403쪽 이후.

8 이동용,《지극히 인간적인 삶에 대하여》, 위의 책, 18쪽.

9 https://de.wikipedia.org/wiki/Askese

10 Epikur,《Der Weg zum Glück, hg. u. übers. v. Matthias Hackemann》, Köln, 2011, p.58: "Wer vergangenes Gutes vergisst, ist schon jetzt ein Greis."

11 Dieter Borchmeyer,《Nietzsche, Cosima, Wagner: Porträt einer Freundschaft》, Frankfurt am Main, 2008, p.199: "2. Jan. 1889 Nietzsche verfügt endgültig, dass Nietzsche contra Wagner nicht publiziert werden soll."

색인